HISTOIRE

DE L'ABBAYE ET DU COLLÉGE

DE JUILLY

PARIS. — IMP. VICTOR GOUPY, RUE GARANCIÈRE, 5.

HISTOIRE

DE L'ABBAYE ET DU COLLÉGE

DE JUILLY

DEPUIS LEURS ORIGINES JUSQU'A NOS JOURS

Ornée d'une Vue de la façade intérieure du Collége
du Portrait du P. de Condren, son fondateur,
et de l'Autographe d'une des Oraisons funèbres de Bossuet

PAR

CHARLES HAMEL

AVOCAT, DOCTEUR EN DROIT, ANCIEN ÉLÈVE DE JUILLY

*Cum semine eorum permanent
bona.*   Eccl., 45, 11.

ORIOR

PARIS

CHARLES DOUNIOL, LIBRAIRE-ÉDITEUR

29, RUE DE TOURNON, 29

1868

PRÉFACE

De tous les grands établissements d'éducation publique que la Révolution a laissés debout sur le sol de notre pays, le plus ancien, le plus beau et peut-être le plus illustre est le collége de Juilly. Fondé sous Louis XIII, qui l'érigea en Académie royale, il parvint en peu d'années à rivaliser avec les institutions des Jésuites, les plus florissantes de l'époque; et sa réputation, qu'il sut toujours conserver depuis, s'étendit bientôt dans toute l'Europe et jusqu'aux colonies. A quel concours de circonstances dut-il cette prospérité rapide, et comment parvint-il à la maintenir si longue et si durable? Sans doute, il en trouva les éléments dans sa proximité de la capitale, dans son heureuse situation au centre d'une riche contrée et surtout dans l'appui que lui donnèrent, dès l'origine, les familles les plus puissantes et les plus recommandables. Mais ce n'en serait là qu'une explication incomplète. « Un grand fait, qui a duré longtemps a toujours une grande raison d'être, » a dit M. Guizot[1]. Et la cause principale, la cause vraie de la durée et du succès de Juilly : c'est que la pensée, qui l'a fait naître et qui en est restée l'âme, a été une pensée de foi, « celle de répandre dans la jeunesse la lumière et la vie au nom de Celui qui s'appelle le Dieu des sciences et le Sauveur des hommes[2] ; » c'est aussi que par une faveur insigne de la Providence la réalisation successive de cette pensée a été confiée constamment à des hommes d'un savoir aussi éminent que la vertu, qui tous ont fait de cette maison le centre et comme un foyer de pieuses et savantes études, où les élèves sont venus tour à tour puiser avec l'amour de Dieu celui de leur pays, et qui, sachant être de leur temps, en comprendre les aspirations et en accepter les progrès, ont toujours élevé à la hauteur de ses besoins le niveau de leur enseignement.

Tels ont été les Oratoriens, ces pères de Juilly, si vénérables par leur piété, leur science et leur abnégation. Au XVIIe siècle, il contribuèrent à préparer le grand règne de Louis XIV et plus tard à en soutenir l'éclat : dans les lettres, en inaugurant les premiers l'alliance de l'étude de notre langue et de notre littérature avec celle des idiomes et des chefs d'œuvre de la Grèce et de Rome ; dans les sciences, dont ils furent les plus dignes interprètes

---

1. *L'Église et la société chrétienne en* 1861.
2. Allocution de M. l'abbé de Régny au banquet annuel des anciens élèves, du 15 janvier 1866.

et les plus infatigables champions ; dans la philosophie enfin, en suivant les sentiers lumineux tracés par Descartes, dont le *Discours sur la Méthode*, le plus beau livre de l'époque au dire de Bossuet, excita l'admiration du cardinal de Bérulle et dont l'*Étude sur l'homme* inspira Malebranche et lui révéla son génie. Le xviii° siècle, dont l'esprit de système et d'impiété causa tant de scandales et amena un dénoûment si tragique, trouva en eux des partisans de la raison dans les choses de l'ordre naturel mais aussi des défenseurs zélés de la foi et de l'autorité du dogme ; ils prévirent la crise effroyable à laquelle il devoit aboutir, et préparèrent à l'affronter des âmes viriles, qui surent donner l'exemple de tous les dévoûments, monter à l'échafaud, sans pâlir, comme un de Nicolaï, ou défendre, avec la puissante raison d'un de Bonald, les droits de la vérité méconnue et de la justice outragée. La Terreur elle même ne parvint pas à les arracher à leur cher collége, et dès que la tourmente révolutionnaire fut apaisée, ils y réunirent les débris épars de leurs plus célèbres maisons pour reprendre avec eux leur œuvre de dévoûment. Leur mérite, leur courage et leur popularité attirèrent l'attention de l'Empereur qui avait su les apprécier déjà lorsque son plus jeune frère, Jérôme, était confié à leurs soins ; il songea à leur racheter leur ancien domaine de Juilly et même à autoriser la reconstitution de l'Oratoire, l'objet de tous leurs vœux et de tous leurs efforts, pour lui confier la direction de tous les lycées de l'Empire[1]. D'autres préoccupations et peut-être certaines hésitations politiques le détournèrent de ce projet. Mais s'ils durent se résigner à la retraite, en 1829, sans avoir pu obtenir le rétablissement de leur Congrégation, du moins leur fut-il donné de voir sa méthode d'enseignement, honorée des suffrages les plus flatteurs, revivre dans l'Université dont une partie des règlements fut empruntée aux siens propres par M. de Fontanes[2], lorsque en 1807, il fut chargé de sa réorganisation[3]. »

Tels ont été aussi les continuateurs de leur œuvre, MM. les abbés de Scorbiac et de Salinis.

Ils entrèrent à Juilly deux ans à peine avant les événements de 1830. Cette révolution les surprit sans les abattre. Ils ne virent dans cette nouvelle

1. Cette pensée de l'empereur Napoléon Ier fut attestée à Juilly même, en 1818, par M. de Fontanes à M. Berryer, de qui nous tenons le fait, en présence de M. de Bonald et de M. Bertin de Vaux. Ces Messieurs se promenaient ensemble dans le parc du collége, lorsque M. de Fontanes, s'arrêtant en face des bois de Montgé et les leur montrant du doigt, leur dit : Vous voyez bien ces anciens bois des Pères ; eh bien ! l'Empereur voulait leur rendre tout cela, *et bien d'autres choses encore.* Il faisait allusion, par ces dernières paroles, au rétablissement de l'Oratoire en vue de le charger de l'instruction publique secondaire.

2. M. de Fontanes, grand maître de l'Université sous le premier Empire, avait eu pour précepteur, dans sa jeunesse, le P. Balland, un des Oratoriens de Juilly.

3. *L'Oratoire de France au* XVIIe *et au* XVIIIe *siècle*, par le P. Ad. Perraud, appendice n° 4, p. 511, éd. in-8 et in-12, Douniol, Paris, 1865.

crise de transformation sociale qu'une responsabilité plus grande pour les instituteurs de la jeunesse ; et jugeant à la rapidité du mouvement qui entraînait l'esprit humain dans toutes les sphères de son activité, que l'enseignement public ne pouvait plus rester circonscrit dans les bornes ordinaires de l'instruction classique, ils élargirent le cadre du leur, en lui donnant pour base et pour couronnement l'étude approfondie de la Religion et de l'Evangile, « ce code divin où sont écrits tous
« les principes de foi et de science, d'ordre et de
« liberté qui, développés par la parole et semés
« par les mains de l'Eglise au milieu des restes
« d'une civilisation tombée, peuvent seuls faire
« germer dans le vieux sol du monde chrétien
« une nouvelle et plus brillante civilisation [1]. »
L'expérience confirma la sagesse de leurs vues. Au jour des grandes luttes sur la liberté d'enseignement, dont les catholiques ne sauraient jamais oublier qu'ils doivent le bienfait au gouvernement du Prince Président de la République, aujourd'hui Napoléon III [2], Juilly mérita, par la supériorité de sa direction, l'honneur de justifier le prix que les défenseurs de cette liberté vitale attachaient

---

[1]. Discours de M. l'abbé de Salinis, mort Archevêque d'Auch, à la distribution des prix du 19 août 1833, p. 7.

[2]. La loi du 15 mars 1850 sur la liberté d'enseignement, préparée par M. de Falloux, lorsqu'il était ministre de l'Instruction publique, ne fut discutée et votée que sous l'administration de son successeur, M. de Parieu, ancien élève de Juilly.

à son triomphe. Et quand après douze ans de fécond labeur, le terme de leur tâche coïncida avec l'anniversaire, deux fois séculaire, de la fondation du Collége, l'abbé de Salinis put, dans des pages éloquentes[1], résumer l'histoire de Juilly, rappeler ses titres à la reconnaissance publique, et trouver dans cette glorieuse revue de son passé le témoignage qu'ils avaient su eux-mêmes conserver intact le dépôt de ses traditions.

Tels ont été encore leurs successeurs, M. l'abbé Bautain, l'éminent philosophe de la faculté de Strasbourg, et la société de prêtres que le prestige de sa parole avait conduits ou ramenés à la foi, et que l'ascendant de son mérite avait groupés autour de lui. Tous, ils avaient commencé par vivre dans le siècle où ils occupaient un rang distingué; ils en avaient, pour la plupart, épousé les doctrines, partagé les préjugés et ressenti les défaillances. Et quand Dieu eut incliné leurs cœurs et éclairé leur esprit, chacun d'eux aurait pu dire aux hommes de son temps comme celui qui avait ouvert leurs yeux à la lumière de l'Évangile : « Et moi aussi
« j'ai été amateur de la sagesse humaine, admira-
« teur de vaines doctrines. J'ai cru, comme beau-
« coup d'autres, que la mesure de l'absolu et du
« possible se trouvait dans ma raison et que ma
« volonté était sa loi à elle-même. J'ai cherché la

---

[1]. Discours de la distribution des prix du 17 août 1840.

« vérité en moi, dans la nature et dans les livres ;
« j'ai frappé à la porte de toutes les écoles humaines,
« et je n'ai trouvé que ténèbres et incertitudes,
« vanités et contradictions.... Doutant de tout,
« croyant à peine à ma propre raison, ne sachant
« que faire de moi et des autres au milieu du
« monde, je périssais consumé par la soif du vrai,
« dévoré par la faim de la justice et du bien et ne
« les trouvant nulle part ! Un livre m'a sauvé ; mais
« ce n'était point un livre sorti de la main des
« hommes. Je l'avais longtemps dédaigné et ne le
« croyais bon que pour les crédules et les igno
« rants. J'y ai trouvé la science la plus profonde
« de l'homme et de la nature, la morale la plus
« simple et la plus sublime à la fois[1]. »

De tels hommes, sortis des rangs du monde pour devenir les ministres de la vérité, et réunis depuis bientôt dix ans, à Strasbourg, dans un centre commun de piété et d'étude, étaient bien les Directeurs que pouvait ambitionner Juilly pour continuer son enseignement de foi, de science et d'action, plus nécessaire que jamais à notre époque, tourmentée du besoin de croire, de connaître et d'agir. Ils exposèrent leur système d'éducation à la distribution des prix de 1841 : « Le caractère de ce collége, dit M. l'abbé Carl, est la vie de famille mêlée à la vie d'une communauté chrétienne ; c'est

[1]. Discours de M. l'abbé Bautain sur la morale de l'Évangile comparée à celle des philosophes.

la piété filiale soutenue par le respect de la loi et inspiré par l'amour de Dieu. Appuyés sur ses traditions et tendant toujours au progrès, nous réunirons, je l'espère, les deux garanties du bien en ce monde et nous assurerons l'avenir par le passé. Ce que nous avons le plus à cœur, c'est de conserver pure et vive dans l'âme de nos enfants cette foi qui les anime ; c'est ensuite d'élever l'enseignement et les études à la hauteur de la foi catholique, en vivifiant par elle les connaissances humaines et en l'affermissant elle-même par la science contre l'esprit du siècle[1]. » L'esprit traditionnel de Juilly revivait dans ces paroles ; et après les avoir entendues, M. l'abbé de Bonnechose fut en droit de s'écrier : « Privilége admirable des institutions re-
« ligieuses! Les années et les siècles s'écoulent,
« les hommes passent ; les noms disparaissent ;
« les formes changent ; l'esprit reste et demeure le
« même[2]. » C'est, en effet, le privilége incommutable de la vérité catholique de faire participer les œuvres qu'elle inspire à sa vitalité et à sa permanence. Et ces messieurs purent le constater eux-mêmes, lorsque, sept ans plus tard, éclata la Révolution de 1848. Pas plus que leurs prédécesseurs en 1830, ils ne ressentirent le contre-coup de ces graves événements ; et la confiance des familles, le bon esprit et le travail soutenu des élèves leur prou-

---

1. Discours de M. l'abbé Carl à la distribution des prix de 1841.
2. Allocution de M. l'abbé de Bonnechose à la même distribution.

vèrent la justesse et l'opportunité de leur programme. Pendant seize ans encore, ils continuèrent à l'appliquer, se donnant tout entiers à leur famille d'adoption, pénétrant les intelligences des lumières de leur savoir et fortifiant les cœurs au contact de leurs vertus.

Enfin, quand le besoin du repos se fit sentir pour eux après vingt-cinq ans d'apostolat et de dévoûment, le désir d'assurer les destinées du collége et de perpétuer son esprit, les détermina à en faire la propriété commune de tous ses enfants. Leur dessein se réalisa; depuis 1865, Juilly appartient à la société de ses anciens élèves ; et les fondateurs de cette société peuvent juger déjà que leur attente ne sera pas trompée.

Le premier acte du nouveau Conseil d'administration fut d'agréer, comme leur successeur, M. l'abbé Maricourt, celui de leurs disciples que les qualités de son esprit et de son cœur et la distinction de son enseignement de la philosophie avaient déjà désigné à leur choix.

Le second fut de déclarer hautement, à deux reprises successives[1], qu'il serait fidèle aux traditions de Juilly et qu'il saurait conserver dans son enseignement l'alliance étroite de la religion et des lettres, qui en a toujours fait la base. La conscience de son devoir et la conviction que de fortes études,

1. Lettre circulaire de M. Dariste, sénateur, président du Conseil d'administration du collége, du 12 juin 1865.

vivifiées par une éducation chrétienne, sont le plus impérieux besoin de nos temps actuels, lui dictèrent cette déclaration. Il n'est personne, en effet, qui ne sente le sol trembler sous ses pas ; et chacun se préoccupe des sombres perspectives de l'avenir. On s'inquiète de cette soif insatiable d'or et de jouissance qui nous dévore, des scandales qu'elle révèle et de l'oblitération du sens moral qu'elle produit. On s'alarme de cette vaste conjuration, ourdie par toutes les forces réunies de l'impiété, contre les droits de Dieu et les principes mêmes de l'existence sociale ; et l'on n'a que trop de raisons de craindre que ces efforts aveugles trouvent leur terme et leur châtiment dans une formidable et sanglante catastrophe. Le mal est là effectivement, et il est grave. Mais aussi le remède existe ; et il dépend de nous de le lui appliquer. Si notre Révolution a fait écrouler toutes les institutions du passé, si les questions dynastiques, si même les formes de nos constitutions politiques semblent avoir perdu de leur importance, il est du moins une puissance qui s'est élevée sur les ruines de toutes les autres, devant laquelle tous les pouvoirs s'inclinent et qui devient de plus en plus irrésistible et souveraine, c'est la puissance des idées. Conquête redoutable mais glorieuse, elle constitue l'opinion et gouverne le monde. Mais si elle tient

1. Discours de l'auteur, au nom du Conseil d'administration, à la distribution des prix du 1er août 1865.

dans ses mains la balance des destinées sociales, ce sont nos idées, les idées de chacun de nous, qui en forment les poids ; et ces idées ne sont autres que celles qui nous ont été inculquées dans notre enfance. C'est donc à faire prévaloir les saines doctrines et les principes vrais dans l'éducation, que doivent tendre les efforts de tous ceux qui comprennent la portée de sa mission et qui se préoccupent de la paix et de l'avenir du pays.

Le Conseil s'est inspiré de cette nécessité, et il croit lui avoir donné satisfaction et répondu à la confiance de ses mandants lorsque, par un acte récent il a replacé la Congrégation de l'Oratoire à la tête de son vieux collége dont elle avait fait la fortune et dont elle avait su, pendant deux siècles, maintenir la célébrité.

C'est là cette maison de Juilly, « si chrétienne et si française[1], » dont nous allons essayer de retracer les annales. Nous voudrions faire ressortir le rôle qu'elle a joué dans l'histoire de l'éducation publique en France et la part qu'elle a prise à ses progrès, le bien qu'elle a opéré et l'influence qu'elle a exercée, en montrant quels ont été ses principes et ses procédés d'enseignement, les maîtres qui les ont appliqués et les élèves qu'ils ont formés. Ce tableau, pour être fidèle et digne de son sujet, aurait exigé une plume plus habile et plus exercée

1. Allocution de Mgr l'Évêque de Meaux à la distribution des prix de 1831.

que la nôtre ; et, pour le rendre complet, nous aurions eu besoin de compulser bien des documents qui nous ont fait défaut. Les archives de Juilly, sans avoir été, comme tant d'autres, livrées au pillage, n'en ont pas moins été détruites ou dispersées lors de la première Révolution. Ceux de leurs débris que renferment les dépôts publics sont tout à fait insuffisants ; les plus considérables sont ceux des Archives de l'Empire et de la Bibliothèque impériale ; encore ne nous ont-ils fourni que fort peu de renseignements. C'est plutôt dans les bibliothèques particulières que peuvent se trouver les plus intéressants ; mais jusqu'ici, malgré les plus actives recherches, nous ne sommes parvenus à en recueillir qu'un très-petit nombre, et nous faisons appel à la bienveillance de leurs détenteurs pour les prier de vouloir bien nous les communiquer et nous mettre à même de compléter plus tard cette première étude. Toutefois, ce sont encore les épaves de ces archives, conservées précieusement à la bibliothèque du Collége, qui nous ont le plus servi. Nous avons trouvé d'utiles indications dans les anciens registres de comptabilité, dans celui des procès-verbaux de visite des Généraux de l'Oratoire, dans quelques recueils de correspondances et surtout dans la notice du Collége par le P. Adry [1].

---

[1]. Notice sur le collége de Juilly, par le P. J.-F. Adry, de l'Oratoire, ancien élève de cette Académie. Paris, Delalain, 1816, ᵉ édition, de 44 pages in-8.

Malheureusement cette notice est beaucoup trop courte. L'auteur, en l'écrivant, ne se proposait que de lui donner place dans sa préface du *Traité des études* du P. Houbigant ; et cette destination spéciale la lui fit réduire à des proportions trop restreintes.

Quelque défectueux, néanmoins, que soit ce travail, nous espérons que nos anciens Condisciples, auxquels nous sommes heureux de l'offrir comme un témoignage d'affectueux souvenir, voudront bien le lire avec l'indulgence qu'obtiennent d'ordinaire les récits qui nous rappellent nos premiers maîtres et les lieux où a grandi notre enfance. Nous espérons aussi qu'ils en détermineront plusieurs à étendre, par leur adhésion, le cadre de notre Association, et à joindre leurs efforts aux nôtres pour soutenir la réputation de cette ancienne et célèbre École de science, de patriotisme et de vertu.

14 septembre 1867.

ERRATA

Page 22, ligne 2 de la note, 1846; *lisez* : 1546.

Page 28, ligne 3, le dialectique; *lisez* : la dialectique.

Page 41, ligne 27, y attenant; *lisez* : y attenante.

Page 51, ligne 7, 1341; *lisez* : 1351.

Page 55, ligne 8 de la note, Charles IV; *lisez* : et de Charles VII.

Page 113, ligne 18, Il en confie; *lisez* : Il en confia.

Page 140, ligne 8, ce fut encore un des fils; *lisez* : ce fut un autre fils.

Page 225, ligne 3, d'un Président ou Vice-Président; *lisez* : d'un Président, d'un Vice-Président ou Chancelier.

Page 306, ligne 19, pendant tout le cours du XVIII° siècle ; *lisez* : dans toute la suite du XVIII° siècle.

Page 542, ligne 24, 1809; *lisez* : 1800.

Page 572, ligne 2, des anciens et modernes; *lisez* : des anciens et des modernes.

Page 632, ligne 20, lui donna pour premier chef; *lisez* : et lui donna pour premier chef.

Page 648, ligne 17, Antiquaire, *lisez* : Président de la Société des Antiquaires de France.

LIVRE PREMIER

Le Village et le Collége

CHAPITRE PREMIER

LE VILLAGE

Topographie de la contrée. — Notoriété des ville et bourgs environnants : Dammartin, Thieux, Nantouillet, Compans. — Histoire du village de Juilly, étymologie de son nom, ses origines, sa population. — Le couvent des Dames de Saint-Louis. — L'ancien château. — L'église.

A l'extrémité orientale de l'Ile-de-France [1], dans la partie de cette belle province que la richesse de son sol, la variété de ses productions et l'agrément de ses paysages ont fait appeler plus particulièrement la France, s'étendent les vastes et fertiles plateaux de la Brie. Entre les plus pittoresques et les plus heureusement situés, il en est un dont le panorama, sans avoir rien de grandiose, se fait remarquer par la diversité de ses aspects, la fécon-

---

[1]. L'ancienne province de l'Ile-de-France comprenait tout le territoire situé entre la Seine, la Marne, l'Oise et l'Aisne.

dité de sa terre et le charme de ses riants coteaux : c'est celui que limitent, au nord, les collines boisées de Dammartin ; à l'est, celles de Montgé et le hameau de Vinantes ; à l'ouest, le village de Thieux ; au midi, celui de Nantouillet, et que traverse, dans toute sa longueur, le chemin de fer de Paris à Soissons.

La hauteur de son sol, élevé de 90 mètres au-dessus du niveau de la mer, sa déclivité générale, sa nature perméable et ses ondulations peu profondes le placent dans les meilleures conditions climatériques : la température y est égale et douce ; l'atmosphère, calme et constante ; et l'air, incessamment rafraîchi par les bois d'alentour, y est vif et pur.

Sa surface accidentée présente à la vue quelques fraîches vallées. La plus longue et la plus sinueuse est celle qui, du pied des hauteurs de Montgé, s'étend, à travers la plaine, jusqu'à Nantouillet ; elle est arrosée par un ruisseau qui, sous le nom du Rû du Rossignol, forme un des bras de la Beuvronne ou Biberonne, petite rivière qui passe à Thieux et à Compans et se jette, au delà de Claye, dans la Marne. C'est vers le centre de cette vallée, à égale distance, à peu près, des divers groupes de population qui l'entourent, que sont situés le village et le collége de Juilly [1].

---

[1]. Juilly est à huit lieues de Paris, trois de Meaux et de Lagny

Le village est du nombre de ces bourgades heureuses qui n'ont pas d'histoire et que leur existence paisible et uniforme a toujours tenues éloignées de ces redoutables jeux des passions humaines qu'on appelle les guerres et les révolutions. Aussi ses courtes annales sont-elles loin d'offrir le même intérêt que celles des pays circonvoisins.

Dammartin, le chef-lieu du canton et du comté de ce nom, dans la mouvance duquel se trouvait autrefois le fief de Juilly, et qui n'en est éloigné que de quatre kilomètres, doit sa célébrité à l'éclat du nom de ses seigneurs, qui, depuis 1435, appartiennent tous aux grandes familles des Chabannes, des Montmorency et des Condé [1].

Thieux cite parmi les siens un maréchal de France, Tristan de Rostaing, mort en 1591, et des Beaumanoir, et garde le souvenir d'une longue escarmouche des avant-gardes des deux armées de Charles VII et du duc de Bethford, et d'une

et une de Dammartin. Avant la Révolution, il dépendait, pour l'ordre religieux, de l'évêché de Meaux, de l'archidiaconé de France et du doyenné de Dammartin ; et pour l'ordre civil, de la généralité de Paris, du bailliage du Châtelet, où étaient portés les appels des causes de la justice du seigneur du lieu, et de l'élection de Meaux (V. *Almanach de Meaux* pour 1784, p. 150). Aujourd'hui, il n'est plus qu'à une heure de Paris par le chemin de fer de Soissons, dont la station la plus voisine, celle de Dammartin-Juilly, n'est qu'à 1,900 mètres du village, et est en communication directe avec lui par un service régulier d'omnibus.

1. Voir la chronologie historique des comtes de Dammartin dans l'*Art de vérifier les dates*, t. II, p. 1784.

visite de Jeanne d'Arc à sa jolie église en 1429 [1].

Nantouillet fut la résidence de Charles de Melun, grand maître de France et gouverneur de Paris sous Louis XI, et du cardinal du Prat, chancelier de France sous François Ier. C'est lui qui en fit construire le magnifique château qui, malgré l'état de ruine et de ferme auquel il est réduit aujourd'hui, accuse encore un chef-d'œuvre d'architecture « et toutes les splendeurs d'un palais d'agrément derrière les fossés, les ponts-levis et les remparts de décor d'un château féodal [2]. »

Compans lui-même fut habité par deux chanceliers de France : Boucherat et d'Aguesseau.

A Juilly, au contraire, dans la longue liste des possesseurs de son ancien manoir féodal, il n'y a qu'un nom qui ait été préservé de l'oubli : celui de Robert de Juilly, chevalier de Saint-Jean de Jérusalem, qui parvint à la charge de grand maître de l'Ordre en 1371. Cependant cette petite commune offre elle-même ces deux traits du génie national : le goût des armes et le don de la parole, que déjà le vieux Caton constatait dans ses écrits [3]; car elle a donné le jour à un homme de robe et à un homme

---

[1]. 13 août 1429. La porte par laquelle elle y entra s'appelle encore la Porte de Jeanne-d'Arc.

[2]. Description du château de Nantouillet, par M. A. de Longpérier-Grimoard.

[3]. *Duas res gens gallica industriosissimè persequitur, rem militarem et argute loqui*, disait Caton en parlant des Gaulois. — V. aussi Diod. de Sicile, l. 5-31, et Strabon, l. 4, p. 197 et 199.

d'épée, à un avocat et à un général. Jean-Joseph Bocquet de Chanterenne naquit à Juilly en 1704, fit ses études à l'Académie, entra à l'Oratoire en 1720 et en sortit quelques années plus tard, pour suivre avec succès la carrière du barreau. Il composa quelques ouvrages de jurisprudence assez estimés. Trente-huit ans plus tard, en 1742, y naissait également Honoré-Alexandre Haquin, que sa valeur sur tous les champs de bataille de la République et de l'Empire éleva jusqu'au grade de général de division, et qui représenta le département de Seine-et-Oise au Corps législatif de 1811 à 1814 [1].

L'étymologie du nom de Juilly est très-incertaine. Baudrand, dans son *Lexicon geographicum*, pense que le mot : *Juliacum-Gulick-Giulick*, ne s'applique qu'au duché de Juliers entre le Rhin et la Meuse : *Juliacum ducatus Incolæ juliacenses, qui Gugerni à veteribus dicti putantur*. Et de Roquefort, dans son dictionnaire étymologique de la langue française, se borne sur Juilly à cette simple remarque : « Juilly ou Jully, en latin *Juliacum*, vient comme la ville de Juliers du mot Jules, nom propre d'homme, en latin *Julius*. » Il est permis de conjecturer que c'est à quelque camp de Jules César dans ses environs que Juilly doit sa dénomination.

Les origines du village ne sont pas mieux con-

---

[1]. V. Catalogue des archives de Seine-et-Marne, supplément, p. 74.

nues. On voit figurer son nom dans des chartes du xie siècle; et l'on peut présumer que ses accroissements successifs ont suivi ceux de l'abbaye et du collége, qui ont toujours employé à leur service un certain nombre de ses habitants. Au commencement du xviiie siècle, en 1720, il en comptait 420, répartis en 76 feux [1]. En 1865, le dernier recensement portait sa population à 868 âmes. Dans ce chiffre, il est vrai, étaient comprises les 160 personnes réunies au couvent des dames de Saint-Louis. Ce couvent, dont l'installation date de 1847, est la maison mère d'une congrégation diocésaine vouée à l'éducation et spécialement à l'éducation populaire. Elle a été fondée, en 1841, sous la direction de M. l'abbé Bautain, par madame la baronne de Vaux qui, après avoir brillé dans le monde par les grâces de son esprit et de sa personne, s'en éloigna à la mort de son mari, pour consacrer au service de Dieu et des pauvres les rares qualités de son intelligence. Elle commença cette œuvre, seule, sans autres ressources que sa propre fortune, mais avec son cœur et avec l'énergie de son caractère; et après vingt-cinq ans de labeur, elle est aujourd'hui à la tête de neuf maisons dans le diocèse et d'une dixième à Paris; et sa propre communauté renferme un ouvroir de quarante enfants pauvres, un pensionnat de soixante jeunes filles, vingt religieuses et quarante novices.

1. V. le nouveau dénombrement du Royaume par Saugrain.

Le village renferme encore d'assez jolies maisons bourgeoises et quelques belles fermes, véritables modèles de grandes exploitations rurales; mais il ne lui reste plus rien de son château et de son ancienne église, ces vieux témoins de son passé.

Le château, construction gothique du XIVe siècle, flanqué de quatre tours rondes et massives et entouré de larges fossés, s'élevait au-dessus du Rû à cinquante mètres environ à droite du lavoir actuel. Une longue et belle grille de fer, ouvrant sur la place du jeu de paume et appuyée sur deux pavillons, dont l'un servait de salle de justice et l'autre de logement au jardinier[1], en laissait apercevoir la façade; une avenue de peupliers y conduisait; et par derrière s'étendait un assez beau parc[2]. L'avenue du collége, qui était alors un chemin public entre Juilly et Vinantes, formait une de ses limites; et à l'angle de la rue Barre actuelle et de la place de l'église[3], entre deux tourelles dépendantes aussi de ce manoir, existait une porte qui lui donnait accès sur la route de Paris, dont c'était là le point de départ. Ce château féodal, démoli quelques

---

1. Les maisons actuelles de madame Roche et de M. Budor, professeur de physique au collége, occupent la place de ces deux pavillons.

2. La pièce de terre, située derrière le jardin de M. Barre, s'appelle encore : le Parc.

3. Cette place date de 1678, époque à laquelle les habitants de la paroisse firent supprimer, pour l'ouvrir, l'ancien petit cimetière qui en occupait le terrain (V. aux archives de l'évêché de Meaux).

années avant la Révolution, était la propriété du marquis de Nantouillet, lorsqu'il fut vendu comme bien national.

L'église, d'une date un peu plus récente, mais d'un style aussi lourd que le château, tombait de vétusté depuis plusieurs années, lorsque la générosité du pasteur, celle des fidèles et d'un grand nombre d'anciens élèves du collége permirent, en 1865, de la reconstruire à neuf et d'élever sur son emplacement un sanctuaire gothique, beaucoup plus vaste, dont l'élégant portail et le haut clocher font face maintenant à la grande porte d'entrée du collége.

Tout l'intérêt de Juilly se concentre donc sur cette maison fameuse, à laquelle il doit sa fortune et sa renommée.

CHAPITRE SECOND

LE COLLÉGE

Description du collége : le parc, la pièce d'eau et les bâtiments. — Le collége proprement dit. — La cloche. — L'abbaye. — La chapelle : le cœur de l'aïeul de Henri IV ; l'abside ; les vitraux ; le rétable de l'autel ; les stalles du chœur ; la statue du cardinal de Bérulle, par J. Sarazin ; sa comparaison avec celles de l'Oratoire et de la chapelle des Carmélites de la rue d'Enfer. — Tableaux et portraits. — Cabinets de physique et d'histoire naturelle. — Bibliothèque. — Cuisines et réfectoires. — Le petit collége. — L'école de natation. — Le marronnier de Malebranche. — Division de l'ouvrage.

Vus de la station du chemin de fer, l'ensemble imposant des bâtiments du collége et le massif de grands arbres qui l'encadre, annoncent déjà un vaste établissement. A mesure qu'on en approche, les lignes simples et sévères de son architecture vous inspirent une certaine tristesse ; mais dès qu'on en a franchi le seuil, l'impression devient tout autre, et le regard se repose avec plaisir sur la longue avenue de tilleuls que l'on traverse, sur la chapelle d'été[1] qu'ombragent deux rangées de peupliers, et sur les gazons et les fleurs du jardin anglais qui le suit.

Bientôt l'on arrive au perron de la cour d'hon-

---

[1]. Cette chapelle n'a de remarquable que l'étendue de son vaisseau.

neur; là, la façade apparaît dans toute son étendue; ses proportions grandioses vous étonnent, la beauté du panorama devant lequel elle s'élève, vous arrête et vous charme; et ces majestueuses allées du parc, cette admirable nappe d'eau qu'elles dominent, vous rappellent les beaux colléges des universités d'Oxford et de Cambridge, magnifiques assemblages de superbes édifices, séparés les uns des autres par des pelouses, des cours d'eau et des lacs, des jardins et des bois, et placés au milieu des plus riantes contrées de l'Angleterre. Comme eux, en effet, Juilly est à la fois une retraite délicieuse pour les hommes d'étude et un incomparable séjour pour l'enfance; et l'on est tenté, à sa vue, de s'écrier comme l'illustre auteur de l'*Avenir politique de l'Angleterre* en face de ses grandioses écoles : « Quelle différence entre un pareil séjour et les maisons où nous avons fait nos classes, vraies prisons murées entre deux rues de Paris, dominées par des toits et des tuyaux de cheminées, avec deux rangées d'arbres étiolés au milieu d'une cour pavée et sablée, et une malheureuse promenade tous les huit ou quinze jours à travers les guinguettes des faubourgs[1]! »

Les constructions sont considérables. Elles occupent une surface d'environ 10,000 mètres carrés; et sans avoir aucun caractère architectonique spécial, elles forment quatre groupes distincts d'un aspect régulier et harmonique.

1. De Montalembert, t. V de ses œuvres complètes, p. 340.

Le premier de ces groupes est celui qui encadre, sur trois sens, la grande cour, d'où la vue s'étend sur le parc. Il constitue le collége proprement dit et renferme les deux divisions des grands et des moyens, l'appartement du Directeur, les bureaux de la comptabilité, les salons des étrangers, les chambres des professeurs et la lingerie. Chacun des trois corps de bâtiments qui le composent, se développe sur une longueur moyenne de 40 mètres et, par son étendue et sa hauteur, permet de distribuer abondamment l'air, l'espace et la lumière dans les classes, les salles d'étude et les dortoirs. A l'angle de celui de gauche, du côté du parc, s'élève un petit clocheton qui ne rencontre pas toujours des regards complaisants. Il abrite l'effroi des dormeurs et le porte-voix de la discipline, la cloche, qui en 1596 reçut, à son baptême, le nom de Marie et qui était âgée déjà de 253 ans lorsqu'elle fut refondue en 1849.

Le second, qu'on appelle encore l'Abbaye, est consacré à l'habitation des étrangers et des anciens Directeurs. Il se reliait au grand collége par la salle des Pas-perdus, qui coupe toute la nef de la chapelle intérieure dans sa hauteur, et qui a été construite, en 1704, en prolongement de la tribune actuelle; mais cette salle a été convertie récemment en parloir; et depuis lors, la communication est maintenue par une galerie latérale.

La chapelle, où l'on conserve avec un soin pieux

le cœur de l'aïeul de Henri IV, Henri d'Albret, est un parallélogramme de 32 mètres de long sur 6 de large, d'un style ogival simple mais pur. L'abside, seule partie de l'antique sanctuaire que le temps ait épargnée, date du XIIIe siècle ; le chœur et la nef ne sont que du XVIe. On y voit, dans le chœur, les 26 stalles des anciens religieux, dont les deux premières, celles de l'abbé et du prieur claustral sont encore surmontées de leurs dais. Elle possède aussi un curieux rétable de la fin du XVIIe siècle, à colonnes grecques, en bois sculpté, incrusté de médailles en bronze doré, et couronné par une ascension du Christ, la croix à la main ; les trois fenêtres qui le surmontent, sont garnies de beaux vitraux modernes, donnés par M. l'abbé Bautain et représentant : le principal, Notre Seigneur en croix et la Madeleine à ses pieds ; et les deux autres, la sainte Vierge et saint Jean. Mais son plus précieux ornement est, sans contredit, la statue en marbre blanc du cardinal de Bérulle, œuvre magistrale de Jacques Sarazin, « l'une des gloires, trop oubliée de nos jours, de la grande école française du XVIIe siècle[1]. » Elle est adossée au mur de droite, entre le chœur et le sanctuaire, en face de la porte de la sacristie. Le Cardinal y est représenté en grand costume, à genoux, appuyé sur un prie-Dieu, priant les mains jointes, la tête tour-

---

1. Cousin, *du Vrai, du Beau et du Bien*, p. 244, 7e édit.

née vers l'autel, et le livre des Évangiles ouvert devant lui. Son piédestal, taillé dans le même bloc, est orné, sur la face extérieure, d'un bas-relief qui reproduit l'épisode de Jonas sortant du sein de la baleine.

La physionomie du Cardinal est expressive et vraie; elle respire la mansuétude. Le regard, plein de bonté et de vie, reflète tous les mouvements de son âme, la bonté de son cœur et la pénétration de son esprit. Toute son attitude est parlante; c'est bien là celle que devait avoir ce grand serviteur de Dieu dans son commerce habituel avec l'Eucharistie : attitude humble mais confiante comme celle de tous les saints [1]. Cette belle statue, l'un des

---

[1]. Ce mausolée n'est pas, du reste, le seul objet d'art que renferme le collége. On y voit encore, disséminés dans les deux chapelles et dans les réfectoires, en attendant qu'on puisse les réunir au parloir comme dans un musée spécial, un certain nombre de toiles, dont quelques-unes sont d'un grand prix, entre autres : les portraits des neuf généraux de l'Oratoire, parmi lesquels tous les connaisseurs admirent celui du P. de La Tour, par un maître inconnu; celui de Malebranche, généralement attribué à Mignard et dont la copie est au musée de Versailles; celui du P. Thomassin, peint par Van Schuppen et gravé par son frère; et ceux du P. Gaichiès et du Cardinal de Noailles. Et leur collection s'est accrue dernièrement de huit autres, dont M. l'abbé de Régny a bien voulu faire don au collége, et sur lesquelles l'illustre Ingres a laissé cette note, écrite de sa main, en 1840, à Rome, où elles se trouvaient alors :

1º Portrait de Philippe IV, grand comme nature, de Velasquez, très-beau.

2º Autre portrait de Philippe IV, du même.

3º Adoration des Mages. Figures de petite dimension.

chefs-d'œuvre du maître et peut-être de la statuaire française du grand siècle, formait la partie supérieure du mausolée érigé dans la chapelle de la Sainte-Vierge à la maison de l'Institution de l'Oratoire, à Paris, et surmontait une urne, en marbre noir, contenant le bras droit du Cardinal, qui y avait été déposé en 1658 [1], mais qui, profané et perdu pendant la Révolution, n'a pas été retrouvé depuis. Transportée, après la Terreur, au musée des monuments français, elle en fut retirée par Fouché, en 1806, lorsqu'il en eut fait don aux Oratoriens de Juilly.

Deux autres mausolées avaient été élevés à la mémoire du pieux Cardinal : l'un, aux frais du P. Bourgoing, dans la chapelle de l'Oratoire de la rue Saint-Honoré ; l'autre, en 1657, par l'abbé Lecamus, l'un des pénitents du P. de Bérulle, dans une des chapelles de l'église des Carmélites de la rue Saint-Jacques. Le premier fut fort endommagé à la Révolution ; et il n'en reste plus que le buste du Cardinal, confié d'abord aux Carmélites, puis donné par elles au nouvel Oratoire, où on le voit

---

4° Vieux portrait d'un docteur du XVIe siècle, maître inconnu ; grandeur naturelle.

5° Sacrifice : sujet de la Genèse. Figure demi-nature.

6° Un saint : vieux docteur. Manière de Ribera. Grandeur naturelle.

7° Un saint Augustin, du même.

8° Et une Crèche de son école ; grandeur, petite nature.

1. Tabaraud, *Histoire du cardinal de Bérulle*, t. III. p. 167.

maintenant ¹. « La tête en est d'un naturel parfait,
« comme Champagne aurait pu la peindre, et
« d'une grâce sévère qui rappelle Lesueur et Pous-
« sin ². » Le second, dans un état parfait de conservation, est aujourd'hui dans la chapelle des
Carmélites de la rue d'Enfer. Le Cardinal est de
grandeur naturelle, à genoux, dans l'attitude de la
prière. L'expression générale est celle de la ferveur, mais elle est molle et sans vie. C'est évidem-
ment une œuvre de souvenir et d'imagination ; l'u-
nité même lui fait défaut ; et le creux des draperies,
au-dessous du coude, est d'un effet fâcheux. Somme
toute, ces deux compositions, quelque remarquables qu'elles soient, sont inférieures au Bérulle de
Juilly.

Ce dernier ouvrage est attribué par M. Cousin
à François Anguier, l'auteur du magnifique tombeau du commandeur de Souvré, à Saint-Jean-de-
Latran. « On peut voir à Juilly, dit-il, une autre
statue du cardinal de Bérulle, faite pour l'Oratoire
par François Anguier ³. » Cette opinion de l'illustre
écrivain, isolée et sans fondement, semble le résultat d'une confusion manifeste et contredit d'ailleurs
celle des juges les plus compétents. D'Argenville,
dans sa Vie si estimée des plus fameux sculp-

---

1. La reproduction en terre cuite de cette tête est placée sur la cheminée du parloir de Juilly.
2. Cousin, *du Vrai, du Beau et du Bien*, p. 244, 7ᵉ éd.
3. Cousin, *du Vrai, du Beau et du Bien*, p. 244, 7ᵉ éd.

teurs, dit positivement que c'est Sarazin qui a sculpté « le monument élevé en l'honneur du car- « dinal de Bérulle à l'Institution de l'Oratoire [1], » celui-là même qui a été transféré à Juilly en 1806 ; et il est d'accord avec Sauval [2] et avec Hurtaut et Magny [3] pour ne reconnaître, comme l'œuvre de l'aîné des Anguier, que celui de l'Oratoire Saint-Honoré, aujourd'hui à l'Oratoire de la rue du Regard. Une troisième opinion, celle du P. Battarel, attribue les trois mausolées à Sarazin. « Le P. Bat- « tarel, dit Tabaraud, a écrit ses mémoires avec « un soin scrupuleux dans la maison de Saint- « Honoré. Il avait sous les yeux le monument lui- « même. Et il affirme qu'il était l'ouvrage de « J. Sarazin, l'auteur des deux autres mausolées. « Nous avons adopté son récit, qui nous a d'ailleurs « été confirmé par les anciens habitants de cette « maison [4]. » Pour nous, d'après l'examen attentif que nous avons fait de ces trois statues, nous n'hésitons pas à croire que si l'une d'elles doit être attribuée à Anguier, c'est plutôt celle de la chapelle des Carmélites, dont la manière est toute différente de celle des deux autres, que celle de l'Oratoire, dont l'expression, ferme et douce à la fois, rappelle

---

1. D'Argenville, *Vie des plus fameux sculpteurs depuis la renaissance des arts*, t. II, p. 169.
2. Sauval, *Des antiquités de la ville de Paris*, t. II, p. 343.
3. Hurtaut et Magny, *Dict., hist. de la ville de Paris et de ses environs*, publié en 1779.
4. Tabaraud, *Vie du cardinal de Bérulle*. Loc. cit., en note.

si bien le buste de Juilly et le grand caractère des œuvres de Sarazin.

Au-dessus de la chapelle se trouvent les cabinets de physique et d'histoire naturelle, le laboratoire de chimie et la bibliothèque, riche d'environ 18,000 volumes, et qui possède, entre autres choses précieuses, le manuscrit d'une des oraisons funèbres de Bossuet, celle de Henri de Gornet, dont nous donnons le *fac-simile*.

Le troisième groupe, qui se rattache à l'abbaye par de superbes corridors, déploie sa belle façade en plein midi. Au rez-de-chaussée, il renferme les cuisines et les réfectoires, dont le principal peut contenir deux cents couverts; au premier étage, la pharmacie, les infirmeries et les salles de bains; et au deuxième, la division des minimes et l'appartement des religieuses, auxquelles sont confiés le soin des petits enfants et les divers services de la lingerie, de la buanderie et de l'infirmerie; le quatrième enfin, celui des anciens greniers à blé,

..... ce bâtiment immense,
Où régnaient l'abandon, les rats et le silence,

comme l'a dit un de nos jeunes et spirituels poëtes juliaciens, H. de Mony[1], a été l'objet de travaux d'appropriation considérables, et est devenu, depuis un an, le petit collège.

La beauté du parc ne le cède pas à celle des

[1]. Pièce de vers lue au banquet du 8 avril 1855.

constructions. D'une contenance d'environ vingt hectares, il couvre tout le penchant d'une colline vis-à-vis de celle sur laquelle s'élèvent les bâtiments. Dans sa partie supérieure, un peu au-dessous du grand potager, dont le kiosque rustique domine les belles et riches campagnes d'alentour, se trouvent les salles de verdure ou cantons, destinées en été aux récréations des élèves, leur gymnastique et leur manége d'équitation. Et plus bas, s'étendent les larges et profondes allées, bordées d'ormes séculaires, d'où l'on jouit du ravissant coup d'œil de l'ensemble du collége, des vertes pelouses et des massifs de fleurs du jardin anglais et de la superbe pièce d'eau de deux hectares, qui renferme l'école de natation et qui développe sa nappe tranquille et brillante à l'ombre du vieux maronnier de Malebranche, dont l'admirable couvert a abrité presque toutes les générations de Juilly[1].

Tout dans cette maison respire un air de simplicité et de grandeur qui vous frappe, un parfum de souvenirs, de bonheur et de calme qui vous séduit. Tout y est ménagé pour les convenances et les besoins de l'enfance, sans qu'il s'y rencontre rien de superflu ; et partout s'y révèle l'action de cette prévoyance chrétienne qui sait le prix des âmes et qui, pour les élever dignement, leur a fait une demeure agréable et paisible, mais d'où sont bannis

---

[1]. A hauteur d'homme, cet arbre colossal mesure 9 mètres de circonférence.

avec soin le luxe et la recherche qui pourraient les énerver.

Tels sont les lieux célèbres dont nous essayons de retracer l'histoire, et dont une première esquisse nous a paru utile pour mieux faire comprendre les transformations successives qu'ils ont subies dans le cours des siècles.

Cette histoire peut se diviser en six parties, correspondantes à ses principales époques : la première, ou l'histoire des origines légendaires et de l'abbaye de Juilly; la seconde, celle de l'académie royale, dont la connaissance exige une étude préalable sur la congrégation de l'Oratoire de France ; la troisième, celle des dernières années de l'Oratoire de Juilly à dater de la Révolution; la quatrième, celle de la direction de MM. de Scorbiac et de Salinis; la cinquième, celle de la direction de la société ecclésiastique de M. l'abbé Bautain, que nous ferons suivre d'une Notice biographique sur les hommes les plus remarquables qui sont sortis de ce collége; et la sixième, celle de l'administration de la société des anciens élèves.

Nous allons la parcourir dans cet ordre.

LIVRE SECOND

L'Abbaye

CHAPITRE PREMIER

LA LÉGENDE DE JUILLY

Sainte Geneviève à Meaux. Elle guérit la nourrice de sainte Céline. Elle s'arrête à Juilly avec sa compagne. — La fontaine, la chapelle et le pèlerinage de sainte Geneviève.

« Toute œuvre, destinée à réaliser quelque bien,
« et voulue dès lors par Celui de qui tout bien pro-
« cède, a sa place assignée dans l'espace et dans le
« temps, et l'on dirait que Dieu prépare de loin
« le coin de terre où doit se développer une insti-
« tution pieuse et utile, et qu'il le sanctifie pour le
« rendre propre à féconder la sainte semence
« qu'il doit recevoir[1]. »

1. Paroles de Mgr de Salinis, à la distribution des prix de 1840.

Cette pensée chrétienne éclaire le passé de Juilly. Elle nous le montre d'abord simple Chapelle consacrée à la mémoire et au culte de sa patronne, sainte Geneviève, puis Abbaye de Chanoines réguliers, et restant ainsi pendant plus de 1,200 ans l'asile de la charité, de la prière et de la pénitence, connu de Dieu plus que des hommes, et préparant un trésor de bénédictions et de grâces sur le collége destiné à le remplacer.

Une pieuse légende ouvre son histoire. Elle nous raconte que sainte Geneviève, dans un voyage que lui avait fait entreprendre l'ardeur de son zèle, dut s'arrêter à Meaux. Une jeune fille, déjà chrétienne, Céline, vint lui confier sa douleur : la femme qui avait pris soin de son enfance, sa nourrice bien-aimée, allait mourir. Geneviève se rendit auprès de la malade. « Debout au chevet du lit, elle leva vers le ciel ses yeux baignés de larmes ; son visage rayonna tout à coup d'un éclat céleste, et quand elle abaissa ses regards sur la pauvre femme, elle était guérie. Céline, transportée de joie et de reconnaissance, voulut être elle-même l'hostie de son sacrifice d'action de grâces, et tombant aux genoux de sa bienfaitrice, elle lui demanda le voile sacré, dont elle enveloppait les Vierges qui devenaient ses compagnes[1]. » Depuis lors la plus

---

[1]. *Souvenirs inédits de Juilly*, par une religieuse de la Congrégation de Saint-Louis. Le bréviaire de Meaux, de 1846, nous apprend, du reste, que sainte Céline et sainte Geneviève, se retirè-

tendre et la plus sainte amitié les unit l'une à l'autre ; et Geneviève se plaisait à venir quelquefois deviser avec elle des choses de Dieu et de l'éternité dans les bois qui recouvraient alors le sol de Juilly.

> Premiers enseignements qu'en ce siècle sauvage
> De notre doux Juilly recueillaient les ombrages,
> Et que pour nous peut-être un ange leur dictait [1].

« Or un jour, par une grande chaleur du mois d'août, Céline se trouva prise d'une soif si ardente qu'elle se sentit près de défaillir. De quoi Geneviève, vivement émue, se mit en prière, et aussitôt elles virent jaillir de dessous terre cette source » qui coule encore aujourd'hui dans la maison de Juilly, et qui semble rappeler la beauté et la candeur de l'âme de la sainte dont elle porte le nom, par la bienfaisance et la limpidité de ses eaux [2].

rent dans une église de Meaux, située en un lieu nommé l'Amphithéâtre. Dom Duplessis, *Loc., cit.*, p. 628, note 9.

1. *Le poëme de Juilly*, par notre condisciple de Mony, lu au banquet de 1859.
2. Cette eau, si pure et si sapide, est en même temps si saine que jamais elle n'a incommodé un élève, quelque fraîche qu'il ait pu la boire après une longue promenade ou un exercice violent. (Note du P. Adry, dans sa notice sur Juilly.) Elle alimente tous les services intérieurs du collége, au moyen d'un système de pompe et de conduits dus à la munificence de M. de Laborde, banquier de la cour de Louis XVI et fermier général, dont les fils furent élevés à Juilly. Et tous les ans, une cruche de cette eau, objet des invariables commentaires et des suspicions des agents de l'octroi, arrive à Paris, le jour du banquet des anciens élèves ; et c'est avec elle qu'est porté, par le président, le toast d'usage à la fraternité du collége.

Gracieuse et touchante tradition populaire, qui fait planer sur le berceau de Juilly, comme un symbole de pureté, l'ombre céleste de la Vierge de Nanterre, et qui place cette maison sous la garde spéciale de l'humble bergère qui, du haut du ciel, veille sur les destinées de la France !

Le bruit du miracle ne tarda pas à se répandre dans la contrée.

> La source, disait-on, guérissait tous les maux.
> Aussi, non-seulement les malades de Meaux,
> Mais tous les affligés de la Gaule belgique
> Accouraient éprouver la fontaine magique.
> On buvait un grand verre et l'on partait content.
> Ne plus croire à ses maux c'est déjà quelque chose.
> Si l'on mourait parfois, l'eau n'en était pas cause ;
> De bien des médecins on n'en dit pas autant.
> Les pèlerins venaient en foule : il en vint tant,
> Malades, nus, mourant de toutes les misères,
> Que des prêtres chrétiens, émus de charité,
> Sur les bords du ruisseau si souvent visité
> Ouvrirent un refuge où tous ces pauvres hères,
> Accourus de si loin pour chercher la santé,
> Trouvaient au moins les soins de l'hospitalité.
> Dans cet asile, ouvert à la souffrance humaine,
> Juilly s'était fondé. La pieuse maison
> A tous les malheureux offrait la guérison ;
> Et l'on vint bien longtemps puiser à sa fontaine [1].

Pendant plus de sept cents ans, en effet, l'humble chapelle, construite aux bords de cette fontaine, fut l'objet d'un pèlerinage célèbre ; et l'affluence

---

[1]. Le *Poëme de Juilly*, déjà cité.

constante des visiteurs témoigna de la dévotion reconnaissante de toutes les populations des provinces voisines envers la sainte patronne qui arrêta le Marteau de la terre et le Fléau de Dieu, et sauva la France après avoir sauvé Paris. Ce ne fut que vers la fin du XIIe siècle que ce simple ermitage fit place à une grande abbaye.

CHAPITRE SECOND [1]

L'ABBAYE

Origine de l'ordre des Chanoines réguliers de Saint-Augustin, son institution, ses progrès, son établissement en France. — Guillaume de Champeaux, Gilduin et l'abbaye de Saint-Victor. — Fondation de l'abbaye de Notre-Dame de Juilly. — Elle est soumise à la règle de saint Victor. — Analyse de cette règle. — Costume et armoiries des Chanoines. — Leur gouvernement, leur discipline, leurs usages et la division de leurs journées. — Le Noviciat ; la Profession. Contrôle de leurs actes et de leur vie intérieure par l'Évêque, les Visiteurs et le Chapitre général. — Attribution et pouvoir souverain de ce Chapitre. — Longue période de régularité et causes de relâchement dans la discipline. — Domaines, revenus et droits de l'Abbaye. — Son histoire et celle de ses seize abbés réguliers. — Biographie de ses neuf abbés commendataires : Nicolas Dangu, Renaud de Beaune, Antoine Martin, Horace et Sébastien Zamet, le cardinal de Joyeuse, Henri de Lorraine, dont les bénéfices sont administrés par le P. de Bérulle, Daniel Hotman et Pierre Gibier. — Union de l'Abbaye à la Congrégation de l'Oratoire. — Difficultés qu'elle présente.

L'abbaye de Notre-Dame de Juilly était un monastère de Chanoines réguliers de Saint-Augustin. L'institution de ces Chanoines [2] remontait au grand évêque d'Hippone qui, en 396, un an après sa consécration épiscopale, fut le premier, selon le témoignage de Possidonius, l'historien de sa vie, à constituer un monastère au sein de son église et à

1. Conférer sur tout ce chapitre la *Gallia christiana*, t. VIII, p. 1676 et suiv., et les titres de propriété de l'abbaye de Juilly, *Archives de l'empire*, carton M. M. 625.
2. Le nom de Chanoines leur vint des canons ou statuts des Conciles qui régirent, pendant plusieurs siècles, la vie commune des clercs, appelés pour cette raison clercs canoniques, *clerici canonici*, d'où l'on a fait chanoine. Voyez le *Dictionnaire des antiquités chrétiennes*, de l'abbé Martigny, V° *Chanoine*.

astreindre ses clercs à la vie commune[1]. Son exemple rencontra de nombreux imitateurs ; et dès le v° siècle, on vit se former des communautés ecclésiastiques, sur le modèle de la sienne, dans la plupart des églises d'Afrique et d'Espagne. Elles se multiplièrent également dans les Gaules, où Grégoire de Tours nous apprend que la table de l'évêque qui vivait avec son clergé, s'appelait déjà la table des chanoines, *mensa canonicorum*[2], et se maintinrent en France, comme dans le reste de l'Occident, jusqu'à la mort de Charlemagne. Après lui on perd bientôt la trace de leur existence, et on ne voit plus reparaître en France les Chanoines réguliers qu'à la fin du xi° siècle, lorsque Yves de Chartres les y rétablit d'après les vœux et selon les prescriptions du concile de Rome tenu en 1059 sous Nicolas II. Protégés ensuite par saint Bernard, ils furent surtout redevables du rapide essor de leur ordre à Guillaume de Champeaux[3] et à son disciple Gilduin. Guillaume, archidiacre et écolâtre

---

[1]. Possidonius, *Vita s. Aug.*, 3, 25 et 4, 2, n. 8, et Thomassin, discipl. ecclés., 1 part., l. I, c. xl. Le P. Lacordaire a, dans sa *Vie de saint Dominique* (p. 259, éd. in-12), résumé en quelques lignes la règle de saint Augustin, qui n'était qu'un simple exposé des devoirs essentiels de la vie religieuse.

[2]. Grégoire de Tours, *Hist.*, l. X.

[3]. Champeaux, lieu de naissance de ce grand homme, qui en prit le nom, est un village à 11 kilom. de Melun. V. sur *Guillaume de Champeaux et les anciennes écoles de Paris, au XII° siècle*, les intéressantes études de M. l'abbé Michaud, publiées dans le *Correspondant* en 1866.

de l'église de Notre-Dame de Paris, avait longtemps enseigné, sous les cloîtres de cette cathédrale, la rhétorique, le dialectique et la théologie. Abélard, qui suivit ses leçons et qui avait parcouru les écoles les plus renommées de l'Europe, le regardait comme le maître le plus éloquent et le plus instruit de son temps, et le pape Pascal II faisait un tel cas de ses lumières qu'il exigea sa présence à toutes les délibérations du concile de Troyes, qu'il présida lui-même en 1107. Mais les aspirations de Guillaume s'élevaient au-dessus de la gloire humaine, et en 1108 il résigna ses fonctions d'archidiacre et quitta sa chaire pour revêtir, en même temps que plusieurs de ses disciples, l'habit de chanoine régulier de Saint-Augustin et se retirer avec eux hors de la ville, près d'une chapelle dédiée à saint Victor, sur une colline déserte et boisée où s'élève aujourd'hui l'église de Notre-Dame de Bonne-Nouvelle[1]. Trois ans après, le roi Louis le Gros, qui faisait état, disent les chroniques, du mérite et des vertus de l'illustre religieux, voulut transformer sa retraite en une importante abbaye. Il lui adjoignit d'abord des chanoines de la même observance qu'il venait d'établir à Puiseaux en Gatinais, fit construire ensuite, à ses frais, un vaste et magnifique monastère à côté de son modeste couvent, le dota

---

[1]. *Gall. christ.*, t. VII, p. 657. C. D. Il consentit, cependant, à reprendre dans sa retraite le cours de son enseignement, et inaugura ainsi, par ses nouvelles leçons, l'école fameuse de Saint-Victor.

de revenus considérables et lui en fit don, en 1113, par lettres patentes datées de son palais de Châlons en Champagne où se tenait alors l'assemblée des notables du royaume [1]. Ce fut là l'origine de la célèbre abbaye de Saint-Victor. Guillaume, qui venait d'être promu à l'évêché de Châlons [2], ne put pas en prendre possession; ce fut Gilduin, qu'il avait désigné lui-même pour lui succéder, qui en devint le premier abbé et qui la soumit à une règle dont la sagesse a assuré sa grandeur et sa durée. En peu d'années la vie exemplaire de ses religieux fixa l'attention publique; la réputation de leur sainteté et de leur savoir s'étendit au loin; les évêques d'Italie et d'Allemagne voulurent, comme ceux de France, leur confier la réforme ou l'établissement

1. V. *Figures des différents habits des chanoines réguliers en ce siècle et notice historique sur chacun d'eux*, par le P. du Molinet, p. 35, Paris, 1666, in-4. Toutefois, si l'ensemble des bâtiments de l'abbaye de Saint-Victor fut élevé aux frais de Louis le Gros, il paraît certain que sa belle église fut construite par Gilduin, en grande partie des deniers de l'ancien archidiacre d'Halberstadt, en Saxe, Hugues de Blankemburg, qui vint, vers 1116, se placer sous sa discipline avec son neveu, Hugues de Saint-Victor, le maître fameux de saint Bonaventure et de saint Thomas d'Aquin. V. la thèse remarquable de Mgr Hugonin, évêque de Bayeux, sur *la fondation de l'école de Saint-Victor de Paris*, p. 62. Paris, E. Belin, 1854.

2. Guillaume de Champeaux, sacré évêque de Châlons en 1114, fonda, en 1117, l'abbaye de Trois-Fontaines de l'ordre de Citeaux, et, deux ans après, il se démit de l'épiscopat pour prendre l'habit de cet ordre. Il mourut, en 1121, à l'abbaye de Clairvaux, auprès de son ami, saint Bernard, qui l'avait en si grande estime, qu'il voulut être bénit de sa main abbé de ce monastère, pendant la vacance du siége de Langres.

de leurs couvents; et sous le règne de Louis VIII, le père de saint Louis, la petite communauté de Guillaume de Champeaux était déjà une congrégation puissante qui comptait, sous son obédience, en France seulement, quarante-quatre abbayes et environ quatre-vingts prieurés.

L'abbaye de Juilly, érigée en 1184, fut une de ses filles. Elle dut sa fondation à la munificence d'un seigneur du lieu, Foucauld de Saint-Denis[1], qui, ne pouvant se consoler de la mort de son fils unique, Guillaume, voulut du moins laisser après lui un monument impérissable de sa douleur et de sa piété. Dès l'année 1182, il fit construire pour le repos de l'âme de ce fils bien-aimé, à côté de la petite chapelle de Sainte-Geneviève et y attenant, une vaste église qu'il plaça sous l'invocation de la bienheureuse vierge Marie, *sub patrocinio beatæ Mariæ virginis*, et qui, après bien des restaurations, est devenue la chapelle intérieure du collége. « Comme si Dieu lui en eût inspiré le dessein, dit Mgr de Salinis, pour que ce sanctuaire, né de l'amour chrétien d'un père pour son fils, pût faire déjà pressentir, par une mystérieuse harmonie, sa destination future[2]. » Il y établit des Chanoines réguliers de Saint-Augustin qu'il fit venir de

---

1. *Fulcaudus de Sancto Dyonisio*, qualifié, par erreur, par quelques auteurs du titre de comte de Dammartin. Son nom ne figure pas dans la chronologie, déjà citée, de ces comtes.

2. Discours, déjà cité, de la distribution des prix de 1840.

l'abbaye de Chaage, et auxquels il assigna les revenus nécessaires à leur existence ; et deux ans après, en 1184, il sollicita de Simon Ier, évêque de Meaux, l'érection de cette église en abbaye. L'évêque y donna son consentement solennel dans sa cathédrale [1] et y mit pour conditions : que les religieux de cette abbaye adopteraient la règle de Saint-Victor de Paris, qu'ils en suivraient les exemples pour leur costume, leur genre de vie et leur discipline, et que si l'abbaye demeurait quelque temps sans abbé, elle ferait retour à celle de Chaage dont l'abbé aurait alors le droit d'en disposer.

Quels étaient ces usages et cette discipline de Saint-Victor ? Le P. Hélyot nous l'apprend dans son *Histoire des ordres religieux et militaires* [2]. « Les Chanoines réguliers de Saint-Augustin, dit-il, étaient habillés de serge blanche avec un rochet par-dessus leur soutane et un manteau noir, comme celui des ecclésiastiques, quand ils sortaient. Au chœur, pendant l'été, ils avaient un surplis par-dessus leur rochet avec une aumuce noire sur les épaules ; et l'hiver, une grande chappe noire avec un grand camail. Anciennement même ils portaient la couronne monacale. Leurs armes étaient d'azur au rais pommeté et fleuronné d'or ; l'écu, timbré d'une couronne ducale, orné d'une mitre et d'une

---

1. *Dictionnaire de Lamartinière*, V. Juilly.
2. T. II, p. 155 et 159. Paris, 1792, in-4. Voir aussi, pour le dessin des costumes de ces chanoines, l'ouvrage déjà cité du P. du Molinet.

crosse. » Dans leurs constitutions, dit-il encore, dont les originaux, déposés à l'abbaye de Saint-Victor, avaient pour titre : *Liber ordinis*, on remarquait : « qu'ils ne mangeaient pas de viande au réfectoire, qu'ils travaillaient de leurs mains, qu'ils gardaient un silence si étroit qu'ils ne parlaient que par signes ; que leur coutume était de n'accorder à leurs abbés ni la crosse ni la mitre, et qu'il ne leur était pas permis de fréquenter la cour des princes. Aussi quand Hébert, septième abbé de Sainte-Geneviève-du-Mont, à Paris, eut obtenu du pape Grégoire IX la permission de porter la mitre et que d'autres l'eurent imité, l'abbaye de Saint-Victor les abandonna et se maintint dans la stricte observance de sa règle sous l'autorité de l'évêque de Paris, son supérieur visiteur. » Ils vivaient en communauté, ajoute Moreri[1], et, comme les religieux, faisaient les vœux de pauvreté, de chasteté et d'obéissance à leur supérieur. Mais à la différence des moines, ils pouvaient quitter leur monastère pour être employés au service de l'Église et y remplir les fonctions hiérarchiques.

Ce résumé de la règle de Saint-Victor est exact dans sa concision. Mais le recueil qui la renferme est parvenu jusqu'à nous ; et il nous a semblé qu'une analyse plus développée de ses dispositions principales nous permettrait de pénétrer davantage

---

1. Moreri, *Dictionnaire historique*.

dans la vie intime de nos religieux de Juilly, qui l'observaient, de mieux apprécier leur rôle et leur influence et aussi de nous intéresser à ces existences claustrales, que le P. Lacordaire ne put pas dépeindre sans s'écrier avec émotion : « O maisons « aimables et saintes ! on a bâti sur la terre d'au- « gustes palais ; on a élevé de sublimes sépultures ; « on a fait à Dieu des demeures presque divines ; « mais l'art et le cœur de l'homme ne sont jamais « allés plus loin que dans la création du monas- « tère[1]. »

Le gouvernement général de l'abbaye était confié à l'abbé et, sous ses ordres, à neuf officiers de son choix : le prieur, le camérier ou économe, le cellérier, le réfectorier, l'aumônier, l'infirmier, le bibliothécaire, l'hôtelier et le portier.

L'abbé était le supérieur de la maison et le guide spirituel de ses frères. Chacun lui devait l'obéissance et le respect. On se levait en sa présence et on attendait pour s'asseoir qu'il en eût donné le signal. Au cloître et au chœur on se bornait à s'incliner sur son passage. Son autorité était souveraine; mais elle était réglée par les statuts de l'ordre, tempérée aussi par la loi de la charité et soumise d'ailleurs au contrôle de l'évêque, des visiteurs et du chapitre général. Il était élu par un conseil de sept chanoines, désignés par les suffrages de toute

---

[1]. *Vie de saint Dominique*, p. 266.

la communauté, et devait recevoir ensuite des mains de l'évêque diocésain, la bénédiction abbatiale qui ne différait de la consécration épiscopale que par l'absence de l'onction du saint-chrême et du caractère sacramentel. Nul ne pouvait être élu s'il n'était au moins sous-diacre, âgé de vingt-cinq ans et profès depuis trois ans.

Le prieur était l'auxiliaire de l'abbé dans toutes les fonctions de sa charge et le remplaçait en cas d'absence ou de maladie grave. Le maintien de la discipline et la surveillance de tout le personnel étaient dans ses attributions spéciales. Il donnait le signal des exercices et sonnait la cloche. La gestion des biens et revenus du monastère appartenait au camérier qui, chaque semaine, devait en rendre compte à l'abbé. Le cellérier était chargé de la préparation et de la distribution des aliments; le réfectorier, du soin du refectoire et de la distribution du pain, du vin, de l'eau et du linge de table. L'aumônier distribuait les secours aux pauvres, que la vue de toutes les privations volontaires des chanoines consolait encore de leurs propres souffrances, et leur procurait, après leur mort, une sépulture et des prières. L'infirmier prenait soin des malades. Le bibliothécaire, qui remplissait en même temps les fonctions de chantre, avait la garde et l'entretien de tous les livres, chartes et papiers de l'abbaye. Il était également chargé de la direction et de la discipline du scriptorium ou salle des copistes, leur distribuait le travail, leur fournissait les parchemins, l'encre, les plumes et autres objets nécessaires et surveillait la correction de leurs manuscrits[1]. L'hôtelier était à la disposition des étrangers, envers lesquels il devait pratiquer les devoirs de l'hospitalité avec une politesse affectueuse ; et la vigilance et l'affabilité étaient les qualités principales exigées du portier.

La discipline générale était uniforme et ne souffrait d'exception pour personne. Le premier lever des Chanoines avait lieu à la septième heure de la nuit, à une heure du matin. Au signal de la cloche ils étaient sur pied et « la porte du dortoir s'ouvrait devant eux avec une sorte de douceur et de respect. Des vieillards blanchis et sereins, des hommes d'une maturité précoce, des adolescents en qui la pénitence et la jeunesse laissaient une nuance de beauté inconnue du monde, tous les temps de la vie apparaissaient ensemble sous le même vêtement[2], » et tous, précédés d'un flambeau, se rendaient au chœur pour y célébrer les louanges de Dieu. Après la prière, à voix basse et à genoux, du

---

[1]. Le collège de ces copistes, qui existaient dans la plupart des monastères, a rendu à l'Église, à la science et aux lettres d'immenses services, surtout jusqu'à la découverte de l'imprimerie, par la diffusion qu'il procura des textes de la sainte Écriture et de l'Évangile, des ouvrages des Pères et des Docteurs, et de ceux de l'antiquité grecque et latine. La fonction de copiste était dans notre abbaye, comme dans toutes les autres, fort en honneur et très-enviée. Elle n'était accordée qu'aux Chanoines les plus instruits et les exemptait du travail des mains.

[2]. Le P. Lacordaire, *loc. cit.*

Pater et du *Credo*, ils se levaient au *Deus in adjutorium* et commençaient le chant du grand office (Vigiles ou Nocturne, Matines et Laudes), qui était suivi de celui de la sainte Vierge[1]. A l'issue de cet office, vers trois heures et demie, ils revenaient au dortoir pour y prendre un dernier repos. Ils se relevaient à cinq heures et, après le lavement des mains et la prière du Pater, de l'Ave et du Credo qui se disait à l'église, ils entraient au cloître pour s'y livrer à la lecture ou à l'étude. A six heures avaient lieu le chant de Prime, la première grand'-messe et la psalmodie des Primes de la sainte Vierge. A sept heures se tenait le chapitre, où, après la lecture de quelque passage de l'Évangile, de la Vie des Saints ou de la règle de Saint-Augustin ou de Saint-Benoit, l'abbé faisait une courte conférence sur un point de dogme ou de morale, présidait ensuite à la coulpe[2] et terminait la réunion par

---

[1]. Mgr Hugonin, dans sa thèse déjà citée, à laquelle nous avons emprunté, du reste, quelques-uns des détails que nous donnons sur la règle de saint Victor, rapporte, d'après Simon Gourdan, l'historien des *Hommes illustres* de cette Congrégation, un usage particulier aux abbayes Victorines pour prévenir les assoupissements pendant la durée de ce long office de la nuit. Un religieux se promenait de chaque côté du chœur un livre à la main, et chacun de ses frères devait le saluer à son passage. S'il en remarquait un qui cessât de chanter, il déposait le livre devant lui, se prosternait en face du Tabernacle et retournait à sa place. Le chanoine, qui avait reçu le livre, baisait la terre et se promenait à son tour. (P. 31.)

[2]. La coulpe ou proclamation consistait dans l'aveu que chacun des religieux était tenu de faire, en présence de ses frères, de ses infractions à la règle, et dans la pénitence que lui infligeait l'abbé.

l'examen des affaires du monastère et les avis qu'il jugeait à propos de donner. Le travail des mains succédait à ces saints exercices de la prière, de l'étude et de l'humilité. Les chanoines montaient alors au dortoir pour relever leurs robes et leurs rochets et revêtir une tunique de toile grossière et un petit camail, et se dirigeaient de là, au chant des psaumes, vers le jardin, où ils remplissaient la tâche qui leur était assignée. A neuf heures, ils reprenaient leur habit régulier et leurs études du matin. A dix heures et demie, ils chantaient Tierce, la seconde grand'messe et Sexte, et prenaient ensuite leur premier repas, composé ordinairement de deux plats de légumes, dont l'un était remplacé quelquefois par du poisson, mais jamais par de la viande. De midi à une heure avait lieu la récréation, pendant laquelle il était permis de rompre la grande loi du silence, mais seulement dans un endroit du cloître réservé pour le délassement de la conversation. Trois heures étaient consacrées ensuite à l'étude, à la lecture, à la méditation et au travail des mains. Après quoi, venaient le chant des Vêpres, puis la collation ou leçon dont la lecture se faisait au chapitre et qui était tirée soit de la vie des Pères du désert par Cassien, soit de la règle de Saint-Augustin commentée par Hugues de Saint-Victor, soit de quelque sermon de saint Bernard; ensuite le souper, qui était l'unique repas en temps de carême, les Complies, la prière, l'examen de conscience et le coucher fixé à sept heures en hiver et à huit heures en été. L'abbé montait le premier au dortoir; chacun des chanoines prenait l'eau bénite de sa main, le saluait et allait se mettre au lit.

L'austérité de cette vie, toute de prière, de travail, de silence et de mortifications, exigeait des âmes fortes et longtemps éprouvées. Aussi le novice, qu'une simple tunique de laine sans manches distinguait du profès, était-il à partir du jour de sa vêture l'objet d'une sollicitude spéciale. Les institutions qui lui étaient propres, et dont Hugues de Saint-Victor était l'auteur, lui traçaient tout d'abord la voie dans laquelle il devait marcher. « Cette voie, disaient-elles, est la science, la discipline et la bonté. La science conduit à la discipline, la discipline à la bonté et la bonté à la béatitude, » qui résulte de la pratique parfaite des vertus chrétiennes. Et tous les efforts de ses maîtres tendaient à l'y faire avancer par l'observation exacte des moindres détails de la règle. Le temps du noviciat n'était pas limité; il dépendait des dispositions du sujet et était laissé à l'appréciation de l'abbé. La cérémonie de la profession était imposante. Elle avait lieu à une messe solennelle célébrée par l'abbé, en présence de tous les chanoines et en face des reliques des saints exposées sur l'autel. A l'offertoire, le maître des novices conduisait le nouveau profès au bas des degrés de l'autel, où il recevait à genoux la bénédiction de l'abbé. Il était revêtu alors de l'habit de chanoine et montait au côté droit de l'autel où il lisait à haute voix la profession de foi suivante : « Je N... promets, avec l'aide de Dieu, chasteté perpétuelle, privation de tout bien propre et obéissance à vous, père abbé et à tous vos successeurs canoniquement institués, selon la règle de saint Augustin. » Puis il la déposait sur l'autel, embrassait l'abbé, le prieur et tous les autres chanoines, et allait prendre possession de sa stalle où, avant de s'asseoir, il disait trois fois à haute voix : Recevez-moi, Seigneur, selon votre parole, et je vivrai et je ne serai pas confondu dans mes espérances [1].

Le maintien de cette règle, qui se rapprochait en beaucoup de points de celle des monastères cisterciens, était confié à la haute autorité de l'Evêque diocésain, à la surveillance du Visiteur et au contrôle du Chapitre général. La visite de l'abbaye de Juilly était faite régulièrement, tous les ans, par le père abbé de la maison mère de Saint-Victor de Paris. Tous les chanoines étaient conviés et astreints même en conscience à lui dénoncer secrètement ou en public, à leur volonté, tous les abus, négligences ou défauts qui appelaient une réforme ou une correction dans le chef comme dans les membres de la communauté ; et il avait plein pouvoir pour y

1. V. la thèse de Mgr Hugonin, p. 52.

porter remède. Son inspection s'étendait au temporel aussi bien qu'au spirituel et il en consignait le résultat sur une carte de visite, dont la lecture était faite par le chantre quatre fois dans l'intervalle d'une visite à l'autre. Enfin l'abbé était tenu d'assister au Chapitre général qui s'ouvrait, chaque année, le 14 septembre, jour de l'Exaltation de la Sainte Croix, dans celle des abbayes que le Chapitre de l'année précédente avait désignée comme lieu de réunion. Le Chapitre général était présidé par l'abbé de la maison mère et se composait des abbés des différents monastères de l'ordre, qui tous, à la première assemblée qui suivait leur élection, devaient lui jurer obéissance et fidélité pour eux et leur maison. Son action s'étendait au gouvernement général de la congrégation et son autorité était souveraine. Il contrôlait les actes et jugeait la conduite de chacun de ses membres, contre lesquels il pouvait prononcer la censure, la suspension et même la déposition. Il nommait les visiteurs chargés de la surveillance et de l'inspection de la maison mère ; il réglait les affaires générales de l'ordre, statuait sur les différends élevés entre les abbés et promulguait tous les règlements qu'il jugait nécessaires pour la répression des abus et la sauvegarde de la discipline.

Telle était, dans son ensemble, la règle de saint Victor, observée dans l'abbaye de Juilly. Pendant près de trois siècles elle y fut en honneur et la rendit digne de figurer dans cette glorieuse famille des ordres monastiques « qui ont couvert le monde de bonnes œuvres et de beaux écrits, créé des asiles pour toutes les douleurs, une tutelle pour toutes les faiblesses, un patrimoine pour toutes les misères, donné des leçons de toutes les vérités et des exemples de toutes les vertus [1]. » Mais les guerres désastreuses du XVe siècle et les scandales du grand Schisme portèrent une première atteinte à son empire; le relâchement s'accrut par l'extension des richesses, le goût et l'usage des divertissements profanes, la tolérance d'une alimentation plus substantielle et principalement par l'exemption de la juridiction épiscopale ; et le régime des commendes « cette lèpre des ordres religieux à partir du XVIe siècle [2] » n'aurait pu qu'accélérer la décadence de cette abbaye et amener sa ruine, si elle ne fût passée, sous Louis XIII, aux mains de l'Oratoire.

Les biens de la maison de Juilly étaient considérables; et leur origine remontait à l'époque de sa fondation. Par un dernier acte du 4 juillet 1186, passé en présence de l'évêque de Meaux, Foucauld de Saint-Denis avait, en effet, mis le comble à ses largesses en faveur de cette abbaye, en lui constituant un domaine. Il lui donna la moitié de son jardin, sa garenne qui était au-dessous, le moulin de Grotel et une pièce de terre y attenant, une pièce

1. *Les moines d'Occident*, par M. de Montalembert, t. I, p. 7.
2. *Les moines d'Occident*, introd., p. 161.

de vigne du côté de Nanteuil, cent cinquante arpents de terre labourable [1] et soixante arpents de bois à prendre dans sa forêt, dont il traçait les confins; et il amortit, en outre, cent arpents de terres et prés que l'abbaye pourrait acquérir plus tard. En retour de ces libéralités, les religieux s'engagèrent à chanter, chaque jour, la messe conventuelle à sept heures, à en célébrer, à neuf heures, une basse qui devrait être sonnée le temps nécessaire pour se rendre du château à l'église par une porte que le donateur aurait le droit d'ouvrir dans le mur séparatif de son jardin et de l'intérieur de l'abbaye; à chanter, le troisième jour après l'octave des Rois, un anniversaire avec vigiles pour le repos de l'âme de son fils Guillaume; à donner en aumônes le tiers d'un septier de froment, à servir une rente de dix sols par jour aux religieux de Châage pour leur nourriture, et à accorder au donateur, pour lui et ses successeurs, le droit de sépulture dans leur église.

Ce domaine de l'abbaye s'accrut de siècle en siècle par des acquisitions, des échanges, et surtout par des aumônes, des dons et des legs pieux; car, dans ces temps de foi, où l'efficacité de la prière était partout comprise, « la société chrétienne dotait de son mieux ceux qui intercédaient le mieux pour elle; et, en recevant de la main des

---

[1]. A la mesure de sa seigneurie, qui était de 20 pieds pour perche.

fidèles de périssables richesses, les moines semblaient à tous en restituer le prix par le bienfait sans mesure et sans pareil de la prière [1]. » Néanmoins, lorsqu'en 1521, en vertu des lettres patentes de François Ier du 15 octobre précédent, on dressa le procès-verbal de son amortissement, qui eut lieu moyennant une finance de 1,500 livres, le dénombrement de ses possessions accusait déjà, à de très-légères différences près, les biens qu'elle transmit, cent ans plus tard, à la congrégation de l'Oratoire.

Ces biens consistaient en : 1° 724 arpents de terres labourables et prés [2]. — 2° 116 arpents de bois [3]. — 3° Trois fiefs, donnant chacun à l'abbaye droit de censive, justice et seigneurie : celui de Deuil, dans la vallée de Montmorency, dont une partie de la paroisse relevait elle-même, en fief, de l'abbé

---

1. *Les moines d'Occident*, t. I, p. 47.
2. Ces 724 arpents de terres et de prés se décomposaient ainsi : 259 sur Juilly ; 149 sur Gaudrielle ; 17 a. 64 perches sur Nantouillet ; 27 a. 29 p. sur Montgé ; 4 a. 23 p. sur Vinantes ; 15 a. 25 p. sur Thieux ; 26 a. 84 p. à Saint-Marc ; 130 a. 64 p. du fief de Verrières ; 8 a. 98 p. à Saint-Soupplet ; 4 a. 9 p. au faubourg Saint-Remy, à Meaux ; 2 a. 97 p. à Saint-Pathu ; 14 a. 54 p. à Lagny-le-Sec ; 20 a. 38 p. à Ruilly, près Senlis ; 28 a. 84 p. à Vémars ; 3 a , à Fontenay-aux-Roses et à Chatenay ; 16 a. 45 p. au Tremblay ; et 80 p. au Plessis-l'Évêque.
3. Les 116 arpents de bois formaient 7 pièces : le grand bois, de 53 a. 85 p.; le bois semé, de 15 a. 25 p.; la petite Gruerie, de 12 a. 35 p.; le bois des seigneurs, de 8 a. 27 p., et le bois de Gaudrielle, de 9 a. 50 p., sur le terroir de Juilly ; et sur celui de Saint-Soupplet, le bois de la ferme de Verrières, de 14 a. 9 p.; et celui de l'Abbaye, de 2 a. 50 p.

de Juilly; celui de Verrières, sur la paroisse de Saint-Soupplet (ou Saint-Sulpice), pour lequel l'abbé devait foi et hommage aux comtes de Dammartin ; et celui de Gaudrielle, sur la paroisse de Juilly. — 4° Trois maisons: une à Paris, rue Guérin-Boisseau, à l'enseigne du Plat-d'Etain, et qui devint, en 1627, le noviciat de l'Oratoire; une à Nantouillet et une à Juilly, qu'on appelait la maison de l'abbé, mais qui était distincte de celle habitée par les religieux et leurs fermiers. — 5° Deux moulins : celui de Juilly, situé dans l'enclos de l'abbaye, et celui de la Haise, au hameau de Saussay, sur le terroir de Nantouillet [1]. — 6° Diverses redevances : d'un demi-muid de blé et d'une demi-queue de vin (mesure de Meaux) à percevoir sur l'abbaye de Chambre-Fontaine, de l'ordre de Prémontré ; de six septiers de grains à prendre sur les dîmes du prieuré de Saint-Mesmes, du même ordre que l'abbaye, et d'une rente foncière annuelle de dix livres, à prélever sur la terre du Mesnil. — 7° Les dîmes suivantes : toutes celles de la paroisse de Juilly, levées d'abord à raison de huit gerbes pour cent, et, plus tard, à raison de six gerbes seulement [2]; le quart de celles de Vinantes et une part de celles de Thieux, conjointement avec l'Hôtel-Dieu de Paris, le grand prieur de France, les chanoines de

---

1. Anciennement l'abbaye en possédait un troisième, celui de Grotel, qui fut détruit ou aliéné vers 1500.

2. Par arrêt de la cour du Parlement de Paris, du 21 juin 1603.

Saint-Denis-du-Haut-Pas et les religieuses de Fretel ou de Malnoue. — 8° Les droits seigneuriaux de censive, fief et seigneurie résultant de la qualité des biens de l'abbaye, tous nobles et féodaux, et ceux de haute, moyenne et basse justice, qu'elle faisait exercer par ses officiers[1]. — 9° Les bénéfices de la chapelle ou prieuré de N.-D. des Marais, près de Nanteuil-le-Haudouin, avec ses dépendances : c'est-à-dire une maison avec cour et jardin à Nanteuil, et une ferme et sept arpents de terre, prés et bois à la gruerie de Vallois[2], et du prieuré de N.-D. de Bonne-Fontaine ou de la Madeleine d'Orthies, sur la paroisse de Dammartin[3]. — 10° Enfin les droits de curés primitifs de la paroisse de Saint-Etienne de Juilly, qui autorisaient les abbés à y célébrer comme tels et à y recevoir les offrandes des fidèles aux quatre fêtes principales de l'année, à celle du

[1]. L'abbaye perdit ses droits de justice en 1630, à la suite d'un procès que lui intenta le seigneur de Juilly, Jean de Saint-Germain, lorsqu'il fut parvenu à lui soustraire les titres de possession de ces droits, qui remontaient à 1245. *Arch. de l'emp.*, carton 625, M. M.

[2]. La chapelle du Marais, destinée d'abord à servir de léproserie, fut cédée à l'abbaye de Juilly en 1297. La nomination de son desservant donna lieu, en 1584, à un procès entre Catherine de Médicis, comme Dame de Crécy et de Nanteuil, et l'abbaye de Juilly, qui obtint gain de cause. Elle fut réunie à la cure de Chantilly par le cardinal de Bissy, évêque de Meaux, le 9 novembre 1726. (V. dom Duplessis, *Hist. de l'Église de Meaux*, p. 163 et suiv.)

[3]. Le même cardinal unit ce prieuré à la fabrique de l'église de Claye, pour la subsistance d'un vicaire, le 28 juin de la même année. (*Almanach de Meaux*, 1784, p. 150.)

Saint-Sacrement, à celle de saint Étienne, le 3 août, à la Toussaint et le jour des Morts, et à exercer le droit de nomination à la Cure, dont la collation et l'institution étaient réservées à l'Évêque de Meaux.

Malgré l'importance de ces domaines et de ces droits divers, et quoique en possession du titre et des priviléges d'Abbaye royale [1], l'abbaye de Notre-Dame de Juilly n'a projeté aucun éclat. C'est à peine si l'on connaît les noms de tous ses abbés réguliers ; et son histoire serait dénuée d'intérêt, si parmi les prélats séculiers qui l'obtinrent en commende à partir de la seconde moitié du XVI° siècle, il ne s'en était rencontré quelques-uns qui ont joué un rôle assez considérable dans les affaires du pays.

Les savants auteurs de la *Gallia christiana* ont donné, d'après dom Duplessis, l'historien de l'église de Meaux [2], la liste de ces abbés [3]. Elle fut complétée ensuite par un chanoine de cette église, l'abbé Thomé, dans une lettre qu'il leur adressa pour relever plusieurs inexactitudes de leur travail, et qu'il rendit publique [4]. Nous n'avons pas cru

---

1. On ignore quel est celui de nos rois qui lui octroya ce titre ; mais il est constaté par diverses chartes, notamment dans l'énumération de ses droits seigneuriaux. *Arch. de l'Emp.*, M. M. 625. Il est probable que ce fut François Ier, et qu'elle fut comprise dans le nombre des abbayes concédées par le concordat de 1515 à la nomination du roi.

2. Dom Duplessis, *Hist. de l'Église de Meaux.*, t. I, p. 595.

3. *Gall. christ.*, t. VIII, p. 1676 et suiv.

4. Cette lettre intéressante est de 1748. Elle a été imprimée à la suite de la dernière édition de l'ouvrage de dom Duplessis ; et

pouvoir prendre un guide plus sûr pour présenter une notice exacte et complète sur ces abbés.

Pendant les 453 ans de son existence, l'abbaye de Juilly a été gouvernée par vingt-cinq abbés, dont les seize premiers ont été des abbés réguliers et les neuf derniers des commendataires [1].

1° GIRAUME (1484-1491).

Le premier d'entre eux est *Girelmus* ou Giraume, qui n'est connu que par un diplôme de l'an 1191.

2° B... (1191-1214).

Le second, B..., est désigné par cette seule initiale de son nom dans un registre de la chambre des comptes de Paris, de l'année 1202.

---

nous avons dû la communication d'un de ses exemplaires, que possède la bibliothèque du grand séminaire de Meaux, à l'obligeance de son pieux et savant archiviste, M. l'abbé Denis, chanoine de la Cathédrale et vice-président de la Société archéologique de Meaux.

1. Les abbés réguliers étaient ceux qui étaient soumis à la règle de leur abbaye. Ils jouissaient, à ce titre, de toutes les prérogatives attachées à la dignité abbatiale : c'est-à-dire du droit de juridiction sur les personnes de la communauté, de celui de nommer à tous les offices claustraux, de recevoir les novices, de conférer l'habit, d'admettre à la profession, de donner l'obédience, d'assister au Chapitre général de l'ordre., etc. Les abbés commendataires étaient des ecclésiastiques séculiers, quelquefois même des favoris laïques, auxquels le titre d'abbé n'était conféré par le pouvoir royal que pour leur créer le droit de pouvoir prélever les deux tiers des revenus de l'abbaye dont ils étaient pourvus, sans qu'ils pussent d'ailleurs exercer l'autorité abbatiale, qui passait alors à un prieur claustral, soumis à la même règle que les autres religieux de cette abbaye

3° GILO ou ÆGIDIUS (1214-1239).

Après lui, Gilo ou *Ægidius* est indiqué dans les titres de l'abbaye, comme l'ayant gouvernée du mois de juin 1214 au mois d'avril 1239.

4° GAUTHIER (1239-1257).

Son successeur fut *Gualterius* ou Gautier, dont le nom est consigné dans une charte de mai 1257. Il fut abbé pendant 19 ans. Ce serait pendant la durée de sa direction que Blanche de Castille aurait fondé, en 1251, dans l'abbaye de Juilly, une école destinée spécialement à l'éducation des fils des croisés, morts aux deux batailles de Mansourah. Cette antique tradition n'a jamais, il est vrai, reposé sur des données assez certaines pour pouvoir être admise par l'histoire. Elle s'est néanmoins perpétuée et est restée vivante dans la maison de Juilly, « justement fière de rattacher son berceau à cette « noble réunion d'enfants qui avaient pour pères « des héros et des martyrs [1], » et de trouver ses premières assises dans une grande pensée de cette reine chrétienne qui donna à l'église le plus aimable de ses saints et à la France le modèle de ses rois.

5° SIMON (1257-1272).

Gautier fut remplacé par Simon, qui dirigea l'abbaye pendant 15 ans.

---

1. Discours de M. l'abbé Carl, à la distribution des prix de 1864, p. 24 du *Palmarès*.

6° HENRI Ier (1272-1293).

A sa mort, qui eut lieu en 1272 pendant la vacance du siége de Meaux, les chanoines de Juilly prièrent le chapitre de Meaux d'élire leur abbé. Il leur choisit Henri Ier, qui mourut ou résigna ses fonctions en 1293. Une charte de cet abbé, datée du mois de novembre 1277, et qui a été compulsée par l'abbé Thomé, constate la vente, que les besoins de l'abbaye l'obligèrent à consentir en faveur de ce chapitre, d'une maison située devant l'évêché.

7° ÉRARD DE GUILLERS (1293-1298).

Henri Ier eut pour successeur Erard de Guillers qui, d'après les tables de l'église de Meaux, fut élu en 1293 et mourut en novembre 1298 pendant une autre vacance du siége épiscopal de Meaux [1].

8° GILBERT DE MESSY (1298-1320).

Quelques jours après, le curé de Juilly, Gilbert de Messy (Gilbertus de Messiaco) était élevé à la dignité abbatiale par les religieux eux-mêmes, du consentement du chapitre capitulaire, qui valida l'élection le 3 des Nones de décembre 1298. Ce fut sous cet abbé que se tint, à Juilly, le Chapitre général des Chanoines réguliers de France, auquel assistèrent, entre autres, les abbés de Sainte-Geneviève de Paris, de Saint-Ambroise de Bourges, du

---

[1]. Dom Duplessis l'omet ou le confond avec son prédécesseur.

Jard près Melun, de Saint-Euverte d'Orléans, de Saint-Barthélemy de Nîmes et de Saint-Vincent de Senlis[1].

9° JEAN Ier (1320-1348).

Jean Ier le remplaça vers 1320, époque présumée de sa mort. Il assista, en 1345, au Chapitre général de l'ordre qui se tint à l'abbaye de Saint-Barthélemy de Nîmes[2]. En 1346, il fut nommé exécuteur testamentaire de Raoul de Paroi, chanoine et chantre de Meaux, qui le qualifiait dans son testament de seigneur Jean, abbé : *dominus Joannes, abbas.* Il l'était encore en 1348. Une note historique sur l'abbaye, émanée de l'Oratoire et déposée aux archives de l'Empire[3], indique que ce fut sous sa direction que fut fondée, en 1335, la chapelle Saint-Loys de l'abbaye.

Après lui se levèrent pour l'abbaye de longs jours de souffrance et de deuil. Aucun des malheurs qui signalèrent l'avènement des Valois, ne lui fut épargné ; et nul ne ressentit plus qu'elle le contre-coup de cette lutte formidable de la France contre l'Angleterre, que l'insouciance de Philippe VI pour les intérêts de ses peuples ne sut pas prévenir, et qui mit si longtemps en péril l'existence de la dynastie et l'indépendance nationale.

1. Le même, *l. c.*, p. 595.
2. V. le cartulaire de cette abbaye.
3. On n'a jamais pu préciser l'emplacement de cette chapelle. V. *Arch. de l'Emp.*, carton M. M. 625.

Privée de son revenu principal, les dîmes ecclésiastiques, dont le roi s'arrogeait partout la perception sous les plus futiles prétextes; victime des exigences toujours croissantes du trésor, des exactions des collecteurs et des continuelles altérations des monnaies; décimée par la terrible *peste noire*, qui de 1348 à 1341 enleva près du tiers de la population de l'Europe; épuisée par les déprédations incessantes des Anglais, maîtres de presque tout le pays depuis l'immense désastre de Crécy (26 août 1346); rançonnée, dans l'intervalle des trêves, par ces farouches brigands des deux partis, qui, sous le nom de Compagnies, ne rappelaient que trop les Routiers et les Brabançons du XIIe siècle, la malheureuse abbaye finit par être dévastée et incendiée par les Jacques, en 1358, lorsque leur armée, forte de 9 à 10,000 hommes, vint de tous les points du Beauvoisis, du Ponthieu, du Soissonnais, de la Brie et de l'Ile-de-France, se faire anéantir sous les fortes murailles du marché de Meaux.

10° JEAN II DE LA VACQUERIE (1391-1409).

Elle resta dans cet état d'abandon et de ruine pendant plus de trente ans et ne dut sa restauration qu'à la sollicitude du pontife d'Avignon, Clément VII, qui appela à sa tête un homme de mérite et d'une grande piété : Jean Vacherie ou Vacquerie, et qui, selon l'abbé Thomé, doit être désigné sous le nom de la Vacquerie. Les bulles de son institution, datées du Ier avril, après Pâques, 1391, constatent elles-mêmes cette longue vacance de l'abbaye : « *Jam-diu*, disent-elles, *monasterio ex reservatione apostolica vacante.* »

Le nouvel abbé était un prêtre profès de l'abbaye de Sainte-Geneviève du Mont, à Paris, dont la règle était aussi celle de Saint-Victor. Il sut mettre à profit les jours de calme et de répit qu'avaient donnés au pays les succès de Duguesclin et de Clisson, la victoire de Roosbecke et le retour de Charles VII à Paris. Et par son crédit auprès de ses frères de Sainte-Geneviève, dont plusieurs consentirent à le suivre, par ses ressources personnelles et l'influence de sa famille[1], il parvint, en peu d'années, à restaurer l'abbaye, dont il n'avait trouvé debout que l'église, à la rendre à sa pieuse destination et à remettre en valeur la plus grande partie de ses domaines.

11° NICOLAS BATAILLE (1409-1419).

Nicolas Bataille[2], qui lui succéda, ne jouit pas longtemps du fruit de ses efforts. L'abbaye fut ruinée de nouveau le 29 mars 1418, et resta inha-

1. Jean Vacquerie ou de la Vacquerie, mort en 1497 premier Président du Parlement de Paris, était de ses parents.
2. Son nom figure dans les deux testaments de Catherine de Sens et de son mari, des 5 et 26 septembre 1418. Lettre de l'abbé Thomé.

bitée jusqu'en avril 1436[1]. Comment eut lieu ce second désastre? Les documents nous manquent pour le dire ; mais, à leur défaut, les annales de cette triste époque ne l'expliquent que trop bien. Rien n'égale, en effet, « la pitié qu'il y avait alors au royaume de France[2] » et l'état d'anarchie, de misère et d'épuisement auquel le réduisirent les vingt années de la domination anglaise depuis Azincourt (1415) jusqu'au traité d'Arras (1435). Paris, la capitale, n'était plus qu'un foyer de pestilence où l'herbe croissait dans les rues, où les maisons abandonnées étaient devenues les repaires des loups et où le pauvre peuple, humilié sous le joug des Lancastre et de leurs séides, ne connaissait plus d'autre divertissement que le spectacle, entre les charniers du cimetière des Innocents, de la Danse Macabre, cette lugubre fête de la Mort[3]. Les provinces, de leur côté, dépeuplées par la disette, l'incendie et la peste, pillées par les brigands des deux partis : par les gens de guerre anglo-gascons et par les bandes farouches des houspilleurs, des tondeurs et des écorcheurs, qui composaient l'armée royale, n'étaient plus qu'un désert de la Flandre à la Loire et de la Picardie à la Bourgogne[4]. Mais de

---

1. Ce fait et ces dates sont précisés dans la note historique déjà citée. *Arch. de l'Empire*, M. M. 625.
2. Paroles de Jeanne d'Arc dans son interrogatoire du 15 mars 1443. V. procès de la Pucelle, p. 129. Ed. Buchon, 1827.
3. H. Martin, *Histoire de France*, t. VI, p. 97, 4ᵉ éd.
4. C'était à ce point que la Beauce, ce pays de riches et immen-

toutes ces malheureuses contrées la plus désolée, peut-être, dans la dernière période de cette guerre d'extermination, fut celle des environs de l'abbaye, située à découvert entre la forteresse des deux partis, et livrée sans défense aux incursions des Anglais, maîtres de Paris, et aux déprédations des Dauphinois[1], maîtres de Meaux et de Lagny. Elle fut le théâtre permanent de leurs luttes acharnées, et la victime des cruautés de ses défenseurs encore plus peut-être que des violences de l'ennemi. Dès 1418, la garnison de Meaux s'était rendue le fléau et la terreur de tous les alentours. Son commandant, le bâtard de Vauru, ancien serviteur du comte d'Armagnac, prétendait venger son maître en torturant les marchands et les laboureurs qu'il enlevait sur les chemins et dans les villages. Il leur imposait d'énormes rançons, et s'ils ne pouvaient pas les payer, il les faisait rouer et pendre à un orme, voisin des fossés de la ville, qu'il appelait lui-même l'arbre de Vauru[2]. En 1420, le roi d'Angle-

---

ses plaines, avait fini par devenir une forêt de broussailles, tellement épaisses que deux armées ennemies s'y cherchèrent pendant plusieurs mois sans parvenir à se rencontrer.

1. Noms qu'avaient pris depuis peu les Armagnacs ou Orléanais, défenseurs de la cause nationale.

2. Dom Duplessis, *Hist. de l'Église de Meaux*, p. 288. H. Martin, *loc. cit.*, p. 79. Ce monstre à figure humaine avait, hélas! plus d'un émule parmi ses compagnons d'armes. Un de leurs chefs, le bâtard de Bourbon, était l'organisateur des compagnies d'écorcheurs. Un autre, Lahire, disait que si Dieu le père se faisait gendarme, il deviendrait lui-même un pillard. Un Jean de Ligny, de

terre, Henri V, résolut de tirer vengeance de l'inébranlable fidélité de cette ville à l'oriflamme de France et de l'audace de ses habitants, « que l'on « voyait souvent sortir en foule hors de l'enceinte « et brûler tout le pays ennemi dans leurs courses « jusque sous les murs de la capitale¹. » L'année suivante, toute la campagne fut infestée par ses troupes, lorsqu'il vint, à la tête de 29,000 combattants, attaquer la citadelle du marché de Meaux, dont il ne s'empara qu'après neuf mois de siége. Et pendant tout le temps qu'elles occupèrent le pays, « à peine resta-t-il dans tout le diocèse une « seule église qu'elles aient respectée. Elles les fai- « saient abattre, démolir ou incendier presque « toutes². » En août 1429, douze jours avant l'entrée du roi à Saint-Denis, la contrée fut encore affamée par la présence de deux armées du duc de Bedfort, l'oncle de Henri VI, et de Charles VII; et

la maison de Luxembourg, exerçait le comte de Saint-Pol, son neveu, un enfant de quinze ans, à massacrer les fuyards (Monstrelet, 6, 101). Un Gilles de Retz, de la maison de Laval, que Charles VII avait fait maréchal de France, et qui portait la sainte ampoule à son sacre, fut brûlé vif à Nantes, pour crime de meurtre sur plus de cent enfants de huit à dix ans, qu'il vouait au diable et qu'il décapitait ensuite lentement avec une volupté féroce. (P. Clément, Hist. de Jacques Cœur, Charles IV, *passim*, p. 91, 98, 109.) Et un historien a pu dire avec vérité : « que la barbarie de tous ces aventuriers permettrait de croire que la France du XVe siècle avait été envahie par des essaims de damnés rapportant de l'enfer des crimes inouïs. »

1. Journal de Juvénal des Ursins, p. 384.
2. Dom Duplessis, *Hist. de l'Église de Meaux*, p. 291.

en avril 1430 elle fut de nouveau mise à contribution et pillée par une bande anglo-bourguignonne aux ordres de Franquet, d'Arras, dont elle ne fut délivrée que par le succès de Jeanne d'Arc à Lagny.

Tels furent les sanglants épisodes de ce drame gigantesque de 116 ans entre la France et l'Angleterre, qui entraînèrent, pour la seconde fois, le renversement de l'abbaye de Juilly. L'abbé Nicolas Bataille, qui avait eu la douleur d'assister à la dispersion violente de ses religieux et à la destruction partielle de son monastère, eut celle plus poignante de survivre près de deux ans encore à sa ruine.

12° JACQUES DE SAINT-MÉDARD (1419-1426).

A sa mort, les chanoines étaient réfugiés pour la plupart à Dammartin, au prieuré de Saint-Jean, maison de leur ordre dépendante de l'abbaye de Saint-Martin-du-Bois[1]. Ils élurent à sa place Jacques de Saint-Médard, prieur du monastère et curé de la ville. Le 3 juin 1419, le chapitre de Meaux approuva les lettres de son élection; et le 7 août suivant, il lui fut donné un démissoire pour être béni[2].

---

1. Le même. Voir les détails qu'il donne sur la cure et le prieuré de Saint-Jean-Baptiste de Dammartin, dont les revenus étaient considérables, p. 166 et 167.
2. Lettre de l'abbé Thomé.

13° JEAN III DE MOLIEN (1426-1460).

Jacques de Saint-Médard fut remplacé dans sa dignité abbatiale par un de ses religieux, le frère Jean de Molien, dont l'acte d'élection fut confirmé par le chapitre de Meaux, le 20 février 1426. Le nouvel abbé dirigea-t-il longtemps le monastère et n'eut-il pas d'autre successeur que celui dont les Cartulaires font mention à la date de 1460 ? On ne saurait l'affirmer ; toutefois la tenue régulière des Tables de l'église de Meaux, qui ne mentionnent aucune élection nouvelle dans toute cette période de trente-quatre ans, autorise à le croire. Il est bien moins certain que ce soit lui qui ait restauré l'abbaye. Il a pu venir en reprendre possession en 1436 ; et c'était déjà là un acte de grand courage, alors que l'ennemi était encore maître du pays[1] ; mais il est fort douteux qu'il ait eu la pensée et surtout les moyens d'effectuer cette restauration. Ce ne fut que vingt-cinq ans plus tard, sous l'épiscopat de Jean du Drac (de 1459 à 1473) que l'église de Meaux jouit d'une assez longue paix pour songer à réparer ses pertes ; et il est à présumer que ce n'est qu'à cette époque que l'abbaye de Juilly, comme celles de Jouarre, de Raroi et tant d'autres, se releva de ses ruines[2].

---

[1]. Ce ne fut qu'en 1439, quatre ans après le traité d'Arras, que la citadelle de Meaux fut reprise par le connétable de Richemont sur le duc de Sommerset.

[2]. Dom Duplessis, *loc. cit.*, p. 294.

14° BARTHÉLEMY CORSELÉE (1460-1476).

Quoi qu'il en soit, l'abbaye eut à sa tête, depuis 1460 jusque vers 1476, Barthélemy Corselée, dont le nom figure, à ces deux dates, dans deux chartes locales. Il est encore cité, en 1474, dans un acte de foi et hommage du sire de Montmorency pour le fief de Deuil [1].

15° NICOLE DE MARSEILLE (1476-1488).

Elle fut ensuite gouvernée par Nicole de Marseille, dont les noms et qualités sont spécifiés dans deux titres du 7 août 1483, signés du nom de Philippe de Courcelles, seigneur de Saint-Liebault. L'abbé Thomé, qui les cite, critique la dénomination de Nicolas de Marseille, donnée à cet abbé par dom Duplessis.

16° JEAN IV NERVET (1488-1525).

Jean IV Nervet fut son successeur. Originaire du diocèse de Langres [2], où il naquit en 1442, il avait fait de bonnes études à l'Université de Paris et était entré dans l'ordre de Saint-Augustin. Il appartenait à la communauté de Sainte-Catherine de Culture, à Paris, lorsque le hasard le fit rencontrer avec Louis XI, auquel il plut par son esprit et son

---

1. *Arch. de l'Empire*, carton M. M. 625.
2. *Gallia christ.*, t. IV, col. 787.

talent oratoire, et qui le fit nommer prieur de cette maison. Il voulut aussi l'attacher à sa personne et en fit successivement son aumônier, son conseiller et son confesseur. Dans l'exercice de ces diverses charges, il fit preuve, dit Denis Seclier, abbé du monastère du Grand-Val, au diocèse de Lyon, de qualités éminentes et sut s'attirer l'estime de la cour par ses vertus et sa prudence. Elu[1] en 1488, sous Charles VIII, abbé de Juilly et sacré, sous Louis XII, en 1503, évêque de Mégare *in partibus* [2], il eut sa résidence habituelle dans son abbaye. Il en avait accepté la direction dans des temps difficiles. Les longues guerres et les agitations du siècle qui finissait, avaient porté leurs fruits. L'ignorance, le relâchement de la discipline et l'immoralité désolaient l'Église ; la plupart des monastères, indignes de leur titre de clergé régulier, affichaient le scandale des plus honteux désordres. L'abbaye de Juilly n'avait pas échappé à ces entraînements. Nervet en gémissait ; il chercha à y remédier. Il attira auprès de lui, en 1499, un saint religieux, Reyner, surnommé Kœtken ou Chottien, né à Zwoll en Belgique, et ancien abbé de N.-D. de Livry, qui, depuis plusieurs années, s'était voué

---

[1]. *Cooptatus electione fratrum.* Son nom figure pour la première fois dans un bail de terres de l'abbaye, du 22 octobre 1492. V. *Annales de l'Abbaye,* aux *Arch. de l'Emp.,* *loc. cit.* La Bénédiction abbatiale lui fut donnée à Paris, le 6 septembre 1496, par Raoul du Fou, évêque d'Évreux. *Gall. christ.,* t. XI, p. 608.

[2]. *Gallia christ.,* t. IV, col. 787.

à la réforme des couvents de chanoines réguliers[1]. Son zèle avait déjà obtenu celle de l'abbaye de Saint-Sébastien, au diocèse de Sens ; et il avait tenté celles de Saint-Victor de la Maison-Dieu, de Paris, et de N.-Dame de Livry, lorsqu'il vint à Juilly. Il y resta plusieurs mois ; mais s'il faut en croire les auteurs de la *Gallia christiana,* ses efforts n'y furent pas plus heureux que dans ces trois maisons. *Agressusque est interim,* disent-ils, *reformare Canonicos regulares sancti Victoris, qui tunc domum Dei parisiensem administrabant; sed utrobique frustrà uti etiam in Abbatia Juliaci, tribus distante leucis à Livriacensi, quam priùs exspes reliquerat*[2]. Nervet fut le premier des abbés de Juilly qui se mit en possession de l'église paroissiale de Saint-Etienne du village, comme lui appartenant à titre de curé primitif, *tanquam pertinentis, et cujus est Curatus primitivus.* Cette prise de possession eut lieu en présence du curé, qui en signa l'acte dans lequel il prit la qualité de vicaire perpétuel[3]. Il mourut, le 4 novembre 1525[4], dans son abbaye, qu'il avait gouvernée pendant trente-sept ans, et y fut inhumé. Toute sa vie, il avait cultivé les lettres et avait honoré les savants. Il fut un des protecteurs de l'helléniste Chéradame.

---

1. *Gall. christ.,* t. VII, fol. 839, B.
2. *Ibid.*
3. *Annales de l'Abbaye de Juilly,* p. 357. *Arch.,* M. M. 625.
4. *Gall. christ.,* t. VIII, p. 1677.

Les neuf abbés qui le suivirent, furent tous des commendataires. Ce changement fut la suite de la révolution véritable qui s'était opérée dans le mode des élections ecclésiastiques. A la mort de l'évêque Nervet, en effet, l'église de France était, depuis sept ans, régie par le concordat de 1516, intervenu entre Léon X et François Ier. Ce traité, dont d'Aguesseau déplorait encore les conséquences deux cents ans plus tard [1], n'avait pas seulement profondément modifié l'ancienne discipline de l'Eglise en transférant à la couronne le droit d'élection des évêques, des abbés et des prieurs conventuels, que jusque-là les chapitres et les monastères avaient toujours exercé, et qui leur avait été reconnu même par la pragmatique de 1438; son application, abusive dès l'origine [2], et contre laquelle avaient protesté énergiquement toutes les assemblées religieuses et politiques, le clergé comme le parlement et les états de Blois et de Paris, avait constitué un empiétement réel du pouvoir temporel sur la puissance spirituelle et, comme toutes les usurpations de ce genre, avait entraîné les plus graves désordres. Bientôt l'on vit reparaître le régime des commendes et des bénéfices laïques, contre lequel les papes

1. Œuvres de d'Aguesseau, t. I, p. 425.
2. Le Concordat prescrivait, en effet, au roi de ne conférer les bénéfices qu'à des religieux; mais cette condition fut toujours violée et éludée, et l'on vit trop souvent les plus belles abbayes devenir l'objet de scandaleux trafics et la pâture de cupidités coupables et de passions indignes.

avaient si longtemps protesté[1]. Les richesses de l'Église, au lieu d'être employées « à la rendre plus libre envers ses ennemis, plus libérale envers les pauvres et plus magnifique envers Dieu[2], » ne servirent plus qu'à défrayer le luxe mondain d'abbés de cour, de prélats courtisans et de puînés de grandes familles engagés dans les ordres. La simonie, le faste et l'avarice débordèrent dans le clergé. Comme aux plus mauvais jours du XIIe siècle, l'esprit de prière, de pénitence et de charité sembla banni des cloîtres ; et l'on aurait été en droit de renouveler les plaintes de saint Bernard, qui s'indignait de voir « des enfants, des impubères,
« promus aux dignités ecclésiastiques à cause de
« la noblesse de leur sang, et passer de dessous la
« férule de leurs maîtres au gouvernement du
« clergé, plus joyeux de l'empire auquel ils échap-
« paient que de celui qu'ils acquéraient[3]. »

L'abbaye de Juilly fournit elle-même, nous le verrons bientôt, un exemple de ces tristes complaisances du pouvoir envers les enfants de maisons puissantes. Il est juste de reconnaître, cependant, que la plupart de ses abbés commendataires furent des personnages éminents.

17° NICOLAS DANGU (1526-1567).

Le premier d'entre eux, Nicolas Dangu, qui

1. V. la Constitution d'Innocent VI, du 18 mai 1353.
2-3. Lacordaire, *Vie de saint Dominique*, p. 379.

posséda l'abbaye pendant plus de quarante ans et qui en fut un des plus zélés bienfaiteurs, était un ecclésiastique d'une piété sincère et d'un esprit élevé. Issu d'une famille noble de Blois, suivant dom Bessin [1], fils naturel du chancelier Duprat et légitimé en 1540, d'après de Thou et les auteurs de la *Gallia christiana* [2], il était simple clerc du diocèse de Chartres, lorsqu'il fut nommé abbé de Juilly en 1526. Il obtint successivement les titres de chanoine de Meaux, le 2 juin 1531, de chantre de Bayeux, d'abbé de Foix et de Saint-Savin, de Tarbes; et la faveur de François Ier l'éleva à de plus hautes dignités encore. Promu à l'évêché de Séez, le 9 juin 1539, et transféré sur le siége de Mende le 28 décembre 1545 [3], il devint conseiller du roi, maître des requêtes et chancelier du roi de Navarre, Antoine de Bourbon, en 1555.

Son épiscopat à Séez, où il succédait à un pontife éminent, Jacques de Silly, quoique de courte durée, fut signalé néanmoins par deux actes importants: des statuts synodaux, dont Bessin déplore la perte [4], et un mandement à ses prêtres sur la

---

1. Conf. les Conciles et Synodes de la province de Rouen, recueillis par D. Bessin, bénédictin de la congrégation de Saint-Maur, in-fol., 1717, et une courte Notice sur les évêques de Séez (in-8°, à Séez), dont un docte chanoine de la cathédrale, M. l'abbé Maray, a bien voulu nous donner l'analyse.
2. Thuanus, *Hist.*, lib. 23, et *Gall. christ.*, t. XI, p. 106.
3. Sa nomination à l'évêché de Mende est datée de Juilly.
4. Dom Bessin, *loc. cit.*, p. 438.

nécessité de l'instruction religieuse des fidèles, pour les mettre en garde contre les prédications des réformateurs, à cette époque malheureuse où l'unité de la foi et le vieil ordre social catholique venaient d'être brisés par l'introduction du protestantisme.

Il ne résida pas à Mende, dont il gouverna le diocèse par son grand vicaire et son parent, Paul Duprat. Retenu par ses fonctions auprès de son souverain, il se fit remarquer à la cour par son zèle pour la défense de la foi et par ses efforts pour éloigner du calvinisme d'abord le grand-père de Henri IV, Henri d'Albret, dont il sut mériter l'affection, et ensuite, en 1562, Antoine de Bourbon, son gendre.

Il affectionnait l'abbaye de Juilly, où il avait hâte de rentrer dès que ses charges de cour ne le retenaient plus loin d'elle; et dès l'année 1552, il en entreprit la restauration complète. Les travaux furent longs et dispendieux; mais leur payement lui fut facilité par un don considérable qu'il dut à la munificence et à l'affection d'Henri d'Albret. Ce fut même en reconnaissance de ce bienfait, qu'à la mort de ce prince il sollicita, en faveur de ses religieux, la garde de son cœur, que la reine, sa fille, lui fit remettre renfermé dans une boîte de plomb. Il le plaça lui-même près de l'autel dans le mur de gauche de la chapelle, où il se trouve encore aujourd'hui, derrière la table de marbre noir que l'on voit appliquée sur la face opposée de ce mur, dans la chapelle Sainte-Geneviève[1], et qui contient l'inscription commémorative de ce précieux dépôt[2].

La réfection de l'abbaye ne fut achevée qu'en 1561; et Dangu, pour en perpétuer le souvenir, la rappela dans l'épigraphe du petit mausolée qu'il se fit ériger dans la chapelle, à l'endroit même où est maintenant celui du cardinal de Bérulle. Il consistait dans une statue de marbre blanc, qui le représentait revêtu de son rochet, à genoux, les mains jointes et la tête nue[3], et qui reposait sur un pié-

---

1. Soustrait par les Oratoriens au vandalisme révolutionnaire, il a été remis en place sous la direction de MM. de Scorbiac et de Salinis.

2. Voici le texte de cette inscription :

« Cy gist le cœur de très haut, très excellent et très magnanime prince
« Henry, par la grâce de Dieu Roy de Navarre, seigneur souverain de Bearn
« et de Donezan, duc de Nemours, Candie, Monblanc et Peneficl, comte
« de Foix, Bigorre et Périgort, sire d'Albret, visconte de Limoges, Marsan,
« Toursan, Gavardan, Nebousan, Castelmoron, Aillas et Marempnes, pair
« de France, gouverneur et lieutenant général pour le Roy au duché de
« Guienne, ville de la Rochelle et pays d'Aulnis, qui trépassa à Hagetmau,
« en Chaloce, le vingt neufviesme jour du moys de may l'an mil cinq cent
« cinquante cinq, le quel cœur Messire Nicolas Dangu, Evesque de Mende,
« abbé de Foix et de ce monastère, conseiller du Roy, maistre des re-
« questes ordinaires de son hostel et chancellier de Navarre, a fait ap-
« porter et enterrer en ce lieu par congé et permission de très hault, très
« excellent et très magnanime prince Anthoine, par la grâce de Dieu Roy
« de Navarre, seigneur souverain de Bearn et de Donezan, duc de Ne-
« mours, Candie, Monblanc, Peneficl, Vaudosmois, Albret et Beaumont,
« comte de Foix, Bigorre, Périgort, Marle, Armaignac, Roddetz et Con-
« versan, Visconte de Lymoges, Marsan, Tursan, Gavarsan, Nebouzan,
« Castelmoron, Aillas et Marempnes, seigneur d'Angluen, de Ham, Bohaine,
« Beaurevoir, Dunquerque, Bourbourg et Gravelle, chastellain de Lisle,
« pair de France, gouverneur et lieutenant général pour le Roy au duché
« de Guienne, ville de la Rochelle et pays d'Aulnis, et de Jeanne aussi
« par la grâce de Dieu Royne de Navarre, duchesse, comtesse et vicon-
« tesse et dame des dits lieux, terres et seigneuries, femme du dict sei-
« gneur Anthoine, fille unice et héritière seulle du dict feu seigneur Henry
« et épouse du D. seigneur Anthoine, priés Dieu pour lui. »

3. La statue seule a été conservée ; elle est placée actuellement entre le parloir et la tribune de la chapelle.

destal, aussi en marbre blanc, de style renaissance où il fit graver cette inscription : *Deo optimo maximo Nicolaus Dangu, Episcopus Mimatensis, magister libellorum Regis, regni Navarræ cancellarius, Abbas et Restaurator hujus monasterii, hoc monumentum dicavit* 1564.

C'est encore à lui que l'on doit les stalles du chœur, ainsi que l'indiquent les vers suivants, qui avaient été placés au-dessus de l'une d'elles :

> Has Sedes Dangu, præsul mimatensis et abbas,
> Juliaci posuit restituitque choro.
> Vos, quibus ætherei cœli mens ignibus ardet,
> Sic laudate sacra religione Deo [1].

La fin de sa carrière fut pleine d'angoisses et d'amertume. Dans ces dernières années du règne des Valois, plus troublées peut-être que celles de leur avénement, la France traversait la crise douloureuse de ses guerres de religion. Au milieu de ces luttes fratricides, l'abbaye faillit être ruinée une troisième fois et devenir la victime de la fureur iconoclaste des huguenots. Dès 1562, elle eut à souffrir du soulèvement des protestants de Meaux et des environs, après les massacres de Vassy et de Sens. Et en 1567 elle fut menacée d'une destruction complète, lorsque la cour eut quitté Meaux le 29 septembre, et qu'après une attaque infructueuse contre les 6,000 Suisses de sa

---

1. *Gall. christ.*, t. VIII, p 1677.

garde, que commandait le connétable François de Montmorency, la cavalerie huguenote, qui restait maîtresse du pays, voulut se venger sur les habitants de l'humiliation de son échec et continua les hostilités avec une rage sauvage. La grande âme de Dangu ne put surmonter l'horreur que lui inspiraient ces scènes de cannibales et les apostasies honteuses d'une partie de la noblesse; il mourut quelques semaines après, et fut enterré dans le caveau de l'abbaye.

18° RENAUD DE BEAUNE (1567-1569).

Après lui, le titre d'abbé de Juilly fut conféré à Renaud de Beaune, un des prélats les plus marquants de son siècle par son savoir, son éloquence[1] et son dévoûment à la cause royaliste.

Second fils de Guillaume de Beaune et petit-fils du baron de Samblançay, il naquit à Tours en 1527, l'année de l'exécution de son grand-père. Entré de bonne heure dans la magistrature, cette grande école des talents et des caractères, il était, jeune encore, sénateur de Paris, président au Parlement, maître des requêtes et chancelier de François, duc d'Anjou, lorsqu'il se démit de toutes ces charges pour entrer dans les ordres. Bientôt les

---

1. Trop souvent, il est vrai, empreinte du mauvais goût de l'époque. En 1599, il composa, par ordre du roi, un savant ouvrage sur la réformation de l'Université de Paris.

dignités de l'Eglise vinrent l'arracher à ses goûts de retraite et de vie cachée. D'abord abbé de la Chaise-Dieu et de Molesmes, il remplaça Dangu, en 1567, dans le gouvernement de l'abbaye de Juilly, et seize mois plus tard, en mars 1569, sur le siége de Mende, dont Charles IX lui conféra même le titre de comte. Appelé ensuite, en 1581, à l'archevêché de Bourges « par le vœu unanime du clergé, de l'Université et des citoyens de la ville, comme le plus ferme rempart de l'Eglise et de la religion contre les assauts de l'hérésie [1], » il fut transféré plus tard, en 1594, sur le siége de Sens.

Orateur en vogue, il prononça, en 1583, l'oraison funèbre du cardinal de Birague, chancelier de France, et en 1587, celle de Marie Stuart [2] qu'il vengea des calomnies de son implacable rivale dans un éloge qui devançait de trois siècles le grand jour de l'histoire, qu'un savant professeur de l'Université, M. Wisener, vient de faire apparaître sur cette touchante mémoire dans sa belle et consciencieuse étude intitulée : *Marie Stuart et le comte de Bothwell*, et qui n'est que le prélude d'une histoire plus complète de cette infortunée reine. En 1584, il présida le concile provincial de Bourges, célèbre par ses décrets sur la réforme des mœurs et de la discipline du clergé. Partisan enthousiaste d'Henri IV, il parvint à rallier à sa cause beaucoup

1. *Gall. christ.*, t. VIII, p. 1677 et passim.
2. Franke, *Hist. de la Papauté au* XVIe *siècle*, t. II, p. 291.

d'évêques¹ et eut une grande part, par la sagesse de sa conduite et l'habileté de sa controverse, à la rentrée de ce prince dans le giron de l'Eglise. En mai 1593, il présida, au nom du roi, la fameuse conférence de Suresnes, qui devait préparer son retour à la foi de ses pères et lui concilier le parti des politiques; et le 25 juillet suivant, en présence de neuf évêques et de plusieurs curés de Paris, il recevait, dans l'église abbatiale de Saint-Denis, l'abjuration du monarque, entendait sa confession secrète sur les marches de l'autel, lui donnait l'absolution conditionnelle, *salva sancta Sedis apostolicæ auctoritate*, et le réconciliait avec l'Eglise ².

1. Poirson, *Hist. de Henri IV*, t. Iᵉʳ, p. 487.
2. Ce grand acte, à la fois religieux et politique, a été l'objet des appréciations les plus contraires ; et sévèrement blâmé par les uns, il a été exalté par les autres ¹. Il contrevenait, il est vrai, aux règles canoniques et portait atteinte, à la fois, au droit que s'était réservé le Saint-Siége d'absoudre Henri IV, relaps, de son apostasie, à l'ancien droit public européen et à la suprématie pontificale sur la république chrétienne. Mais il donnait en même temps satisfaction aux intérêts les plus pressants de la nation. Il consacrait sur la tête du Béarnais « faite exprès, selon le mot de Sixte-Quint lui-même, pour la couronne de France ²,» l'alliance nécessaire de la légitimité monarchique et de la religion nationale ; il mettait fin à la guerre civile « en assurant le triomphe de la ligue et la ruine des ligueurs ³ » ; il détruisait l'influence mena-

1. Segretain, *Sixte V et Henri IV*, p. 231 et suiv. — Poirson, *Hist. de Henri IV*, t. Iᵉʳ, p. 472. — Mercier-Lacombe, *Henri IV et sa politique*, p. 16 introd. et p. 19.
2. *Vie de Sixte V*, par Gregorio Letti, t. X.
3. Mercier-Lacombe, *loc. cit.*, p. 3. Depuis qu'Henri de Guise avait tourné la Ligue contre Henri III, le cardinal d'Ossat l'appelait lui-même : l'union des hérétiques et la désunion des catholiques. V. ses Mémoires sur la Ligue en tête de sa Vie.

Renaud de Beaune concourut également à la préparation de l'édit de Nantes, cette charte de la tolérance civile dans laquelle Henri IV eut l'art de concilier la consécration d'une religion d'État avec le

çante des Espagnols, et sauvait ainsi l'intégrité et l'indépendance de la France. Aussi la bulle de réhabilitation, du 19 septembre 1597, tout en annulant cette absolution anticipée de Saint-Denis, en maintint-elle les effets ; et Clément VIII, qui donna au roi tant de preuves d'affection, lorsqu'il fut assuré de la sincérité de sa conversion, considéra-t-il, plus tard, cette solennité de saint Pierre comme un des plus grands faits de son pontificat, et voulut-il qu'un bas-relief spécial en perpétuât le souvenir au bas de son mausolée [1]. Toutefois, on ignore généralement en France que c'est à l'Oratoire, en la personne de son saint fondateur, Philippe de Néri, que nous sommes redevables de cette bulle fameuse, qui conserva notre patrie à la religion catholique. « Tout le sacré collége, dit un des plus doctes de ses fils, le P. Theiner, sauf quelques cardinaux, approuvait la conduite du Pape et son refus de lever l'excommunication prononcée contre Henri IV par son prédécesseur, Grégoire IX. Saint Philippe de Néri, prévoyant les malheurs que ce refus du Pape entraînerait pour l'Église de France, qui deviendrait la proie des huguenots et de la guerre civile et religieuse, se retira, pendant plusieurs jours, avec son fils spirituel, César Baronius, confesseur de Clément VIII, afin de demander, par la prière et le jeûne, que Dieu éclairât le Pape en ces graves conjonctures. Le matin du troisième jour, saint Philippe dit avec enthousiasme à Baronius : Aujourd'hui, le Pape te fera appeler pour se confesser ; après sa confession, avant que de lui donner l'absolution, tu lui diras : « Le Père Philippe m'a chargé de dire à Sa Sainteté que je ne pourrai ni lui donner l'absolution ni continuer à être son confesseur, si elle n'accorde pas l'absolution au roi de France. » Clément VIII, ému de cette communication, répondit à son confesseur tremblant qu'il n'avait qu'à lui donner l'absolution, que le Pape aurait soin du reste. Il convoqua, en effet, le sacré collége et Henri IV fut solennellement admis dans le sein de l'Église. Le roi de France n'apprit ce détail que

---

1. Le tombeau de Clément VIII est dans la basilique vaticane, à Rome.

respect de la liberté de conscience[1]; œuvre d'une politique généreuse et sage, qui ne visait plus au rétablissement si désirable de l'unité de la foi que par la seule voie chrétienne de la persuasion, et

quelques années plus tard. Le 23 août 1604, il en exprima sa reconnaissance à Baronius, qui avait été créé cardinal après cet événement, et lui fit cadeau d'une chapelle complète aux armes de France, que l'on conserve encore dans la maison de l'ordre. V. cette lettre dans *Albericius, Presb. cong. Or. Venerab. Cars. Baronii, S. R. E. Cardinalis Epist. et Opuscula.* Romæ, 1759, t. II, p. 69. Article du P. Theiner, inséré dans le *Dictionnaire encyclopédique de la théologie catholique*, traduit par l'abbé Goschler, v° Néri, t. XVI, p. 62.

1. En abordant ici la question de la liberté de conscience, sur laquelle nous aurons encore à revenir dans le cours de cet ouvrage, nous tenons à nous justifier d'un reproche que l'on fait trop souvent aux catholiques qui s'y montrent favorables : celui de confondre ensemble la vérité et l'erreur et de traiter l'une et l'autre sur un pied d'égalité. Ce reproche nous semble reposer lui-même sur une équivoque et sur une confusion fâcheuse entre le droit et le fait. Sans doute, en principe, il n'est pas permis de reconnaître à l'erreur des droits qui n'appartiennent qu'à la vérité ; et nous sommes les premiers à nous élever contre cet indifférentisme politique en matière religieuse, que l'Église a toujours condamné. Mais en fait et dans l'état actuel des esprits, au sein de la diversité de nos croyances et de la divergence de nos opinions religieuses, nous croirions indigne de la vérité, dont nous cherchons le triomphe, de refuser à nos adversaires les armes dont nous usons et que nous avons réclamées nous-mêmes pour sa défense. Nous déclarons, au surplus, entendre la liberté religieuse comme Mgr de Salinis, notre ancien Directeur, de vénérable et chère mémoire, qui, dans sa profession de foi politique du 5 avril 1848, disait aux électeurs de Bordeaux : « La liberté dans le droit commun c'est ce qui sied à l'Église. La liberté de conscience, ce cri de l'Église naissante, est devenue le cri de l'humanité ; » comme l'illustre évêque de Mayence, Mgr de Kettler, qui a dit aussi : « L'unité de foi étant rompue, l'hérésie doit disparaître des lois

qui, malgré la hardiesse de ses concessions, reçut l'approbation du Souverain Pontife[1], dès que ses craintes sur la sincérité des convictions catholiques du roi eurent été dissipées[2].

Enfin, en 1595, il obtint de la confiance du prince, la présidence de la commission chargée d'élaborer un projet de réforme de l'Université; et cinq ans après, en 1600, il soumettait à sa sanction ces sages

civiles. Un prince catholique doit accorder aux sociétés religieuses, reconnues par la loi civile, toutes les garanties de droit. Il agirait contre les principes de son Église en employant la contrainte; » et surtout comme Fénelon, qui nous semble avoir tracé aux catholiques leur véritable ligne de conduite en cette grave matière, lorsqu'il écrivait à Jacques II : « La force ne peut jamais persuader les hommes; elle ne fait que des hypocrites. Quand les rois se mêlent de religion, au lieu de la protéger ils la mettent en servitude. *Accordez à tous la tolérance civile, non en approuvant tout comme indifférent, mais en souffrant avec patience tout ce que Dieu souffre, et en tâchant de ramener les hommes par la persuasion.* »

1. Bref à l'évêque d'Evreux, le cardinal du Perron, cité par Mercier-Lacombe, *loc. cit*, p. 24. — Sully disait que le Pape avait toujours desconseillé d'user des armes ni de persécution pour amener ceux de la religion à la foy. *OEuv. royales*, t. V, p. 136.

2. Saint François de Sales appréciait lui-même tous les bienfaits de l'édit de Nantes. « Plût à Dieu, s'écriait-il, que nous pussions obtenir que la religion fût aussi libre dans Genève qu'elle l'est à La Rochelle ! » Et quand les traités avec la Savoie eurent soumis à Henri IV le pays de Gex, le saint évêque lui en demanda le bénéfice et lui écrivit : « Je remercie la providence royale de V. M., de la piété de laquelle ces pauvres peuples ont reçu ce bienfait infini. Quant à moi, sire, je contemple en ces réparations de la sainte Église les rares qualités qui font reconnaître en vous le sang de saint Louis et de Charlemagne, l'un et l'autre les plus grands restaurateurs du service de Dieu, qu'on ait jamais vus. » *Vie de saint François de Sales*, par M. Hamon, t. I, p. 419 et 435.

règlements qui la gouvernent encore[1]. Nommé, en 1602, grand aumônier de France et commandeur des Ordres du roi, il mourut à Paris, le 27 septembre 1606, et fut enterré dans le chœur de Notre-Dame dont il avait été chanoine[2].

19° ANTOINE MARTIN (1569-1588).

Renaud de Beaune, nous l'avons vu, occupa le siége abbatial de Juilly dix-huit mois à peine; il refusa d'en garder le bénéfice après sa nomination à l'évêché de Mende, et s'en démit aussitôt en faveur d'Antoine Martin, aumônier de Charles IX. Ce dernier mourut à Paris, le 17 février 1588, et fut inhumé à Juilly[3].

20° HORACE ZAMET (1588-1591).

Quelques semaines après, l'abbaye passait sous

---

1. Poirson, *Hist. de Henri IV*, t. II, p. 409. H. Martin, *Hist. de France*, t. X, p. 478.
2. Son épitaphe est ainsi conçue : D. O. M. Et æternæ memoriæ viri immortalitate dignissimi Reginaldi de Beaune, qui sex christianissimis regibus: Francisco I, Henrico II, Francisco II, Carolo IX, Henrico III et Henrico IV fidelem strenuamque vacavit operam. Francisci Andium et Alenconii ducis Cancellarius in aulâ Palatinus Sanctiorisque Consilii Senator, in Sacerdotum conventu ecclesiasticis officiis gloriose perfunctus, primùm Mimatensis Episcopus, deindè Bitaricensis Patriarcha Archiepiscopus, Aquitaniæ Primas, posteà Senonum Archiepiscopus, Galliæ et Germaniæ Primas, magnusque Franciæ Eleemosynarius, plenus honoribus et annis animam scientiis omnibus et virtutibus decoratam Deo reddidit anno ætatis 79, reparatæ salutis 1606. Karle et Maria de Beaune è fratribus F. F. mœrentes posuerunt. D. D.
3. *Gall. christ.*, t. VIII, p. 1677.

la direction d'Horace Zamet. C'était le frère puîné du célèbre financier lucquois, Sébastien Zamet, qui, grâce à son talent pour l'intrigue et à son aptitude aux affaires, grâce surtout au puissant appui de Catherine de Médicis, dont il était la créature, de Henri III, dont il devint le serviteur préféré, de Henri IV, qu'il avait toujours pressé de se convertir et qui l'employa dans les négociations les plus sérieuses comme les plus légères, de Mayenne, de Bassompière, du connétable de Montmorency, de Sully, dont il sut se faire le confident et l'ami, parvint à réaliser une fortune immense et à devenir non-seulement un opulent partisan[1], mais même un personnage considérable[2].

Horace Zamet était du diocèse de Turin, en Piémont. Il n'avait que 20 ans lorsqu'il prit l'habit de chanoine régulier dans la maison de Saint-Jean des Vignes, à Soissons, le 1er août 1575[3]. Naturalisé Français, avec son frère, en 1581[4], il

1. C'est le nom que l'on donnait alors aux riches banquiers.
2. C'est ce financier qui, tout en se faisant qualifier dans le contrat de mariage de son fils aîné, Jean Zamet, un des plus beaux modèles du guerrier chrétien, de baron de Murat et de Billy, seigneur de Beauvoir, conseiller du Roi, gouverneur de Fontainebleau et de la maison de Marie de Médicis, etc., ajoutait au notaire cette recommandation, qui a fait depuis la fortune d'une pièce de théâtre : « Surtout, Monsieur le tabellion, qualifiez-moi de seigneur de 1,700,000 écus. »
3. *Histoire de l'abbaye de Saint-Jean des Vignes*, par Ch.-Ant. de Rouen, chanoine de cette congrégation, p. 258 et 259, 1 vol. in-12, 1710.
4. *Biographie univ. de Michaud*, t. XLV, édit. de 1865, V° Zamet.

était, depuis six ans, prieur d'Oulchy-le-Château, lorsqu'il fut appelé, en 1588, à posséder l'abbaye de Juilly. Mais la jouissance n'en fut pour lui ni paisible ni longue. En ces temps malheureux, où la guerre était partout, il avait vu déjà, en 1589, le duc de Mayenne s'approcher du château de Dammartin et sommer, mais en vain, de se rendre, Nicolas Blondel qui y commandait pour le Roi[1]. Depuis lors, il n'avait vu que déprédations et violences de la part « des garnisons de Crécy, Dammartin et « autres lieux voisins, qui battaient toujours la « campagne et y causaient bien des dommages[2]. » Enfin, ajoute le chroniqueur de Saint-Jean-des-Vignes, « des soldats, qui couraient le pays, en- « trèrent dans l'abbaye (de Juilly) et y tuèrent « monsieur l'abbé d'un coup d'arquebuse le 21 du « mois d'avril 1591[3]. »

21° SEBASTIEN ZAMET (1591-1613).

Après lui, l'abbaye échut à son neveu, Sébastien Zamet, fils cadet du financier. Élevé à la cour avec son frère Jean, le jeune prélat s'était fait aimer des princes par la bonté de son cœur et l'enjouement de son caractère. Henri IV, en particulier, se

---

1. Dom Duplessis, *Hist. de l'Égl. de Meaux*, p. 409.
2. *Idem.*, loc. cit. Lire aussi les détails donnés p. 410 et suiv., sur les excès de tout genre commis jusqu'en 1592, par les ligueurs et les royalistes, à Thieux, à Claye, à Nantouillet, à Monthion et au Plessis-Belleville.
3. *Hist. de l'abbaye de Saint-Jean des Vignes*, loc. cit.

plaisait à reporter sur lui la bienveillance qu'il avait pour son père ; et plusieurs fois, dans ses voyages à Monceaux, il s'arrêta à Juilly pour le visiter [1]. De mœurs pures et d'une grande piété, il donna partout l'exemple de la charité envers les pauvres et du désintéressement. Aumônier de la reine Marie de Médicis en 1605, et dix ans plus tard évêque et duc de Langres, il assista, en 1615, à l'assemblée du clergé et s'y fit remarquer par son insistance pour l'admission du Concile de Trente en France, et les 40 années de son épiscopat furent signalées par la sagesse de ses actes et le nombre de ses bienfaits. Il concourut à l'établissement des Ursulines de Dijon, à la réforme du monastère du Tard, la première abbaye de filles de l'ordre de Citeaux, consentit, pour le bien de la religion, au démembrement de son vaste diocèse, et y établit, à ses frais, plus de vingt monastères des deux sexes. Il goûta le bonheur de l'amitié dans le commerce de quelques Pères de l'Oratoire, entre autres du P. Morin, qui s'attacha à lui pendant plusieurs années ; mais il subit aussi la cruelle épreuve de l'ingratitude. Directeur, depuis 1626, de l'abbesse de Port-royal, la mère Angélique Arnauld, qui l'avait secondé dans la réforme du Tard, il venait

---

1. V. le P. Adry, p. 4, de sa *Notice sur Juilly*. Il ajoute même que plusieurs actes du conseil d'État sont datés de Juilly, ainsi que plusieurs lettres intéressantes du secrétaire d'État, M. de Loménie, au duc de La Force, gouverneur de Bordeaux, ainsi que le constatent les manuscrits de Brienne à la bibliothèque royale.

de transférer son couvent, trop exigu, de la rue Saint-Jacques à la rue Coquillière (8 mai 1639) sous le nom d'Institut du Saint-Sacrement, lorsqu'il y introduisit Saint-Cyran, dont les dehors d'austérité l'avaient séduit. Comme tous les sectaires, l'apôtre du jansénisme travailla à s'insinuer dans les bonnes grâces des religieuses, pour mieux assurer par elles la diffusion de ses erreurs ; et il capta si bien la confiance de l'abbesse, qu'il finit par supplanter l'évêque de Langres et le faire éconduire en 1636[1]. Zamet mourut à Mussy le 2 février 1655. On grava sur sa tombe cette belle inscription : *Pro vitæ integritate, morum comitate, multâque animi suavitate, omnibus carissimus, pius Pastor, ipso quem prædixerat, die festo Purificationis immaculatæ Virginis, quam ardenti mentis affectu semper coluit, Mussei summam diem clausit, anno 1655, Pontificatûs 41*. Et on y ajouta ce dystique :

> Æthereum munus nobis per sæcula missum,
> Virtutis specimen, cœlestis regula vitæ.

22° LE CARDINAL DE JOYEUSE (1613-1615).

Non moins désintéressé que Renaud de Beaune, un de ses prédécesseurs à Juilly, Zamet n'avait pas

---

(1) *Biog. univ.* de Michaud, t. XLV, éd. de 1865. — Sainte-Beuve, *Port-Royal*, t. Ier, p. 128 et 333. — L'abbé Maynard, *Vie de saint Vincent de Paul*, t. II, p. 229 et suiv.

voulu cumuler avec la dignité épiscopale les avantages de son titre abbatial; et il l'avait résigné dès les premiers mois de 1613. Il passa alors à l'un des prélats les plus éminents de cette époque, au cardinal archevêque de Rouen, François de Joyeuse, qui en prit possession aux ides de mai de cette même année, et en jouit jusqu'à sa mort.

Fils du maréchal de Joyeuse et frère de ce comte du Bouchage qui, après s'être fait capucin sous le nom de frère Ange, obtint du pape, en 1592, de quitter le froc pour reprendre l'épée et devint un des derniers chefs de la Ligue en Languedoc, François de Joyeuse avait fait ses études au collége de Navarre sous André Goujon. Admis, très-jeune, à la cour et dans les conseils de Henri III, il n'avait que 24 ans lorsqu'il fut nommé en 1582 à l'évêché de Narbonne. Créé cardinal quelques années après, il devint le protecteur de la France auprès du Saint-Siége et l'un de ses plus habiles ambassadeurs à Rome, dont il eut, cinq fois, à prendre la route : — en 1589, où mal accueilli par Sixte V, qui soupçonnait Henri III de favoriser l'hérésie, il dut se retirer à Venise [1]; — en 1590, à la mort de ce pontife, suivie de près de celle de son successeur Urbain VII, pour prendre part à l'élection de Grégoire XIV (Nicolas Sfondrato), qui suivit, à son égard, les errements de Sixte V ; — en 1592, au décès de ce

---

1. Ranke, *Histoire de Sixte V*, p. 342.

pape et d'Innocent IX qui, après lui, ne gouverna l'Église que deux mois, pour assister au conclave qui élut Clément VIII (Aldobrandini), tout dévoué aux intérêts français, — et dont il obtint, dans sa quatrième ambassade (de 1593 à 1600), l'approbation de l'édit de Nantes [1]; — et en 1605, pour faire nommer après lui, sous le nom de Léon XI, le cardinal de Médicis, son ami, qui mourut au bout de 26 jours de pontificat, puis Paul V (Borghèse), et régler ensuite, dans les vues de la politique si ferme et si chrétienne de Henri IV, le différend du Saint-Siége avec la république de Venise au sujet de ses décrets attentatoires aux lois et prérogatives de l'Église [2].

Dans les intervalles de ses missions diplomatiques, il revint en France occuper d'abord, en

1. Henri IV lui écrivit, à ce sujet, le 24 juillet 1599 : « Je vous remercie aussi de la bonne remontrance que vous avez pris occasion de faire à Sa Sainteté pour excuser la publication de l'édict, que j'ai renouvelée pour le repos de mon royaume, et loue Dieu que Sa Sainteté commence à prendre fiance de moy et de mes intentions en ce qui concerne l'honneur de Dieu et la restauration de son Église. Je sais, mon cousin, que je doibs aux bons offices que vous m'avez faits à l'endroit de Sa Sainteté, une bonne partie du contentement qu'elle vous a dit avoir de moy. » *Lettres missives*, t. V, p. 149, citée par M. Lacombe, p. 22.

2. Ce règlement sauvait l'Italie du danger dont la menaçaient la Réforme et l'Espagne, et la rapprochait tout entière de Henri IV, que le doge de Venise, en plein sénat, appelait le véritable appui du repos et du bonheur de la chrétienté, et auquel le Saint-Siége faisait ériger une statue, sous le portique de Saint-Jean de Latran, comme au défenseur de l'Église, *Propugnatori Ecclesiæ*. *Lettres missives*, t. VII, p. 770

1589, le siége de Toulouse où il fit fleurir la piété et les bonnes mœurs; en 1600, recevoir, à Marseille, la jeune reine Marie de Médicis; l'année suivante, présider au baptême du Dauphin[1] comme légat *a latere* du pape; prendre possession du siége de Rouen en 1604, et en 1605 présider l'assemblée du clergé; couronner, en 1610, Marie de Médicis et sacrer Louis XIII à Saint-Denis; favoriser le rétablissement des séminaires[2] et présider enfin, en 1614, les États généraux, où s'agitèrent sans résultat les plus graves questions, et où l'orateur du clergé, le jeune évêque de Luçon, révéla, par sa parole sobre et nerveuse, le génie politique de Richelieu. Il mourut de la fièvre, à Avignon, en septembre 1615, et fut inhumé dans la chapelle des jésuites de Pontoise.

23° HENRI DE LORRAINE (1616-1627).

L'année suivante, en août 1619, il était pris possession de l'abbaye de Juilly au nom d'un enfant de trois ans, Henri de Lorraine, dont la vie devait être si agitée et si romanesque. Ses père et mère, Charles de Lorraine, duc de Guise, et Catherine de Joyeuse, avaient réussi, par leur crédit auprès de Louis XIII et de Marie de Médicis, à procurer à ce dernier de leurs fils, qu'ils destinaient

1. Louis XIII, né le 27 septembre 1601.
2. Nourrisson, *Vie du cardinal de Bérulle*, p. 133.

à l'Église, tout l'héritage ecclésiastique du cardinal défunt, son oncle maternel, qui consistait dans les six abbayes de Fécamp, de Saint-Martin de Pontoise, du Mont Saint-Michel, de Notre-Dame de Chambons, de Laulne et de Juilly. Mais Paul V, pour éviter tout usage profane de leurs riches revenus, ne ratifia cette collation qu'à la condition que jusqu'à l'âge où le jeune prince pourrait être tonsuré, l'administration de tous ces bénéfices serait confiée au fondateur de l'Oratoire de France, le P. de Bérulle, dont il avait eu l'occasion d'apprécier le haut mérite [1]. C'est ainsi que la maison de Juilly, loin de souffrir de cette faveur abusive, lui dut l'origine de ses rapports avec la Congrégation qui allait l'illustrer.

Le P. de Bérulle avait toujours vu avec peine la dévolution de plusieurs bénéfices sur une même tête [2], et il ne les estimait que « comme un moyen d'honorer Dieu, de faire aimer le prince et d'assister les pauvres [3]. » Aussi n'accepta-t-il que par déférence pour le Saint-Père cette gestion délicate. Il

---

[1]. Bulle du pape Paul V, d'août 1616.

[2]. Le cardinal de Bérulle consentit cependant lui-même à accepter les deux plus riches abbayes du grand prieur de Vendôme : celles de Marmoutier et de Saint-Lucien de Beauvais, que lui octroya Louis XIII en signe de son affection pour lui; mais ce ne fut qu'avec l'intention de se démettre de l'une d'elles, lorsqu'il serait parvenu à les réformer. V. l'Éloge de Bérulle, par le P. Lejeune, t. IV de ses *Sermons*, et sa *Vie*, par Habert de Cerisy, p. 572.

[3]. Lettre de remerciement du cardinal de Bérulle au Roi, du 6 mars 1826. Tabaraud, t. II, p. 29.

refusa de prélever les 6,000 livres de traitement annuel que le Pape y avait attaché, et dans les trois années qu'il en resta chargé[1], il put réformer une de ces abbayes, celle du Mont Saint-Michel, où il introduisit un prieur et quelques moines de Cluny, et consacrer plus de 200,000 livres à payer leurs dettes arriérées, à secourir les prêtres et les abbayes pauvres et à venir en aide aux jésuites par un don de 30,000 livres[2].

Huit ans après la retraite du P. de Bérulle, en 1626, Henri de Lorraine, âgé de moins de 14 ans, était nommé à l'archevêché de Reims et échangeait son abbaye de Juilly contre celle de Saint-Nicaise dans sa ville archiépiscopale[3].

1. Il se démit de cette gérance entre les mains du Pape, le 10 octobre 1618. *Arch. de l'Emp.*, carton M. M. 631, *Vie inédite du P. de Bérulle*, par un P. de l'Oratoire, p. 280.

2. *Arch. de l'Emp.*, carton M. M. 621. *Vie inédite du P. de Bérulle*, déjà citée, p. 289. V. aussi, *ibid.*, carton M. 234, la minute d'un Mémoire en forme de lettre du P. de Bérulle au cardinal de Richelieu, du 23 décembre 1623.

3. A sa majorité, devenu l'héritier de sa maison par la mort de ses trois frères aînés, Henri de Lorraine refusa les ordres sacrés et rentra dans le monde, où il se fit remarquer par ses galanteries, son esprit turbulent et téméraire et ses chevaleresques aventures. Il se compromit d'abord avec Paul de Gondi, le futur cardinal de Retz, dans le parti du comte de Soissons contre Richelieu (mai 1641), fut condamné par contumace et se retira à Bruxelles. Il ne rentra en grâce et ne revint en France qu'à la mort du cardinal, en 1643. Uni alors secrètement à la princesse palatine Anne de Gonzague, qui joua un rôle actif dans la Fronde, il l'abandonna pour épouser la belle et vertueuse comtesse de Bossut, et alla à Rome, quelques années ensuite, solliciter du Pape la rupture de ce second mariage pour en contracter un troisième avec une fille d'honneur de la

24° DANIEL HOTMAN (1627-1629).

Aux termes de cet échange, l'abbé de Saint-Nicaise, Daniel Hotman, vint prendre possession de l'abbaye de Juilly le 9 des calendes de mars 1627. C'était le fils d'un jurisconsulte distingué, François Hotman. Appelé à la cour, en janvier 1628, comme aumônier du Roi, il céda sa nouvelle abbaye à un prêtre de l'Oratoire, Pierre Gibier. Lui-même, il se fit oratorien en 1631 et se retira à la maison de Saint-Honoré, où il mourut en septembre 1634.

reine mère, mademoiselle de Pons, « à laquelle il se mit en tête d'offrir une couronne pour présent de noces [1]. » Il venait d'apprendre le soulèvement des Deux-Siciles contre l'oppression espagnole, et l'insurrection de Mazaniello. Cette nouvelle lui rappelle qu'il descend, par les femmes, des anciens rois de Naples de la maison d'Anjou ; il sollicite l'appui de Mazarin, qui le lui promet, et sans attendre la flotte française, s'embarque sur une felouque, passe sous le feu des navires espagnols aux ordres de don Juan d'Autriche, entre à Naples, aux acclamations du peuple électrisé par son audace, et se fait saluer du titre de défenseur de la République (15 octobre 1647). Mais trahi, quelques mois plus tard, par le chef populaire Gennaro Annese, qui livra les clefs de la ville aux Espagnols, il s'enfuit dans les Abbruzes, fut fait prisonnier près de Capoue et ne dut sa délivrance, quatre ans après, qu'aux instances du prince de Condé. Il fit encore, en 1654, une seconde tentative pour s'emparer de Naples ; appuyé par la flotte française, il débarqua le 11 novembre à Castellamare. Mais la ville resta tranquille, et il fut obligé de regagner la Provence. — H. Martin, *Hist. de France*, t. XII, p. 249 et suiv. — *Mémoire de Henri de Guise*, coll. Michaud, t. VII, p. 24 et suiv., 3º série. — Bazin, *Hist. de Louis XIII et Mazarin*, t. I, p. 220. — *Mémoires de Madame de Motteville*, p. 137 et suiv.

1. H. Martin, *Hist. de France*, t. XII, p. 248, 4ª éd.

25° PIERRE GIBIER (1629-1637).

Les bulles de la cour de Rome, qui ratifiaient la démission de Daniel Hotman en faveur du P. Gibier ne furent signées qu'en mars 1629. Aussi ce dernier ne put-il prendre possession de l'abbaye que le 1er mai suivant. Il en fut le dernier titulaire, et le 28 mars 1627 il en autorisa l'union à la congrégation de l'Oratoire, par une procuration spéciale.

Cette union présentait une grave difficulté, que le crédit de la congrégation et l'habileté de son procureur général pouvaient seuls surmonter. Depuis longtemps les mœurs relâchées et l'indiscipline des divers monastères de Chanoines réguliers du royaume appelaient une réforme. Elle avait été ordonnée par lettres patentes du roi, du 30 mai 1635, et confiée, en vertu d'un pouvoir spécial du pape Urbain VIII, au cardinal de la Rochefoucauld. Déjà, cette Éminence avait érigé en congrégation plusieurs abbayes de l'Ordre, parmi lesquelles elle avait compris celle de Juilly, et les avait réunies toutes à celle de Sainte-Geneviève au Mont de Paris, dont elle avait fait le chef-lieu de la Réforme, lorsqu'au commencement de cette même année 1637, elle publia une ordonnance spéciale pour défendre de recevoir à Juilly d'autres religieux que ceux qu'elle y enverrait elle-même. Les négociations de l'Oratoire avec le P. Gibier pour la résignation de son abbaye étaient alors pendantes ;

Toutefois, cette cession fut attaquée par le P. Ch. Faure, général de la Congrégation des Chanoines réguliers de Saint-Augustin et abbé coadjuteur de l'abbaye de Sainte-Geneviève. Le 1er février 1638, il y forma opposition au greffe du Parlement pour le regard de la Mense conventuelle, et fit signifier l'ordonnance du cardinal de la Rochefoucauld, tant au P. Gibier, abbé commendataire, qu'aux religieux de Juilly. Le 24 avril, la cour du Parlement rendit un arrêt vérificatif des lettres patentes du Roi portant union de la Mense abbatiale; et quant à celle conventuelle, ordonna, avant faire droit, l'assignation du P. Faure pour développer les motifs de son opposition.

Le cours de cette procédure n'arrêta pas les diligences de l'Oratoire à l'effet d'obtenir la fulmination de la Bulle d'union. Le 4 avril 1639, il donna pouvoir pour en consentir l'exécution. Le 16, le procureur général chargea le P. Gassot de poursuivre la sentence de fulmination et de procéder ensuite à la prise de possession. Le 20 août, l'information fut faite par l'official de Meaux qui rendit sa sentence le matin du 9 septembre, et le même jour, à midi, le P. Gassot faisait acte de prise de possession.

Sur ces entrefaites, le P. Faure, qui craignait d'être débouté en Parlement de son opposition, introduisit une requête au grand conseil, le 10 janvier 1640. Mais un arrêt du conseil privé du Roi, du 19 du même mois, rendu sur le recours des PP. de l'Oratoire, renvoya les parties devant le Parlement qui, par un nouvel arrêt du 16 juin suivant, débouta le P. Faure de son opposition et ordonna l'enregistrement des lettres patentes et de la Bulle d'union. Le 13 août de la même année, le P. Louis du Certre, au nom des religieux, abandonna le cloître de l'abbaye, et le même jour, les PP. de l'Oratoire en prirent solennellement et définitivement possession. Ils devaient l'occuper avec gloire pendant près de 200 ans.

cette ordonnance pouvait les entraver. Les Pères de l'Oratoire en référèrent directement à Louis XIII, qui, dès le 31 mars, trois jours après la signature de la procuration du P. Gibier, admit sa résignation en leur faveur par un brevet spécial, qu'il confirma par des lettres patentes régulières du mois de juillet suivant.

Forts de la protection royale, ils passèrent, le 4 septembre, avec les religieux un traité qui réglait les conditions de la cession [1]; et le 28 novembre, un concordat intervint, en conséquence, entre le P. de Condren, général de l'Oratoire, et Mgr Séguier, évêque nommé de Meaux. Il y était stipulé « que l'abbaye de Juilly, quoique unie à la
« maison de l'Oratoire de Paris, demeurerait à
« perpétuité en la juridiction des seigneurs évê-
« ques de Meaux qui pourraient y faire toutes les
« fonctions épiscopales ; — que le curé de Juilly,
« vacation avenante, demeurerait en l'institution
« et collation desdits évêques, sur la nomination

---

[1]. Aux termes de ce traité, il était convenu que la Mense conventuelle demeurerait unie à l'Oratoire sans réserve, pour par lui en jouir à mesure que les places des religieux viendraient à vaquer par mort ou autrement, à la charge de leur payer, par forme de pension et par an, la somme de 2,286 fr., montant du revenu de la Mense à partager entre eux, plus la somme de 664 fr., au total celle de 2,950 fr.; et encore à condition qu'ils jouiraient, leur vie durant, de leur enclos et bâtiments ordinaires pour les posséder par eux-mêmes et non par autres personnes; et que les PP. de l'Oratoire seraient tenus de toutes les réparations. (*Arch. de l'Emp.*, M. M. 562. *Annales de la Congrégation.*)

« et présentation des PP. de l'Oratoire, et serait
« soumis à leurs visites, correction, etc.; qu'au
« lieu de l'office canonial célébré en ladite abbaye,
« et qui devait être transféré en l'église de l'Ora-
« toire de Paris, suivant la lettre patente du Roi,
« les PP. de l'Oratoire seraient tenus et s'obli-
« geaient à l'instruction et direction d'un sémi-
« naire en la maison de ladite abbaye, pour loger
« et instruire tous les ecclésiastiques et aspirants
« à l'état de prêtrise et autres qui, par dévotion,
« viendraient y demeurer quelque temps pour faire
« retraite; et qu'il y aurait deux Pères de l'Ora-
« toire obligés d'enseigner les séminaristes en
« piété, théologie, morale, etc.; qu'ils recevraient
« et nourriraient gratuitement deux séminaristes
« ou ecclésiastiques choisis par l'évêque de Meaux,
« pour y demeurer tant et si longuement qu'ils
« jugeraient à propos; et qu'ils seraient tenus,
« en outre, sur les mandements des seigneurs
« évêques de Meaux ou de leurs vicaires, de rece-
« voir ceux du diocèse qui se présenteraient aux
« ordres, pour y demeurer quinze jours, en
« payant toutefois par lesdits évêques de Meaux
« aux PP. de l'Oratoire les pensions desdits ordi-
« nands. »

Ce Concordat fut confirmé par lettres patentes du Roi, données à Saint-Germain le 1er décembre suivant; et le 2 mars 1639, Urbain VIII accorda sa Bulle d'approbation de l'union.

LIVRE TROISIÈME

L'Oratoire

CHAPITRE PREMIER

SA FONDATION ET SES GÉNÉRAUX.

État moral du clergé de France à la fin du xviᵉ siècle. — Prélude de sa réforme; l'initiative en appartient à l'Oratoire. — Le P. de Bérulle : sa naissance; son éducation; son ordination; les premières années de sa vie sacerdotale; ses écrits; ses controverses; sa participation à la conférence de Fontainebleau entre le cardinal du Perron et Duplessis-Mornay; ses premières vues sur l'Oratoire. — Il introduit les Carmélites en France; leur direction; peines qu'elle lui suscite; état florissant de leur ordre à sa mort. — Il travaille à l'établissement de l'Oratoire. — Il étudie et pratique lui-même les constitutions de saint Philippe de Néri; leur résumé; emprunts qu'il leur fait. — Caractère propre qu'il donne à son institut; son esprit; règles qu'il lui trace. — Berceau de l'Oratoire de France; ses débuts. — Le P. de Bérulle est élevé au cardinalat. — Son rôle politique. — Il provoque le siége de La Rochelle, est nommé ministre d'État et président du Conseil de régence. Protection qu'il accorde aux lettres et aux savants. — Ses derniers moments et sa mort. — Le P. de Condren : son enfance, ses études; son enseignement au collége du Plessis; sa science théologique. Sa vie oratorienne et ses directions de consciences. Son généralat. Rédaction des constitutions définitives de la Congrégation. Direction finale qu'il imprime à l'Oratoire. Sa mort; regrets qu'elle inspire. — Le P. Bourgoing : ses talents et ses services à la Congrégation. Caractère de son généralat. — Le P. Senault : Sa célébrité comme orateur; sûreté de sa doctrine; bienveillance de son caractère; ses ouvrages. — Le P. de Sainte-Marthe : Son érudition; ses premiers travaux; ses vertus; embarras et faiblesse de son gouvernement. — Le P. de La Tour : son mérite. Son appel de la bulle Unigenitus. Rétractation et conséquences de cette faute; son portrait. — Le P. de La Valette; sa vie dans l'Oratoire jusqu'à son généralat. Sagesse de son administration. — Le P. de Muly : son éducation à Juilly; ses diverses fonctions; estime qu'il inspirait à J.-J. Rousseau. — Le P. Moisset : ses études à Juilly; charges qu'il remplit; son généralat. — Gouvernement provisoire de l'Oratoire par le P. Vuillet jusqu'à la suppression des Congrégations séculières en 1792; son adresse à Pie VI.

Qu'a été l'ancien Oratoire de France? Par qui, dans quelles circonstances et dans quel but a-t-il été fondé? Quels ont été les constitutions et les chefs qui l'ont régi, les hommes qu'il a produits et l'influence qu'il a exercée? Cet examen peut servir à bien faire apprécier l'importance de son long enseignement à Juilly, en même temps qu'il répond à l'intérêt de légitime curiosité, qui s'attache aux origines et au passé de cette congrégation célèbre. Puisse-t-il même, c'est le plus cher de nos vœux, contribuer à dissiper quelques-uns des nuages qui n'ont pas cessé d'entourer ce grand nom de l'Oratoire et de voiler l'éclat de ses services !

Le XVIᵉ siècle, l'une des époques les plus troublées de notre histoire, a été aussi l'une des plus critiques pour l'Église de France. Le protestantisme lui avait fait des plaies profondes et avait encore aggravé les désordres dont il était le châtiment : ses luttes contre le dogme, ses attaques acharnées contre le Saint-Siége et le Sacerdoce avaient ébranlé la foi et affaibli le respect des peuples; ses exemples, non moins funestes que ses doctrines, avaient propagé les plus honteux scandales; et les guerres religieuses, dont il était l'auteur, avaient accru partout l'ignorance, la corruption des mœurs et le relâchement de la discipline[1]. Le Pouvoir lui-même, loin de résister à l'avilissement du clergé, y avait mis le comble en s'acquittant mal des grands devoirs que lui conférait le nouveau concordat et en élevant trop souvent aux dignités ecclésiastiques des hommes que ne recommandaient ni l'âge, ni le mérite. Aussi pouvait-on dire de presque tous nos diocèses ce qu'écrivait du sien un prêtre vénérable à saint Vincent de Paul : « que le clergé y était « sans discipline, le peuple sans crainte, les « prêtres sans dévotion et sans charité, les chai- « res sans prédicateurs et la science sans hon- « neur; et que la chair et le sang avaient comme « supplanté l'Évangile de Jésus-Christ[2]. » Et cette dégradation du corps sacerdotal « l'avait

---

1. Abelly, dans sa *Vie de saint Vincent de Paul*, liv. Ier, ch. XXIII, en fait une peinture navrante. On ne portait plus le costume ecclésiastique. Les mœurs mondaines régnaient dans les cloîtres les plus austères; et les habitudes de piété étaient devenues étrangères aux plus réguliers. La liturgie elle-même était en oubli. On rencontrait des prêtres qui ignoraient le cérémonial de la messe, d'autres qui ne savaient plus la formule d'absolution; et c'était par milliers que dans plusieurs diocèses on comptait ceux qui s'adonnaient au vice ou se souillaient de crimes.

2. Abelly, *loc. cit.*

« fait tomber à ce degré de mépris que la plus
« sanglante injure, que l'on pût adresser alors à
« un homme de condition, était de lui dire : « Vous
« êtes un prêtre, » et que ce nom sacré était
« devenu synonyme, dans le monde, d'ignorant
« et de débauché[1]. »

Un péril aussi grand pour la religion appelait de prompts secours. La Providence proportionna les remèdes à l'étendue du mal. Le siècle de Luther et d'Henri VIII fut aussi celui de saint Ignace, dont M. de Bonald jugeait l'institut « le plus par- « fait qu'ait produit l'esprit du christianisme[2], » de sainte Thérèse, de saint Charles Borromée et de saint Philippe de Néri. En France seule, il vit naître les saint Vincent de Paul, les Bérulle, les Condren, les Olier, les Fourrier et les Grignon de Montfort. Sous l'influence de ces saints personnages, la piété et le zèle se réveillèrent de toute part ; des institutions nouvelles se formèrent à l'envi pour édifier le monde, soulager ses misères ou fortifier sa foi ; et l'on put présager dès lors pour notre Église la grande ère de sa renaissance et de son illustration[3]. Toutefois, les résultats de

---

1. L'abbé Maynard, *saint Vincent de Paul, sa vie et son temps*, t. II, p. 12.

2. *Législation primitive*, t. I.

3. Ce magnifique mouvement de réforme catholique en France, sous Henri IV et Louis XIII, est très-bien décrit dans la Préface de la *Vie de M. Olier* par un vénérable curé de Saint-Sulpice, M. l'abbé Hamon, p. 15 et suiv.

cet élan général ne pouvaient être durables qu'à la condition d'être soutenus par la sanctification de l'ordre sacerdotal. C'était là l'œuvre essentielle ; on en sentait l'urgence ; et bientôt les hommes allaient surabonder pour l'accomplir. Mais l'initiative de sa réalisation appartient tout entière à l'Oratoire ; et ce sera l'éternel honneur de cette Congrégation de s'être vouée tout d'abord à la direction des séminaires, d'avoir formé les premiers et les plus célèbres instituteurs du clergé, et d'être restée pour lui une grande école de vertu et de science, même après que les exigences de la conduite de ses colléges l'eurent fait dévier de cette fin primitive de son institution.

LE P. DE BÉRULLE.

Il y avait peu d'années que l'Italie, s'inspirant la première des vues du concile de Trente, commençait à rétablir le sacerdoce dans sa splendeur et sa sainteté primitive, lorsque Dieu suscita, pour poursuivre en France le même dessein, un homme vraiment apostolique, le *grand* Pierre de Bérulle, comme l'appelle Bossuet [1], « l'un des esprits les plus nets et les plus lumineux que saint François de Sales avouait avoir jamais rencontrés [2], » d'un

---

1. Oraison funèbre d'Henriette de France, reine d'Angleterre.
2. Déposition de sainte Chantal, art. 37, citée dans la *Vie de saint François de Sales*, par M. l'abbé Hamon, t. I, p. 412.

mérite tel « que la pourpre romaine n'ajouta rien à sa dignité, » d'une spiritualité si haute que des saints suivirent ou recherchèrent sa direction[1] et dont toute l'existence, écoulée « dans l'uniformité d'une inaltérable vertu, » fit luire à l'Église gallicane les lumières les plus pures et les plus sublimes du sacerdoce chrétien et de la vie ecclésiastique[2]. »

Né au château de Serilly, près Troyes, le 4 février 1575, Pierre de Bérulle était l'aîné de quatre enfants. Sa famille, l'une des plus anciennes de la Champagne, était alliée aux plus grands noms de France; et une de ses parentes, Etiennette de Bérulle, avait épousé en premières noces le bisaïeul[3] de saint François de Sales, qui s'honora de son amitié et qui écrivait de lui à l'évêque de Dol, Antoine de Révol : « Il est tout tel que je saurais désirer d'être moi-même[4]. » La mort de son père, Claude de Bérulle, conseiller au parlement, qu'il perdit de bonne heure, le laissa sous la garde de sa pieuse mère, Louise Séguier[5], qui, plus tard, prit le voile des carmélites sous le nom de sœur Marie des Anges et mourut, après vingt-un ans

1. *Saint Vincent de Paul* (Abelly, l. I, ch. VII); *sainte Marie de l'Incarnation* (madame Acarie), (Tabaraud, *Vie du P. de Bérulle*, t. I, p. 57); *saint François de Sales*, *Vie man. du P. de Bérulle*, par Cloyseault, p. 57.
2. *Or. fun. du P. Bourgoing*, par Bossuet.
3. Charles Bernard, Seigneur du Forax. (*Arch.*, M. 233, généalogie du P. de Bérulle.)
4. Tabaraud, *loc. cit.*, t. I, p. 25.
5. Le même, t. I, p. 74.

de profession, entre les bras et sous la direction spirituelle de son fils[1].

Après avoir fait de brillantes études aux collèges de Boncourt et de Bourgogne et à celui de Clermont[2], où il étonna souvent ses maîtres par la maturité précoce de son jugement[3], il fut contraint par ses oncles Séguier, qui portaient un nom déjà illustre dans la magistrature, d'embrasser leur carrière et de suivre ses cours de droit. Mais deux opuscules qu'il composa à cette époque, sur le *Moyen de parvenir à la vertu* et sur l'*Abnégation intérieure*, les convainquirent de sa vocation; et ils cessèrent d'y mettre obstacle. Libre alors, à dix-huit ans, de se consacrer à Dieu, il chercha à entrer chez les Chartreux, chez les Capucins et chez les Jésuites. Econduit par tous, il vit dans ces refus inexplicables la volonté d'en haut et tourna ses pensées vers l'état ecclésiastique séculier. Il s'y prépara par six années de prière, d'étude et de mortification, portant le cilice et la ceinture de fer et refusant par humilité le bonnet de docteur; et après quarante jours de retraite austère chez les Capucins de la rue Saint-Honoré il reçut la prêtrise, le 4 juin 1599, des mains de l'évêque de Lombez. Cette grâce de

---

[1]. Elle était tante du chancelier Pierre Séguier.
[2]. Dirigé par les Jésuites, qui lui donnèrent, en 1674, le nom de Louis le Grand.
[3]. Caraccioli, *Vie du cardinal de Bérulle*.

l'ordination « qui terminait tous ses souhaits[1] » se manifesta en lui par la modestie de son maintien, l'onction de sa piété, son amour de la retraite et son respect de la hiérarchie. On admirait sa prudence, son zèle pour la conversion des hérétiques et son désintéressement, qui lui avait déjà fait refuser le doyenné de Notre-Dame de Paris et la riche abbaye de Saint-Etienne de Caen. Toutes les confréries de charité sollicitaient sa présence ou prenaient ses avis. Il était le directeur des âmes les plus ferventes, le guide spirituel des ordres les plus réformés[2]. Un an après, en 1600, il fut nommé aumônier de Henri IV et prit part à la conférence de Fontainebleau qui eut lieu, en présence du Roi, entre le cardinal du Perron, dont il fut l'assesseur, et le pape des huguenots, Duplessis-Mornay. Il y défendit le dogme de la présence réelle de Jésus-Christ dans l'Eucharistie et mit fin aux débats par l'entraînement de sa parole et la vigueur de sa dialectique. Cette dispute fameuse, qui fut l'occasion de son beau *Traité de la Mission des Pasteurs*, mit le sceau à sa réputation de controversiste et lui procura le bonheur d'obtenir un grand nombre d'abjurations. Elle lui valut l'admiration de du Perron[3] et la

---

1. *Lettre du P. de Bérulle à sa famille*, citée par son biographe Hervé.
2. Des Capucins et des Feuillants.
3. C'est cette Eminence qui disait de lui : « S'il s'agit de con-

faveur du prince, qui aurait voulu l'élever à l'épiscopat et qui lui offrit, à plusieurs reprises, les évêchés de Laon et de Nantes, celui de Luçon et l'archevêché de Lyon. Mais toujours vaincu par l'humilité de l'homme de Dieu, il ne put s'empêcher de dire à M. de Bellegarde, en le lui montrant : « Vous voyez bien cet homme-là ; c'est un « saint. J'ai fait ce que j'ai pu pour le tenter ; je « n'y ai pas réussi. Il est l'unique qui résiste à « de pareilles épreuves[1]. » Il ne parvint à lui faire accepter que le titre d'administrateur des aumônes destinées à réparer les Saints Lieux, pour lesquels il avait une dévotion spéciale et où il chercha plus tard à établir une maison de l'Oratoire[2].

C'est vers cette époque de 1601 qu'un jour, en récitant son bréviaire, il fut frappé de ces paroles du psaume 9ᵉ : *Annuntiate inter gentes studia ejus* : annoncez ses desseins aux peuples, et qu'elles lui inspirèrent le désir de voir surgir dans l'Église une congrégation de prêtres dont la mission fût de manifester Jésus-Christ, de le faire connaître au monde dans ses préceptes, dans ses conseils et dans ses actions, de le lui faire aimer dans les in-

---

vaincre les hérétiques, amenez-les moi ; s'il s'agit de les convertir, présentez-les à M. de Genève (saint François de Sales) ; mais s'il s'agit de les convaincre et de les convertir tout ensemble, adressez-les à M. de Bérulle. »

1. Gibieuf, *Mém. mss.*
2. *Arch. de l'Empire*, M. M. 621.

ventions admirables de son amour envers les hommes, et qui, à cette fin, travaillassent à rétablir dans le clergé la ferveur primitive de l'esprit sacerdotal par la puissance de leur parole, l'autorité de leur science et l'ascendant de leurs vertus. Il communiqua son impression à son directeur, D. Boncousin, et à madame Acarie, la confidente ordinaire de ses pieuses pensées. Tous deux y virent l'inspiration de Dieu et l'engagèrent à la suivre. D. Boncousin lui prédit même qu'il établirait dans le royaume l'institution de saint Philippe de Néri. Cependant cette sainte femme[1], avide d'immolation et de sacrifice, nourrissait, de son côté, le projet d'introduire en France un monastère de l'ordre du Carmel, dont la réforme, accomplie en Espagne par sainte Thérèse, opérait des prodiges. Elle en fit part alors à M. de Bérulle, qui l'accueillit comme la préparation la plus efficace de la grande œuvre qu'il avait lui-même en vue. Il se chargea d'obtenir pour la nouvelle fondation l'agrément du roi et les bulles d'érection du Saint-Siége[2], traita avec la duchesse de Longueville et le cardinal de Joyeuse de la cession du prieuré de Notre-Dame des Champs, au faubourg Saint-Jacques, pour l'installation du premier couvent de l'ordre,

---

1. Elle a été béatifiée par Pie VI, sous le nom de sainte Marie de l'Incarnation.
2. Elles furent accordées par Clément VIII, le 13 novembre 1603.

et, afin de le mieux pénétrer de l'esprit et des traditions de sa sainte fondatrice, il fit le voyage d'Espagne pour en ramener quelques-unes de ses filles. Dans le cours de cette négociation difficile, il eut l'adresse d'amener le roi catholique aux desseins de Henri IV sur le double mariage du dauphin avec Anne d'Autriche, fille de Philippe III, et du premier infant d'Espagne avec Élisabeth de France, et, après huit mois d'absence, le 17 octobre 1604, il eut la joie d'installer dans le nouveau monastère six religieuses espagnoles des couvents de Salamanque, d'Avila et de Burgos. L'extension de l'ordre fut des plus rapides; mais sa direction[1] fut, pendant plus de douze ans (de 1610 à 1623), pour M. de Bérulle une source constante d'épreuves et de chagrins. Soutenues par l'opposition des Carmes, du cardinal de Sourdis et de quelques Jésuites, cinq maisons[2] résistèrent à sa légitime autorité et bravèrent, dans leur révolte, les injonctions pontificales et jusqu'à la force armée. Victime des calomnies les plus perfides et des pamphlets les plus violents, leur saint fondateur sut, au milieu de toutes ces attaques, posséder son âme dans le calme et dans le silence. Une seule fois, la défense de son *Formulaire d'élévations à Jésus-Christ et à la*

---

1. Elle lui fut conférée avec le titre de Visiteur perpétuel par un Bref de Paul V, du 17 août 1614.
2. Les deux de Bordeaux, et celles de Saintes, Bourges et Limoges.

sainte Vierge, le contraignit à élever la voix ; et ce fut pour publier un chef-d'œuvre : le *Traité des Grandeurs de Jésus*, où il expose avec tant de clarté, de profondeur et d'onction les mystères fondamentaux de l'incarnation du Verbe et de ses incompréhensibles abaissements, qu'Urbain VIII, ravi de sa lecture, appela l'auteur l'apôtre du Verbe incarné. Enfin, à force de prudence et d'énergie, il parvint, en 1623, après douze ans de luttes, à faire rentrer sous son obéissance les couvents rebelles ; et, à sa mort, l'ordre du Carmel comptait en France quarante-trois maisons qui subsistent encore, et où, depuis deux cent cinquante ans, l'immolation quotidienne de créatures angéliques sert de rançon pour les iniquités du monde.

Mais l'introduction des Carmélites en France ne fut pas l'œuvre la plus importante du cardinal de Bérulle. La gloire de son nom se rattache à l'établissement de l'Oratoire. Un jour que le P. Cotton[1], dont l'affection pour le P. de Bérulle ne se démentit jamais, se plaignait à madame Acarie, devenue alors la Mère Marie de l'Incarnation, de l'inutilité de ses efforts pour faire accepter à son saint ami la charge de précepteur du Dauphin : « Vous ne viendrez pas à bout de votre dessein, lui répondit-elle ; il est réservé pour tout autre chose. Il manque dans l'Église de France un Ordre qui puisse donner

---

[1]. Jésuite et confesseur de Henri IV.

aux évêques de bons curés et de bons vicaires. Il y a longtemps que je presse M. de Bérulle de l'établir, et il s'y refuse; mais il faut qu'il le fasse. Aidez-moi plutôt à l'en persuader[1]. »

Les vœux de madame Acarie étaient ceux de toutes les âmes jalouses de la dignité sacerdotale; ses instances, celles de l'opinion publique elle-même. M. de Bérulle seul, dans son humilité, déclinait cette mission et sollicitait saint François de Sales, et après lui César de Bus de l'accepter. Mais le saint évêque lui répondait avec cette grâce de langage qui lui était propre : « Je laisse aux orfévres à manier l'or et l'argent; les potiers doivent se contenter de manier l'argile[2]. » Et le vénérable fondateur des Doctrinaires, qui se devait tout entier à sa congrégation naissante, lui écrivait à son tour : « C'est à vous d'accomplir un dessein que vous avez formé. J'y vois la volonté de Dieu, contre laquelle il ne vous est pas permis de vous raidir. »

Cédant enfin à tant de sollicitations et aux ordres de son évêque, M. de Retz, il se jeta à ses genoux, implora sa bénédiction et se mit à l'œuvre. Il avait souvent entendu le chancelier de Sillery, l'ami intime du cardinal Baronius, et notre ancien ambassadeur à Rome, parler avec éloge de l'Oratoire qu'y avait fondé saint Philippe de Néri, cet admirable

---

[1]. Hervé, *Vie du cardinal de Bérulle*, l. VII, ch. VI.

[2]. *Esprit de saint François de Sales*, par l'évêque de Belley, p. 10, sect. 14.

prêtre, dont Bossuet a pu dire, sans hyperbole, « que le monde entier était trop petit pour l'étendue de son cœur, pendant que son cœur était trop petit pour l'immensité de son amour [1]; » et il connaissait les fruits extraordinaires de sainteté produits par cet Institut. Il résolut de l'adopter pour modèle du sien, en étudia à fond les constitutions et les exercices, et pour mieux se pénétrer encore des maximes et de l'esprit de son fondateur, il manda près de lui deux Pères de l'Oratoire du Comtat-Venaissin, Jacques Devès et Pierre Brémont que lui envoya leur supérieur, le P. Romillon [2].

L'Oratoire d'Italie, œuvre toute de zèle et de

---

1. *Arch. de l'Emp.*, M. M. 624. Mém. mss. de l'Or.
2. Lire dans l'*Oratoire de France*, du P. A. Perraud, p. 42, et dans la *Vie de saint Philippe de Néri*, par l'abbé Bayle, p. 54, le récit du prodige dont il fut l'objet aux jours de la Pentecôte de l'année 1554.

Issu d'une famille noble de Florence, où il naquit le 22 juillet 1515, Philippe de Néri, après y avoir fait des études solides et s'y être concilié l'affection de plusieurs Dominicains du célèbre couvent de San Marco, fut envoyé, à dix-huit ans, chez un de ses oncles, riche négociant de Naples, pour s'y livrer au commerce. Au bout de deux ans, il renonça à toutes ses espérances de fortune pour prendre le chemin de Rome, où il arriva en mendiant. Il y vécut quinze ans de privations et d'austérités, consacrant ses jours à l'étude de la théologie et de la philosophie, à la visite des hôpitaux ou à celle des sept basiliques, dont il inspira la dévotion, et une partie de ses nuits à rester en prière sur les tombeaux des martyrs aux catacombes de Saint-Calixte. Le jubilé de 1550, qui attirait dans la ville éternelle une foule considérable d'étrangers, lui suggéra l'idée de fonder la Confrérie de la Trinité des Pèlerins, où les pauvres de tous les pays, qui viendraient visiter le tombeau des Apôtres, trouveraient pendant spontanéité dans ses origines, reçut du temps et de l'expérience, beaucoup plus que d'un plan préconçu de son saint fondateur, sa forme définitive. « Prier en commun, comme le dit très-bien le

trois jours un gîte et des aliments [1]. Le 23 mai 1551, il fut ordonné prêtre, à l'âge de trente-six ans, et alla vivre à Saint-Jérôme de la Charité avec quelques prêtres qui s'étaient réunis pour s'édifier mutuellement et s'entr'aider dans les fonctions de leur ministère. Il s'adonna spécialement à la confession et ouvrit dans sa chambre des conférences spirituelles que suivirent des personnages considérables et un grand nombre de jeunes gens. En 1558, l'affluence de ses auditeurs l'obligea à transférer ces pieux exercices dans un local plus vaste, dépendant de la même église, et disposé en forme d'oratoire ou chapelle, et à s'adjoindre dans leur direction Taruggi, et Modio, célèbre médecin, tous deux encore laïques, et un peu plus tard Baronius. Les exercices commençaient par une lecture pieuse. Le président (c'était ordinairement saint Philippe) interrogeait quelques assistants sur cette lecture, ouvrait la discussion sur les questions qu'elle pouvait soulever, l'autorisait même souvent avec des juifs ou des hérétiques admis à ces réunions [2], résumait les opinions et concluait par quelques réflexions étudiées sur quelqu'une des grandes vérités de la religion. Puis un frère, c'était presque toujours Baronius, exposait quelqu'un des faits les plus mémorables de l'histoire de l'Église dont il était chargé spécialement d'étudier les annales. Un autre résumait la vie de quelque saint. On chantait ensuite des cantiques composés avec soin pour ces assemblées par saint Philippe lui-même, et mis en musique par Palestrina, que ses contemporains appelèrent le prince de la musique et qui se fit disciple de saint Philippe; et l'on se séparait après la prière. Ce fut là le berceau de la Congré-

1. Aujourd'hui cette confrérie, protégée par les Papes, est établie dans un magnifique hôpital qui peut héberger mille personnes par jour, et nous y avons vu, le Vendredi saint de l'année dernière, trois princes de l'Église et des membres de la plus haute aristocratie romaine y laver les pieds bien sales de pauvres pèlerins, les servir à table, préparer leur couche, et mettre leurs équipages à leur disposition pour leur faciliter la visite des sanctuaires les plus vénérés de Rome. Les dames remplissent le même office auprès des pèlerines dans une partie séparée du même hôpital.
2. Fleury, *Hist. eccl.*, t. XXXVI, p. 549.

« P. Ad. Perraud, dans son étude si attachante sur
« l'*Oratoire de France au* XVIIe *et au* XIXe *siècle*[1];
« s'édifier réciproquement par de bons exemples ;

gation qui se forma peu à peu autour de saint Philippe[1]. Bientôt le nombre de ses disciples s'accrut, et plusieurs furent admis aux saints Ordres, entre autres Baronius, auquel il confia, en 1564, l'administration de l'église de Saint-Jean-Baptiste des Florentins, que Pie IV l'avait chargé de desservir. Il y fut établi un nouvel Oratoire plus vaste que le premier, que Grégoire XIII, en 1574, lui permit d'accepter. L'année suivante, le nombre de ses compagnons augmentant sans cesse, il dut les installer dans l'église de Sainte-Marie in Vallicella, qu'on lui avait offerte, et qui était au centre de la ville. Il y jeta les fondements d'un temple magnifique qu'on appelle encore la Chiesa Nuova et qui fut consacré en 1577, et à côté ceux d'un vaste monastère, où il vint se réunir à ses frères en 1588. Ce fut là que l'on commença à mettre en pratique les Constitutions dressées par le saint fondateur en 1575 et approuvées par Grégoire XIII, et que l'on apporta quelques modifications aux exercices précédemment suivis. Au lieu de conférences, il y eut dorénavant tous les jours, excepté le samedi, une lecture spirituelle suivie de quatre sermons à des heures différentes ; pratique qui s'observe encore aujourd'hui avec une telle édification, qu'un saint prêtre, qui avait toujours suivi ces sermons, voulut, par testament, que son corps fût enterré dans l'église vis-à-vis de la chaire, et qu'on gravât sur sa tombe ces paroles d'Ézéchiel : *Ossa arida, audite verbum Domini :* Ossements desséchés ! écoutez

1. Pag. 19 et 25.

1. Saint-Jérôme de la Charité, jolie petite église située près le palais Farnèse, qui avait été la demeure de sainte Paule et de saint Jérôme pendant son séjour à Rome en qualité de secrétaire du pape Damase, fut aussi, pendant trente-trois ans, la résidence de saint Philippe de Néri, qui y forma le noyau de sa congrégation. Tous ces faits sont relatés dans une inscription placée au-dessus de la porte de la sacristie de cette église : *Suspice et venerare locum supra positum,* y est-il dit, *in quo S. Philippus Nerius Sac. Oratorii congregationem inchoavit per pius exercitationes, quæ diù hic habitæ à patribus, ob novam ædificationem aliù translatæ sunt. Non debet ignorari angulus ex quo manavit in orbem fons pietatis XXXIII annis.* On lit encore sur une autre table de marbre noir placée à côté de la première : *Divo Hieronimo Ecclesiæ doctori dicatum. Olim domicilium S. Paulæ, matronæ, hospitium S. Hieronimi et diuturnum diversorium S. Philippi Nerii.*

« unir, pour les rendre plus féconds, des efforts
« auparavant isolés ; chercher et trouver la per-
« fection dans l'accomplissement des devoirs du

la parole de Dieu. Le sermon est suivi de chants et de prières pour les nécessités de l'Église.

Saint Philippe vit sa congrégation se répandre à Naples, à Milan, à Lanciano et à San Severino. Il la gouverna jusqu'en 1593, époque à laquelle ses infirmités le forcèrent à résigner le généralat, qui fut conféré à son disciple bien-aimé, César Baronius. Il mourut, deux ans après, d'un vomissement de sang, dans la nuit du 25 mai 1595, et fut canonisé par Grégoire XV, en 1622, à la prière de Louis XIII et de Marie de Médicis. Le corps de ce grand saint, l'apôtre de Rome, le père des pauvres, l'ami de la jeunesse et le protecteur des ouvriers, repose dans la chapelle du haut de la nef de gauche de l'église de la Vallicella. Au-dessus de son autel est la copie en mosaïque de son superbe portrait, du Guide ; il est à genoux, en chappe d'or, regardant la Vierge et l'enfant Jésus, qui lui apparaissent.

A sa mort, l'Oratoire fit de nouveaux progrès. Il compta bientôt dix-neuf nouveaux établissements à Lucques, Fermo, Palerme, Camerino, Fano, Pavie, Vicence et Ferrare en Italie, à Thonon en Chablais et à Notre-Dame de Grâce, près Fréjus. Clément VIII voulut reconnaître ses services en élevant au cardinalat les trois illustres disciples de saint Philippe : Baronius, Taruggi et Alph. Visconti. La pourpre décora encore d'autres Oratoriens : Paravicini, Léandre Colloredo et Nicolas Sfondrato, qui porta la tiare sous le nom de Grégoire XIV. Aujourd'hui la Congrégation possède à Rome ses deux maisons de la Vallicella et de Saint-Jérôme della Carità ; à Madrid, celle que le roi lui donna en 1769. Elle est établie en Portugal, en Angleterre, à Birmingham et à Londres, au Canada, dans l'île de Ceylan, en Autriche, où il existe sept maisons de Philippins (c'est le nom sous lequel elle est connue), et en France, où l'ordre, rétabli en 1852 par le R. P. Pététot, ancien curé de Saint-Roch, et approuvé par décret du Saint-Siége, du 22 mars 1864, sous le titre d'Oratoire de Jésus-Christ et de Marie-Immaculée, compte quatre maisons : la maison professe de Paris, l'institution de Tours, le petit séminaire de Saint-Lô et le collège de Juilly.

« sacerdoce ; ne rien exclure des divers minis-
« tères auxquels un prêtre peut s'appliquer, et
« toutefois, s'occuper plus spécialement des
« besoins spirituels des hommes et des jeunes
« gens; protéger leur foi en les initiant à une
« connaissance plus approfondie de la religion ;
« les garantir par la pratique des bonnes œuvres
« contre l'entraînement des passions; observer
« aussi les tendances et les besoins de son époque;
« envoyer des missionnaires dans toutes les
« sciences pour les éclairer toutes des lumières
« de la révélation ; faire de la manifestation du
« beau dans les arts et particulièrement dans la
« musique un attrait pour conduire les âmes à la
« vérité ; » en un mot, se faire tout à tous pour
gagner tous les esprits à la foi et tous les cœurs à
la charité de Jésus-Christ : telle fut la pensée de
ceux qui, les premiers, se rangèrent sous la conduite de saint Philippe de Néri ; tel fut le but de sa
congrégation, lorsqu'il lui eut tracé ses règles
après quinze ans d'épreuve, et qu'elle eut été canoniquement érigée par la bulle : *Copiosus in misericordiâ Dominus*, donnée par Grégoire XIII le
13 juillet 1575 ; tel aussi est demeuré ce caractère
distinctif de toutes les branches de la grande
famille oratorienne.

Les bases des constitutions de saint Philippe, qui
ne furent publiées à Rome qu'en 1612, étaient :
1° l'absence de vœux, engendrant non pas une

liberté absolue[1], mais une heureuse alliance entre la liberté de chacun et la soumission volontaire à la règle commune, sanctionnée par le droit d'exclusion de ses infracteurs ; 2° l'indépendance des maisons entre elles pour leur gouvernement et leur discipline intérieurs[2]; 3° l'élection du supérieur et de ses assistants et la triennalité de leurs fonctions. Et les quelques règles qu'il traça, dictées par la plus sage modération, se bornèrent aux seuls préceptes qu'il jugea indispensables pour que ses disciples pussent pratiquer, au milieu d'un monde licencieux, toutes les vertus du prêtre, sans les austérités de la vie religieuse, sans l'entier renoncement aux choses temporelles, mais dans les habitudes d'une vie pieuse et réglée et par un usage modeste et chrétien des biens terrestres.

L'esprit sacerdotal, qui avait inspiré ces constitutions, était trop bien celui qui animait la grande âme de M. de Bérulle, pour qu'il hésitât à en pénétrer son œuvre. Néanmoins il la revêtit de son empreinte personnelle et sut la rendre, à plusieurs égards, originale et toute française. Saint Philippe

[1]. Cette absence de vœux, que désirait le saint fondateur, fut imposée par le pape Grégoire XIII, aux termes d'une décision que confirma un décret de Paul V, du 24 février 1612, par ce motif qu'il y avait assez d'ordres religieux pour ceux qui voulaient se lier par des vœux : *Quando quidem non deerunt quamplures religiones pro iis qui earum spiritu tenentur.*

[2]. Il n'y eut d'exception que pour celles de Naples, de San Severino et de Lanciano, qui restèrent unies à celle de Rome et soumises à l'autorité de son Supérieur.

avait fait de l'Oratoire une œuvre d'apostolat local, dispensée, par conséquent, du mécanisme administratif des grandes congrégations. « Les besoins
« particuliers de l'Église de France au commence-
« ment du XVIIe siècle, et la tendance générale des
« esprits à la centralisation déterminèrent M. de
« Bérulle à concentrer dans les mains d'un Supé-
« rieur général le gouvernement de toutes les mai-
« sons de la Congrégation[1]. » Mais, du reste, il emprunta à la règle de saint Philippe de Néri ses dispositions essentielles ; et de la dignité du sacerdoce, de ses obligations et de sa nature il fit dériver, comme lui, le but, l'esprit et les principes de son Institut :

1° Le prêtre, continuateur à travers les âges de la mission du Fils de Dieu pour le salut du monde, et distributeur de son corps et de son sang, sur lesquels il a reçu pouvoir, l'homme du sacrifice et de la doctrine, des préceptes et des conseils, « chargé d'annoncer à toute âme les vérités pri-
« mordiales de la vie, de la mort et de la résur-
« rection[2], » et placé dans l'Eglise pour servir de modèle à tous les états[3], doit être revêtu de justice, saint et parfait comme Celui dont il est l'envoyé et à la puissance duquel il est associé. Le but de

---

1. Le P. Ad. Perraud : *Orat. de France*, p. 44, Douniol, in-8, 1866.
2. Lacordaire, 9e Conf. de Notre-Dame.
3. *Vie de M. Olier*, par l'abbé Faillon, t. II, p. 290, et *Vie du cardinal de Bérulle*, par Habert, p. 347, Paris, 1646.

l'Oratoire doit donc être de tendre à la perfection sacerdotale. Or, cette perfection consiste dans l'accomplissement de tous les devoirs ecclésiastiques; elle exige l'union intime avec Jésus-Christ, l'auteur du sacerdoce et la source unique de toute sainteté; elle commande la science et implique l'utilité de la vie commune. Aussi l'Oratoire devra-t-il se composer « de prêtres spécialement « appliqués à remplir exemplairement toutes les « obligations de la vie sacerdotale et à se dévouer « à toutes les fonctions qui appartiennent en propre « à l'état de prêtrise[1]; » aux œuvres de zèle et de charité, à la prédication, à la direction des consciences et à l'enseignement dans les colléges[2] et

---

1. Texte de la bulle *Sacrosanctæ*.
2. Le P. de Bérulle, il est vrai, en sollicitant l'érection canonique de sa Congrégation par le Saint-Siége, avait prié Paul V d'insérer dans sa bulle cette clause restrictive : Que l'institution, *non de la jeunesse*, dont se chargeaient les R. R. P. P. Jésuites, *mais des prêtres seulement*, serait une des fonctions de la Congrégation (projet de la Congrégation dressé par le P. de Bérulle, p. 22). Cette exception ne fut pas consignée dans la bulle par un de ces desseins particuliers, dit saint Vincent de Paul (*Recueil des lettres de M. Vincent de Paul*, t. I, p. 1, 2, 22), qui assiste de ses lumières le Souverain Pontife dans l'institution de ses Ordres; et le P. de Bérulle n'eut pas à le regretter, car, malgré sa répugnance première à accepter la direction des colléges, dont il reconnaissait dans les Jésuites les maîtres incomparables, il en comprit l'utilité et finit par en favoriser l'extension dans sa compagnie, soit pour occuper et former les jeunes clercs et fortifier en eux, par la connaissance préalable des lettres, le goût et l'étude des sciences sacrées, soit pour suppléer les Jésuites là où l'on refusait leur concours. C'est par ce dernier motif et pour lutter contre l'influence des protestants qu'il consentit, en 1614, à prendre la charge du premier des

principalement dans les séminaires pour y former des prêtres et les initier à la science, moins pour elle-même, cependant, que pour les services qu'elle peut rendre au prochain[1].

Ils devront aussi cultiver la science qui est la lumière de la vérité, et principalement la science sacrée qui en est la source, et savoir disputer aux Académies cet antique fleuron de la couronne sacerdotale[2] par de grandes et fortes études, faites en dehors de tout esprit de système ou d'école, dans une entière indépendance des opinions libres et la soumission à la seule autorité de l'Église. Mais surtout ils devront s'appliquer à mener la vie du divin Maître, et à vivre, comme lui, d'oraison, dans l'amour filial de la très-sainte Vierge et de l'Église, et en union étroite et constante avec Lui, pour le progrès de son règne, la perfection de ses ministres et la sanctification des âmes, ne perdant pas de vue qu'en entrant dans la Congrégation ils se sont dévoués spécialement au ministère de la prière, et que leur nom de Pères de l'Oratoire et jusqu'à leurs armes[3] n'ont été choisis que

colléges de la Congrégation, de celui de Dieppe, qui fut installé dans le magnifique hôtel du célèbre armateur Ango, et qui, dès les premières années, compta quatre mille écoliers. (*Mém. mss. de la bibliothèque de Dieppe, pour servir à l'histoire de cette ville*, par Claude Guibert, prêtre, p. 333. 1761.)

1. Texte de la bulle *Sacrosanctæ*.
2. *OEuvres du cardinal de Bérulle*, p. 1262.
3. Les armes de l'Oratoire de France, en effet, étaient les noms de : *Jésus, Maria*, entourés d'une couronne d'épines, avec cette

pour le leur rappeler sans cesse. Enfin, ils seront tenus de former une société soumise à des règles et de vivre ensemble de la vie commune¹ dans un esprit de continuelle humilité, pour relever, par leur exemple, la discipline ecclésiastique, « et pour « se rendre plus capables par la conférence de leurs « études, plus utiles aux fidèles par la communica- « tion de leurs travaux, et plus accessibles à tous « dans l'exercice de leur saint ministère². »

2° Le prêtre est aussi appelé à vivre libre au milieu du monde. Il ne connaît d'autre joug que celui de l'Église, d'autres promesses que celles de son baptême et de son ordination. Les vœux solennels ou simples seront donc exclus de l'Oratoire; et ses membres n'ajouteront rien aux obligations communes à tout le sacerdoce, « afin que le spectacle de ces volontés toujours libres d'elles-mêmes et toujours soumises serve de modèle au prêtre qui, dans le monde, doit être à lui-même sa règle et sa sanction³. »

La charité, ce don entier de soi à Dieu et à l'hu-

---

devise : *Entre qui peut, sort qui veut*, et résumaient très-bien toute la pensée de son institution. Celles de l'Oratoire de Saint-Philippe étaient : une Vierge tenant devant elle l'enfant Jésus dans un croissant entouré de rayons.

1. Texte de la bulle déjà citée.
2. Statuts de la Congrégation déposés au greffe de la Cour de Rouen, le 10 juillet 1636 (*Arch. de l'Emp.*, M. 215.
3. *Vie du P. Lacordaire*, par le P. Chocarne, t. I, p. 78. L'abus qui a été fait plus tard de cette sainte liberté, sous la pression d'événements que nul ne pouvait prévoir, l'ont rendue l'objet des

manité, sera le seul lien qui devra les unir, parce que sans lui tous les autres sont de faibles barrières. Leur soumission à la règle sera volontaire, en ce que la porte sera toujours ouverte à ceux qui se lasseraient d'en porter le joug ; mais elle sera obligatoire, en ce qu'ils devront l'accepter tout entière sous peine d'exclusion ; « et leur liberté, selon la pensée d'un de leurs Pères, ne consistera qu'à vouloir et à faire librement ce qu'ils doivent, *sicut liberi*[1]. »

3° Le prêtre est encore institué par Jésus-Christ pour être, sous l'autorité des évêques, le semeur de la parole évangélique et le dispensateur des sacrements. L'Oratoire ne sera donc pas exempt de la juridiction épiscopale comme la plupart des grands ordres religieux. Il demeurera, au contraire, dans la hiérarchie de l'Église et soumis aux évêques dans l'exercice de ses fonctions sacerdotales, selon le vœu du grand pape saint Grégoire. Mais il ne relèvera que du Souverain Pontife et, sous lui, de ses supérieurs majeurs, pour son institution, sa conduite et sa discipline intérieures[2].

---

plus violentes attaques. Il serait peut-être plus juste de reconnaître qu'elle a été désirée par saint Philippe et voulue par les Souverains Pontifes, qu'elle a mérité les éloges de Bossuet et que c'est elle qui, en laissant à la vie propre de chacun des membres toute son expansion, a favorisé d'une manière singulière l'essor de la science et du génie au sein de la Congrégation.

1. *Arch. de l'Emp.*, carton M. 231.
2. *Lettre du P. de Bérulle*, du 10 février 1643, p. 163 de ses Œuvres.

4° Enfin, comme les intérêts confiés à la garde du prêtre dominent ceux du temps de toute la hauteur de l'éternité, et l'obligent à rester étranger aux luttes des partis tant que la cause de l'Église ne s'y trouve pas engagée, « la politique de l'Oratoire sera de n'en point avoir[1], » de ne pas rechercher, pour s'affermir, l'appui des moyens humains, et de ne se mêler au mouvement des idées, des mœurs et des institutions du pays que pour les faire servir au triomphe de la vérité catholique.

A ces premiers principes, le P. de Bérulle se borna à ajouter les règlements et à prescrire les usages nécessaires pour la direction et les exercices journaliers de ses disciples, réservant à l'expérience et à la sagesse de ses successeurs le soin de compléter la constitution définitive de la Congrégation. Il en confie le gouvernement à un supérieur général à vie, aidé : 1° pour l'expédition des affaires, de quatre assistants, qui devaient former, sous sa présidence et avec voix délibérative, le régime ou conseil de la Congrégation[2]; 2° pour le contrôle des maisons, de trois visiteurs; 3° et pour les affaires litigieuses et administratives, d'un procureur général. Le Régime devait avoir son siège à Paris.

---

1. Le P. Lami, Ve *Entretien sur les sciences*, p. 188.
2. A partir du 6 avril 1640, les séances du conseil de sa Congrégation furent hebdomadaires et se tinrent toujours le jeudi, à huit heures du matin, dans la chambre du R. P. de Bérulle (*Arch. m.*, 231).

Il divisa les membres de la Congrégation en trois catégories : les prêtres, les confrères et les frères ; les prêtres, qui durent être appelés Pères, selon l'usage de l'Église qui regarde ses ministres comme les pères spirituels des fidèles ; les confrères ou clercs, destinés à la prêtrise et employés aux diverses fonctions qui n'exigent pas le caractère sacerdotal ; et les frères, destinés à tous les services temporels ou matériels. Les membres de chacune de ces catégories pouvaient, à leur tour, être ou incorporés, ou associés, ou novices. Les incorporés étaient ceux qui avaient trois ans et demi de séjour depuis la date de leur diplôme de réception dans l'institut ; les associés, ceux à qui ce diplôme était octroyé et qui avaient besoin de se former à la vie et aux mœurs sacerdotales[1] ; et les novices, ceux qui attendaient ce diplôme.

Dans ces règlements, comme dans le *Mémoire de direction pour les Supérieurs*, qu'il rédigea à leur suite, la préoccupation exclusive du P. de Bérulle est l'avancement spirituel de ses disciples et le progrès du règne de Jésus-Christ dans les âmes ; et il ramène toutes ses instructions à la prière, l'exercice fondamental de la vie oratorienne, à l'humilité, principe de toute vertu et de toute action sur les âmes, à l'imitation et à l'amour du divin Maître, et au désintéressement, dont il donna de si beaux

---

[1]. On donna aussi le titre d'associés aux laïques étrangers affiliés à la Congrégation par un diplôme d'adoption.

exemples que tous ses disciples se firent gloire de les suivre, et qu'il est devenu l'un des traits distinctifs de la Congrégation.

Telle fut dans son ensemble l'organisation première de l'Oratoire de France. C'était, on peut le dire, l'idéal de la vie sacerdotale, tracé de la main de celui qui en était le plus parfait modèle. Il eut pour berceau[1] la maison du Petit-Bourbon, située sur l'emplacement du Val-de-Grâce actuel, où le 11 novembre 1611, six prêtres : Jean Bence et Jacque Gastaud, docteurs en Sorbonne; François Bourgoing et Paul Metezeau, bacheliers de la même faculté; Pierre Caron, ancien curé de Beaumont, et leur supérieur, Pierre de Bérulle, se trouvèrent réunis pour en former les prémices. Approuvé comme fondation royale par lettres patentes du 2 janvier 1612, érigé canoniquement par une bulle de Paul V, du 10 mai 1613, encouragé par la reine mère et saint François de Sales[2], il se propagea bientôt partout en France, malgré les plus vives oppositions; et, quinze ans à peine après sa fondation, il comptait plus de quarante établissements, dont trois à Paris : la maison de Saint-Honoré[3], la

---

1. Le P. de Bérulle consacra à sa fondation 20,000 écus de son patrimoine.
2. Il disait qu'il « n'y avait rien de plus saint et de plus utile à l'Église de Dieu que cette Congrégation de M. de Bérulle, et qu'il eût volontiers quitté son état pour vivre sous la conduite de ce grand homme. »
3. L'ancien hôtel du Bouchage. On vit le cardinal de Bérulle,

résidence du général et de son conseil; celle de l'Institution ou Noviciat[1], et celle de Saint Magloire[2], où l'on préparait au sacerdoce des clercs de différents diocèses, « et où, dans l'air le plus pur et le plus serein de la ville, tant de saints prêtres et d'illustres prélats vinrent respirer l'air encore plus pur de la discipline ecclésiastique[3]. » Favorisée par les circonstances, cette extension rapide fut surtout l'œuvre du zèle du P. de Bérulle, dont le crédit augmentait, chaque jour, avec sa réputation de sainteté.

Le Roi lui devait sa réconciliation avec sa mère (1619), en dépit des intrigues de Richelieu, de Luynes et du Florentin Ruccellaï pour l'empêcher; l'obtention des dispenses de Rome pour le mariage de sa sœur, Henriette de France, avec le prince de Galles, depuis Charles Ier d'Angleterre (1625)[4], et les traités de Monçon et de Barcelone (mars 1626), qui lui rendaient la disponibilité de ses armées, maintenaient aux Grisons leurs droits sur la Val-

par respect pour le temple du Dieu vivant, travailler de ses mains à la construction de l'église de cette maison, qui est occupée aujourd'hui par les protestants.

1. Actuellement l'hospice des Enfants trouvés, rue d'Enfer.
2. Aujourd'hui l'hospice des Sourds-Muets.
3. *Or. fun.* du P. Bourgoing. Il existe même aux Archives de l'Empire (carton M. 215) un projet de lettres patentes de Louis XIII, rédigé par le chancelier de Marillac, pour établir l'Oratoire dans toutes les villes de France.
4. Cette négociation délicate ne réussit que par le tact et la fermeté du P. de Bérulle, qui ne craignit pas de faire entendre à Urbain VIII ces nobles paroles : « L'inclémence du siècle passé a

teline, et enlevaient à l'Espagne ceux qu'elle avait usurpés pour le passage de ses troupes en Italie[1].

De son côté, Marie de Médicis était touchée du dévoûment qu'il avait témoigné à la jeune reine d'Angleterre, pendant les trois mois qu'il avait passés auprès de sa personne, à Londres. Le chapeau de cardinal, qu'Urbain VIII lui conféra dans le consistoire du 30 août 1625 et qu'il dut le contraindre à accepter, fut le prix de tant de services rendus à l'Église et à l'Etat.

Cette dignité, « la plus haute après la suprême[2], » ne changea rien à la simplicité et aux austérités de sa vie. Il continua à se vêtir de serge, à coucher sur la dure et à rendre à ses frères, dans l'intérieur de la maison, les offices de la plus humble charité[3]. Mais elle lui suscita des ennemis dans l'épiscopat et excita les ombrages de Riche-

---

jeté l'Angleterre dans les malheurs du schisme. Il faut que la clémence de celui-ci l'en retire, et que cette bonté, cette douceur, cette *urbanité* que vous portez gravée jusque dans votre nom, procurent le remède à un si grand mal! » Le Pape conçut de sa personne une telle estime, qu'un jour, parlant de lui au P. Bertin, de l'Oratoire, et supérieur de Saint-Louis des Français : « Le P. de Bérulle, lui dit-il, n'est pas un homme, c'est un ange. »

1. Richelieu, dans son *Journal manuscrit*, a reproché au cardinal de Bérulle d'avoir exclu les alliés de ce traité, bien qu'il n'ait fait, en cela, qu'obéir à ses instructions secrètes qui sont au dépôt du Louvre.

2. Paroles du cardinal de Bouillon à Louis XIV.

3. Cloyseault, *Vie mss*. Il lavait lui-même les pieds des missionnaires de l'Oratoire, à leur retour, et, la veille des grandes fêtes, la vaisselle de la communauté avec les frères servants.

lieu. Inquiet de son influence auprès de la reine mère dont il dirigeait le conseil, le puissant ministre, malgré la hauteur de son génie, se sentait dominé par l'ascendant de la vertu du nouveau cardinal. Sa jalousie s'accrut de la part considérable qu'il eut à la décision de l'expédition du Béarn et à celle du siége de La Rochelle, dont la prise ruina l'influence politique et l'organisation anarchique des protestants en France[1]. Elle se changea même en une véritable animosité, lorsque M. de Bérulle fut nommé ministre d'État et président du Conseil de régence lors du départ de Louis XIII pour la guerre d'Italie ; et il ne put jamais lui pardonner d'avoir reproché à sa politique de sacrifier les principes aux intérêts et de ne viser à l'abaissement de la maison d'Autriche qu'en fortifiant, par son alliance, les princes protestants d'Allemagne.

Aux vertus du prêtre, à la science des affaires et aux talents de l'homme d'État, le cardinal de Bérulle joignait encore le mérite d'aimer les lettres et de les servir. Il les honora par ses écrits[2] et les en-

---

[1]. C'est, en effet, au cardinal de Bérulle seul que revient l'honneur d'avoir provoqué le siége de La Rochelle, malgré les hésitations de Louis XIII et l'opposition de Richelieu. Ce dernier ne put s'empêcher de le reconnaître lui-même, lorsqu'un jour il s'écria, au milieu des difficultés du siége : « M. de Bérulle n'avait guères à faire de nous engager à ce siége avec ses révélations. » (Hervé, *Vie mss. de Bérulle*, p. 402. *Arch.*, M. 220. Tabaraud, II, p. 66.)

[2]. Lire, dans *l'Oratoire de France* du P. Ad. Perraud, le remarquable chapitre intitulé : *le P. de Bérulle, écrivain*.

couragea par sa protection. Il aida Lejay dans l'entreprise de sa célèbre Bible polyglotte, et engagea le P. Morin à y insérer le Pentateuque samaritain d'après l'exemplaire rapporté de Constantinople par le P. de Sancy. Il inspira un des plus grands mouvements philosophiques dont l'histoire ait gardé le souvenir, en découvrant le génie de Descartes et en lui faisant une obligation de conscience de publier ses idées[1]. Il fut enfin le précurseur du grand siècle de l'éloquence chrétienne par les soins qu'il prit de purger la chaire de l'abus des sciences profanes et du mauvais goût, et d'y ramener avec les Condren, les Lejeune et les Sénault la convenance, la mesure et la dignité.

Tant de travaux avaient fini par miner sa constitution délicate. Le 27 septembre 1629, à son retour de Fontainebleau, il fut pris d'une fièvre qui ne le quitta plus. Le 2 octobre, malgré sa faiblesse, il voulut encore célébrer la sainte messe à l'autel. Mais à ces paroles du canon : *Nunc igitur oblationes*, il tomba « pour achever comme victime l'auguste sacrifice que l'épuisement de ses forces ne lui permettait pas de terminer comme prêtre[2]. » Porté sur son lit sans connaissance, il la recouvra en face du Saint Viatique : « Où est-il ? s'écria-t-il, que je le voie, que je l'adore et que je le reçoive. » Et après avoir béni sa Congrégation,

1. Baillet, *Vie de Descartes*, l. II, ch. XIV.
2. Tabaraud, t. II, p. 160.

il alla célébrer à jamais les grandeurs de Celui qu'il avait tant aimé. Il était âgé de cinquante-quatre ans. En face de son cadavre, la justice reprit ses droits dans l'âme de Richelieu. « Aujourd'hui, dit-il, la mort a enlevé à la France le plus grand homme qu'elle ait produit depuis deux siècles[1]. » De nombreux miracles, dus à son intercession et au simple attouchement d'objets qui lui avaient appartenu, ont attesté, depuis lors, la sainteté de ce grand serviteur de Dieu ; et plusieurs fois déjà on a commencé le procès de sa canonisation[2].

LE P. DE CONDREN.

Le cardinal de Bérulle fut remplacé dans le gouvernement de sa Congrégation par le plus illustre de ses disciples, celui qui lui était le plus cher et qu'il admirait davantage, dont Richelieu ne parlait qu'avec étonnement comme d'un homme inaccessible à tous les ressorts de sa politique, et dont la mémoire doit être particu-

---

1. *Vie mss. du P. de Condren*, Arch. de l'Emp., M. 220.
2. Indépendamment des trois bustes en marbre dont nous avons parlé, et qui rappellent ses traits, il existe encore un magnifique portrait du cardinal de Bérulle, par Philippe de Champagne. Ses œuvres ont été réunies en deux volumes in-folio par le P. Bourgoing, qui en recommandait la lecture comme souverainement propre à imprimer la connaissance et l'amour de Jésus-Christ (Cloyseault, *Vie mss.*, p. 221). Ses armes étaient : de gueule au chevron d'or accompagné de trois molettes d'éperon de même. (*Armorial de France*, de d'Hozier, Paris, 1er vol., p. 151, n° 38.

Fondateur du Collége de Juilly
érigé en Académie royale
par Lettres patentes de Louis XIII
du mois d'Avril 1638.

lièrement chère aux enfants de Juilly dont il a fondé le collége.

Issu d'une ancienne famille de Picardie et d'un père protestant, Louis-Charles de Condren naquit à Vaubuin, près Soissons, le 15 décembre 1588. Frappé d'asphyxie en venant au monde et baptisé trois fois, il se plaisait plus tard à rappeler que son triple baptême l'obligeait à vivre plus chrétiennement qu'un autre. Nul, d'ailleurs, ne marcha d'un pas plus ferme et plus constant que lui dans la voie des saints. A sept ans, il étonnait Henri IV par le sang-froid avec lequel il arrêtait un buffle furieux. Son père le destinait aux armes ; mais il n'usa de la seule qu'il mania jamais, son arc, que pour transpercer, à douze ans, comme un objet de vanité, son propre portrait. Après de fortes études au collége d'Harcourt, une maladie grave décida de sa vocation. Il fit vœu, s'il guérissait, de se consacrer à Dieu ; et à dix-huit ans, à peine rétabli, il commençait à suivre les cours de théologie de la Sorbonne, sous deux maîtres fameux : Philippe de Gamache et André du Val. Devenu lui-même docteur, il enseigna avec éclat au collége du Plessis, reçut la prêtrise en 1614, après un an de retraite, renonça à tous les avantages de son droit d'aînesse, vendit jusqu'à ses livres pour venir au secours des pauvres, aimant mieux, disait-il, faire jeûner la curiosité de l'esprit que l'estomac des membres souffrants du Sauveur, et après avoir consacré trois années à prêcher avec succès dans la Capitale, à catéchiser les pauvres des campagnes et à visiter les hôpitaux et les prisons, il entra à l'Oratoire le 17 juin 1617. Doué d'une grande érudition, réputé le meilleur théologien de son temps, il fut, dès l'année suivante, désigné par le fondateur pour aller ouvrir les maisons de Nevers, de Langres et de Poitiers. Rappelé à Paris en 1620, il fut chargé de la direction de Saint-Magloire, et, en 1625, nommé supérieur de la maison mère de Saint-Honoré. Il devint, dès lors, le directeur de la conscience du P. de Bérulle qui, tout éclairé qu'il fût dans la science des saints, vénérait à ce point son jeune confesseur, qu'on le vit se prosterner à terre en passant devant sa chambre, pour baiser les vestiges de ses pas. Les hommes les plus remarquables du clergé : M. de Caulet, le futur évêque de Pamiers, l'abbé Donnadieu, l'abbé du Ferrier, M. Olier, se placèrent également sous sa direction ; et, sur l'ordre de son général, il se résigna, en tremblant, à accepter celle du frère du Roi, Gaston, duc d'Orléans, qui devait lui causer les plus grands soucis. Ce fut même à la cour du duc de Lorraine, où il était allé trouver ce jeune prince pour tenter de le faire rentrer en grâce auprès de Louis XIII, qu'il apprit son élection à la supériorité générale de l'Oratoire. Ce choix, précipité d'abord par les Pères de Paris dans la crainte de l'influence de Richelieu, mais validé, bientôt après, par les députés des autres maisons, fut accueilli avec enthousiasme par toute la Congrégation, qui le savait tout dévoué à ses intérêts et pénétré, dès le berceau, de l'esprit de l'Oratoire [1]; et ce fut en vain qu'il tenta, à plusieurs reprises, de le décliner.

Le généralat du P. de Condren fut marqué par deux grands faits : la rédaction des constitutions définitives de la Congrégation et la direction finale qu'il lui imprima.

Ces constitutions, préparées par lui, approuvées par la première Assemblée générale de 1631 et sanctionnées par le Saint-Siége, reposent sur les principes suivants : l'omnipotence et la souveraineté de la Congrégation représentée par ses députés, l'élection de ces derniers et la convocation triennale de ses assemblées générales; — la délégation de ses pouvoirs pour le gouvernement et l'administration au supérieur général et à ses assistants, nommés par elle ; — le renouvellement triennal de tous ses officiers, autres que le général, nommé par elle à vie mais soumis à son contrôle ; — enfin son droit exclusif de composer et de modifier ses règlements dans les limites des points fondamentaux fixés par le Saint-Siége. C'est ainsi que la constitution oratorienne s'écartait de celles de la plupart des grands Ordres fondés au XVIe et au

1. Paroles du P. de Bérulle, citées par le P. Amelotte dans sa *Vie mss. du P. de Condren*, l. II, ch. X, 1.

XVIIᵉ siècle, qui reposaient toutes sur le principe d'autorité, et qu'elle se rapprochait, au contraire, de celles des anciens Ordres de Cîteaux et de Saint-Dominique, « où derrière ces cloîtres tant calomniés » par les ennemis du despotisme clérical, « se trouvaient de paisibles cités gouvernées par des magistrats de leurs choix » et soumises à des lois « qui savaient allier à l'obéissance la plus héroïque l'exercice la plus noble de la vraie et saine liberté[1]. »

Le second fait, plus décisif encore, fut l'impulsion spéciale qu'il donna aux œuvres et aux travaux de la Congrégation. Déjà le cardinal de Bérulle, qui, dans le principe, aurait désiré la consacrer à la direction exclusive des séminaires, avait été amené peu à peu à lui confier de préférence la conduite des colléges. Le P. de Condren, tout en ne jugeant lui-même rien de plus nécessaire à l'Église que l'établissement des séminaires, engagea définitivement l'Oratoire dans la même voie, et, sans abandonner cependant le but primitif de son institution[2], travailla à lui donner le caractère qui l'a distingué depuis : celui d'un Ordre savant, consacré à l'éducation de la jeunesse laïque et chargé de pourvoir l'Église de docteurs et de missionnaires. Quels sont les motifs qui ont pu déterminer ainsi le P. de Condren à faire dévier la Congrégation de sa fin pre-

---

[1]. Le P. Ad. Perraud, *l'Orat. de France*, p. 106.
[2]. *Ibid.*, p. 239 et la note 3.

mière? Il ne les a jamais fait connaître. Mais un jour, en présence de tous ses Pères réunis, il s'affligea des maux que le jansénisme devait causer à l'Église. « Ce qui me fait gémir, leur dit-il, c'est le schisme « que je prévois et qui paraîtra dans deux ans[1]. » Cette prédiction, que les événements justifièrent, permet de supposer qu'il obéissait, en cela, aux vues secrètes de la Providence, et que Dieu, jaloux de l'intégrité de la doctrine dans les maîtres de ses lévites, voulait transmettre désormais l'honneur de les instruire à une compagnie qui n'eût pas à déplorer les défaillances d'un seul de ses membres[2]. Au surplus, cette déviation a-t-elle été, en soi, aussi funeste à l'Oratoire qu'on l'a prétendu ? Ce serait une erreur de le croire, et une injustice d'en accuser la mémoire du P. de Condren. Sans doute, on l'a dit souvent et avec raison, ce sont les collèges de la Congrégation, bien plus que sa participation aux querelles du jansénisme, qui ont entraîné sa perte. Cela n'est vrai pourtant qu'à partir de l'époque, bien plus récente, où, pour combler les vides immenses causés dans l'enseignement par l'expulsion des Jésuites (en 1762), elle eut le tort de ne pas savoir refuser leurs collèges qu'on lui offrait de toute part. Elle n'était pas préparée à une œuvre aussi vaste ; les sujets lui manquaient. Elle fut entraînée à ouvrir ses

1. *Lettres auth. de M. Olier*, p. 50.
2. La Compagnie de Saint-Sulpice.

rangs à un grand nombre de jeunes professeurs, laïques, sans aucune vocation pour le sacerdoce, qui ne se revêtirent que de sa robe et restèrent étrangers à son esprit. C'était là la véritable dérogation à ses règles constitutives ; et c'est aussi de ce moment que date sa décadence. Mais jusque-là, et tant que l'Oratoire ne dépassa pas dans son enseignement la mesure de ses propres forces, ses colléges ne furent pour lui qu'une pépinière de sujets d'élite et une école précieuse pour la formation de ses savants et de ses prédicateurs.

Quoi qu'il en soit, le P. de Condren se déchargea même, vers la fin de sa vie, du gouvernement intérieur de la Congrégation. Il le délégua à l'un de ses assistants[1], pour se livrer tout entier à la conduite des âmes et surtout à celle des ecclésiastiques qu'il croyait destinés plus spécialement à la réforme du clergé ; et il contribua à étendre cette réforme bien au delà de l'Oratoire, en prenant la plus grande part à la fondation de la pieuse et illustre compagnie de Saint-Sulpice[2]. A ses derniers moments, il fut saisi de terreur à la pensée des jugements de Dieu. Un de ses Pères le rappela à l'espérance et à la confiance en la miséricorde divine. Eh bien ! je m'y abandonne, dit-il d'une voix ferme ; et il expira aussitôt, le 7 janvier 1741,

---

1. Le P. Eustache Gault. V. *Lettre circulaire du P. de Condren à tous les régents des colléges*, d'août 1631.

2. *Vie de M. Olier*, par M. l'abbé Faillon, t. I, p. 127 et suiv.

âgé de moins de 56 ans[1]. Ainsi disparut ce grand homme que M. Olier jugeait « l'intelligence la plus vaste qui fût alors au monde[2]. » Comme le cardinal de Bérulle, son maître vénéré, il aimait et cultivait les lettres; et un an avant sa mort, il exprimait à Thomassin son secret désir de ne pas quitter la terre sans avoir relu Cicéron tout entier[3]. Comme lui, plein d'éloignement pour les dignités il refusa la pourpre romaine et les archevêchés de Lyon et de Reims, que lui offrait Richelieu; et il répondait invariablement à ces sortes d'ouvertures : « Je ne veux d'autre bénéfice pour toute ma vie que la croix de Jésus-Christ[4]. » Comme lui encore, plein de zèle pour les bonnes œuvres, il fonda, sous le nom de compagnie du Saint-Sacrement, une association de piété et de charité qui rappelle, à beaucoup d'égards, celle des conférences de Saint-Vincent de Paul. Louis XIII, en apprenant sa mort, dit au P. Morin : « J'ai perdu le plus saint homme

---

1. *Arch. de l'Emp.*, M. M. 623. *Ann. mss.*, p. 208.
2. Paroles de M. Olier. V. *sa Vie*, t. I, p. 137.
3. Thomassin, *Dog. theol.*, *praef.*, n° 9, cité par le P. Perraud, p. 194, en note. — « Condrenus, vir ingenio, sanctimoniâ et doctrinâ sacrâ cœlitus haustâ copiâ præstantissimus, gregis et ipse olim nostri præpositus, mihi, dit Thomassin, dùm humanarum litterarum scholæ præssem, insurravit nulli non jucundissimam et familiarem esse debere, nulli non fructuosissimam esse Ciceronis lectionem ; addidit porro et eam se spem clàm in sinu alere, perlegendi adhuc, antequàm vitâ abiret, quidquid ille scripsisset. Erat autem tum Condrenus cœlo maturus, ut qui altero post anno vivere deserit. »
4. *Max. spirit. du P. de Condren*, par le P. Cloyseault.

de mon royaume et le plus désintéressé. » Saint Vincent de Paul se frappa la poitrine de désespoir de n'avoir pas assez honoré cet homme incomparable[1]; et peut-être n'est-il pas de plus bel éloge que celui que lui décerna sainte Chantal en disant : « que si Dieu avait donné à l'Église saint François de Sales pour instruire les hommes, il lui semblait qu'il avait rendu le P. de Condren capable d'instruire les anges[2]. »

C'est donc pour le collége de Juilly une bénédiction encore plus qu'une gloire d'avoir eu pour fondateur ce prêtre éminent, dont la mémoire l'honore ici-bas et dont la sainteté le protége au sein de Dieu.

Sept autres généraux, après le cardinal de Bérulle et le P. de Condren, ont gouverné successivement l'Oratoire jusqu'à la révolution.

LE P. BOURGOING (21 ANS, DE 1641 A 1662).

D'une famille de robe du Nivernais, alliée à celle des de Bérulle, François Bourgoing, né à Paris le 18 mars 1585, mourut à la maison de Saint-Honoré le 28 octobre 1662, à l'âge de 77 ans. Il fut le troisième général de l'Oratoire. C'était déjà, assurément, la marque d'un haut mérite que d'avoir été appelé à succéder à « cet illustre P. de Condren,

---

1. *Vie de M. Olier*, p. 126.
2. Cloyseault, *Vie mss.*, p. 264, à la Biblioth. imp. *Orat.*, 276.

dont la mémoire, a dit le maître de l'éloquence sacrée, est douce à l'Église comme une composition de parfums¹. » Le P. Bourgoing l'avait manifesté par ses talents de prédicateur, de théologien et d'administrateur, et par les services qu'il avait rendus à la Congrégation, dont il avait répandu les maisons en France et en Belgique. Il en donna de nouvelles preuves dans l'exercice du gouvernement de l'Oratoire; et l'austérité de sa vie, son application à la prière et au ministère de la parole, son zèle pour la discipline, que la sévérité de son caractère poussa même quelquefois trop loin, sa patience et sa fermeté dans la conduite des âmes, son dévoûment à l'Église et son ardeur infatigable à la servir, célébrés par la grande voix de Bossuet, ont immortalisé son nom².

LE P. SENAULT (9 ANS, DE 1663 A 1672).

Le P. Jean-François Senault, l'une des célébrités de la chaire sacrée, était fils du fameux ligueur Pierre Senault. Il naquit à Anvers en 1604 et entra dans l'Oratoire en 1628. La bienveillance et la douceur de son caractère, la sûreté de sa doctrine³, et

1. Expression de Bossuet dans l'Or. fun. du P. Bourgoing.
2. L'Oraison funèbre du P. Bourgoing fut prononcée par Bossuet le 4 décembre 1662.
3. Il disait souvent que Jansénius et ses sectateurs ne seraient pas tombés dans l'erreur s'ils n'avaient pas quitté saint Thomas, comme interprète de saint Augustin, pour suivre leur propre sens; et il fit statuer par la 12ᵉ assemblée, en 1666, que les professeurs

sa rare aptitude pour le maniement des affaires[1] et le gouvernement des hommes le firent surnommer *les Délices de la Congrégation*[2]. Il mourut à Paris, après neuf ans de généralat, le 3 août 1672, et l'on grava sur sa tombe ce texte de saint Paul : *Potens exhortari in doctrina sana*. Il a laissé plusieurs ouvrages estimés : une *Paraphrase sur Job*, un *Traité de l'usage des Passions*, un autre de philosophie morale et plusieurs biographies, entre autres celle du chancelier de Marillac, son intime ami. Mais il n'a publié aucun de ses sermons qui lui ont valu cependant sa grande réputation.

LE P. DE SAINTE-MARTHE (24 ANS, DE 1672 A 1696).

Le P. Louis-Abel de Sainte-Marthe, né à Paris en 1621, entré dans la Congrégation en 1642, et mort à la maison de l'Oratoire de Saint-Paul-aux-Bois, près Soissons, le 8 avril 1697, appartenait à une famille considérable dans l'histoire des lettres et des sciences, et était fils de l'historiographe Scé-

---

de la Congrégation suivraient, sur les questions de la grâce, la doctrine de saint Augustin interprétée par saint Thomas, le Concile de Trente et les Constitutions des Souverains Pontifes.

1. Son panégyriste, l'abbé de Fromentières, qui devint évêque d'Aire, disait dans son Oraison funèbre : « Qu'il n'avait rien entrepris qui n'eût réussi. »

2. C'est lui qui, sollicité par Anne d'Autriche et Mazarin d'accepter un évêché, répondait à la reine mère : « A mon âge, Madame, bien loin d'être disposé à sortir de l'Oratoire pour mourir évêque, je quitterais mon évêché si j'étais évêque pour avoir la consolation de mourir dans l'Oratoire. » (Tabaraud, p. 242, t. II,.

vole de Sainte-Marthe. Lui-même, il avait concouru à la rédaction de la *Gallia christiana*; et, dans les loisirs que lui laissaient l'importante direction de la maison de Saint-Magloire et ses fonctions de premier assistant, il travaillait avec son frère à l'*Orbis christianus*, ouvrage immense qui devait embrasser l'histoire de toutes les Églises du globe, lorsqu'il fut élu général de l'Oratoire. C'était un homme recommandable par sa vie exemplaire, son profond savoir et sa grande piété; et, selon le mot d'un ancien qu'on lui a appliqué, son mérite et ses vertus l'eussent toujours fait juger digne de la première place s'il ne l'avait occupée. Mais ses démêlés avec l'archevêque de Paris, M. de Harlay, qui lui était hostile, ses hésitations et ses faiblesses vis-à-vis du pouvoir, les orages que souleva contre lui, au sein de la Congrégation, l'interdiction de la doctrine de Descartes et l'adoption du formulaire d'études prescrit par l'assemblée de 1684, enfin les rigueurs dont il fut l'objet de la part de Louis XIV ont fait des quinze dernières années de son généralat la page la plus triste de l'histoire de l'Oratoire. Sur les instances de Bossuet et de l'archevêque de Reims, M. Le Tellier, il mit fin à cette situation déplorable en envoyant sa démission à M. de Noailles, récemment promu à l'archevêché de Paris; et il eut l'humilité d'assister à l'assemblée de 1696 (20 juin), qui élut son successeur. L'accusation de jansénisme, si souvent et si légèrement prodiguée alors, ne lui fut pas épargnée, et cependant ce fut lui qui exclut de la compagnie les oratoriens les plus compromis dans l'hérésie : Quesnel et Duguet, professeurs à Saint-Magloire¹, qui fit adopter comme règle de doctrine, dans l'Oratoire, le livre des *Sentiments de saint Augustin sur la Grâce*, du P. Lepore d'Imbretun, l'un des plus habiles et des plus infatigables adversaires de Jansénius, et dont les relations avec les religieuses réfractaires de Port-Royal n'eurent d'autre but que de les amener à la communion plus fréquente². Il faut dire encore, à son éloge, qu'il opéra, à force de sagesse et d'habileté, la réforme du couvent des Dominicains de la rue Saint-Jacques, qu'il dirigea spécialement les travaux de ses Pères vers la science de la discipline ecclésiastique, et que la confiance qu'il sut inspirer à plusieurs évêques valut à sa Congrégation la conduite de douze séminaires nouveaux³.

LE P. DE LA TOUR (37 ans, de 1696 a 1733).

« Gentilhomme de bon lieu⁴ » et d'une famille noble de Normandie, le P. Pierre-François d'Arrez de La Tour, né à Paris le 21 avril 1653 et mo

---

1. *Arch. de l'Emp.*, M. M. 624, p. 98. Quesnel fut expulsé la Congrégation en 1684.
2. V. les *Mém. mss.* du P. Batterel, à la Bibl. imp.
3. Tabaraud, *Vie du cardinal de Bérulle*, t. II, p. 260 et 2(
4. Saint-Simon, *Mém.*, t. IV, p. 416, Ed. Hachette, in-8°.

à Saint-Honoré le 13 février 1733, avait été page de Mademoiselle avant d'entrer, en 1672, dans l'Oratoire. Il s'y éleva rapidement aux charges les plus hautes et fut appelé, en 1696, à le diriger, par son talent de parole, ses qualités d'administrateur, son rare discernement et la considération dont il jouissait à la Cour et auprès de personnages tels que d'Aguessau, le prince de Condé et la reine d'Angleterre. Néanmoins, les vingt dernières années de son long généralat furent presque aussi troublées que celles de son prédécesseur. La bulle *Unigenitus*, qui condamnait le livre des *Réflexions morales* de Quesnel, publiée par Clément XI en 1713, avait ravivé les passions jansénistes qui entraînaient alors presque tout le clergé de France[1] et surtout les ordres religieux[2] dans une lutte ouverte contre le Saint-Siège; et son acceptation occasionna à l'Oratoire les plus sérieux embarras. Le P. de La Tour avait été l'un des premiers à donner le funeste exemple de la résistance et à proposer l'appel de la Constitution pontificale à un Concile général. Il ne tarda pas, il est vrai, à rétracter son erreur et fit les plus énergiques efforts pour en réparer les suites; il parvint même à obtenir du cardinal de Noailles la révocation de son appel, et

---

1. V. le Mémoire de Fénelon à Clément XI, cité dans ses *OEuv. compl.*, Ed. Gaume, t. IV, p. 452 et suiv.
2. A l'exception des Jésuites et de Saint-Sulpice, tous les autres ordres religieux étaient infectés de jansénisme. *Ibid.*

du chancelier d'Aguesseau son adhésion à la bulle. Mais il porta la peine de sa faute au sein de sa compagnie ; et la mort vint le frapper avant qu'il eût pu ramener à la soumission tous ceux de ses frères que son opposition passagère avait égarés. Saint-Simon, dans ses *Mémoires*, l'a dépeint comme un homme de haute taille, « bien fait, d'un visage « agréable mais imposant, fort connu par son es- « prit liant mais ferme, adroit mais fort, par ses « sermons, par ses directions, d'une conversation « gaie et amusante mais sans sortir du caractère « qu'il portait, qui excellait par un esprit de sagesse, « de conduite et de gouvernement, et qui était « dans la plus grande considération[1]. » Et ce portrait répond bien à sa physionomie fine, spirituelle et sévère, exprimée avec tant de perfection dans l'un des tableaux que possède Juilly. « Louis XIV, « qui chercha inutilement à lui faire accepter l'é- « vêché d'Évreux[2], s'est plusieurs fois écrié avec « admiration, ajoute Saint-Simon, sur la sagesse « de cet homme, avouant que depuis fort long- « temps qu'il l'épiait, il n'avait jamais pu le trou- « ver en faute. » Et le Régent avait une si haute idée de son mérite qu'il ne l'estimait pas moins capable de conduire un grand État que de régir sa Congrégation[3].

1. *Mémoires de Saint-Simon*, t. IV, p. 416 et 418.
2. Tabaraud, t. II, p. 289. Sous la Régence, le P. de La Tour refusa également l'archevêché de Rouen.
3. On grava sur sa tombe cette spirituelle épitaphe qui, en rap-

LE P. DE LA VALETTE (39 ans, de 1733 a 1772).

Louis de Thomas de La Valette, né à Toulon en 1678, d'une des plus anciennes et des plus grandes familles de la Provence, était entré à dix-sept ans à l'Institution de Lyon et l'avait quittée en 1797 pour se retirer à la Trappe où l'attirait le désir d'une plus haute perfection. Ramené à l'Oratoire par les instances du P. de La Tour, qui appréciait le prix d'un tel sujet, il devint l'édification de tous ses Frères. Placé en 1710 à la tête de l'Institution de Paris, et nommé en 1730 assistant du P. de La Tour, il fut choisi, à sa mort, pour lui succéder. Il résista longtemps et ne céda qu'à l'ordre formel de l'archevêque de Paris, son parent, M. de Vintimille, prélat tout dévoué au Saint-Siége, et aux sollicitations du premier ministre, le cardinal de Fleury. La tranquillité de sa longue administration ne fut interrompue que sous le ministère de l'évêque de Mirepoix, à l'occasion de l'adhésion à la bulle *Unigenitus*, que ce ministre exigea de toutes les Congrégations et de toutes les Universités. Cette adhésion était commandée à l'Oratoire par son devoir d'obéissance à la double autorité du Saint-Siége et du Roi ; elle souleva

pelant ses noms, rappelle aussi ses vertus :

> Sic *Petri* in Dominum Darerius æquat amorem
> Et *Francisci* humilis sic imitator adest ;
> Ambos ut vere referens Ecclesiæ in uno
> Et Petram et *Turrim* suppeditare queat.

cependant, dans son sein, la plus vive agitation ; les efforts du P. de La Valette, la considération dont il était entouré, et même les expédients excessifs[1] de sa prudence étaient impuissants à l'obtenir. Il fallut recourir aux voies de rigueur et exclure de l'assemblée les plus obstinés appelants. Le vote eut lieu enfin, le 14 septembre 1746, en présence du commissaire du Roi, M. de Marville ; et la bulle fut acceptée comme loi de l'Église et de l'État par une majorité de dix-neuf votants sur trente-trois ; les quatorze autres se retirèrent avant le vote[2]. Il y eut à la suite de cette séance de nombreuses protestations ; mais la sagesse du Général calma l'effervescence et assura à la Cour la complète soumission de la compagnie. D'autres sollicitudes vinrent encore éprouver la fin de sa carrière : il constata avec tristesse les progrès de l'impiété et l'allanguissement de la foi, et déplora l'expulsion des Jésuites comme une flagrante iniquité, un vide immense

---

1 et 2. Ce fut à cette séance, dont le récit a été consigné dans l'*Histoire mss. de la Bulle Unigenitus*, par le P. Bizault (Arch. de l'Empire, M. 236), que, dans des vues d'apaisement et de conciliation, il est vrai, et dans l'espoir de ramener à son avis plusieurs dissidents, le P. de La Valette eut néanmoins le tort de dire « qu'il ne s'agissait pas de recevoir la Bulle comme règle de foi ; que Sa Majesté ne pouvait ni ne voulait la faire recevoir en cette qualification, mais seulement comme une règle de discipline et de précaution, » et de chercher par ces paroles à expliquer le vote de cette Bulle par des subterfuges et des équivoques au lieu de l'appuyer sur son véritable motif, dont il reconnaissait lui-même toute la force : le caractère obligatoire d'une Constitution pontificale.

dans l'éducation de la jeunesse et un péril grave pour l'avenir de la Congrégation [1], et qu'il ne voyait pas sans inquiétude accepter, dans l'ardeur de son zèle, l'héritage d'un trop grand nombre de leurs colléges. Ce noble vieillard, qui la représentait si dignement, et que Louis XV jugeait « l'ecclésiastique le plus respectable de son royaume [2], » s'éteignit le 22 décembre 1772, dans la quatre-vingt-quinzième année de son âge et la quarantième de son généralat. L'esprit de pauvreté, qui l'animait, lui avait fait refuser la riche succession de son frère, l'évêque d'Autun ; et les deux objets les plus précieux de la sienne furent une vieille montre d'argent et une tabatière de buis [3].

LE P. MULY (7 ANS, DE 1772 A 1779).

Le P. Denis-Louis Muly, né à Meaux en 1693 et mort à Paris le 9 juillet 1779, à quatre-vingt-six ans, était un ancien élève de Juilly, dont il devint ensuite supérieur. Entré à l'Oratoire en 1711, il enseigna avec distinction les humanités et la rhétorique dans plusieurs de ses colléges, et dirigea avec talent l'Institution de Paris. Appelé de là à la

---

1. En apprenant la sentence du Parlement contre les Jésuites, le P. de La Valette se leva en s'écriant : « C'est la destruction de notre Congrégation. » (Lettre inédite de M. l'abbé Pruneau, vicaire général de Meaux, à M. l'abbé Congnet, chanoine de Soissons, sur son oncle Marcel Pruneau, prêtre de l'Oratoire.)
2. Adry, *Notice sur Juilly*, p. 19 et note.
3. Tabaraud, t. II, p. 297.

cure de Montmorency, qui était annexée à l'Oratoire, il y laissa le souvenir d'un pasteur accompli. J.-J. Rousseau, l'un des moins édifiants de ses paroissiens, disait qu'il n'avait connu dans sa vie que huit véritables chrétiens, et il plaçait en tête de ce petit nombre le P. Muly. Ce vénérable vieillard administrait cette paroisse depuis quarante ans, lorsque, malgré son grand âge, sa piété, sa modération et l'estime qu'avait pour lui le P. de La Valette, le firent élire général de la Congrégation, qu'il gouverna pendant six ans. On grava sur sa tombe ces paroles de l'Apôtre, qui résumaient toute sa vie : « *In simplicitate cordis et in sinceritate Dei et non in sapientiâ carnali sed in gratiâ Dei conversatus in hoc mundo.* » (IIe Epit. *ad Cor.*, chap. I, v. 12.)

LE P. MOISSET (11 ANS, DE 1779 A 1790).

Le P. Sauvé Moisset appartenait à une famille distinguée du Béarn, et était né à Bayonne le 5 juin 1704. Comme son prédécesseur, il avait fait ses humanités et sa rhétorique à Juilly, et, comme lui aussi, il passa par les différentes fonctions de la Congrégation avant d'en avoir le gouvernement : il fut successivement régent de classes, supérieur du collége de Condom, du séminaire de Saint-Magloire, de l'Institution de Paris de la maison Saint-Honoré, et assistant général, et se distingua partout par sa foi vive, sa vie exemplaire et son inviolable attachement au corps dont il fut le dernier chef. Malgré l'extrême difficulté des temps, il le dirigea sans secousse grave jusqu'à sa mort, arrivée en novembre 1790.

Mais déjà la tempête révolutionnaire commençait à gronder, et l'Église était atteinte dans sa discipline. La Congrégation n'eut pas la liberté de procéder à l'élection d'un nouveau général ; elle put seulement en déléguer provisoirement le pouvoir à son procureur général, le P. Vuillet, qui la régit jusqu'à ce que les décrets schismatiques de l'Assemblée constituante sur la constitution civile du clergé et la suppression des congrégations séculières enseignantes aient mis fin à l'existence légale de l'Oratoire. Dans ces néfastes conjonctures, le P. Vuillet sut se montrer digne de la confiance de son Ordre par la fermeté de son caractère et la dignité de sa conduite ; et son dernier acte, dans lequel on a vu à juste titre le testament de l'Oratoire, est l'un des plus beaux que constatent ses annales. Le 10 mai 1792, à la veille de se séparer de ses frères, il voulut donner au Souverain Pontife un suprême témoignage de soumission et d'amour ; et il écrivit à Pie VI une lettre que signèrent les soixante Pères réunis encore autour de lui, dans laquelle il exprimait, en termes touchants, le besoin qu'ils éprouvaient tous, « avant la disper- « sion et la déportation dont ils étaient menacés, « de se jeter aux pieds de Sa Sainteté, de lever les

« yeux vers elle comme vers le port assuré du sa-
« lut et de rendre au Saint-Siége le dernier souffle
« d'une vie que l'Oratoire avait reçue de lui[1]. »
L'exil ne fit qu'accroître cette affection filiale ; et,
lorsque Pie VI, ce saint vieillard de quatre-vingt-
un ans, fut arraché de Rome, puis de Sienne, et
conduit comme un prisonnier près de Saint-Cassien
à la Certosa de Florence, ce fut encore un des fils
du cardinal de Bérulle et son historien, le P. Tabaraud, qu'on taxe encore aujourd'hui de jansénisme, qui rédigea une adresse à ce saint Pontife,
pour lui témoigner, au nom de tous les évêques et
de tous les prêtres français, réfugiés en Angleterre,
leur profonde affliction de ses malheurs[2], et qui
reçut de lui une admirable réponse où il exalte le

1. Cette lettre, que le cardinal de Bernis, notre ancien ambassadeur à Rome, avait placée sous les yeux de Pie VI, fut enlevée plus tard dans le cabinet du Pape par le commissaire des armées de la République, Rochejean. Elle était ainsi conçue :
« Beatissime Pater, in his persecutionum procellis, quibus jactantur omnes Ecclesiæ Gallicanæ ordines, liceat nobis, antequàm dividamur in varias orbis plagas deportandi, ad Sanctitatem Vestram velut ad tutissimam quamdam salutis stationem respicere et ultimum quasi vitæ spiritum unde hausimus illic exhalare. »
2. Le P. Tabaraud y faisait ce bel éloge du pontificat de Pie VI :
« Romani justo et leni imperio gubernasse, legibus temperasse, beneficiis devinxisse, tum veteribus tum novis artium monumentis decorasse, quod est magni principis : at Ecclesiam doctrinâ simul et pietate et prudentiâ et imperterritâ animi magnitudine inter difficillimas rerum angustias fulcire, solari et regere, quod est optimi principis : hæc, Beatissime Pater, hæc vestra laus est, hoc Pontificatus vestri proprium decus et ornamentum. » (V. les *Martyrs de la Révolution*, par l'abbé Aimé Guillon, t. IV, in-8°.)

courage, les vertus et la constance de ces confesseurs au milieu de leurs infortunes, et qui se termine par ces paroles, bien dignes d'un Pape et d'un martyr : « Pour moi, qu'ai-je à craindre? serait-ce « la mort? Quand on ne vit que pour Jésus-Christ, « l'on ne peut que gagner à perdre la vie[1]. »

1. *Ibid.*

CHAPITRE SECOND

SES GRANDS HOMMES.

Théologiens de l'Oratoire : les Pères Gibieuf, Morin, Vignier, Berthod, Amelotte, Merbès, de Neercassel, de Monchy, Mauduit, des Carrières, Lepore d'Imbretun, Poujet, Lebrun, Duguet, Vigier et Thomassin. — Ses exégètes : Bernard Lami, Richard Simon et Houbigant. — Ses canonistes : Guillard d'Arcy, Bonnichon, Cabassut, Archaimbaud, Bordes, Salomon et Poisson. — Son philosophe : Malebranche. — Ses historiens : Guyon, J. Vignier, Lecointe, Berthault, Dubois, Lelong, Fabre, Bougerel, Henault, Arcère et de Foncemagne. — Ses littérateurs : Bourbon, Gaichiès, Houtteville, Esprit, Duresnel, Goujet, de la Bletterie, de Mirabaud, Surian. — Ses savants : Prestet, Malebranche, Lami, Reyneau, de Mercastel, Mazières, d'Ardenne, de Bardonnenche, du Hamel, Mallemans, Privat de Molière, Legrand, Souchay, de Cappoui et de Canaye. — Ses orateurs : Metezeau, Bourgoing, Senault, Lejeune, Leboux, Mascaron, Hubert, de La Roche, Lesnez, Leblanc, André et Gaspard Terrasson, de Beaujeu, Portail, Surian et Massillon. — Ses évêques : Achille de Harlay de Sancy, Lebouthillier, de Grimaldi, Eustache et Jean-Baptiste Gault.

Sous la conduite de chefs aussi éminents, l'Oratoire, on ne saurait en être surpris, n'a pas cessé de produire avec une merveilleuse fécondité, depuis son origine jusqu'à son déclin, une foule de sujets d'élite, qui ont rendu à l'Église, à l'État, à la science et aux lettres des services dont l'éclat rejaillit encore aujourd'hui sur la maison de Juilly, qui les a presque tous formés.

Le cardinal de Bérulle n'avait exclu de son œuvre sacerdotale aucun des travaux qui peuvent, à des degrés divers, servir au bien des âmes. Aussi rencontre-t-on le nom de ses disciples dans les siences théologiques et profanes, dans la théologie, l'histoire, le droit canon et la littérature, comme dans le ministère de la parole et dans le gouvernement de l'Église.

I

Dans la théologie, « cette science sublime des affirmations divines [1], » c'est après le P. de Condren, réputé, nous l'avons dit, le plus profond théologien de son époque :

Le P. Gibieuf (Guillaume, † en 1650), ce docteur en Sorbonne, dont l'entrée dans l'Oratoire provoqua l'animosité de Richer contre la nouvelle Compagnie, homme éminent, disait Dupin, en piété et en doctrine, l'ami de Descartes qui le chargea d'examiner ses *Méditations métaphysiques*[2], et auteur lui-même de deux ouvrages remarquables : l'un *de Libertate Dei et creaturæ*, que l'auteur de la *Méthode* estimait beaucoup[3], et l'autre sur *la Vie et les grandeurs de la très-sainte Vierge*; et qui refusa l'évêché de Nantes que lui offrait Richelieu.

1. Lacordaire, *Mémoire pour le rétablissement des Frères Prêcheurs*, p. 74, éd. in-12.
2. « Je souhaite avec passion, écrivait Descartes au P. Mersenne, que le P. Gibieuf prenne la peine d'examiner cet écrit. » *Arch. de l'Emp.*, M. 220, p. 249.
3. *Ibid.*

Le P. Morin (Jean, né à Blois en 1591, † en 1659), calviniste ramené par le cardinal du Perron au catholicisme, dont les ouvrages de théologie positive[1] étaient si appréciés dans le clergé de France qu'à toutes les assemblées les prélats prenaient ses avis sur les objets les plus graves de leurs délibérations[2], dont la science prodigieuse[3] s'étendait encore aux mathématiques, au droit canon, aux langues grecque, hébraïque et samaritaine, qu'il avait apprises sans maîtres, et à l'exégèse biblique dont il formula le premier la théorie générale, et qui, appelé un des premiers au congrès des savants de l'Europe, réunis à Rome par Urbain VIII, y travailla avec tant de zèle à l'union des deux Églises grecque et latine, que le Pape eût désiré l'attacher à sa personne et le décorer de la pourpre, si Richelieu ne s'était opposé « à ce que la France perdit un si grand homme[4]. »

Le P. Jérôme Vignier († en 1661), hébraïsant et philologue distingué, dont les *Paraphrases sur les Psaumes* étaient préférées par Richelieu à toutes les autres, et qui trouva à Venise un traité manuscrit de saint Fulgence, et à Clairvaux deux volumes encore inédits des œuvres de saint Augustin,

---

1. Son *Traité de la Pénitence*, auquel il travailla pendant trente ans, et celui des *Ordinations*, publiés en 1655.
2. Le P. Cloyseault, *Vie mss.*
3. V. la liste de ses ouvrages dans la nouv. biog. Michaud, V° Morin.
4. *Arch. de l'Emp.*, Annales de l'Oratoire, M. M. 623, p. 304.

qu'il publia avec une *Concordance des Évangélistes*.

Le P. Berthod (Jean, né en 1602, † en 1665). Originaire de Châtillon-les-Dombes, où il avait eu le bonheur d'avoir pour premier maître de la doctrine chrétienne saint Vincent de Paul, alors curé de ce village, il fut longtemps supérieur de l'Institution de Paris, l'un des plus solides théologiens et l'un des plus fameux Thomistes de son siècle.

Le P. Amelotte († en 1678), l'un des disciples les plus chers du P. de Condren, et l'un des plus ardents défenseurs de la foi de l'Église contre le jansénisme, « doué d'une plénitude de lumière admirable, » au témoignage de M. Olier[1], et auteur d'une traduction française du Nouveau Testament, dont Louis XIV fit distribuer cent mille exemplaires aux nouveaux convertis, d'une *Défense des Constitutions apostoliques*, des *Harmonies des quatre Évangélistes*, et d'un *Traité de la Grâce* pour justifier la condamnation des cinq propositions.

Le P. de Merbès († en 1684), dont la *Summa theologica*, publiée à la sollicitation de M. Letellier, archevêque de Reims, est une théologie remarquable par son exactitude.

Le P. de Neercassel († en 1686, évêque de Castorie), auteur de traités sur *la Lecture de l'Écriture sainte*, sur *le Culte des Saints*, sur *l'Amour de*

---

1. V. sa *Vie*, t. I, p. 358.

Dieu dans le Sacrement de Pénitence, et sur *l'Affermissement dans la Foi*.

Le P. Pierre de Monchy († en 1686), d'une famille noble de Picardie, qui savait l'Écriture sainte par cœur, fit un cours complet de conférences morales pour les ecclésiastiques, et prépara la conversion de l'abbé de Rancé, dont il était le directeur et sur lequel il exerça toujours une grande influence.

Le P. Henri Vignier († en 1707), protestant converti, auteur de la *Concordance des Évangiles*.

Le P. Mauduit († en 1709), qui a composé d'excellentes analyses des Évangiles, des Épîtres de saint Paul et des Épîtres canoniques, et un savant *Traité sur la Religion* contre les athées, les déistes et les nouveaux pyrrhoniens.

Le P. Thorentier († en 1713), auteur d'un bon *Traité sur l'Usure*.

Le P. des Carrières († en 1617), qui donna une traduction de la Bible avec un commentaire littéral de l'Écriture sainte, dont il avait fait sa principale étude.

Le P. Lepore d'Imbretun, né à Boulogne-sur-mer († en 1722), disciple de Thomassin, professeur de théologie à Saumur pendant quarante ans, et l'auteur des *Sentiments de saint Augustin sur la Grâce opposés à ceux de Jansénius*, ouvrage qui lui valut l'épithète de *petite et laide bête*, de la part d'Arnauld, parce que son mérite l'avait fait adopter comme règle de doctrine dans l'Oratoire[1].

Le P. Pouget († en 1723), docteur de Sorbonne, qui, comme vicaire de Saint-Roch, avait eu une grande part à la conversion de La Fontaine[2], et qui plus tard directeur du séminaire de Montpellier, y composa son célèbre *Catéchisme* qui fut traduit dans toutes les langues.

Le P. Lebrun (Pierre, † en 1729), auteur d'une *Dissertation historique et dogmatique sur les liturgies de toutes les Églises du monde chrétien*, et dont l'*Explication littérale, historique et dogmatique des prières et des cérémonies de la Messe* est encore aujourd'hui l'objet de la reconnaissance du clergé[3].

Le P. Duguet († en 1733), solide et touchant, tenant de Nicole et de Fénelon, quoique inférieur à tous deux, et dont les *Lettres de controverse d'une Carmélite à une dame protestante* faisaient dire à Bossuet qu'il y avait bien de la théologie sous la robe de cette religieuse.

Le P. Vigier († en 1752), l'auteur du *Bréviaire de Paris*, que M. de Vintimille donna, en 1736, à son diocèse.

Mais surtout le P. Thomassin (Louis, né à Aix en

---

1. Sainte-Beuve, *Port-Royal*, v. p. 177, en note.
2. V. la relation qu'il en adressa à l'abbé d'Olivet dans les *Mémoires de littérature* du P. Desmolets, 1er vol.
3. V. l'éloge qu'en fait Mgr Lecourtier, dans la préface de son *Manuel de la messe*, p. 6. A. Leclerc, 1864.

Provence le 28 août 1619, et mort à Paris le 24 décembre 1696), d'une érudition presque universelle, grand philosophe et théologien plus grand encore, « qui fut à lui seul une digue puissante contre les progrès de la réforme[1], » dont l'ouvrage sur les *Dogmes catholiques* (1680, 3 vol. in-fol.) est une des plus belles théodicées qui existent, par les clartés qu'il projette sur les profondeurs de nos mystères et l'harmonie de leurs rapports avec la raison ; dont le *Traité de l'ancienne et de la nouvelle discipline de l'Église* (1678, 3 vol. in-fol.), qui lui valut la reconnaissance publique du clergé de France[2] et les éloges d'Innocent XI[3], fait encore aujourd'hui autorité en cette matière ; et qui, enfin, par tous ses autres travaux, ses diverses *Méthodes d'enseignement* pour les colléges, ses *Conférences sur l'Histoire ecclésiastique*, ses *Remarques sur les Conciles* et son fameux *Glossaire de la langue hébraïque*, mérite d'être mis au nombre des plus infatigables et des plus illustres ouvriers de la vérité et de la science[4].

---

1. Aveu d'un des célèbres ministres de cette époque, Ladmirault, cité par le P. Perraud, *loc. cit*, p. 328.
2. Qui lui vota une pension viagère annuelle de 1,000 livres.
3. Il voulait même l'élever à la dignité de cardinal.
4. L'étude, qu'il aimait de passion, ne lui fit jamais négliger aucun de ses autres devoirs. Il ne travaillait que sept heures et jamais la nuit ni après ses repas. Le reste de son temps était consacré à la prière et aux œuvres de charité. Il avait spécialement autorisé le frère, chargé de sa bourse, à le voler sans scrupule, toutes les fois qu'il trouverait une infortune à soulager.

II

Dans l'exégèse biblique et l'herméneutique sacrée, après le P. Morin, le véritable initiateur de la critique biblique :

Le P. Bernard Lami (né au Mans en 1640, ✝ à Rouen en 1715), son émule par l'étendue de ses connaissances, comme lui théologien et philosophe, grammairien et savant, et le champion héroïque et en quelque sorte le martyr du cartésianisme par les persécutions qu'il lui attira[1]. Le nombre de ses ouvrages, dont le P. Perraud a donné une liste complète[2], est à lui seul comme une encyclopédie de toutes les sciences. Les plus remarquables sont : l'*Apparatus ad Biblia sacra*, dont le succès répondit aux soins qu'il y apporta, sa *Concordance des quatre Évangélistes*, qui dénote une vaste érudition, ses *Entretiens sur les Sciences*, composés pour les jeunes gens de la Congrégation, et son *Traité de Rhétorique*, que Bayle a loué dans sa République des lettres et que Malebranche appelait un livre accompli.

Richard Simon (né à Dieppe le 13 mai 1638, mort en la même ville le 11 avril 1712), doué de

---

1. V. le récit de ces tribulations dans l'intéressante Étude de M. le docteur Dumont, sur *l'Oratoire et le Cartésianisme en Anjou*, p. 53 et suiv. Angers, 1864.
2. *L'Orat. de France*, p. 289 et suiv.

facultés puissantes et d'un prodigieux savoir, l'un des hommes les plus versés dans les sciences bibliques et ecclésiastiques et dans celle des langues orientales et des idiomes sacrés, dont la vie laborieuse et tourmentée par les écarts d'un esprit opiniâtre, paradoxal, susceptible et mordant, a été, comme ses écrits, un mélange de bien et de mal, de fautes et de mérites, terminé par la fin la plus édifiante; auteur d'œuvres nombreuses, dont le seul exposé serait de nature à effrayer l'imagination[1], mais qui peuvent se réduire à trois principales : 1° l'*Histoire critique du Vieux Testament*, qui motiva son exclusion de l'Oratoire, en 1678 ; 2° celle *du Nouveau Testament*, accueillie avec faveur par le public, et qui est « devenue une mine précieuse, et dans la forme un modèle pour tous ceux qui l'ont suivie[2] ; 3° et celle *des Principaux Commentateurs du Nouveau Testament*, dans laquelle il justifia les sévérités inusitées de Bossuet, qui lui reprocha, dans sa *Défense de la tradition et des Pères*, l'inconvenance de ses mépris pour cette tradition, son semi-pélagianisme et sa mauvaise

---

1. Leur énumération et leur examen critique, généralement très-favorable, sont contenus dans une ancienne notice sur R. Simon, œuvre inédite d'un de ses contemporains, publiée en 1862 par M. l'abbé Cochet, inspecteur des monuments historiques et religieux de la Seine-Inférieure, dans sa *Galerie dieppoise*.

2. Le docteur Reithmayer, de Munich, cité par le P. Perraud, p. 516.

foi ; — et qui cependant, malgré tous ses torts et ses erreurs, n'en a pas moins l'honneur d'avoir créé la science de l'Exégèse en lui donnant son cadre et sa forme, honneur, du reste, que doit partager avec lui la Congrégation au sein de laquelle il a puisé toutes les connaissances qui le lui ont mérité[1].

Et le P. Houbigant (Charles-François, né à Paris en 1686, mort en 1783, à près de 98 ans), qu'on pourrait appeler le prodige de l'érudition sacrée, et qui, après vingt-neuf ans de recherches inouïes et d'études rigoureuses des divers manuscrits, des versions et citations anciennes, en un mot de tous les documents antiques alors connus, publia, en 1753, en quatre magnifiques volumes in-folio, sa

[1]. Il s'était fait une règle de ne recevoir jamais personne qui n'eût à lui parler de science ou de religion (l'abbé Cochet, *loc. cit.*, p. 374). Il légua ses biens, peu considérables d'ailleurs, aux pauvres, et sa bibliothèque, de 10 à 12,000 vol., à la Bibliothèque du chapitre de Rouen ; et par un sentiment de modestie et de regret de ses erreurs, il fit brûler, avant sa mort, tous ses manuscrits. Son corps repose dans la belle église de Saint-Jacques, de sa ville natale ; et son épitaphe, de Jean Mauger, son médecin, adroite et exacte dans ses éloges, est ainsi conçue :

> Vale, Viator : et hunc divinarum traditionum
> Adversùs omnes hereticos assertorem maximum
>   Aut beatum crede
>   Aut tuis precibus redde
>   D. O. M.
>   Hic jacet
> D. Richardus Simon, presbyter
>   Hujus urbis decus grande
> Toti orbi christiano omnigenâ eruditione ecclesiasticâ
> Summâque linguarum orientalium peritiâ
>   Notissimus.

grande édition de la *Bible* en hébreu et en latin, avec des notes critiques, des prolégomènes et des préfaces explicatives des difficultés des textes les plus importants; ouvrage capital qui lui valut l'admiration du monde savant, deux médailles d'or, frappées tout exprès pour lui à la monnaie pontificale par ordre de Benoît XIV, et qui fraya la route aux Michaelis, aux Kennicott, aux Rossi, aux Mill, aux Grusbach, dont les grands travaux, basés sur l'examen de près de sept cents manuscrits hébreux, ont abouti à ce résultat essentiel de prouver, par l'insignifiance des différences de textes entre ces nombreux manuscrits, la conservation de l'intégrité complète de l'histoire inspirée[1].

III

Dans le droit canon :

Les PP. Guillard d'Arcy, mort en 1659; Bonnichon († en 1664); Cabassut (Jean, né à Aix en 1604, † en 1685), avocat distingué, qui, après être entré à l'Oratoire, apprit sans maître l'hébreu, le chaldéen, le syriaque et le grec ancien et moderne, traduisit, selon le rite grec, pour le patriarche d'Alexandrie, l'office de saint Pierre Nolasque, et dont

---

1. Cardinal Wiseman : *Disc. sur les rapports entre la science et la religion révélée;* 10ᵉ *disc. sur les études orientales et la littérature sacrée.*

les ouvrages sont : 1° *Notitia conciliorum* (in-f°, 1685), bon abrégé de la collection des conciles, avec dissertation explicative des canons et une introduction à la connaissance du rite de l'Église ; 2° *Juris canonici theoria et praxis* (1675, in-4°) ; 3° un *Traité de l'Usure* ; 4° et *Horæ subcesivæ*, décisions sur certaines questions de morale et de droit canon.

Archambaud († en 1688); Bordes († en 1706); Salomon († en 1708), et Poisson, auteur de la *Somme des Conciles* et d'un *Traité des Bénéfices*, mort en 1710.

IV

Dans la philosophie :

Le P. Malebranche (Nicolas, né à Paris le 6 août 1638, un mois avant Louis XIV, mort six semaines après lui, le 13 octobre 1715), seul, il est vrai, mais à lui seul un des plus grands métaphysiciens et, comme l'a dit Voltaire, « un des plus profonds méditatifs qui aient jamais écrit[1]. » Par

1. C'est Malebranche, l'auteur de cette belle prière à N.-S. qui devrait être, chaque matin, dans le cœur et sur les lèvres de tout homme d'étude : « O Jésus, ma lumière et ma vie, nourrissez-moi de votre substance, faites-moi part de ce pain céleste qui donne aux esprits la force et la santé. Je ne puis vivre pour vous si je ne vis de vous. Je ne serai jamais animé de votre esprit, si je ne suis éclairé de votre lumière; et si je ne suis étroitement uni à vous, je ne serai jamais parfaitement raisonnable (3ᵉ Méditation chrétienne). »

Dans la conversation, le P. Malebranche était d'une simplicité la beauté de son génie et la lumière de son langage, par la candeur de ses mœurs et la sincérité de sa piété, Malebranche est « une des figures qui décorent le mieux les fonds et le ciel du grand siècle[1] » qui pourtant a produit Descartes, Leibnitz, Bossuet, Pascal et Fénelon. On l'a appelé le Platon chrétien et l'ange de la philosophie moderne. Il n'est inférieur à aucun de ces éloges. Comme son illustre maître[2], il ne fait pas un pas dans la science des vérités intellectuelles sans tourner ses regards vers l'Auteur de toute lumière, et il n'écrit pas une page sans y tracer le grand nom de Dieu. Sa théorie de l'entendement, toute sa philosophie même, on peut le dire, se résume dans l'idée de la vision en Dieu, le soleil des intelligences, « le lieu des esprits, comme l'espace est le lieu des corps, en qui l'âme humaine puise la vie et la force, sans jamais se confondre avec Lui, et en qui elle voit l'es-

---

charmante et paraissait ne jamais s'apercevoir de son mérite et de sa réputation. « Je n'ai fait que deux vers en ma vie, disait-il un jour à quelques amis. Les voici :

> Il fait en ce beau jour le plus beau temps du monde
> Pour aller à cheval sur la terre et sur l'onde.

« Mais, lui dit-on, on ne chevauche pas sur l'onde. J'en conviens, répondit-il, mais passez-le-moi en faveur de la rime. Vous en passez bien d'autres à de meilleurs poëtes que moi. »

1. Sainte-Beuve, *Port-Royal*, t. V, p. 207.
2. Le premier fruit des méditations de Malebranche, son livre célèbre : *de la Recherche de la vérité*, et dont tous les autres ne sont que le développement, ne fut écrit que dans le but de montrer l'accord de la philosophie de Descartes avec la Religion.

sence du vrai selon sa mesure et sa pureté¹. » C'est aussi la pensée de Platon, de Leibnitz, de Bossuet et de Fénelon; mais la gloire de Malebranche est de l'avoir admirablement développée, et si, tout en atteignant le but, il a pu quelquefois le dépasser, « qui donc, s'écrie le P. Gratry, qui le rappelle si « bien dans le nouvel Oratoire, pourrait reprocher « à cette intelligence sublime de s'être laissé « éblouir par la plus admirable des vérités². C'est donc avec un grand sens que le comte J. de Maistre a dit que la France n'est pas assez fière de son Malebranche; et cette parole ne saurait être trop répétée et à ceux qui ne redoutent pas la sagesse, et sutout à ceux qui ne connaissent de ce grand homme que la frivole et sotte épigramme de Faydit :

Lui qui voit tout en Dieu n'y voit pas qu'il est fou³.

V

Dans l'histoire :

Le P. Guyon († en 1657), qui a écrit l'*Histoire du diocèse, de la ville et de l'université d'Orléans.*

Le P. Jérôme Vignier, déjà cité, numismate habile, et auteur de la *Véritable origine des maisons d'Alsace, de Lorraine et d'Autriche.*

1. Gerusez, *Cours de littérature*, t. II, p. 276.
2. Le P. Gratry, *de la Connaissance de Dieu.*
3. Malebranche est encore celui de tous les philosophes qui a peut-être le mieux analysé toutes les causes de nos erreurs.

Le P. Lecointe (Charles, né à Troyes, le 4 novembre 1611, † à Paris le 18 janvier 1681), condisciple du jeune abbé de Juilly, Henri de Lorraine, et ensuite précepteur du cardinal de Vendôme; — qui, simple chapelain d'abord de notre ambassadeur à Munster, Michel Servien, puis bientôt après son secrétaire, y devint l'ami du nonce Chigi, médiateur des puissances au nom du Saint-Siége et élu pape en 1655 sous le nom d'Alexandre VII, et y prit une telle part aux préliminaires de la glorieuse paix de Westphalie, qu'en témoignage de la reconnaissance publique Mazarin lui octroya une pension de 1,000 livres qui fut portée à 1,500 par Colbert[1], et dont le principal ouvrage : *Annales ecclesiastici Francorum*, de 417 à 845 (8 vol. in-fol.), est toujours consulté avec fruit pour l'histoire des premiers temps de la monarchie.

Le P. Berthault († en 1681), auteur du *Florus gallicus* et du *Florus Francicus*, abrégés d'histoire longtemps adoptés dans les colléges.

Le P. Dubois († en 1696), qui a donné l'*Histoire de l'Église de Paris* en 2 vol. in-fol.

Le P. Lelong (Jacques, né à Paris en 1665, † à Paris le 13 août 1721), l'émule du P. Morin et du P. Lami, et l'intime ami de Malebranche[2], très-

---

1. *Mém. mss.* du P. Batterel, à la Bibliothèque impériale. V. aussi son éloge dans le *Journal des savants* de 1681.

2. Malebranche lui reprochait, un jour, le mouvement et la peine qu'il se donnait pour découvrir une date ou une anecdote, toutes

versé dans la connaissance des langues orientales et européennes, et dont les œuvres principales sont : sa *Bibliothèque sacrée*, sa *Bibliothèque historique de la France* (5 vol. in-fol.) et un *Recueil des historiens de la France*, plus complet que celui de Duchesne, et qui, encore inachevé à sa mort, a été continué par les Bénédictins de Saint-Maur.

Le P. Fabre († en 1758), continuateur de l'*Histoire ecclésiastique* de Fleury, de 1414 à 1598.

Le P. Bougerel († en 1753), auteur de la *Vie de Gassendi* et des *Mémoires* pour servir à l'histoire de plusieurs hommes illustres de la Provence.

Le président Hénault (né à Paris en 1685 et mort en 1770), qui regretta toujours l'Oratoire, où il avait fait son noviciat et où il était resté quelques années[1], et qui, dans son *Abrégé chronologique*

---

choses qu'il appelait des bagatelles. « La vérité est si aimable, lui répondit le P. Lelong, qu'on ne doit rien négliger pour la découvrir, même dans les plus petites choses. » L'histoire est trop rarement écrite avec un tel amour de la vérité.

1. Il exprima ses regrets dans ces vers, qu'il adressait au supérieur de l'Institution de Paris, où il avait fait son noviciat :

<pre>
     Heureuse terre, agréables ombrages,
Qui ne me présentiez que de douces images,
     Où l'innocence habite avec la paix,
Où l'esprit occupé de sublimes objets,
          Le cœur aimé de Dieu qu'il aime,
          On est si bien avec soi-même !
          Juste sujet de mes regrets !
Ne vous verrai-je plus, tranquille solitude,
          Où je passai des jours si doux !
Sans vous je n'ai trouvé qu'erreur, qu'ingratitude ;
Et je sens trop à mon inquiétude
          Que je n'étais fait que pour vous.
               (*Arch. de l'Emp.*, M. M. 571, p. 64.)
</pre>

de l'histoire de France, « a approfondi tant de choses en paraissant les effleurer[1]. »

Le P. Arcère (Louis Étienne, né à Marseille en 1698, † en 1782), auteur d'une *Dissertation*, couronnée par l'Académie des inscriptions, *sur l'état de l'agriculture chez les Romains*, dans ses rapports avec le gouvernement, les mœurs et le commerce, et qui écrivit avec le P. Jaillot une *Histoire de La Rochelle et du pays d'Aunis*, qui lui valut une pension de la province.

Et M. de Foncemagne (Étienne Lauréault, né à Orléans en 1694, † en 1782), qui quitta l'Oratoire, après y être resté douze ans, lorsqu'il fut nommé membre de l'Académie des inscriptions, pour laquelle il écrivit d'importants mémoires sur les origines de la monarchie franque, et qui devint, en 1734, précepteur du duc de Chartres, le roi Louis-Philippe.

VI

Dans les lettres :

Le P. Bourbon (Nicolas, né à Bar-sur-Aube en 1574), estimé le meilleur poète latin de son siècle, auteur d'une belle imprécation contre le parricide de Henri IV, d'une ode à la louange du cardinal de Bérulle, sous le titre de *Expeditio Juliacensis*, etc.,

---

[1]. Voltaire, *Siècle de Louis XIV*, p. 640.

et qui mourut, en 1644, membre de l'Académie française[1].

Le P. Gaichiès († en 1751), auteur des *Maximes sur le ministère de la chaire*, qu'on appelait au XVIIIᵉ siècle le Manuel du prédicateur, et que leur mérite littéraire fit attribuer longtemps à Massillon, « qui désavoua ce chef-d'œuvre en disant : Je voudrais bien l'avoir fait. »

Et plusieurs hommes distingués qui n'appartinrent à l'Oratoire qu'une partie de leur vie, tels que :

L'abbé Houtteville († en 1742), l'un des quarante de l'Académie française.

M. Esprit († en 1678), l'un des premiers membres de cette même Académie.

L'abbé Duresnel († en 1761), de l'Académie française, traducteur en vers des Essais de Pope.

M. de la Marque de Tilladet, mort en 1715, membre de l'Académie des inscriptions.

L'abbé Goujet († en 1767), l'un de nos meilleurs littérateurs du temps.

L'abbé de la Bletterie, mort en 1772, auteur d'une histoire de l'empereur Julien, et membre de l'Académie des inscriptions.

---

1. Le P. Bourbon, dans la dernière année de sa vie, ne pouvait pas dormir. Cette infirmité donna lieu à ces vers de M. Guyet, sur sa mort :

> Traxit in angustâ qui tot quinquennia cellâ
> Pervigil, infirmo corpore, Borbonius
> Extremam mediâ justam in morte soporem :
> O benè ! ait, tandem dormio ; vita, vale.

Jean-Baptiste de Mirabaud († en 1760), secrétaire perpétuel de l'Académie française en 1748.

Et le P. Surian, nommé de la même Académie lorsqu'il fut évêque de Vence.

VII

Dans les sciences :

Le P. Prestet (né à Châlon-sur-Saône en 1648, † en 1690), ce petit domestique de Malebranche, qui profita si bien des leçons et des avis de son maître, qu'il entra à l'Oratoire à l'âge de vingt-six ans, et qu'à vingt-sept il publiait ses *Éléments de mathématiques*, dont Basnage a dit : « qu'on n'avait pas encore vu d'algèbre aussi parfaite[1].

Le P. Malebranche, qui composa un *Traité de la communication du mouvement*, et fut reçu membre de l'Académie des sciences en 1699.

Le P. Lami, auteur des *Traités de la perspective, de l'équilibre et des grandeurs*.

Le P. Reynaud († en 1728), connu par son analyse démontrée et ses études de *Calcul algébrique*, et membre de l'Académie des sciences.

Le P. de Mercastel († en 1754).

Le P. Mazières († en 1761).

Le P. d'Ardenne († en 1769), botaniste distingué.

---

[1]. Basnage, *Hist. d'ouvrages savants*. Mai 1690.

Le P. de Bardonnenche († en 1777), professeur célèbre.

Le P. Duhamel (né à Vire en 1624, † en 1706), choisi par Colbert comme secrétaire perpétuel de l'Académie des sciences qu'il venait d'établir, et auteur de l'*Astronomia physica* et *De consensu veteris et novæ philosophiæ*, son ouvrage le plus connu (in-4°, 1663).

Mallemans de Messange (Claude, né à Beaune en 1653, † en 1723), qui quitta l'Oratoire pour occuper, pendant trente-quatre ans, la chaire de philosophie au collége du Plessis, et qui est l'auteur d'une *Dissertation sur les comètes*, du *Système de l'aimant*, du fameux problème de la quadrature du cercle et d'un *Traité physique du monde*.

Privat de Molière, que ses travaux sur la physique firent nommer associé de l'Académie des sciences.

Les PP. Legrand, Souchay et Capponi, mathématiciens renommés.

Et le P. de Canaye (né à Paris en 1694, † en 1782), membre de l'Académie des inscriptions, pour laquelle il composa trois bons mémoires sur l'Aréopage, Thalès et Anaximandre.

VIII

Dans l'éloquence de la chaire :

Le P. Métézeau (Paul, né à Paris en 1583, † à

Calais le 17 mars 1632, dans sa station du carême), grand prédicateur, qui par son talent contribua au rapide développement de l'Oratoire dont il fut l'un des six premiers Pères, et fit plusieurs fois suspendre les audiences du parlement de Bordeaux, pour permettre à ses membres de venir l'entendre.

Le P. Bourgoing, dont la parole entraînante a été l'objet des éloges de Bossuet.

Le P. Sénault, précurseur et quelquefois l'égal de Bourdaloue, le principal restaurateur de l'éloquence de la chaire et du respect de la parole sainte, et à l'école duquel se formèrent les PP. Leboux, Mascaron et de Fromentière.

Le P. Lejeune (Jean, surnommé l'Aveugle, né à Poligny en 1592, mort à Limoges, à quatre-vingts ans, le 19 août 1672, en odeur de sainteté), que les cardinaux de Bérulle et Bichi avaient en telle estime que le premier voulut le soigner seul dans une maladie contagieuse dont il fut atteint, et que le second le servit lui-même à table pendant tout le cours d'une de ses stations. Prédicateur en renom[1], il se voua surtout à l'évangélisation des pauvres. Aveugle à trente-cinq ans, il n'en continua pas moins pendant quarante ans à se consacrer aux missions ; et, sur la fin de sa vie, ne pouvant plus quitter sa chambre, il y faisait venir des enfants

1. V. son éloge dans l'excellente *Etude* de M. Jacquinet sur *les Prédicateurs au XVIIe siècle avant Bossuet*, p. 142.

des sociétés sur le modèle de la sienne. Saint Vincent de Paul, à qui l'on doit la congrégation des Lazaristes voués à l'éducation des prêtres dans les séminaires et les missions, vint passer deux années, dans la retraite, sous la discipline du P. de Bérulle[1]. Le P. Eudes, qui quitta l'Oratoire pour fonder la société de son nom, dans le même but que les Lazaristes, fut également formé par le P. de Bérulle; et ce fut encore de son école que sortit M. Bourdoise, l'organisateur de la communauté de Saint-Nicolas employée à la conduite des séminaires[2]. Le célèbre et pieux fondateur de celle de Saint-Sulpice, M. Olier, dont on poursuit aujourd'hui la canonisation, fut dirigé dans sa vocation par le P. de Condren. Enfin, le B. Jean-Baptiste de la Salle, dont l'institut, celui des Frères de la doctrine chrétienne, « est un chef-d'œuvre de sagesse et de connaissance des hommes[3], » après avoir servi trois ans dans les mousquetaires et comme officier de cavalerie au régiment de la Valette, entra à l'Oratoire, le 29 novembre 1678, pour y suivre les exercices de l'Institution[4].

1. Abelly, *Vie de M. Vincent*, l. I, ch. VI, p. 21.
2. M. Bourdoise, qui avait vécu avec les premiers Pères de l'Oratoire, les appelait « des hommes apostoliques, destinés comme d'autres Noé à repeupler l'Église après le déluge de maux du siècle précédent, et les regardait comme les prémices de toutes les saintes familles qui se sont élevées depuis dans le royaume. »
3. M. de Bonald.
4. *Arch. de l'Empire*, M. M. 582.

L'Oratoire ne se rendit pas moins utile à l'État qu'à l'Église. Français par la loi de son institution et de son organisation, il le fut surtout par les généreuses et constantes inspirations de son patriotisme. Dans ses colléges, il s'appliqua à former des sujets dévoués et d'une ferme croyance, pénétrés du sentiment national et de celui du devoir ; sa méthode d'instruction, à laquelle l'Université devait emprunter plus tard l'ensemble de la sienne, développa le goût des études historiques et des lettres françaises ; et, tout en honorant l'antiquité, il sut éviter l'engouement exagéré de l'époque pour l'érudition classique et faire remonter dans l'enseignement la séve de l'esprit chrétien [1]. Il fournit aux compagnies littéraires et aux sociétés savantes des recrues nombreuses, dont l'importance des travaux ajouta à leur illustration. Bien vu du pouvoir, il ne brigua jamais son appui et n'acheta aucune de ses faveurs au prix de sa propre dignité. Attentif au mouvement des esprits et à la marche des idées, il s'efforça toujours de les suivre pour les diriger vers le bien. C'est ainsi que, dans un temps où l'on commençait déjà à abuser étrangement des forces de la raison et à exagérer cette maxime de Montaigne, « qu'il faut tout passer par

---

[1]. V. l'appréciation des travaux du P. Thomassin sur les Méthodes d'enseignement faite par M. Alf. Michiels dans un article sur la question de l'enseignement au XVIIe siècle, publié par la *Revue contemporaine*, t. V, p. 611.

Le P. Quiqueran de Beaujeu (mort évêque de Castries en 1736), qui fut choisi par le clergé, dont il était alors député, pour prononcer à Saint-Denis l'oraison funèbre de Louis XIV, et qui devint membre de l'Académie des inscriptions.

Le P. Portail, mort en 1739.

Le P. Surian (né à Saint-Chamas, en Provence, le 20 septembre 1670, † évêque de Vence le 3 août 1754), que « son éloquence touchante et sans art, comme la religion et la vérité[1], » éleva à l'épiscopat, et qui montra un courage intrépide lors de l'invasion de la Provence par les Autrichiens en 1745.

Et au-dessus de tous, celui qui semble avoir reculé les limites de l'art de bien dire, Massillon (Jean-Baptiste, né à Hyères le 24 juin 1662, entré à l'Oratoire le 10 octobre 1681 et mort évêque de Clermont et membre de l'Académie française, le 18 septembre 1742), la dernière des grandes voix qui ont rempli et remué le siècle de Louis XIV « toujours mécon- « tent de lui-même lorsqu'il l'entendait, » dont les débuts éclatants faisaient dire à Bourdaloue avec une noble humilité : *Hunc oportet crescere, me autem minui*, et qui partagerait avec lui le sceptre de l'éloquence par le charme et le pathétique de ses tableaux, la finesse de ses analyses du cœur humain, l'abondance et l'harmonie de son langage,

---

[1]. D'Alembert, dans son discours de réception à l'Acad. franç. où il remplaça Surian.

« si Dieu, pour que l'on vît jusqu'où peut aller la
« puissance de la parole de l'homme, n'avait pas
« fait ce génie souverain, n'avait pas montré dans
« les hauteurs de son Église cet aigle, qui laissa
« tomber aussi sur Juilly quelques rayons de sa
« gloire, Bossuet[1]. »

IX

Enfin, dans le gouvernement de l'Église,

Entre tous les évêques qui sont sortis de l'Oratoire au nombre de plus de vingt, et qui, en répandant partout l'exemple de ses vertus, ont propagé au loin le respect de son nom :

Le P. Achille de Harlay de Sancy, mort en 1646 évêque de Saint-Malo, notre ancien ambassadeur à Constantinople de 1610 à 1619, qui, après être entré dans l'Oratoire en 1620, devint le confesseur de la reine Henriette d'Angleterre, à Londres, et qui,

---

1. Disc. de l'abbé de Salinis à la distribution des prix de Juilly, de 1840.

L'Oratoire, où s'était formée la jeunesse sacerdotale de Massillon et où il avait goûté pendant 26 ans les douceurs de la vie commune entre des frères, était resté la plus chère affection de son cœur. « Je lui dois tout, répétait-il sans cesse ; je n'oublierai jamais les obligations que je lui ai. » Ce pacifique évêque, le modèle des prélats résidants, se plaisait à réunir à sa campagne des Pères de l'Oratoire et de la Compagnie de Jésus, et ne leur y permettait qu'une seule guerre : celle du jeu d'échecs.

comme évêque, fut chargé de procéder contre ceux de ses collègues du Languedoc qui étaient compromis dans la conspiration de Montmorency.

Le P. Victor Le Bouthillier, mort archevêque de Tours en 1670, et l'oncle de l'illustre pénitent, l'abbé Rancé.

Le P. de Grimaldi, de la grande famille génoise des princes de Monaco, mort archevêque de Besançon en 1748.

Et surtout les deux frères Gault, Eustache et Jean-Baptiste, tous deux entrés à l'Oratoire en 1618.

Le premier, Eustache, homme de tête et de commandement, l'assistant sur lequel le P. de Condren s'était reposé, à partir de 1621, du soin des colléges et des études, et qui mourut évêque nommé, mais non encore sacré, de Marseille, le 12 mars 1640.

Le second, Jean-Baptiste, appelé par le cardinal de Sourdis, en 1634, à la cure de Sainte-Eulalie de Bordeaux, dont il disait plaisamment qu'il voulait l'administrer en personne parce qu'on n'entre pas au ciel par procureur, et qui, à la mort de son frère, nommé à sa place, par Richelieu, à l'évêché de Marseille, s'adonna avec une abnégation et un zèle si admirable à toutes les œuvres d'apostolat et de charité qu'il mourut en odeur de sainteté, le 24 mai 1642, après six mois de véritable immolation au bien de son troupeau, et que l'héritier de son siége et de ses vertus, Mgr Place, a annoncé, dans son mandement de prise de possession, en septembre 1866, qu'il allait reprendre la cause de béatification de ce pieux pontife, déjà sollicitée par Louis XIV et par le clergé de France dès le 17 février 1654[1].

---

[1]. L'abbé Ricard, *Vie de Mgr Gault*, p. 96. Paris, 1864. Palmé.

CHAPITRE TROISIÈME

SON INFLUENCE.

Consécration de l'Oratoire à toutes les fonctions du sacerdoce. — Restauration de la chaire chrétienne par ses exemples, son enseignement et ses écrits. — Importance de ses travaux scientifiques et littéraires. — Soins qu'il donne à l'éducation ecclésiastique ; les plus célèbres instituteurs du clergé : saint Vincent de Paul, le P. Eudes, M. Bourdoise, M. Olier, le P. de la Salle sont formés par lui. — Sa direction des Colléges. — Ses rapports avec le pouvoir. — Son action sur le mouvement des esprits. — Préventions dont il est l'objet : leurs motifs ; le jansénisme ; principe de sa doctrine ; ses développements ; son influence funeste. — Appréciation de la conduite de l'Oratoire au milieu des querelles jansénistes et pendant la Révolution. — Injustice du silence gardé envers la mémoire du cardinal de Bérulle ; ses auteurs et ses causes.

Quelque incomplète que soit cette nomenclature, elle permet cependant, par les noms et les œuvres qu'elle rappelle, de juger combien est motivé le souvenir de gratitude qui s'attache à l'Oratoire et légitime la popularité dont il a joui. Congrégation sacerdotale dans son but, française par son esprit, séculière et libérale dans son principe, soumise à la juridiction des évêques, excluant les vœux et les priviléges, et « associant, par le seul lien de la cha-
« rité, le développement spontané de l'intelligence
« avec le respect des droits de l'autorité, la disci-
« pline avec un certain abandon, et le devoir avec
« le plaisir de le pratiquer sans ostentation comme

« sans contrainte[1] ; » en un mot, comme l'a dit Bossuet, « n'ayant d'autre esprit que l'esprit de « l'Eglise, et d'autres règles que ses canons, « l'Oratoire a su rendre à l'Église et au pays des « services signalés. »

Voué par état aux fonctions du sacerdoce, il les a toutes embrassées : la direction comme la charge pastorale, l'enseignement des colléges comme celui des séminaires, l'apostolat de la science comme celui de la parole ; et dans ces divers travaux du ministère sacré, il a fourni de grands et saints ouvriers. Partout où il a pu fonder ses maisons, les mœurs se sont épurées, la discipline s'est relevée, le luxe, l'ambition et l'oisiveté ont fait place à l'esprit de pauvreté, de sacrifice et de travail ; et le clergé a retrouvé sa dignité en revenant à ses devoirs.

Par lui, la chaire chrétienne a été affranchie du pédantisme et de la trivialité qui la dégradaient, et la prédication a été ramenée à ses règles véritables. La prière, la méditation de l'Écriture et l'étude des Pères lui ont rendu une simplicité, une décence de langage, une clarté de méthode et une force de pensée qu'elle ne connaissait plus[2] ; et, guidés par

1. Disc. de Mgr Pavy, évêque d'Alger, à la distribution des prix de Juilly, du 3 août 1847.
2. On ne peut lire, en effet, les discours des meilleurs sermonnaires du XVe et du XVIe siècle : du Cordelier Maillard, le prédicateur de Louis XI, mort en 1502, ou de Menot, mort en 1518 et surnommé de son temps la Langue d'or, sans être choqué de leur style macaronique et de leur indécence de langage ; et on

les exemples des Bérulle et des Métézeau et par les enseignements de Lejeune[1], les Leboux, les Se-

est encore péniblement surpris de rencontrer tant de facéties puériles, de comparaisons bouffonnes et un tel abus d'ornements parasites dans les prédicateurs de l'époque suivante, dans ceux-là mêmes qui sont le plus recommandables par leur talent et leur piété, comme Pierre de Besse, le P. Cotton, Valadie et le petit P. André. Pierre de Besse, prédicateur ordinaire de Henri IV, dans son discours sur la passion de N.-S., prononcé en 1602, et qu'on fit imprimer sous le titre de : *Belles histoires profanes rapportées à J.-C.*, ne sait trouver à ces paroles du Sauveur : *Veillez et priez*, que ce seul commentaire : « Veillez comme le lion, qui dort les yeux ouverts, comme ce grand Annibal, qui ne se coucha pas de toute une campagne, comme César, qui, à force de veilles, avait perdu l'usage et le besoin du sommeil. » Le P. Cotton, homme d'esprit pourtant, causeur agréable et versé dans les affaires, définissait la béatitude ou le paradis « un palais royal où les planètes servent de galerie, le firmament de salle basse, le premier mobile de chambre, le cristallin d'antichambre et l'empirée de cabinet. » Le petit P. André (Boulanger, religieux de l'ordre des Augustins réformés, † en 1657, à 79 ans), missionnaire parfois éloquent et goûté par le grand Condé, se permettait en chaire les images les plus disparates et les plaisanteries les plus déplacées. C'est lui qui comparait les quatre docteurs de l'Église aux quatre rois du jeu de cartes : « saint Augustin, au roi de cœur par sa charité ; saint Ambroise, au roi de trèfle par les fleurs de son éloquence ; saint Jérôme, au roi de pique par son style mordant, et saint Grégoire le Grand, au roi de carreau par son peu d'élévation. » C'est lui encore, qui commençait un discours par cet étrange exorde : Foin du pape, foin du roi, foin de la reine, foin de M. le cardinal, foin de vous, foin de moi, *omnis caro fœnum*, et qui, devant un auditoire de docteurs, disait : « Le christianisme est comme une grande salade : les nations en sont les herbes ; le sel, les docteurs, *vos estis sal terræ* ; le vinaigre, les macérations ; et l'huile, les bons Pères Jésuites. » V. Nicéron, t. XXIV de ses *Mémoires*; Jacquinet, *les Prédicateurs au* XVIIe *siècle*, p. 292 et suiv. ; Vigneul-Marville (Bonaventure d'Argone) *Mél. de litt.*, t. III, p. 316.

1. *Avis* du P. Lejeune *aux jeunes prédicateurs*.

nault et les Mascaron sont devenus les précurseurs des Bossuet, des Bourdaloue et des Massillon.

La science, dont les lèvres du prêtre, dit l'Écriture, doivent être les dépositaires, et que saint François de Sales appelait le huitième commandement de la hiérarchie de l'Eglise, la science sacrée surtout ne trouva nulle part de plus infatigables adeptes et de plus nobles représentants que dans l'Oratoire. Et, pendant les deux siècles de sa durée, il n'a pas cessé de former un centre considérable d'études, où, dans l'union de la charité et de la foi et dans la claire lumière de la philosophie chrétienne, se sont élaborées les œuvres les plus considérables de l'érudition ecclésiastique.

C'est ainsi que l'Oratoire, en concourant, pour une si large part, à rendre au sacerdoce l'auréole de vertu et de science que le malheur des temps lui avait fait perdre, réalisait les vues de son fondateur pour la réforme du clergé. Cette réforme exigeait aussi le soin de l'éducation ecclésiastique des jeunes clercs. L'Oratoire ne la négligea pas. Il se chargea de la direction de plusieurs séminaires[1] et pourvut à celle du plus grand nombre qu'il ne pouvait pas conduire, en formant lui-même et en pénétrant de son esprit sacerdotal les premiers et les plus célèbres instituteurs du clergé, appelés à coopérer au même dessein providentiel et à fonder

---

1. Il en dirigeait quinze sous le généralat du P. de Sainte-Marthe.

pauvres pour les catéchiser. Ses excellents sermons ont été réunis au nombre de 362, en 10 volumes, sous le titre du *Missionnaire de l'Oratoire*, traduits en latin et publiés à Mayence sous celui qu'ils justifiaient : des *Délices du Pasteur*[1].

Le P. Leboux (Guillaume, mort évêque de Périgueux en 1603), célèbre orateur, même en face de Bossuet grandissant, qui avait commencé par être simple domestique au collége oratorien de Saumur, et que ses succès comme prédicateur de la Cour firent élever à l'épiscopat. Il n'avait que vingt-deux ans lorsqu'il prêcha l'Oraison funèbre de Louis XIII.

Le P. Mascaron (Jules, né à Marseille en 1634, mort évêque d'Agen en 1703), « subtil et enflé, a dit de lui M. Jacquinet[2], mais grave, puissant et fier, avec des éclairs d'admirable éloquence, » comme dans son chef-d'œuvre, l'Oraison funèbre

---

[1]. Ce fût leur lecture qui affermit le vénérable Labre, récemment canonisé par Pie IX, dans son amour de la pauvreté, dans son austère pénitence et dans sa grande dévotion à la sainte Vierge. Le fait est attesté en tête de la préface de ces sermons, dont un exemplaire est déposé aux *Archives de l'Empire*, carton M. 237, et où l'on cite une lettre de ce grand serviteur de Dieu à ses père et mère à Montreuil, en date du 2 octobre 1769. Paris, Morin, éd. de 1784.

Le P. Lejeune était très-gai et, malgré sa cécité, avait des yeux fort beaux. Une fluxion lui en ayant fait perdre un : Les borgnes, dit-il, deviennent ordinairement aveugles ; pour moi, c'est le contraire, d'aveugle je suis devenu borgne.

[2]. *Loc. cit.*

de Turenne, ou dans son beau sermon sur la parole de Dieu, à l'issue duquel Louis XIV, qui ne se lassait pas de l'entendre, fit taire un courtisan qui se plaignait de la hardiesse de son langage, par cette parole si chrétienne : « Le prédicateur a fait son devoir ; c'est à nous de faire le nôtre. »

Le P. Hubert, que Bourdaloue mettait au rang des premiers prédicateurs, et qu'il allait entendre toutes les fois qu'il le pouvait.

Le P. de la Roche, « sermonnaire habile, moraliste sévère et hardi sous sa constante élégance de langage [1]. »

Le P. Vincent Lesnez (enlevé trop jeune en 1677), qui s'était fait remarquer par l'Oraison funèbre du chancelier Séguier, « où chacun était charmé d'une action si parfaite et si achevée... de ses traits d'éloquence et de ses coups de maître [2]. »

Le P. Leblanc (né en 1613, † en 1703), constamment appliqué au ministère de la parole, dans lequel il excella par l'ardeur de sa foi, le charme et l'action de sa parole, et la parfaite ordonnance de ses sujets.

Les PP. André et Gaspard Terrasson.

Le P. Gaichiès (Jean, né à Condom en 1667, † en 1751), dont les discours solides et élégants puisaient une force de plus dans sa vie tout évangélique.

1. Jacquinet, *ibid*.
2. *Lettre de madame de Sévigné à sa fille*, du 26 mai 1672.

le filtre et ne rien recevoir dans nos têtes par autorité et croyance[1], » il s'empara des doctrines de Descartes, ce génie créateur qui agrandit l'horizon de la pensée et de la science, les amenda en les complétant[2], sut les faire servir à la démonstration de l'accord de la foi et de la raison, et concourut puissamment, par leur diffusion, à produire cet essor prodigieux de l'esprit humain, qui a créé le mouvement scientifique moderne et fait avancer l'humanité vers la conquête du globe et des puissances de la nature visible[3].

Tel a été ce célèbre Oratoire de France, dont la

1. *Essais*, ch. XXX.
2. Les *Erreurs* de Descartes ont été rectifiées par ses deux disciples, Malebranche et Leibnitz.
3. Il est de mode, aujourd'hui, d'accuser Descartes, à qui Fénelon ne voyait de supérieur en métaphysique que saint Augustin, d'être le père du rationalisme moderne, de cette prétention insensée de l'incrédulité philosophique de tout connaître par les seules forces de la raison et de ne rien admettre de ce qu'elle ne comprend pas. Ce reproche nous semble immérité. Afin de pouvoir attaquer son fameux principe : « Je pense, donc je suis, » on se plaît à y voir un raisonnement, insoutenable en effet, mais que Descartes ne faisait pas; car il le présentait non pas comme un enthymème, mais uniquement comme l'énoncé d'un fait de conscience et de sens intime qu'il avait constaté. (V. Balmès, t. I, p. 130 de sa *Philosophie fondamentale*, où il consacre plusieurs pages à justifier le grand philosophe de ce reproche injuste). Et son doute méthodique, qu'il n'avait pris pour base de sa métaphysique que pour mieux convaincre les athées et les matérialistes de l'existence de Dieu et de la spiritualité de l'âme, n'était, de sa part, ni absolu ni réel. Il ne l'appliquait qu'aux conclusions spéculatives et éloignées des principes de l'ordre purement naturel, qui constituent la science proprement dite. « Je n'ai nié que les préjugés, dit-il, et non point les notions qui se connais-

gloire a mérité d'être célébrée par Bossuet, et auquel Juilly a dû la meilleure part de la sienne[1].

Tant de titres à la considération et au respect publics rendent inexplicables les préventions hos-

sent sans aucune affirmation ni négation. » (V. ses *Réponses aux objections* et ses *Méditations métaphysiques*. T. I, p. 426 et 428, et t. II, p. 303 et suiv. Ed. Cousin, in-8°, 1824.) Et même restreint à ces termes, il ne l'envisageait encore que comme une hypothèse et une fiction. « Ce n'est pas tout de bon et en vérité, écrivait-il au P. Mersenne, mais seulement par une fiction d'esprit que j'ai rejeté les idées ou les fantômes des corps pour conclure que je suis une chose qui pense. » Il ajoutait même expressément qu'il n'avait fait, en cela, qu'appliquer une méthode dont tous les philosophes reconnaissent la nécessité. Sa pensée n'est donc pas plus hétérodoxe que sa méthode n'était nouvelle; et si elle a été faussée plus tard par le jansénisme, dans un intérêt de secte, pour justifier sa révolte contre l'Eglise et contre son Chef auguste, et par la philosophie pour motiver son incrédulité; et si Bossuet a vu naître de ces principes, *à son avis, d'ailleurs, fort mal entendus*, plus d'une hérésie et un grand combat se préparer contre l'Église, l'équité se refuse à en faire remonter la faute à Descartes et à l'Oratoire, qui a propagé son système dans les mêmes vues que lui. C'est ce qu'a très-bien fait ressortir l'abbé Rohrbacher, qui réfute, après une rétractation qui l'honore, l'erreur commune qu'il avait partagée d'abord contre Descartes. V. son *Hist. de l'Église*, t. XXV, p. 528 et suiv.

1. Santeuil a fait cet éloge de l'Oratoire :

Proles generosa Berulli
Aurea gens, ipsi Superûm acceptissima Regi,
Votorum leges quam nullæ et vincta coercent,
Sed pietatis amor regit et pars optima nostri
Religio ratioque, comes non judica fræni.
Illa quidem humanos ut se componat ad usus,
Non habitu bicolor, tortâ non cannabe cincta,
Non pedibus malè nuda, gravi non horrida
Sacco, nec gestans patulo promissam in pectore barbam,
Undè sapit barbarum ultrix veneranda senectus.

(Arch. M. M. 624, *Mém. mss. de l'Orat.*, p. 57.)

tiles qui subsistent encore de nos jours et contre l'Oratoire et contre son pieux fondateur. On se demande comment elles ont pu survivre si longtemps à sa chute, et ce qui peut motiver le silence obstiné qui, dans certaines chaires, persiste à vouloir effacer jusqu'au souvenir du cardinal de Bérulle.

Ces préventions nous semblent tenir à deux causes principales. On reproche à l'Oratoire de s'être laissé infecter jusque dans sa source par le jansénisme, et d'en avoir été le boulevard comme Port-Royal en fut la place d'armes ; et on ne lui pardonne pas le malheur, dont il a été le premier à gémir et dont il est en droit de repousser l'opprobre, d'avoir fourni à la Révolution trois des noms les plus sinistres de la Terreur.

A Dieu ne plaise qu'il ne sorte de notre bouche autre chose que des paroles de blâme pour flétrir l'hérésie janséniste, l'une des plus funestes dont ait souffert la France, et dont huit condamnations pontificales attestent assez la perfide influence. Le principe fondamental de la doctrine de Jansénius[1] est,

1. Cornélius Jansénius, qui devint évêque d'Ypres, en 1636, et mourut en 1638, était né à Accoy, village du comté de Leerdam, le 28 octobre 1585, de Jean Othe et de Lyntche Gisbert, artisans pauvres, mais gens de bien et pieux catholiques. Il avait fait de brillantes études dans sa ville natale, puis chez les Jésuites de Lorraine, lorsqu'ayant obtenu une place au collége Adrien, dirigé alors par Janson, fort engoué des idées de Baïus, il s'y lia avec Duvergier de Hauranne, de quatre ans plus âgé que lui. Le maître inculqua ses opinions aux deux étudiants qui mirent toute

en effet, que l'homme fait invinciblement, quoique volontairement, le bien ou le mal, selon qu'il est dominé par la grâce ou par la passion, qu'il compare aux deux plateaux d'une balance dont l'un ne peut monter sans que l'autre descende[1]. Or, ce principe est le renversement de toute morale, la négation de toute liberté dans l'homme, de toute justice en Dieu, et ouvre la plus large porte au désespoir et au libertinage. Et l'on ne s'expliquerait pas qu'il eût pu séduire tant d'hommes éminents par leur science et leur piété, si l'histoire ne nous montrait à chacune de ses pages l'exemple d'aberrations inouïes de la part de l'orgueil. Trente ans après la mort de Jansénius, l'entêtement d'un

---

leur ardeur à les répandre. Ils se retrouvèrent à Paris, puis à Bayonne, où Duvergier de Hauranne emmena son ami refaire sa santé épuisée par l'étude. C'est là que sur les bords de la mer, dans une terre de sa famille, appelée Champré, ils se livrèrent à l'étude exclusive des Pères et de saint Augustin. Ils y restèrent cinq ans, revinrent quelque temps à Paris et se séparèrent définitivement : Jansénius pour retourner, en 1617, à Louvain, où il devint proviseur du collége Pulchérie, et où il commença, en 1627, son *Augustinus*, et Duvergier de Hauranne pour devenir, en 1620, abbé de Saint-Cyran en Brenne, sur les confins de la Touraine et du Poitou, et se lier avec M. d'Andilly et par lui avec tous les membres de sa famille, dont il fit ses plus fervents adeptes.

1. Ce principe, renfermé dans l'*Augustinus*, qui ne parut qu'en 1640, et dans les cinq propositions condamnées par la Bulle *Cum occasione* d'Innocent X, n'est autre que celui que le Concile de Trente condamnait déjà dans Luther, Calvin et Baïus qui soutenaient que l'homme fait librement ce qu'il fait volontairement quoique nécessairement, mais sans contrainte.

amour-propre froissé et une haine implacable contre la société de Jésus poussèrent Quesnel à une révolte ouverte contre l'autorité de l'Eglise. Non content de reproduire dans ses trop fameuses *Réflexions morales* la théorie perverse de son maître, l'évêque d'Ypres, il y ajouta encore celle d'Edmond Richer, qui amoindrissait le sacerdoce et détruisait sa puissance spirituelle en rendant tous les fidèles juges de la foi, en proclamant la souveraineté du corps entier de l'Eglise, et en ne considérant le Souverain Pontife et les premiers Pasteurs que comme ses délégués. Dès lors, le jansénisme ne trompa plus que les aveugles volontaires. A travers les dehors de son faux zèle pour la pénitence et les austérités affectées de sa morale stérile, il devint manifestement un parti anarchique qui entraîna pour la France des maux incalculables. Marchant sous le couvert du gallicanisme, qui ne lui avait que trop bien préparé les voies, il ébranla dans l'Eglise les principes de la hiérarchie et de la discipline[1]; il mina le pouvoir du Prince en soulevant contre lui l'orgueil parlementaire dont il se fit un appui, et en soufflant dans les masses l'esprit de révolte ; et, quand éclata la Révolution, il put reconnaître son œuvre dans la constitution schismatique du clergé et jusque dans les motifs allégués à la barre de la Convention pour justifier le régicide.

1. V. le réquisitoire de l'av. gén. Talon du 20 janvier 1688.

Assurément, on ne saurait trop déplorer le vertige fatal qui entraîna à la suite de Saint-Cyran et de Quesnel un trop grand nombre d'Oratoriens, séduits par les apparences de leur piété rigide, les poussa à résister à l'autorité du Saint-Siége, ternit l'auréole de sagesse et de foi qui rayonnait sur le berceau de leur Ordre, et, en épuisant leurs forces dans de stériles et scandaleuses querelles dogmatiques, ne leur en laissa plus assez pour empêcher ce divorce douloureux entre la religion et la science, que proclamèrent au XVIII° siècle les antagonistes du christianisme. Mais croire l'Ordre entier, et jusqu'à son fondateur, atteints de ce vertige, serait la plus grave erreur. Comme saint Vincent de Paul, saint François de Sales et sainte Chantal, le cardinal de Bérulle ne connut Saint-Cyran que par sa réputation de science et de vertu et par l'humilité étudiée de son âme superbe ; et il mourut trois ans avant l'apparition de son *Petrus Aurelianus*[1], et onze ans avant celle de l'*Augustinus* de Jansénius, « ce second tronçon du même glaive empoisonné, forgé ensemble par les deux amis, sous les noms[2] du grand saint dont ils se prétendaient les disciples. » Ses disciples, pour la plupart du moins, restèrent

1. Ouvrage sous forme de brochures pseudonymes et successives, qui tout en paraissant maintenir les droits et les prérogatives extérieures de l'épiscopat, sapait hypocritement la monarchie et attaquait l'indélébilité du caractère sacerdotal.
2. Saint Augustin s'appelait, en effet, Aurelius Augustinus.

à son exemple, fidèles aux saines doctrines. On put, il est vrai, les faire passer eux-mêmes pour jansénistes. « Ils étaient réguliers, exacts dans leur conduite, studieux, pénitents[1]. » Ils défendaient la doctrine cartésienne, à laquelle la secte semblait donner la main ; ils se plaignaient de la routine scolastique, et voulaient raviver la vraie doctrine par l'étude de l'Écriture, des Pères et des conciles. Il n'en fallait pas tant pour s'attirer le soupçon de jansénisme, « ce pot au noir, » selon un mot qu'on prête au P. Lachaise, dont on ne se faisait pas faute, à cette époque, de noircir les gens. Mais l'histoire constate que sur 425 prêtres, qui composaient la Congrégation en 1657, 400 signèrent le formulaire dressé par le P. Bourgoing pour l'acceptation de la constitution d'Innocent X, du 31 mai 1653, et de la bulle d'Alexandre VII, du 16 octobre 1656[2] ; que les évêques les plus dévoués au Saint-Siége continuèrent à leur confier la direction de leurs séminaires ; qu'au plus fort de la lutte janséniste, en 1746, l'assemblée générale vota l'adoption de la bulle *Unigenitus* à une majorité de dix-neuf voix contre quatorze ; que dans le diocèse de Meaux, où se trouvaient la maison de retraite de Raroy et l'Académie de Juilly, un seul Oratorien manifesta des opinions jansénistes et appela de la bulle de

---

1. Saint-Simon, *Mém.*, t. IV, p. 416.
2. Tabaraud, *Vie du cardinal de Bérulle*, t. II, p. 232

Clément XI[1]; qu'il n'est pas un Supérieur général ou un Visiteur qui, à toutes les époques, ne se soit montré fidèle à rappeler les vrais principes et à maintenir l'intégrité de la doctrine ; et qu'enfin l'adresse du P. Vuillet à Pie VI fut un éloquent désaveu des erreurs et des défections de ceux de ses frères que l'esprit des nouveautés avait égarés[2], et

---

1. Ce fut le P. de Saint-Maur, curé de Juilly, qui sortit du diocèse par ordre du roi, du 29 avril 1717. V. *Preuves de la liberté de l'Église de France dans l'acceptation de la Bulle* Unigenitus. Pamphlet imprimé à Amsterdam, p. 32, in-4, 1726.

2. Sur les cinquante-trois Pères, que l'Oratoire comptait dans ses trois maisons de Paris, quatre seulement firent défection : le P. Poupart, confesseur de Louis XVI et curé de Saint-Eustache, pasteur instruit et orateur distingué, dont les talents, le zèle, la piété et l'ardente charité avaient fait la réputation, et qui se laissa entraîner par Mirabeau, après toute une nuit de résistance à ses perfides suggestions ; le P. Poirée ou Poiret, le supérieur de la maison de Saint-Honoré, qui, après avoir combattu toute sa vie le jansénisme, se laissa, à soixante-douze ans, égarer par les jureurs, céda, malgré les protestations de tous ses Pères, son église de Saint-Honoré à Talleyrand, l'évêque d'Autun, pour y consommer le schisme en ordonnant les évêques intrus, et fit à Saint-Sulpice, dont il consentit à devenir le premier curé constitutionnel, un discours que l'abbé Guillon appela la théologie du jansénisme ; — le P. Tournaire, supérieur de Saint-Magloire, et le P. Alemanni, professeur à ce séminaire. « Une des douleurs du P. Marcel Pruneau, dit encore son neveu, dans sa lettre au chanoine de Soissons, que nous avons déjà citée, fut de voir la vérité abandonnée par deux hommes de l'Oratoire, qui avaient contribué davantage à l'affermir : le P. Alemanni, de Saint-Magloire, et le P. Poirée, de l'Institution. Il alla voir celui-ci et lui dit entre autres choses, avec une admirable onction : Qu'il est douloureux pour moi, mon R. Père, d'avoir à me séparer de vous pour la conduite à tenir dans une occasion si grave, après avoir recueilli de votre bouche et de votre cœur des leçons si

un témoignage solennel du dévoûment de l'Oratoire expirant à l'autorité et à la personne du Vicaire de Jésus-Christ[1].

Il ne serait pas moins injuste de faire peser sur lui la responsabilité des crimes de Lebon, de Billaud-Varennes et de Fouché, qui avaient vécu quelque temps sous sa règle avant de se faire un nom parmi les énergumènes de la Révolution. Lebon, le seul des trois qui fût prêtre en sortant de l'Oratoire, en avait été renvoyé à la suite d'insubordination envers ses supérieurs, et n'était plus que le curé de Neuville, près Arras, en 1791[2]. Billaud-Va-

solides sur la nécessité de l'obéissance aux décisions de l'Église ! Ainsi des anti-jansénistes se soumirent à la constitution civile du clergé, pendant qu'on la vit rejetée par d'autres, entachés de jansénisme. Le P. Poirée eut le malheur de mourir entre les bras des constitutionnels, qui fermèrent la porte à des confrères qui avaient grande espérance de le ramener. » V. aussi d'Auribeau, *Mémoires pour servir à l'histoire de la persécution religieuse, recueillis par ordre de Pie VI*, t. II, p. 507 et 508.

1. Lhomond lui-même, mû par son esprit de scrupuleuse impartialité, consigna dans son histoire de l'Église cette remarque, que ses continuateurs eurent le tort de supprimer : « *que le corps de la Congrégation est toujours resté soumis à l'Église.* »

2. Joseph Lebon, né à Arras, en 1765, était entré à l'Oratoire à dix-huit ans ; et à la fin de son noviciat, son supérieur portait de lui ce jugement : « Il ne manque pas de talents ; il a l'esprit ouvert et de la mémoire, mais encore peu de jugement, une mauvaise tête et une imagination prompte à s'exalter. Son ton et ses manières annoncent peu d'éducation. Il est d'un caractère vif et impétueux, *capable dans le mal comme dans le bien*, porté à l'orgueil, à l'envie, fort susceptible de mauvaises impressions. Je ne le trouve pas en état d'être placé dans un collège. Et comme c'est un sujet où il y a de la ressource, il a besoin d'être éprouvé

rennes et Fouché, que nous retrouverons à Juilly, n'étaient clercs ni l'un ni l'autre. C'étaient de simples confrères laïques, comme l'Oratoire en avait trop dans les dernières années, qui n'y étaient entrés que pour se créer un sort provisoire en attendant mieux. Le premier avait été expulsé dès 1785 ; et le second l'avait quitté au premier bruit de la tempête. Aussi bien pourrait-on rendre les Jésuites solidaires de l'impiété d'un Robinet, le précurseur de l'athéisme hégélien, de la fureur révolutionnaire d'un Cérutti, ou de l'apostasie d'un Raynal et d'un Passaglia, reprocher aux Feuillants d'avoir ouvert leurs rangs à un Ravaillac, aux Chartreux d'avoir eu un dom Gerle, et aux Capucins d'avoir admis un Chabot. Ce sont là pour une Congrégation des douleurs qu'on ne peut que partager et qu'il n'est jamais permis d'aggraver par d'iniques récriminations. Et, au lieu de rappeler sans cesse à l'Oratoire comme un reproche immérité ces noms d'infamie,

---

à Montmorency. » (Note mss, aux *Archives de l'Empire*, carton M. 237.) Ordonné prêtre, le 4 janvier 1790, à Châlon-sur-Saône (*Arch.*, M. M. 592), il fut expulsé, quelques mois plus tard, de la Congrégation. Maire d'Arras après le 10 août, il s'y distingua d'abord par sa modération, et fut envoyé à la Convention comme député adjoint du Pas-de-Calais. La peur en fit un lâche et l'instrument aveugle des Comités anarchiques. Il s'était épris d'une sorte de passion féroce pour la guillotine. Elle figurait sur sa table et lui servait à détacher la tête de ses volailles rôties (nous tenons le fait du fils du convive d'un de ces sinistres repas, notre excellent condisciple Bernard). Elle finit, du reste, par faire tomber la sienne, en thermidor 1795.

il serait plus digne et plus équitable de suivre dans le cours de leurs existences brisées par la Révolution, les nombreuses phalanges de ses prêtres fidèles dont plusieurs ont versé leur sang sur l'échafaud, d'autres ont aidé de nobles victimes à y monter avec courage, et dont le plus grand nombre ont su, sur la terre et dans les angoisses de l'exil, « se concilier le respect et la bienveillance de tous, par l'uniformité d'une vie remplie de piété et de décence[1], » honorer le clergé de France par leur inébranlable fidélité à l'Église, et renverser, parmi les nations protestantes, les barrières de haines et de préjugés, qui les tenaient éloignées du catholicisme[2].

Quant à cette sorte de conspiration du silence, ourdie contre la mémoire si vénérable du cardinal de Bérulle, et que le temps n'est pas encore parvenu à détruire, elle remonte, avons-nous dit, à Richelieu, qui s'appliqua toujours à reléguer dans l'ombre les œuvres et le mérite de son collègue[3].

1. Paroles de Pitt à la tribune anglaise, citées par Tresvaux, t. II, p. 347, de son *Histoire de la persécution révolutionnaire*.
2. V. *infrà*, liv. V, ch. 1er.
3. Cette attention constante de Richelieu à effacer le cardinal de Bérulle se révèle jusque dans les toiles de Rubens qui, dans ses nombreuses peintures de tous les personnages de la cour de Marie de Médicis, exposées au musée du Louvre, n'a pas osé reproduire une seule fois les traits du pieux cardinal, quoiqu'il eût été le chef du Conseil privé et le président du Conseil de régence de la reine, sans doute pour ne pas déplaire à son tout-puissant protecteur.

Elle a été autorisée de nos jours par le comte de Maistre qui, dans tous ses ouvrages, n'a cité qu'une fois le nom de *Bérulle,* pour le reléguer dans *ce reste* des amis de Port-Royal *qu'il ne jugeait pas valoir l'honneur d'être nommé.* Dans ce reste, il est vrai, il comprenait encore Boileau, La Bruyère et Racine[1]. Et elle a été entretenue également, au sein de la Compagnie de Jésus, par quelques Pères qui n'ont pas su garder, aussi fidèlement que l'ont toujours fait les plus illustres d'entre eux, le souvenir de l'affection et du dévoûment dont elle avait été l'objet de la part du cardinal de Bérulle et de tous les services qu'il lui avait rendus, et qui, justement effrayés, d'ailleurs, de la portée du jansénisme et des dangers du système de Quesnel, ont été entraînés, dans l'ardeur d'une lutte qu'ils étaient

---

1. Cet étrange passage est ainsi conçu : « Un partisan zélé de Port-Royal ne s'est pas trouvé médiocrement embarrassé de nos jours, lorsqu'il a voulu nous donner le dénombrement des grands hommes appartenant à cette maison, dont les noms, dit-il, commandent le respect et rappellent, en partie, les titres de la nation française à la gloire littéraire. Ce catalogue est curieux ; le voici : Pascal, Arnauld, Nicole, Hamond, Sacy, Pontis, Lancelot, Tillemont, Pont-Château, Angran, *Bérulle,* Despréaux, Bourbon-Conti, La Bruyère, le cardinal Le Camus, Félibien, Jean Racine, Rastignac, Régis, etc. Pascal ouvre toujours ces listes ; et c'est en effet le seul écrivain de génie qu'ait, je ne dis pas produit, mais logé Port-Royal. On voit paraître ensuite, *longo sed proximi intervallo,* Arnauld, Nicole et Tillemont, laborieux et sage annaliste ; le reste ne vaut pas l'honneur d'être nommé ; et la plupart de ces noms sont même profondément oubliés. » *De l'Église gallicane,* ch. v, p. 35 et 36. Lyon, 1829, in-8.

presque seuls à soutenir pour la vérité, à s'exagérer le nombre des défections de l'Oratoire, à en chercher la cause ailleurs que dans leur véritable motif : les passions du moment, et à la faire remonter à l'esprit de conduite de son fondateur et jusqu'à la doctrine de ses ouvrages. Aujourd'hui les raisons de ces discordes et de ces défiances ont disparu ; puisse-t-il ne s'en plus produire de nouvelles ! car il n'est pas de spectacle plus affligeant pour les âmes chrétiennes et plus fâcheux pour l'Église que de tels dissentiments. Ce sont eux qui ont permis à la philosophie sceptique du dernier siècle « de faire si aisément sa trouée entre ces deux ailes de l'armée catholique qui en étaient aux mains[1]. » Ce sont eux, a-t-on dit, qui avaient amassé des trésors de colère dans le cœur ulcéré et vindicatif de Quesnel et qui en firent un si redoutable sectaire. Et c'est peut-être aux diatribes violentes et pleines de fiel dont il fut le point de mire et qu'il ne sut pas assez mépriser, qu'il faut attribuer, en partie, la chute lamentable de l'abbé de Lamennais. Puissent surtout de semblables divisions ne plus entraver désormais le développement de la nouvelle Congrégation, que la bénédiction du Saint-Siége vient de rendre à la vie sous le glorieux titre d'*Oratoire de Jésus-Christ et de Marie Immaculée*, et d'appeler à la succession « des

---

[1]. Sainte-Beuve, *Port-Royal*, t. I, p. 21.

hommes considérables en science et en piété qui s'étaient enrôlés les premiers dans les rangs de cette Congrégation[1] ! »

[1]. Termes du décret de Pie IX, du 23 mars 1864.

LIVRE QUATRIÈME

L'Académie royale

Supériorité de Juilly sur les autres colléges de l'Oratoire. — Éloges qui lui ont été décernés.

Entre tous les colléges de l'Oratoire la maison de Juilly a toujours occupé le premier rang. Ses élèves se recrutaient, pour la plupart, dans les familles les plus distinguées du pays. Ses maîtres étaient choisis parmi les sujets les plus brillants de l'Institution; son enseignement jouissait d'une grande réputation; et c'était un insigne honneur pour les jeunes Confrères de venir en occuper les chaires. Ses supérieurs étaient des prêtres éminents, qui s'élevèrent presque tous aux plus hautes charges de la Congrégation, et dont deux même furent élus Généraux; et la sagesse de leur direction lui valut, de tout temps, les éloges les plus flatteurs. Le maréchal de Berwick répétait sans cesse combien il s'estimait heureux d'y avoir été élevé[1]. Villars, au faîte de sa gloire, ne pouvait oublier les premiers lauriers qu'il y avait cueillis. Le P. de la Valette qui, dans son long généralat, en avait fait presque tous les ans la visite, disait lui-même : « L'esprit de l'Oratoire n'est pas un esprit d'ambition et d'agrandissement. Loin de penser à multiplier nos colléges, nous voudrions les réduire à un petit nombre, et qu'ils fussent tous tels que celui de Juilly[2]. » Et le 8 mars 1763, M. de Laverdy, qui devint contrôleur général des finances, disait de l'Oratoire, dans un de ses rapports aux chambres assemblées du Parlement : « Il a des colléges célèbres ; mais celui de Juilly prépare à la France d'excellents sujets pour les premiers ordres de l'État. » Son histoire appelle donc une recherche attentive de sa méthode d'enseignement et de son système de discipline, et une étude spéciale sur les maîtres qui furent chargés de leur application et sur les supérieurs qui en eurent la haute direction.

---

[1]. Un des panégyristes de l'Oratoire était l'écho fidèle de toutes les voix de ses élèves, lorsqu'il terminait son éloge par cette apostrophe touchante :

O dulces socii ! memori sub pectore dulces
Vivetis socii, dum spiritus hos reget artus.

[2]. Adry, *Notice sur Juilly*, p. 19, en note.

CHAPITRE PREMIER

L'ENSEIGNEMENT DE L'ORATOIRE DE JUILLY.

Projet du P. de Condren d'établir un séminaire dans l'abbaye de Juilly. — Louis XIII l'en détourne et, en 1638, érige cette maison en Académie royale. — Prérogatives attachées à ce titre. — Armoiries du collège. Sa fondation. Le P. de Condren lui prépare un nouveau plan d'études. — État de l'enseignement public en France à cette époque : direction de l'instruction primaire, son programme, ses maîtres, ses livres, son contrôle. — De l'instruction supérieure dans les collèges. — État de l'Université de Paris et de sa Faculté des arts depuis l'édit de 1600. — Règlements en vigueur dans les collèges : les professeurs, leur discipline et leurs émoluments. — Les élèves; division de leurs journées; études, classes, récréations, congés. — Dispositions relatives aux études : examens, auteurs expliqués. — Édit de 1629. — Persistance des désordres et des abus. — Préférence accordée aux collèges ecclésiastiques; prospérité de ceux des Jésuites; ses causes. — Analyse de leur *Ratio studiorum* : devoirs des maîtres et des élèves : punitions et récompenses; emploi du temps; exercices de chaque classe. — Académies. — Résumé de cette méthode. — Innovations introduites à Juilly dans l'enseignement par le P. de Condren. — Leur motif et leur objet. — Ses prescriptions pour l'étude de la langue française. — Il est l'auteur de la première grammaire latine écrite en français. — — Enseignement du grec. — Extension qu'il donne à celui de l'histoire, des sciences et de la philosophie. — Les arts d'agrément, l'Académie littéraire, les examens, les exercices publics, les prix de fin d'année, les visites du P. Général. — Approbation donnée par Richelieu au système d'enseignement du P. de Condren. — Il l'introduit lui-même, en 1640, dans l'Académie de sa ville natale. — Le P. Morin l'insère dans son *Ratio studiorum*. — Développements et extension que lui donne Port-Royal. — Rollin le fait adopter dans l'Université. — Note sur les écoles de Port-Royal, leur histoire et leurs règlements d'études.

La pensée première du P. de Condren, en acceptant, au nom de sa Congrégation, l'abbaye de Juilly, avait été d'y établir un séminaire. Il en avait pris l'engagement dans le traité du 28 novembre 1637, qu'il avait passé avec le nouvel évêque de Meaux,

Mgr Séguier, et plusieurs de ses amis, M. Olier entre autres, avaient déjà contribué à cette bonne œuvre[1], lorsqu'il fut obligé de l'abandonner[2]. Louis XIII, qui s'était toujours montré le protecteur zélé de l'Oratoire, et qui s'intéressait à l'accroissement du nombre de ses colléges[3], était préoccupé, depuis quelque temps, du secret désir de lui confier l'éducation de sa jeune noblesse[4]. L'abbaye de Juilly, qu'il connaissait, lui semblait réunir toutes les conditions désirables pour la création d'un collège modèle; il en facilita, dans ce but, l'acquisition par le P. de Condren, et le sollicita de

---

1. L'abbé Faillon, *Vie de M. Olier*, t. I, p. 279, en note.
2. Toutefois, longtemps encore après qu'il fut devenu un collège, Juilly continua à élever de jeunes ecclésiastiques et eut, en quelque sorte, un Séminaire à côté de l'Académie.
3. On n'en comptait alors que dix-neuf : 1° Dieppe, fondé en 1614; 2° Nantes, en 1615; 3° Poligny, en 1617; 4° Riom, en 1618; 5° Joyeuse, en 1620; 6° Notre-Dame de Grâce, en Forez, en 1620; 7° Pezenas, en 1623; 8° l'École militaire de Vendôme, en 1623; 9° Montbrison, en 1624; 10° Angers, en 1624; 11° Le Mans, en 1624; 12° Saumur, en 1624; 13° Beaune, en 1625; 14° Toulon, en 1625: 15° Effiat (école militaire), en 1627; 16° Condom, en 1628; 17° Boulogne, en 1629; 18° Troyes, en 1630, et 19° Bavay, en 1637.
4. C'est à la réalisation de ce dessein de Louis XIII, à Juilly, qu'il est fait allusion dans le passage suivant d'un Éloge de l'Oratoire, en vers latins, composé à Orléans en 1784 (*Arch. de l'Emp.*, M. 215) :

> Tales nobilibus natos à patribus, ipse
> Sic voluit Lodoix curâ studioque magistri
> Assiduo instituant, et cerea pectora flecti
> In vitium forment, fingant, et ad optima quæque
> Ut stadio egressi, simul atque adoleverit ætas,
> Illi se et patriam claris virtutibus ornent.

l'affecter à cette destination. Surpris d'abord de rencontrer en lui une opposition formelle à ses vues, que jusque-là, du reste, il lui avait laissé ignorer, il parvint à la vaincre par ses instances et celles de plusieurs seigneurs de sa cour[1]; et, dès qu'il fut assuré de son adhésion, il s'empressa de lui en témoigner sa gratitude en érigeant spontanément, par lettres patentes du mois d'avril 1638, la maison de Juilly en Académie royale[2].

Ce titre, si flatteur pour elle, car il ne s'accordait généralement alors qu'aux sociétés savantes, formées dans le but d'encourager le travail intellectuel, lui créait des droits plus honorifiques que réels. Il lui conférait des prérogatives analogues à celles dont elle avait joui comme Abbaye royale, et notamment quelques exemptions de charges et quelques priviléges de juridiction. Il l'autorisait aussi à joindre les armes de France à celles de l'Oratoire; et elle les unit, en effet, par deux branches de laurier chargées de leurs boutons et entrecroisées, et, par une double devise dont elle entoura son blason, celle de la Congrégation : « *Entre qui peut, sort qui veut,* » répétée, d'âge en âge, avec orgueil par tous ses enfants, et celle qui lui devint

[1]. *Dictionnaire des Gaules et de la France*, de l'abbé Expilly. V° Juilly.

[2]. Ces lettres patentes sont citées dans un Mémoire du Supérieur de l'Oratoire de Juilly au comte d'Argenson, ministre de la guerre de Louis XV (*Arch. de l'Emp.*, carton M. 223), et dans plusieurs passages des *Annales* de la Congrégation.

propre et qu'elle se choisit par allusion à sa destination nouvelle et au laurier qui en était l'emblème, *Orior* : je m'élève et je fleuris sans cesse [1]. Mais surtout il était pour elle un témoignage éclatant de la confiance et de la faveur du monarque.

Le P. de Condren s'en montra très-touché et voulut l'en rendre digne par la supériorité de son organisation. Aussi, malgré la multiplicité des devoirs de sa charge, et bien que, depuis plusieurs années, il se fût déchargé sur le P. Gault de la direction spéciale des colléges, il tint à présider à la rédaction des règlements d'études et de discipline de la jeune Académie ; et, en les formulant lui-même, dans leur partie essentielle, avec cette sagesse et cette mesure qui caractérisaient tous ses actes, il dota Juilly d'une méthode d'enseignement qui a fait sa célébrité, et qui n'a pas été sans influence sur la réforme ultérieure de tout notre système pédagogique dans son économie générale.

Cette méthode mérite donc, à ce double titre, de fixer notre attention ; et pour en bien apprécier la valeur, il importe d'examiner quel était, à cette date de 1638, l'état de l'enseignement public en France [2].

1. Ce sont ces armoiries de Juilly, que l'on voit en relief sur presque toutes les plaques de ses anciennes cheminées, qui sont reproduites à la première page du titre de cet ouvrage.
2. Cette question, sans avoir encore été traitée dans son ensemble, a fait l'objet, depuis quelques années, de savantes études auxquelles nous avons fait plusieurs emprunts dans les

La parole de l'Apôtre : *Unus magister vester Christus*, était alors souveraine; et l'instruction publique tout entière, élémentaire et supérieure, était dans les mains du clergé, « qui sut toujours conserver à la France le sceptre de l'école et le pouvoir de la parole publique[1]. »

Un Chantre ou Écolâtre était placé dans chaque diocèse à la tête de l'instruction primaire. Cette charge, fort en honneur dans l'Église, était ordinairement remplie, à Paris, par un docteur en théologie ou en droit canon; et, dès le X⁰ siècle, elle avait été exercée, à Aurillac, par l'illustre Gerbert, qui porta la tiare sous le nom de Sylvestre II. Les instituteurs étaient à sa nomination; et, sous le titre de *maîtres écrivains* et de *maîtres d'école*, ils devaient enseigner, les premiers : la lecture, l'écriture, les éléments du calcul, le service divin, la grammaire, le catéchisme et le chant; et les se-

---

pages qui vont suivre. Ce sont : 1° l'*Essai sur l'état de l'enseignement en France au* XVII⁰ *siècle*, par M. Ch. Livet, publié dans la *Revue française de* 1856, t. IV ; 2° un article de M. Alfred Michiels sur *la question de l'enseignement au* XVII⁰ *siècle* dans la *Revue contemporaine de* 1852, t. II, p. 641 ; 3° et l'important ouvrage, actuellement en cours de publication, de M. Ch. Jourdain sur *l'histoire de l'Université de Paris au* XVII⁰ *et au* XVIII⁰ *siècle*, I⁰ʳ liv., 1862, Hachette. Nous avons consulté aussi avec fruit l'excellent livre du P. Daniel sur *les Études classiques dans la société chrétienne*, et le chapitre des petites écoles dans l'intéressante *histoire de Port-Royal*, par M. Sainte-Beuve, t. III, liv. IV.

1. Ozanam, t. IV de ses œuvres complètes, p. 552. Ed. Lecoffre.

conds : l'écriture, l'arithmétique et l'orthographe. Les ouvrages qu'ils devaient lire, étaient : la *Vie des saints*, l'*Imitation*, l'*Introduction à la vie dévote*, le *catéchisme de Bellarmin*, le *Pédagogue chrétien*, l'*École paroissiale* et surtout l'*Écriture sainte*. Parmi les livres élémentaires qu'ils faisaient étudier aux enfants, les plus répandus étaient les *Alphabets* (en français, latin et grec), et les *Rudiments* de Jean Behourt, dont le système d'épellation était analogue au nôtre, la *Technographie* de Legagneur (1599), le *Traité d'écriture* de Geoffroy Tory et la *Grammaire française* de Ch. Maupas (1607, Blois). Leur activité et leur zèle étaient sans cesse entretenus par des instructions minutieuses de leur chef et la surveillance des autorités ecclésiastiques. « Jamais l'éducation religieuse et morale, dit M. Ch. Livet, ne fut l'objet d'une plus scrupuleuse attention. » C'était, au surplus, le programme que traçaient déjà les Capitulaires de Charlemagne pour l'instruction des enfants des campagnes. Nos progrès, sous ce rapport, ne sont donc pas aussi grands que nous pourrions le croire.

L'instruction supérieure était donnée dans les colléges, qui relevaient : les uns de l'Université, les autres du clergé séculier, d'autres encore du Roi, des corps municipaux et même de simples particuliers qui les avaient dotés, le plus grand nombre des ordres religieux et surtout des Jésuites.

L'Université, nous ne parlons ici que de celle

de Paris, parce que les vingt autres qui existaient alors dans les provinces étaient régies par des statuts à peu près semblables [1], l'Université se composait des quatre facultés de théologie, de médecine, de droit canon et des arts. Cette dernière comprenait elle-même les quatre nations de France, de Picardie, de Normandie et d'Allemagne, entre lesquelles étaient distribués tous les étudiants, sans acception d'origine, et dont chacune était divisée, à son tour, en provinces et tribus et avait une école particulière rue du Fouare.

Ce n'était plus, comme au XIIIe siècle, cette libre association des professeurs des grandes écoles de la capitale [2], cette fille aînée des rois, si jalouse de ses priviléges et si fière de l'éclat de son enseignement, dont les premiers savants de l'Europe briguaient les chaires, et qui avait compté parmi ses élèves Urbain II et cinq autres papes [3], Albert le Grand, Duns Scot, Bacon et Dante. De sa réforme par le cardinal d'Estouteville qui, en 1453, lui avait enlevé sa puissance politique, datait l'ère de sa

---

[1]. C'étaient, par ordre chronologique, celles de : Toulouse, fondée en 1228 ; Montpellier, en 1289 ; Avignon, en 1303 ; Orléans, en 1305 ; Cahors, en 1332 ; Perpignan, en 1349 ; Angers, en 1364 ; Orange, en 1365 ; Aix, en 1409 ; Dôle, en 1426 ; Poitiers, en 1431 ; Caen, en 1452 ; Valence, en 1452 ; Nantes, en 1460 ; Bourges, en 1465 ; Bordeaux, en 1473 ; Reims, en 1548 ; Tournon, en 1560 ; Douai, en 1562 ; Besançon, en 1564 ; et La Flèche, en 1603.

[2]. De Notre-Dame de Paris, de Sainte-Geneviève et de Saint-Germain-des-Prés.

[3]. Alexandre II, Grégoire VI, Célestin II, Léon IX et Étienne IX.

décadence; elle l'avait accélérée elle-même par sa résistance aveugle à toute innovation dans son enseignement, par ses luttes contre le Collége Royal et ses préférences surannées pour la scolastique déchue, et elle en avait atteint le dernier terme lorsque les guerres religieuses de la fin du XVIᵉ siècle amenèrent la dispersion de ses maîtres et de ses écoliers, la dévastation de ses colléges et la conversion de leurs classes en salles d'exercices, en étables et en écuries [1].

Henri IV, par son édit de 1600, la sauva de la ruine, mais lui enleva son indépendance qu'elle ne recouvra plus désormais.

La faculté des arts fut plus atteinte que les trois autres par les termes de cet édit. Ses colléges continuèrent de préparer au grade de maître ès arts (le baccalauréat ès lettres). Ils devinrent des corps mixtes composés d'ecclésiastiques et de laïques, soumis à la visite des évêques et, sur la réquisition du procureur général ou des officiers du Châtelet, à celle des conseillers au Parlement. Ils furent divisés en deux catégories : ceux de plein exercice, où l'instruction était publique et gratuite, et ceux destinés aux boursiers qui, en sus de leurs cours particuliers, devaient suivre ceux des premiers [2]. Dans chacun d'eux le Principal (aujourd'hui le Proviseur) était le chef immédiat de la discipline et de

---

1. Dom Félibien, *Hist. de Paris*, p. 1255.
2. M. Ch. Livet, *loc. cit., pass.*

l'administration. Son devoir essentiel était d'élever les enfants dans la connaissance et la pratique de la religion; aussi devait-il s'entourer de maîtres ès arts d'une piété éprouvée. Il était libre de leur choix et leur assignait leurs fonctions. Le titre de maître ès arts était nécessaire pour enseigner la rhétorique ou la philosophie. Les professeurs (*regentes*) étaient soumis à la discipline ecclésiastique et ne pouvaient pas se marier. Leur rétribution annuelle ne pouvait pas dépasser six écus d'or par élève ; encore leur était-il défendu de l'exiger. Aussi voyait-on ces malheureux faire la quête, tous les mois, dans leur classe et mendier leur salaire du bon vouloir de leurs élèves : *Mendicam porrigenti manum*, avoue Rollin avec tristesse, *nummulos aliquot discipuli annumerant*[1]. Le prix de la pension était mieux assuré; il était fixé, chaque année, d'après le prix des denrées, par une commission assistée de marchands de Paris.

Les élèves étaient ou pensionnaires ou caméristes, c'est-à-dire habitant en chambre chez des pédagogues ou maîtres de pension chargés de les nourrir, de les loger et de les surveiller, ou externes libres, surnommés *Martinets* ou *Galoches*. Les enfants protestants ne pouvaient être qu'externes.

L'année scolaire commençait le 1er octobre ; elle

1. Articles de M. Taranne sur la gratuité de l'enseignement dans l'Université de Paris au XVIIIe siècle, dans les nos du 8 et du 12 février 1845 du *Journal général de l'instruction publique*.

était précédée d'examens, faits en présence du Principal qui répartissait les élèves dans les différentes classes selon leur capacité. Les portes du collége, ouvertes à six heures du matin, étaient fermées à neuf heures du soir. Maîtres et élèves devaient, en commun, faire la prière du matin et du soir, entendre la messe chaque jour et prendre leurs repas, que précédait le *Benedicite*, que suivait une prière pour le roi et les bienfaiteurs, et pendant la durée desquels on faisait une lecture. Les catéchismes avaient lieu les dimanches et fêtes. Les élèves et les domestiques devaient se confesser la veille des grandes fêtes et communier le premier dimanche de chaque mois. Les congés étaient de huit jours à Pâques, du mardi saint au mercredi de Pâques; de deux jours à la Pentecôte, et le 4 juin, jour du grand Landit, où le recteur se rendait solennellement à la foire de Saint-Denis pour l'achat des parchemins. Les vacances commençaient le 31 août pour les classes de logique et de physique, le 7 septembre pour celles de rhétorique et d'humanités, et le 14 seulement pour les autres.

Les dispositions relatives aux études étaient les suivantes :

Dans l'intérieur du collége, en classe ou dans leurs rapports ordinaires, maîtres et élèves étaient obligés de parler latin[1]. Sur dix heures de travail par jour, six étaient employées à la classe et quatre

---

1. Par dérogation à l'ordonnance de 1539.

à l'étude. En classe, une heure était consacrée à l'étude des règles et des principes, et cinq à l'explication et à l'imitation des auteurs. A l'étude, une heure le matin et une heure le soir étaient consacrées à la composition en vers et en prose ou à des disputes de vive voix ; les deux autres étaient réservées aux leçons et aux autres devoirs. Tous les samedis, les devoirs étaient présentés au Principal, qui punissait ceux qui n'avaient pas trois thèmes grecs ou latins signés des professeurs. Le même jour avaient lieu les sabbatines, dans lesquelles le maître faisait répéter les leçons et revoir les principales matières de l'enseignement de la semaine. Des examens solennels étaient prescrits à la fin de l'année. Enfin, l'édit indiquait les auteurs à mettre entre les mains des élèves. Dans les classes inférieures, celles de grammaire, assez mal délimitées d'ailleurs dans leur objet, de la sixième[1] à la troisième inclusivement, on devait expliquer d'abord quelques lettres familières de Cicéron, quelques passages des comédies de Térence et des bucoliques de Virgile, ensuite Salluste, César, les offices et les oraisons les plus faciles de Cicéron, l'*Enéide*, les *Métamorphoses* et les *Héroïnes* d'Ovide, mais sans négliger jamais l'étude et l'application des règles de la grammaire latine. En seconde, qu'on appelait la

[1]. La 8e et la 7e étaient alors inconnues. Le programme actuel de ces classes faisait partie de celui des écoles élémentaires. Du reste, on ne pouvait pas entrer au collége avant neuf ans.

classe *des humanités*, et en rhétorique, on devait lire Cicéron rhéteur et Cicéron philosophe, Quintilien et les poëtes Horace, Catulle, Tibulle et Properce, Perse, Juvénal et Plaute. Pour le grec, dont ne commençait l'étude de la grammaire qu'en quatrième, il était recommandé d'approfondir Homère, de lire Hésiode, Théocrite, quelques dialogues de Platon, quelques discours d'Isocrate et de Démosthènes et les Hymnes de Pindare. Les autres auteurs étaient laissés au choix des professeurs. Le cours de philosophie, enfin, était de deux années ; dans la première, on expliquait Aristote : sa logique, le matin ; son Ethique, le soir ; dans la seconde, c'était encore le philosophe de Stagyre : sa physique, le matin ; sa métaphysique, le soir ; plus l'étude de la sphère et quelques livres d'Euclide.

Ces statuts, dont un ancien abbé de Juilly était un des principaux promoteurs [1], quelque sages qu'ils fussent dans leur ensemble, ne rendirent pas à l'Université son ancien lustre, parce qu'ils ne parvinrent pas à en déraciner les abus. Elle eut encore à gémir de l'ignorance et de la misère de ses professeurs, de la vénalité de leurs charges et des habitudes violentes et vicieuses des écoliers [2]. La persistance

---

1. V. *Supra*. Renaud de Beaune était le président de la commission chargée de préparer l'édit du 18 septembre 1600, et dont faisaient partie Achille de Harlay, de Thou et Faucon de Ris, P. P. du parlement de Bretagne.

2. V. Caillet, *de l'Admin. en France sous Richelieu*, t. II, p. 209.

de ces désordres continua à faire déserter ses collèges; et l'énergie de Richelieu et son nouvel édit de 1629 suffirent à peine à les soutenir [1]. Toutes les familles leur préféraient, pour l'éducation de leurs enfants, les maisons ecclésiastiques, les séminaires épiscopaux, à l'organisation desquels l'Assemblée du clergé, tenue à Melun en 1579, avait commencé à pourvoir avec tant de sagesse, et les colléges des Congrégations, tels que ceux des Barnabites, des Dominicains, des Doctrinaires, des Bénédictins, des religieux de Grandmont, mais surtout ceux des Jésuites, alors maîtres de l'instruction de presque toute la jeunesse.

Dès 1627, en effet, un recensement, qu'ils avaient envoyé à Rome, constatait que leurs cinq provinces de France contenaient cinquante-un colléges et que ceux de la seule province de Paris, au nombre de quatorze, renfermaient 13,195 élèves [2]. Cette faveur s'expliquait par leurs efforts pour vulgariser la science, par le talent de leurs professeurs, par la libéralité de leur enseignement, gratuit pour tous les externes, par l'émulation,

---

1. « De ses quarante-quatre colléges, si florissants sous Fran« çois Ier et Henri II, il n'en restait plus que neuf, qui étaient : les « colléges d'Harcourt, du cardinal Lemoine, de Navarre, de Mon« taigu, du Plessis-Sorbonne, de Lisieux, de Dormans-Beauvais, de « la Marche et des Grassins; encore ces colléges étaient-ils pres« que déserts. » Caillet, *ibid.*, p. 207.

2. V. Caillet, *loc. cit.*, p. 234. Le collége de Clermont en contenait, seul, 1,827.

le goût des lettres et l'esprit de piété qu'ils savaient inculquer à leurs élèves.

Leur *Ratio studiorum*, commentaire pratique des vues de saint Ignace sur l'éducation, élaboré, pendant plus d'un an, par six de leurs Pères les plus instruits et de nations différentes, pour que chacun pût mettre en relief les idées et les besoins de son pays[1], révisé par douze autres, plus savants encore, et consacré depuis lors par une longue expérience, est un véritable code d'enseignement public, que plusieurs nations de l'Europe ont adopté comme base du leur, et que doivent méditer tous les instituteurs de la jeunesse.

Il place toutes les écoles d'une même province sous la haute surveillance du provincial et chacune d'elles sous la direction d'un recteur, dont l'action doit s'étendre à tout, mais dont la mission spéciale est de stimuler le zèle des maîtres, le travail des élèves et la piété de tous. Il a pour auxiliaire un préfet des études, chargé d'encourager les progrès et de faire observer la règle. Les punitions qu'il inflige[2] doivent être appliquées par un correcteur

---

1. Crétineau Joly, *Hist. des Jésuites*, t. IV, p. 203, éd. in-8. Consulter le texte de ce *Ratio* dans l'*Institutum Soc. Jesu*, édit. de Prague, 2 vol. gr. in-4.

2. C'était toujours la férule et le fouet, dont Martial se plaignait déjà :
>   Cirrata loris horridis Scythæ pellis
>   Qua vapulavit Marsyas colœneus,
>   Ferulæque tristes, sceptra pedagogum,
>   Cessent.   (*Épig.*, liv. 10, 62.)

mais dont Piron, qui cependant en fut la victime à l'égal du pris en dehors des Frères de la Société. Les professeurs doivent, par leurs prières et leurs exemples, diriger leurs élèves dans les voies de la piété, les faire assister chaque jour à la messe, et les jours de fête, au sermon. Ils doivent aussi veiller à la discipline, être lents à punir et fermer les yeux sur les fautes légères.

Les élèves ont deux principaux devoirs : l'attention de l'esprit et la pureté du cœur. Excepté aux heures de récréation et aux jours de congé, l'usage du latin est prescrit dans toutes les classes, vrai pays latin où l'on ne doit pas entendre d'autre langue que celle du Forum et où le maître, qui doit la posséder parfaitement, est chargé d'initier ses élèves à son usage et à ses délicatesses. Chaque semaine on doit composer et récapituler les leçons. Les examens de fin d'année déterminent le passage dans une classe supérieure. La liste des livres de chaque classe est fixée par le préfet, et dans chacune d'elles il nomme un élève qui, sous le titre de censeur, préteur ou décurion, relève les copies de ses camarades, les surveille et leur fait réciter leurs leçons, et dont un des priviléges est de solliciter la remise des peines légères. Les classes sont de deux heures, matin et soir, et doivent être suivies de récréations dont la durée totale doit être au

poëte latin, sut avouer, avec plus d'esprit et de bon sens, « qu'il trouvait indigne de sa tête de venger les injures faites à son derrière.»

moins de deux heures par jour. La première heure des classes était consacrée à la récitation de Cicéron et de la grammaire sous les yeux des décurions, à la levée des devoirs et à leur correction par les préfets, et à des exercices des élèves sur les règles; la seconde, à la dictée des thèmes et à la *prélection*, ou explication, qui n'était pas seulement l'interprétation du texte en langue vulgaire, mais qui devait encore en faire ressortir l'application des règles, l'étymologie des mots, leur valeur, leurs diverses acceptions, la force ou la beauté du style et des pensées, les observations morales et d'érudition auxquelles il donnait lieu, et fournir la matière des devoirs : des thèmes d'imitation et des *chries*, ou figures et manières diverses de rendre une pensée, une maxime ou un mot célèbre. C'est cette prélection qui devait faire du maître le véritable *Ludi magister*, de la classe un plaisir et un jeu pour les élèves, et qui les dispensait de longs devoirs. Et bien qu'ils ne fussent pas le cinquième de ce qu'on leur donne aujourd'hui, le *Ratio* prescrit encore de ne pas laisser les enfants plus de trois ans dans les classes inférieures à celle des humanités.

La durée totale des études, correspondantes à notre enseignement secondaire actuel, devait être, en effet, de cinq ans : trois pour la grammaire, une pour les humanités et une pour la rhétorique. Deux années complémentaires étaient consacrées à la philosophie et à la théologie. Dans aucune il n'était donné une grande importance aux sciences mathématiques.

La première classe, *infima classis grammaticæ*, doit donner à l'élève une connaissance parfaite des rudiments et les premières notions de la syntaxe latine. Il doit bien savoir, à la fin de cette classe, la première partie de la grammaire d'Emmanuel Alvarez, c'est-à-dire les déclinaisons, les genres des substantifs, les prétérits, les supins et l'introduction à la syntaxe, et expliquer les lettres de Cicéron les plus faciles. En grec, car l'étude des deux langues est simultanée, il doit bien le lire à la fin du premier semestre, et à la fin du second, connaître les noms simples, le verbe substantif et les verbes barytons.

La seconde classe, *media classis grammaticæ*, doit faire parvenir l'élève à la connaissance générale, *minus tamen plena*, de toute la grammaire d'Emmanuel, et en grec, à celle des noms contractes, des verbes circonflexes et en μι et de la formation des temps. Les explications doivent être restreintes, dans le premier semestre, aux lettres familières de Cicéron, à quelques élégies d'Ovide, et dans le second, au catéchisme grec ou au tableau de Cébès [1].

La troisième classe, *suprema classis grammaticæ*, ne doit pas se terminer sans que l'élève sache à

[1]. Philosophe grec, disciple de Socrate.

fond, *absolutè*, la grammaire latine d'Alvarez. Pour les explications, elle doit commencer par les lettres de Cicéron à ses amis, à Atticus et à Quintus, son frère, et finir par ses traités de l'Amitié et de la Vieillesse et ses paradoxes, les éditions épurées des élégies d'Ovide, des œuvres de Catulle, Tibulle et Properce, des *Bucoliques* et du 4ᵉ livre des *Géorgiques* de Virgile, du 5ᵉ et du 7ᵉ de son *Énéide*. En grec, les élèves doivent avoir entre les mains saint Chrysostome, Ésope, Agapet et autres ouvrages semblables.

L'objet de la classe des humanités est l'étude de la langue, de l'érudition et de l'éloquence. L'élève doit lire les historiens : César, Salluste, Quinte-Curce, Tite-Live ; les poëtes et le surplus de Virgile ; les orateurs : Cicéron, ses discours pour la loi Manilia, pour Archias, pour Marcellus ; César, ses harangues, et les livres de philosophie et de morale de Cicéron. Ses devoirs écrits doivent porter sur des matières analogues, quoique moins élevées, à celles de la rhétorique ; et il doit être exercé à écrire en vers et en prose et formé à l'orthographe. Le grec doit être étudié, comme le latin, dans Isocrate, saint Jean Chrysostome, saint Basile, Platon, Synesius et Plutarque pour la prose, et dans Phocylide, Théognis, saint Grégoire de Nazianze et Synesius pour les vers. On doit en posséder la syntaxe, en comprendre assez bien les auteurs et l'écrire un peu.

En rhétorique, on étudie surtout l'éloquence oratoire et poétique. L'excellent *Abrégé de l'art oratoire*, par le P. Cyprien Soarez, doit être dans toutes les mains. Le style doit se former à l'école de Cicéron : *Stylus ex uno ferè Cicerone sumendus est ;* les préceptes doivent être puisés dans Aristote, Cicéron et Quintilien. On doit s'instruire aussi de l'histoire politique et des mœurs des différents peuples.

Les maîtres, enfin, doivent suivre leurs élèves jusqu'en rhétorique.

C'était, en somme, la vieille méthode des maîtres du XIIe siècle, de Bernard de Chartres, de Guillaume de Conches, de Jean de Salisbury, qui voulaient un enseignement tout pratique des langues classiques, fondé sur la lecture, l'analyse et l'imitation des auteurs, mais surtout sur la connaissance exacte de la grammaire, qu'ils considéraient comme la base de toutes les études et le principal des sept arts libéraux. Et sept années de cette forte initiation de l'intelligence à la vie de la pensée préparaient mieux, et plus vite même, aux carrières spéciales, que ne le feront jamais les systèmes modernes de l'étude prématurée des sciences exactes.

Ce plan d'études, appliqué par des maîtres de choix, plus soucieux encore d'élever les cœurs et les âmes de leurs disciples que de former leur esprit, trouvait une dernière garantie de succès dans les nombreux moyens d'émulation qu'il mettait en œuvre : exemptions, jetons ou bons points, classement des rangs d'après les places de composition, d'examen ou de discussion, récompenses diverses, prix de Pâques ou de fin d'année, distribution de la desserte aux pauvres du quartier, des aumônes du collége aux indigents dans leurs réduits, et pour les grands, service des malades à l'hôpital des Incurables [1], et enfin les réunions académiques aux jours de fêtes et dimanches. Il y avait trois Académies : celle des théologiens et des philosophes ; celle des rhétoriciens et des humanistes, et celle des grammairiens. Chacune d'elles avait son président, son secrétaire et ses conseillers, choisis par les élèves parmi les membres de la Congrégation de la Sainte Vierge, élus eux-mêmes parmi les plus pieux et les plus appliqués pour se réunir à certains moments des récréations et s'exciter ensemble à l'étude, à la charité et à la piété.

Tels étaient les divers régimes d'éducation publique suivis en France à cette époque de 1638, lorsque l'érection de l'abbaye de Juilly en Académie royale détermina le P. de Condren à y introduire une méthode d'enseignement nouvelle, plus simple et plus facile pour les commençants, plus complète pour les classes supérieures, que toutes celles que nous venons d'analyser.

Versé dans la science pédagogique, l'un des prin-

---

1. Caillet, *de l'Admin. en France sous Richelieu*, t. II, p. 214

cipaux objets de sa charge, son jugement droit, sa vaste érudition, son goût des lettres anciennes et sa longue expérience l'en rendaient un des maîtres les plus autorisés et l'un des plus capables d'en formuler les principes. Depuis plusieurs années, il souffrait de la diversité des règlements d'études adoptés dans les différents colléges de sa Congrégation[1], et songeait à y mettre un terme par la publication d'un *Ratio studiorum* uniforme dans l'Oratoire. Déjà la première partie de ce *Ratio*, celle de la discipline, rédigée par une commission qu'il avait composée des plus savants de ses Pères : du P. Morin, du P. Jacques de Retz, l'ami de Peiresc et de Gassendi, du P. Gilles Piltre et du P. Gaultier, avait été approuvée par la seconde Assemblée générale de 1634 (sess. 23) et imprimée à la suite de ses actes. Il voulut élaborer lui-même la seconde et la plus importante, celle de l'enseignement, et en inaugurer l'application à Juilly avant de la rendre obligatoire dans les autres maisons de son Ordre.

Comme tous les grands humanistes du moyen âge, que nous venons de citer (p. 209), comme Alcuin, comme Vincent de Beauvais et comme les maîtres

---

[1]. Les uns, comme les colléges de Saumur et de Provins, suivaient les règlements de l'Université de Paris ; d'autres, ceux des séminaires; d'autres enfin, des plans spéciaux, tracés par les supérieurs de concert avec les corps de ville où ils étaient établis. V. aux *Archives de l'Emp.*, M. 231, un ordre de la Congrégation, du 1er septembre 1638, pour celui de Saumur. V., pour celui d'Angers, *l'Oratoire et le Cartésianisme en Anjou*, par le docteur Dumont, page 8.

de la Congrégation de Jésus eux-mêmes, le P. de Condren voyait dans les langues anciennes le meilleur instrument d'une forte discipline intellectuelle, et dans la lecture assidue et l'imitation de leurs grands écrivains la vraie méthode de leur enseignement[1]; et il pensait, avec saint Augustin, Cassiodore, Raban Maur et saint Charles Borromée, que l'unique base de leur sérieuse étude est la grammaire, cette simple science des mots qui, sous des dehors modestes, « renferme la plus haute philosophie du langage humain dont elle enseigne la vérité[2]. »

Mais il déplorait l'usage, encore universel, de ne mettre entre les mains des enfants que des grammaires latines écrites en latin, et de les forcer, dès leurs plus basses classes, à ne parler que latin[3]. Son ferme bon sens ne pouvait pas admettre qu'on ne se servît que du français, entendu seul des enfants, pour leur apprendre l'allemand, l'espagnol, le grec, l'hébreu ou toute autre langue vivante ou morte, et qu'on fît exception à cette règle, si naturelle et si raisonnable, uniquement à l'égard du latin, ni moins difficile, ni moins inconnu, ni moins

---

1. V. le P. Daniel, *des Études classiques dans la société chrétienne*, p. 131, 151, 357, et passim.

2. Mgr Dupanloup, *de l'Éducation*, t. III, p. 249. Ses premiers éléments, disait le cardinal Gerdil, sont de vraies notions de logique, où la justesse de l'idée est la règle de l'expression.

3. « Comme si d'apprendre à lire n'était pas en soi une chose assez ingrate pour des enfants, on s'obstinait à les faire épeler sur du latin, qu'ils n'entendaient aucunement. On y passait trois et quatre années. » Sainte-Beuve, *Port-Royal*, III, p. 438.

utile pour chacun d'eux. Les diriger ainsi de l'inintelligible à l'inconnu lui semblait le fait d'un homme qui voudrait dissiper les ténèbres par les ténèbres, et qui, par conséquent, selon le mot du père de madame Dacier, « n'aurait pas grand commerce avec la saine raison [1]. »

Et non-seulement il regardait ces procédés surannés comme une entrave gratuite à l'intelligence des règles grammaticales et de la latinité elle-même, il y voyait encore un obstacle au maniement correct de la langue française.

Une langue, surtout une langue morte qui ne peut pas s'apprendre par l'usage, mais seulement par l'étude des règles ou des auteurs, ne doit être parlée que lorsqu'on commence à l'entendre. Contraindre donc les enfants à ne parler, dans leurs exercices ordinaires, que la langue latine qui leur était étrangère, n'était pas seulement leur imposer une contrainte fâcheuse, c'était les habituer à un langage incorrect et souvent trivial, et les exposer, alors qu'ils n'étaient pas encore affermis dans leur langue naturelle, ou à confondre le français et le latin, qu'ils parlaient simultanément sans savoir ni l'un ni l'autre, ou à négliger le premier sans jamais atteindre à la pureté et à l'élégance du second. Aussi, de cette coutume abusive, était né cet idiome bâtard et macaronique, demi-français et demi-latin,

[1]. Tanneguy-Lefèvre, grammairien célèbre, fort opposé à cette méthode des colléges.

qui révoltait déjà, au xvᵉ siècle, Mathurin Cordier et lui faisait proscrire le latin dans les classes[1]; que François Iᵉʳ avait voulu détruire en prescrivant, par son ordonnance de 1539, la rédaction en français de tous les actes publics et judiciaires; et qui soulevait les colères d'Étienne Pasquier[2]. L'invasion de ce latinisme barbare était devenue plus choquante encore depuis que notre langue, dont il avait si longtemps retardé les progrès, commençait à s'imposer, par sa grâce et sa clarté, aux cours et aux chancelleries de l'Europe[3]; et déjà se manifestait contre ses abus une réaction inquiétante et un parti extrême qui, pour affranchir notre idiome de

---

1. V. son ouvrage *de corrupti sermonis Emendatione*, composé en 1430.

2. Dans son livre *des Recherches de la France*, où il signale les abus de ce langage barbare, il cite ces paroles d'un Principal à ses régents : « Parlez français, Messieurs, vous êtes à Paris ; c'est votre devoir : *Regentes (ut vocat), vestrum est deverium.* »

3. Notre belle et forte langue française, si simple et si naturelle sous la plume de Malherbe, si élégante sous celle de Balzac, et qui venait de produire le *Cid*, en 1636, et l'année suivante, le discours sur la *Méthode*, méritait déjà ce jugement que Vaugelas devait porter sur elle neuf ans plus tard, en 1647, dans la préface de ses *Remarques:*

« Il n'y a jamais eu de langue, dit-il, où l'on ait écrit plus purement et plus nettement que la nôtre, qui soit plus ennemie des équivoques et de toute sorte d'obscurités, plus grave et plus douce tout ensemble, plus propre pour toute sorte de styles, plus chaste en ses locutions, plus judicieuse en ses figures, qui aime plus l'élégance et l'ornement, mais qui craigne plus l'affectation. Il n'y en a point qui observe plus le nombre et la cadence dans ses périodes, en quoi consiste la véritable marque de la perfection des langues. »

la domination des formes grecques et latines, et pour mieux l'abandonner à sa loi propre et à son beau caractère, tendaient à se dispenser de l'étude de ces langues incomparables qui l'avaient formé.

Les inconvénients et les périls d'un tel système n'échappèrent pas au P. de Condren, et il chercha à y remédier par de sages innovations qui, tout en maintenant le principe de la force des études classiques, répondissent aux aspirations et aux besoins de l'époque.

Persuadé que la culture intellectuelle des enfants exige, pour devenir féconde, un exercice simple et naturel de leurs facultés naissantes, et redoutant aussi pour leur mémoire et leur esprit la confusion qu'entraîne le plus souvent l'enseignement simultané des trois langues, il fit du français la base de l'étude du latin et du grec, et établit à Juilly une quatrième classe de grammaire, la sixième, qu'il destina à l'enseignement pratique et élémentaire des règles et de l'orthographe françaises, comme introduction à l'étude du latin[1]. Et, afin de mieux assurer à la langue française, dans le résultat des études du collége, le premier rang qui lui appartenait, il ne rendit l'usage du latin obligatoire qu'à

---

[1]. Ce fut dans la même pensée que, quelques années plus tard, il fut établi à Juilly une classe de septième, exclusivement consacrée à l'explication des éléments de la grammaire française, aux exercices de l'orthographe usuelle et aux premières notions de l'histoire sainte.

partir de la quatrième : *Intra septa collegii, Quartani, quique eos anteeunt, omnes latinè loquantur*[1]; et il exigea même que les catéchismes du samedi ne fussent faits en latin qu'à partir de la seconde : *Serotinis sabbati horis catecheses pro auditorum captû in singulis classibus habeantur : in rhetoricâ et humanitatis classibus, latinè ; in cæteris, vernaculè*[2]; et les leçons d'histoire durent toujours être données en français.

Les mêmes vues le dirigèrent dans ses prescriptions pour l'enseignement du latin. Pour mieux pénétrer les enfants de ses premiers principes et pour leur en faciliter l'intelligence, il composa lui-même *une nouvelle Méthode,* EN LANGUE FRANÇAISE, *à l'usage de l'Académie de Juilly, pour apprendre avec facilité les principes de la langue latine, où sont expliqués les genres, la syntaxe et la quantité dans un ordre clair et concis tout ensemble*[3]. Tel est le titre de son ouvrage ; et pour leur rendre cette méthode encore plus accessible, il l'avait rédigée d'abord en cinq grandes cartes, de différentes couleurs : la première, expliquant les genres et les déclinaisons ; la seconde, les conju-

---

1. Première partie du *Ratio studiorum* de la Congrégation, imprimée en 1634.

2. La neuvième session de la quinzième assemblée générale prescrivit même l'enseignement du Catéchisme en français dans toutes les classes.

3. Extrait de la *Vie manuscrite du P. de Condren*, p. 364, Arch. de l'Emp., M. 220.

gaisons ; la troisième, les prétérits et les supins ; la quatrième, les éléments de la syntaxe; et la cinquième, la quantité¹. Il attachait une telle importance à la parfaite connaissance de ces éléments que, pour l'obtenir des enfants, il crut devoir déroger encore, en un autre point essentiel, aux usages généralement reçus. Non-seulement il recommanda que ces éléments leur fussent enseignés avec lenteur et souvent répétés, et que l'explication de chaque règle fût suivie, selon le vœu si sage de Ramus : *Peu de préceptes et beaucoup d'usage*, de celle de quelque phrase facile, qui leur en montrât des exemples; mais il tint aussi à ce que les thèmes ne leur fussent permis qu'après que de fréquents exercices d'analyse grammaticale et logique de textes latins, analyse, du reste, qui devait toujours en précéder la traduction, leur auraient donné une habitude suffisante de la langue, de ses règles, de ses locutions et de ses tournures de phrases; et encore voulut-il, pour leur éviter les expressions barbares et les phrases triviales ou vicieuses, que les premiers de ces thèmes fussent faits en classe, de vive voix, et ne fussent que des thèmes d'imitation de l'auteur latin en cours d'explication². Néan-

1. L'analyse de ces Cartes est contenue dans une lettre patente de Louis XIII, datée du 10 novembre 1642, à Paris. *Arch. de l'Emp.*, M. M. 628, p. 34.
2. En troisième, pour la composition des thèmes proprement dits, on mettait entre les mains des élèves la grammaire plus savante, et écrite en latin, de Despautère ou celle de Vossius.

moins, sans négliger le thème, il donna la préférence à la version[1], c'est-à-dire à la traduction habituelle et journalière des auteurs latins, comme étant plus propre à bien faire apprécier le génie de la langue, la propriété des termes, le tour et l'élégance des phrases, et aussi comme exerçant davantage les facultés mères de l'esprit : le jugement et l'attention[2].

L'enseignement du grec, devenu général dès les premières années du XVIIe siècle, fut soumis aux mêmes procédés. Après qu'ils s'étaient exercés tout d'abord à le lire et à l'écrire, les élèves devaient commencer à l'étudier, en cinquième, dans la *Grammaire* de Clénart, annotée par Antesignan, se familiariser avec ses déclinaisons et ses conjugaisons, qui sont le fond de toute langue, apprendre ses racines dans le *Tirocinium* du P. Philippe

---

1-2. Adry, *Notice sur Juilly*, p. 10 et 11. « Dès cette époque, dit-il, la méthode des versions et des explications, précédées de quelques notions de grammaire, y était (à Juilly) beaucoup plus en usage que celle des thèmes, qu'on ne négligeait cependant point ; car il serait aussi déraisonnable de les exclure tout à fait que d'en prescrire l'usage dès les commencements. » — Voir aussi le P. Lamy, *Lettre sur l'étude des humanités*, à la suite de son *quatrième Entretien sur les Sciences*, p. 153. — Madame de Staël a donné de l'adoption de l'étude des langues comme base de l'instruction de la jeunesse cette raison profonde qui nous semble justifier ainsi la préférence à donner à la version sur le thème : « C'est que l'éducation faite en s'amusant disperse la pensée ; « que la peine en tous genres est un des grands secrets de la « nature et que l'esprit de l'enfant doit s'accoutumer aux efforts « de l'étude comme notre âme à la souffrance. » *De l'Allemagne*, Ire partie, ch. XVIII.

Labbe (1583), et traduire ensuite, à l'aide du *Lexicon* de Scapula, les auteurs les plus faciles, tels que l'*Évangile* de saint Luc et les *Dialogues des morts* de Lucien. Primitivement confié aux professeurs ordinaires des classes de grammaire, cet enseignement devint l'objet d'un cours spécial à partir de 1757, lorsque, partout en France, on sentit le besoin de relever cette étude, presque abandonnée dans la première moitié du XVIIIe siècle. Mais, quoiqu'à Juilly il ait été, même à cette époque, beaucoup moins négligé que dans la plupart des autres collèges de l'Oratoire[1], il ne fut jamais aussi solide que celui du latin. Cette infériorité provenait de l'opinion, trop généralement accréditée dans la Congrégation[2], qu'il suffit d'entendre le grec, qu'on ne parle ni n'écrit, tandis qu'il faut entendre et parler le latin comme sa langue naturelle. On en concluait que, si pour le latin il faut joindre la composition des thèmes à l'explication des auteurs, pour le grec cette explication suffisait. Mais l'exclusion des thèmes dans l'étude du grec n'aboutit qu'à démontrer, par une regrettable expérience, qu'il n'y a pas deux méthodes pour apprendre ces deux langues ; que pour l'une comme pour l'autre, le thème et la version, dans la mesure convenable, sont nécessaires, et que, comme l'a dit La Harpe, pour bien posséder une langue morte, il faut s'exer-

1. V. Dumont, *L'Oratoire et le Cartésianisme en Anjou*, p. 127.
2. V. le P. Lamy, *Entretien sur les sciences*, p. 141.

cer à écrire en cette langue, comme pour bien savoir une langue vivante, il faut la parler.

L'histoire, cette lumière des temps et de la vie, dont l'enseignement fut si tardif dans la plupart des colléges, mais qui fut toujours en honneur dans l'Oratoire [1], eut, dès l'origine, à Juilly la place qu'elle méritait. Envisagée non-seulement comme un des éléments essentiels de la culture de l'esprit et comme une des branches les plus utiles de l'instruction de la jeunesse, mais encore comme l'auxiliaire indispensable des études classiques et la meilleure initiation à la science de l'antiquité, elle y fut l'objet des plus grands encouragements. On lui avait consacré une chaire spéciale ; on mettait entre les mains des élèves les précis les mieux faits, les *Abrégés* du P. Berthault, les cahiers dictés à Vendôme par le P. Lecointe, le célèbre secrétaire de notre ambassadeur aux conférences de Munster. On l'enseignait dans toutes ses parties ; et l'histoire de France, comme la plus importante, était l'objet d'un cours spécial de trois années, fait aux élèves des hautes classes. Pour leur en inspirer davantage le goût, comme aussi pour leur faire aimer la lecture, l'aliment des fortes études, on avait formé, à leur usage, une bibliothèque de choix, composée d'ouvrages assez nombreux, de différents genres, de littérature, de philosophie, de

---

[1]. La première Assemblée de la Congrégation avait enjoint l'enseignement de l'histoire dans tous ses colléges.

morale, de piété, mais surtout d'histoire générale et nationale, ancienne et moderne. Enfin, son enseignement avait pour corollaire celui de la géographie, qui le complète ; et, pour en faciliter une connaissance exacte aux enfants, de grandes cartes murales ornaient leurs classes et leurs salles d'étude. « Il y a toujours eu à Juilly, dit le P. Adry, « un professeur particulier pour l'histoire. Il don-« nait lui-même ses leçons, en français et de vive « voix, dans la chambre des grands[1] ; et l'histoire « de France en était toujours l'objet. Dans les « autres chambres, de la sixième à la seconde, il « remettait des cahiers d'histoire aux préfets de pen-« sion. On voyait l'histoire sainte dans les deux der-« nières chambres, où étaient les plus jeunes écoliers, « et dans les trois chambres suivantes on faisait ap-« prendre l'histoire grecque et l'histoire romaine. « Cette étude, qui ne préjudiciait en rien au travail « des classes, était puissamment secondée par l'u-« sage d'entretenir une bibliothèque particulière « pour les élèves, assez nombreuse, bien choisie et « composée des meilleurs livres d'histoire, de litté-« rature, de philosophie, de morale et de piété. « On donnait aussi des leçons de géographie ; et « plusieurs classes et chambres étaient ornées de « cartes que ses écoliers pouvaient consulter même « pendant les récréations[2]. »

1. Le mot *Chambre* est ici synonyme de *Division*.
2. Adry, *Notice sur Juilly*, p. 13.

Les sciences exactes, auxquelles le génie de Descartes, de Galilée, de Kepler, avait déjà fait faire d'immenses progrès, fut également, à Juilly, l'objet d'un enseignement spécial, que rendit bientôt célèbre l'illustration des maîtres qui en furent chargés, tels que les Prestet, les Lelong, les Mazières, les Ame, pour les mathématiques ; les Poisson, les de La Mare, les Duhamel, pour la physique [1].

Celui de la philosophie, « cette science des sciences qui les domine et les éclaire toutes, parce qu'elle est la science des principes [2], » n'y fut pas moins remarquable. Ses maîtres, tels que Thomassin, Wyte, Fournenc, de Beaujeu, Michaelis, de La Bastide, de Canaye, « pieux tout ensemble et philosophes, amateurs de la raison et respectueux envers la foi [3], » s'affranchirent des théories et des formules surannées de la Sorbonne, pour se placer à la tête des idées nouvelles et se ranger, presque tous, sous la bannière de Descartes, « l'un de ces hommes faciles à compter, a dit le P. Guénard, qui n'ont pensé d'après personne et qui ont fait

---

1. La bibliothèque de Juilly possède un recueil des exercices de mathématiques et de physique, qui ont eu lieu dans la salle des Actes de son Académie royale depuis 1759, et qui accusent la force constante de ces études spéciales. Leurs programmes, en effet, comprenaient les sections coniques, l'optique, la lumière et ses modifications, sa réfraction ou la dioptrique, les fortifications, la trigonométrie rectiligne et sphérique, l'algèbre, le calcul différentiel et intégral et leurs applications à la géométrie.
2. Mgr Dupanloup, *de l'État ecclésiastique*, p. 44.
3. V. Cousin, *les Pensées de Pascal*, avant-propos, p. 20.

penser après eux le genre humain[1]. » Le cours n'en était que d'un an. Basé d'abord sur l'ouvrage d'Eustachius à Sancto Paulo[2], il le fut ensuite sur celui du P. Fournenc, « composé tout exprès pour « Juilly, et dans lequel ce Père, en substituant l'au- « torité de la raison à celle d'Aristote, préparait la « voie aux ouvrages plus parfaits qui ont été don- « nés depuis[3]. »

Les arts d'agrément : le dessin, la musique, l'é-

---

1. *Éloge de Descartes*, par le P. Guénard, de la Société de Jésus.
2. Ordre du Conseil du 18 septembre 1648, *Arch. de l'Emp.*, M. M. 576.
3. Adry, *loc. cit.*, p. 15.

Le P. Jacques Fournenc, originaire de Pézenas et décédé à La Rochelle le 3 mai 1666, était un homme d'une grande science et d'un esprit très-sagace. Il avait écrit cette philosophie en deux volumes in-4, dans le sens des principes de Platon, pour entrer dans les sentiments des premiers Pères de l'Église, qui presque tous avaient étudié ce philosophe et adoptaient souvent ses idées et jusqu'à ses propres expressions.

Elle fut longtemps le seul Manuel des élèves de philosophie de Juilly, et dispensa les Supérieurs de cette Académie d'obéir aux nombreuses mesures de rigueur imposées par Louis XIV à la Congrégation pour défendre, dans ses collèges, l'enseignement des doctrines de Descartes, entre autres : à l'ordre du régime de la Congrégation, en date du 29 mai 1677, ainsi conçu : « Nos professeurs et philosophes seront désormais tenus de faire choix d'un auteur thomiste, approuvé et reçu dans les Universités, du nombre des quatre suivants : les Complats, Bonard, Philippus à Sancta Trinitate et Barbey ; lesquels, après nous en avoir donné avis, et non autrement, les dicteront et expliqueront à leurs écoliers ; ainsi qu'il se pratique dans quelques collèges célèbres de Paris et de plusieurs communautés par des professeurs très-habiles. Et nosdits professeurs observeront, à la Saint-Luc prochaine, ledit ordre, jugé nécessaire POUR DE BONNES RAISONS. » V. *Arch. de l'Emp.*, M. M. 582, p. 82. Voir aussi, *ibid.*, p. 49, une quitation, l'escrime et même la danse, étaient aussi autorisés à Juilly. Mais les représentations théâtrales et les ballets, que permettaient les Jésuites[1], y étaient défendus comme une cause de perte de temps pour les régents et de dissipation pour leurs élèves[2], et remplacés par des exercices académiques. « La dénomination d'Académie de Juilly n'était pas un vain titre, » dit encore le P. Adry[3]. Dès les premières années de sa création, en effet, une Académie littéraire y avait été organisée par

lettre des RR. PP. assistants du P. Général au P. Coquery, supérieur du collége d'Angers, en date du 25 janvier 1675, pour interdire au P. Lamy, professeur de philosophie à ce collége, l'enseignement des opinions cartésiennes, dans laquelle la bonté de ces raisons lui semble fort relative. Nous l'avons déjà prié, lui mandent-ils, de ne point enseigner cette doctrine, *encore moins de l'imprimer*... Et plus loin : Encore s'il n'y allait que de son honneur et de son repos, *on pourrait prendre patience*.

1. Crétineau Joly, *Hist. de la Compagnie de Jésus*, t. IV, p. 226.

2. On lit dans les Actes de la 29ᵉ assemblée générale de l'Oratoire, tenue en 1717 : « Au surplus, l'assemblée désirerait ardemment, s'il était possible, qu'au lieu de ces sortes de spectacles, dont la préparation fait perdre beaucoup de temps aux régents et aux écoliers et dont la représentation et les suites sont quelquefois très-préjudiciables à la piété des uns et des autres, peut-être même des occasions de scandale pour le public, nos régents s'appliquassent à rendre plus fréquents dans nos colléges ces exercices académiques sur les auteurs qu'on lit dans les classes et surtout ce qui regarde les belles-lettres, *comme on le pratique dans notre Académie de Juilly.* »

Ce désir, exprimé par la Congrégation, devint l'objet d'une prescription formelle consignée dans l'article 9 du règlement de ses colléges et maisons d'étude. V. ce règlement, *Arch. de l'Emp.*, M. M. 225.

3. Adry, *loc. cit.*, p. 17.

les soins de son premier Supérieur le P. de Verneuil, et avait reçu de lui un règlement spécial :

Cette Académie se composait d'un président ou vice-président, d'un chancelier, d'un secrétaire et de membres titulaires au nombre de douze, élus par leurs camarades parmi les élèves de rhétorique et d'humanités. Elle avait aussi ses *élèves* ou aspirants, choisis par ses membres parmi les meilleurs élèves de troisième et de quatrième, et des membres honoraires : les philosophes, qui prenaient part à ses travaux lorsqu'ils avaient soutenu deux ou trois thèses. Ses séances étaient mensuelles et publiques. Tous les professeurs et tous les élèves des trois classes supérieures y assistaient, et l'on y invitait aussi les étrangers. Ses membres y lisaient des pièces de leur composition, françaises ou latines, en prose ou en vers. Ils s'habituaient ainsi à lire en public, à étudier avec soin les sujets qu'ils voulaient traiter, à assouplir et à fortifier leur intelligence ; « et l'on était étonné, ajoute Adry[1], de la méthode, du raisonnement, du style et du choix des sujets traités dans ces dissertations et compositions. » Elle avait enfin ses récompenses spéciales. Deux fois par an, en mai et en août, les académiciens composaient entre eux, par classe, en vers latins, et ces compositions donnaient lieu à des prix particuliers, proclamés à la distribution de la fin de l'année. A son tour, l'Académie décernait elle-même deux prix : un en troi-

[1]. Adry, *loc. cit.*, p. 17.

sième et un en quatrième, à l'élève de chacune de ces classes qui avait été le plus de fois premier dans les compositions de l'année. Ce prix correspondait à nos prix d'excellence actuels.

A ces moyens d'émulation il en était ajouté trois autres non moins efficaces : les exercices publics, soutenus, à Pâques et à la fin de l'année, par les meilleurs élèves de chaque classe sur les différentes branches de l'enseignement et surtout sur l'explication raisonnée des auteurs latins ; les examens généraux de chacune des classes ; et les prix de fin d'année[1].

---

1. Un *Palmarès* de la distribution des prix de Juilly, faite en août 1786, nous montre, par le détail et la nature des récompenses accordées, que l'ordre suivi alors dans les études différait peu de celui qui y avait été tracé cent cinquante ans plus tôt :

La philosophie eut trois sortes de prix : un premier et un deuxième prix d'instruction philosophique et trois accessits ; — un premier, un deuxième et un troisième prix de dissertation philosophique et plusieurs accessits ; — et un prix de mathématiques.

La rhétorique en eut douze : un premier et un deuxième d'honneur ; — un premier et un deuxième d'amplification latine ; — un premier, un deuxième et un troisième d'amplification française ; — un premier, un deuxième et un troisième de version latine ; — un premier et un deuxième de thème latin ; — un premier et un deuxième de vers latins ; — un prix unique de mémoire ; — un premier et un deuxième de géographie ; — un premier et un deuxième d'histoire de France ; — un prix unique de mathématiques ; un prix d'examen de Pâques ; — et un prix d'examen de fin d'année, avec un nombre variable d'accessits dans chaque faculté.

La seconde en eut onze : les mêmes que ceux de rhétorique, moins celui d'amplification latine.

La troisième, neuf : d'honneur (premier et deuxième prix ; le second prix d'honneur pouvait être accordé, dans chaque classe,

Tous les ans, huit jours avant les vacances, le Général de l'Oratoire venait lui-même faire la visite de l'Académie de Juilly [1] et présider aux examens des classes et aux exercices publics de leurs plus forts

à plusieurs selon leur mérite : *pro suis quisque viribus*) ; de version latine, de thème latin, de vers latins, de mémoire, d'histoire romaine, de mathématiques, et des deux examens de Pâques et de fin d'année.

La quatrième, huit : d'honneur, de version latine, de thème, de mémoire, d'explication publique des auteurs, de géographie, d'histoire grecque et d'examen.

La cinquième, huit : les mêmes qu'en quatrième, sauf que l'histoire était celle des Juifs.

La sixième, sept : d'honneur, de version (pas encore de prix de thème), de mémoire, d'explication publique des auteurs, de géographie, d'histoire sainte et d'examen.

Et la septième, deux : de version latine, et d'histoire sainte.

Pour le grec, il n'y avait plus alors que deux classes, qui avaient chacune un prix unique de connaissance de la langue grecque, et des accessits.

Venaient ensuite les prix de l'Académie et ceux des arts d'agrément. (V. ce *Palmarès* aux *Arch. de l'Emp.*, M. 229).

1. Le titre de Visiteur était une des plus hautes dignités de la Congrégation. Il n'y en avait que trois : un pour chacune de ses trois provinces, dont les chefs-lieux étaient : Paris, Lyon et Aix. Ils devaient, chaque année, faire une inspection générale de chacune des maisons de leur province, examiner avec soin leur état matériel, celui de leurs ressources et de leur personnel, l'esprit, la conduite et le travail de chacun de ses membres, écouter toutes les plaintes et y faire droit, corriger les abus et indiquer les réformes, adresser un rapport circonstancié de chacune de leurs inspections au P. Général, et consigner le résultat de leurs investigations sur un registre spécial, qui devait rester déposé dans les archives de chaque maison. Celle de Juilly possède encore celui des procès-verbaux de visite des PP. de La Tour et de La Valette, qui avaient l'habitude de les clore par des avis généraux. Ceux du P. de La Tour plus particulièrement,

élèves. Ces épreuves, que rendaient très-imposantes le rang, le mérite et le nombre de ceux qui les dirigeaient, décidaient du passage des élèves dans une substantiels et concis, reflètent bien la piété vraie, la vigueur de caractère et la haute prudence de ce Général, en même temps qu'ils résument parfaitement tous les devoirs des maîtres.

« Je n'ai point de nouveaux avis à donner, écrit-il de sa main, en fin du procès-verbal de sa visite de 1716 ; mais je conjure un chacun de se renouveler dans l'esprit de régularité et de piété. Je recommande surtout l'exactitude à l'oraison, aux premières tables, aux propositions de l'Écriture et aux cas de conscience, au silence dans les temps et aux lieux prescrits par nos règlements. Je ne puis assez vous dire combien il est essentiel pour le bon ordre et pour les sentiments intérieurs de vous rendre fidèles au silence après l'examen du soir. *Je vous ai souvent parlé du zèle que vous deviez avoir pour vous approcher souvent de l'Eucharistie. Soyez bien persuadés que rien n'est plus dangereux que de se séparer de la communion par négligence ou par scrupule.* Je bénis Dieu du zèle qu'il vous inspire pour les pensionnaires. Soutenez-vous dans un emploi si pénible par des motifs de religion, et profitez de toutes les occasions que fournissent les auteurs profanes pour leur faire sentir l'horreur du vice, l'amour de la vertu et la crainte de Dieu. Je vous conjure de ne pas demander de congés extraordinaires ; si vous aviez un peu d'expérience, vous verriez de quelle conséquence est cette précaution. Évitez avec soin tout ce qui peut faire croire aux écoliers que vous n'agissez pas de concert et dans les mêmes principes. Je finis avec la prière que l'Église offrait à Dieu dimanche dernier : *Multiplica super nos misericordiam tuam, ut, ad tua promissa currentes, cæterorum bonorum facias esse consortes.* » Fait en visite, à Juilly, ce 11 août 1716. *Signé* : P. F. DE LA TOUR.

L'instruction qui terminait la première visite du P. de La Valette à Juilly, où il devait revenir avec bonheur pendant près de quarante ans, était aussi touchante que solide : « Je vois avec bien de la consolation les miséricordes que Dieu continue de répandre sur cette maison et la bénédiction qu'il donne au zèle infatigable du P. Supérieur [1] et de plusieurs de nos Pères. Je

---

1. Alors le P. de Muly.

classe supérieure; et la sévérité avec laquelle on les faisait subir, stimulait puissamment le travail et entretenait la force des études. Enfin, tous ces tra-

prie les particuliers chargés de l'éducation d'une jeunesse si nombreuse et qui mérite si justement tous leurs soins, de se faire souvent l'application de ces paroles de l'Évangile : *Diligis me plus his? pasce agnos meos*, et de se souvenir de l'explication qu'en donne saint Bernard : *Pasce verbo, pasce exemplo, pasce et sanctorum fructu orationum*. Dans le fidèle accomplissement de ces paroles, ils trouveront aussi l'exact accomplissement de tous leurs devoirs. Je finis avec cette exhortation touchante de l'apôtre : *Si qua ergo consolatio in Christo, si quod solatium charitatis, si qua societas spiritûs, si qua viscera miserationis, implete gaudium meum ; ut idem sapiatis, eamdem charitatem habentes, unanimes idipsum sentientes.* » Fait en visite, ce 9 août 1733. L. DE LA VALETTE.

Il disait encore dans celle du 25 août 1756 : « Il serait assez difficile d'ajouter quelque chose à ce qui se fait ici pour former la chère et nombreuse jeunesse qui s'y rend de toute part et comme à l'envi. Aucun des exercices convenables au premier âge n'y paraît négligé et tous les genres d'étude y sont cultivés avec un succès qui répond aux soins que l'on se donne : c'est un grand sujet de consolation pour nous. Mais, tandis que l'œil de l'homme a lieu d'être très-satisfait, celui de Dieu, qui voit ce qui se passe dans le secret, n'aperçoit-il rien de défectueux et de répréhensible ? Le Seigneur veut et cherche des adorateurs, qui l'adorent en esprit et en vérité ; c'est le cœur qu'il demande sur toute chose : le nôtre et celui de jeunes gens qui nous sont confiés, sont-ils tournés vers lui, et lui demeurent-ils attachés par un amour véritable ? Que ce soit donc, je vous en conjure, à ce but que nous tendions sans cesse, et par les moyens établis de Dieu pour nous y faire parvenir, c'est-à-dire par la prière, par le bon exemple, *par le digne et fréquent usage des Sacrements* et par notre assiduité aux exercices de piété qui sont de notre état, et que la dissipation occasionnée par nos emplois nous rend si nécessaires. *Observabitis et implebitis opere... ut audientes dicant: En populus sapiens et intelligens, gens magna ; nec est alia natio tam grandis quæ habeat deos appropinquantes, sicut Deus noster adest.* »

vaux se terminaient vers la mi-août et étaient couronnés par la distribution solennelle des prix, que présidait toujours le Général de l'Oratoire, assisté des illustrations de son Ordre et entouré de personnages marquants dans l'ordre civil, militaire et ecclésiastique.

Il nous resterait, pour compléter l'exposé de ce plan originaire des études dans l'Académie de Juilly, à indiquer quels furent les premiers auteurs classiques que l'on y fit expliquer dans les classes. Nous aurions désiré en dresser la liste sur des documents authentiques; nous n'avons pu en retrouver aucun. A leur défaut, il nous eût été facile encore de la composer à l'aide des ouvrages spéciaux du P. Thomassin et du P. Lamy [1], qui tous deux professèrent à Juilly, l'un à l'origine même de sa fondation, et l'autre vingt ans plus tard, et ne parlèrent jamais qu'avec éloge de son enseignement. Nous avons préféré nous borner à citer ce passage du P. Lamy, qui, s'il ne donne pas cette nomenclature exacte, permet du moins de bien apprécier l'esprit dans lequel elle a été formée : « Après ce premier degré (l'étude des principes et des règles de la grammaire), dit-il, on doit passer à la lecture des auteurs qui ont écrit lorsque le latin était dans sa plus

---

[1]. V. les *Méthodes d'enseigner chrétiennement et solidement la philosophie* (3 vol. in-8°), la *Grammaire* (1 vol.), les *Lettres humaines* (1 vol.), les *Poëtes* (3 vol.), et les *Historiens profanes* (3 vol.), par le P. Thomassin, et les *Entretiens sur les sciences* du P. Lamy.

grande pureté, c'est-à-dire pendant la vie d'Auguste et quelque temps après sa mort. Les Fables de Phèdre, les Lettres de Cicéron à ses amis, avec les petits traités de l'Amitié et de la Vieillesse, les plus travaillés de cet auteur, Salluste, César, Térence, doivent être lus les premiers et préférés à tous les autres. Puis ensuite on devra s'attacher à Justin, à Tite-Live, à Virgile, à Tacite, à Horace, que saint Augustin appelle *egregius locutor*, mais surtout à Cicéron, dont il disait encore : *Ille se profecisse sciat cui Cicero valdè placebit* (L. X, ch. 1); que Lancelot appelait le Platon des Romains, et que Thomassin relut tout entier avant de mettre en latin (à la demande du Saint-Père) son *Traité de la Discipline* qu'il avait écrit en français[1]. » Nous ferons observer, d'ailleurs, que cette liste primitive n'a pas été sans subir bien des modifications dans le cours de l'existence de l'Académie, parce que l'Oratoire, beaucoup plus soucieux du progrès de ses élèves que du maintien de ses méthodes, n'a jamais hésité à adopter les livres et les procédés nouveaux, quelle qu'en fût l'origine, dès qu'ils lui ont semblé meilleurs que les siens propres.

Tel fut, dans son ensemble, le plan d'études de l'Académie de Juilly, dont les bases essentielles furent posées par le P. de Condren, et dont le temps a montré la sagesse.

1. P. Lamy, *Réflexions sur les lettres et les humanités*, p. 179 de ses *Entretiens sur les sciences*. Ed. in-8º, Lyon, 1724.

Nouveau dans son programme, dont le triple but était de mettre en honneur les lettres françaises et de servir à leur progrès en développant dans la jeunesse la connaissance de notre langue et le goût de notre littérature ; de faciliter et d'abréger, en la simplifiant, l'étude du latin ; et de répondre aux besoins de l'époque par un enseignement approfondi de l'histoire et des sciences exactes, il le paraissait davantage encore dans ses procédés, qui froissaient les usages reçus. C'était pour ainsi dire une révolution pédagogique ; mais elle avait pour elle l'opportunité, la mesure et la raison ; aussi finit-elle par triompher.

Le P. de Verneuil, le premier Supérieur de Juilly, dans sa préface de la grammaire du P. de Condren qui, en mourant, l'avait chargé de l'éditer, rapporte une entrevue de ce saint personnage avec Richelieu, dont l'importance historique est à constater : « Le P. de Condren, dit-il, parla un jour de
« sa nouvelle Méthode à Richelieu et lui en donna
« l'explication. Le cardinal en apprécia de suite tout
« l'avantage, *y donna des applaudissements qu'on
« aurait peine à croire*, et exhorta des personnes de
« grande condition et des premières de l'État à se
« servir de cette méthode pour leurs enfants[1]. » La preuve de cette adhésion enthousiaste du grand

---

1. Préface par le P. de Verneuil de la grammaire du P. de Condren, reproduite dans la Vie mss. du P. de Condren, *loc. cit.*, p. 361, *Arch. de l'Emp.*, M. 220.

ministre au système d'enseignement du P. de Condren ne tarda pas à être consignée par lui dans un des actes mémorables de sa vie publique. Et lorsqu'en 1640 (le 20 mai) il obtint du roi l'établissement d'une académie et d'un collége royal dans sa ville natale de Richelieu, il adopta tous les principes de la méthode du P. de Condren et les reproduisit dans le plan d'études qu'à son tour il rédigea lui-même pour cette nouvelle académie, et dans lequel il inséra les prescriptions suivantes : « 1° une *étude approfondie de la langue française;* 2° *l'enseignement de toutes les matières en cette langue* (à l'exemple, porte la déclaration du roi, des nations les plus illustres de l'antiquité, qui ont fait le semblable en leur langue naturelle); 3° *une étude du grec aussi complète que celle du latin;* 4° *l'enseignement combiné des sciences et des lettres;* 5° la comparaison des langues grecque, latine, française, italienne et espagnole ; 6° et l'*étude de la chronologie, de l'histoire et de la géographie*[1]. »

Trois ans après la création du collége de Richelieu, le 5 novembre 1643[2], le P. Morin était appelé, par un ordre du nouveau Général de l'Oratoire[3] et

---

1. Caillet, *de l'Admin. en France sous Richelieu*, t. II, p. 175.
2. *Arch. de l'Emp.*, M. 231.
3. Le P. de Condren, qui était mort le 7 février 1641, avait été remplacé par le P. Bourgoing, fils de Jacques Bourgoing, conseiller à la Cour des aides, homme docte ès langues, dit Lacroix du Maine, bien versé dans la poésie latine et auteur d'un traité estimé en cette langue, sur l'*Origine et l'usage des mots*. Tabaraud, II, p. 215.

de son conseil, à compléter son *Ratio studiorum* dont le P. de Condren avait fait insérer la première partie dans les actes de l'Assemblée générale de 1634. Il étudia, à cet effet, les règlements de l'illustre collége d'Aquitaine, qu'avaient dirigé les Govea, les Muret, les Vinet et les Buchanan; il s'entoura des conseils et des lumières de ses confrères les plus versés dans la science pédagogique : du P. de Souvigny, qu'Allatius et Holstenius, les célèbres bibliothécaires du Vatican, estimaient leur égal dans la linguistique; du P. Bourbon, de l'Académie française; du P. Marcel, un des anciens professeurs du Collége de France, et du P. Jourdain, Supérieur de l'Institution et auteur d'un fort bon *Traité des études.* Mais toutes ces investigations ne servirent qu'à convaincre davantage ce grand homme de la supériorité de la Méthode d'enseignement nouvelle dont Juilly était redevable au P. de Condren. Il la trouvait si sage, qu'il exprimait souvent le désir qu'elle fût adoptée dans tous les colléges de France, et qu'il en fit la base de ses règlements d'études, qui furent publiés, en 1645, sous le titre de : *Ratio studiorum a magistris et professoribus Congregationis Oratorii Domini Jesu observanda.* (Paris, Vitré, 1645, in-12 de 100 pages.[1])

Accueillie de même avec faveur par Port-Royal, elle fut appliquée dans ses écoles[2] dès leur ouver-

1. Adry, *Notice sur Juilly*, p. 2.
2. Les écoles du Port-Royal, qui durent leur célébrité au grand

ture, en 1643[1]; et bientôt propagée partout par les savants ouvrages de leurs maîtres et notam-

nom de Racine, qui fut leur élève, et aux productions remarquables de plusieurs de leurs professeurs, avaient adopté le nom de *Petites Écoles*, qui était celui des écoles élémentaires, pour ne pas inspirer d'ombrage à l'Université, dont elles suivaient les programmes, sans entendre néanmoins lui faire concurrence. Leur fondation fut de quatre ans postérieure à celle du collége de Juilly; et elles ne subsistèrent que seize ans, de 1643 à 1660, date de leur dispersion finale par le lieutenant civil Daubray. La première fut établie par Saint-Cyran, quelque temps avant sa mort, vers 1643, à Port-Royal-des-Champs, dans la vallée de Chevreuse, et ne compta, selon son désir, que sept élèves. Elle fut dispersée en 1644 par le premier orage que fit éclater sur Port-Royal le livre *de la Fréquente Communion*, et trois de ses élèves furent envoyés à la terre du Chesnay, appartenant alors à M. des Touches. Rentrés, un peu plus tard, aux Champs, sous la conduite de Lancelot, qu'on avait fait venir de Paris, où il était sacristain à Port-Royal, ils furent installés, vers la fin de 1646, dans la maison du cul-de-sac de la rue Saint-Dominique-d'Enfer, au nombre de quinze à vingt élèves au plus, sous la direction de l'abbé Walon de Beaupuis, et y eurent pour maîtres : Lancelot, Nicole, Guyot et Cointel, l'auteur des *Règles de l'Éducation des Enfants*. Lancelot enseignait le grec et les mathématiques; Nicole, la philosophie et les humanités. L'aumônier était le fameux abbé Singlin. Le prix de la pension, fixé d'abord à 400 fr., fut porté, à partir de 1648, à 500 fr. Fermé en 1650, cet établissement le fut de nouveau, en 1653, lors de la seconde guerre de Paris, et les enfants furent rendus à leurs familles. Avec le retour de l'ordre, les écoles refleurirent encore et furent portées à trois : l'une aux Granges où Racine était, vers 1655, sous la conduite de Lancelot et de Nicole; la seconde au Chesnay, près Versailles, chez M. de Bernières; et la troisième, au château des Trous, près Chevreuse, chez M. de Bagnols. La maison du Chesnay avait à sa tête M. Walon et comptait vingt élèves; c'est là

1. C'est donc par erreur que dans le chapitre qu'il consacre à l'histoire de ces écoles (*Port-Royal*, t. III, p. 435), M. Sainte-Beuve leur attribue l'initiative de cette Méthode qui depuis quatre ans déjà était appliquée à Juilly.

ment par la grammaire de Lancelot[1], elle dut à leur mérite la rapidité de sa fortune.

Après la suppression de ces écoles, elle fut éner-

que fut élevé l'historien Lenain de Tillemont. Elles furent fermées toutes trois définitivement, le 10 mai 1660, sans avoir eu jamais plus de cinquante enfants, à la fois, dans toutes leurs maisons. Vers 1656, elles eurent une succursale à Sevran, dirigée par l'abbé de Flexelles, et qui avait douze élèves. Une autre exista aussi quelque temps au château de Vaumurier, chez le duc de Luynes.

Elles cherchèrent, dit Cointel, l'un de leurs professeurs, à réunir les avantages de l'éducation des maisons religieuses pour la piété, de celle de la famille pour l'urbanité, et de celle des colléges universitaires pour l'étude, sans avoir aucun de leurs inconvénients. Mais, en voulant réaliser le conseil d'Érasme : de placer cinq à six enfants à part, sous la conduite d'un précepteur habile et zélé, pour leur procurer le plaisir de la vie commune, sans craindre la corruption qui naît d'un trop grand nombre, elles ne purent parvenir à éveiller l'émulation parmi leurs élèves, auxquels Pascal lui-même dut reprocher leur nonchalance, et restèrent, d'ailleurs, des établissements exceptionnels, qu'il était presque impossible de multiplier. Leur règlement de vie intérieure a été reproduit par M. Guillaume Walon, dans ses Mémoires sur la vie de M. Walon de Beaupuis, son oncle, et n'offre rien de saillant[1]. Quant à celui des études, il était à peu près celui dont Arnauld devait indiquer plus tard les principes dans son *Mémoire* que nous avons cité plus haut, et il consistait à initier d'abord les enfants aux règles principales de la grammaire latine, à leur montrer l'application de

1. V. ces Mémoires dans la *Suite des Vies des Amis de Port-Royal*, t. I. Utrecht, 1751.

1. Lancelot disait dans la préface de sa *Méthode pour commencer les humanités grecques et latines* : « Nous instruisons les enfants du Latin par des règles françaises ; car nous ne sommes pas seuls à redire à la façon ordinaire de leur faire apprendre les règles de la langue latine en cette langue qu'ils n'entendent point encore ; et nous désirons les former dans leur langue naturelle autant que dans celle-là. Nous leur faisons ensuite lire et observer les meilleurs auteurs. »

giquement soutenue par Tanneguy-Lefèvre, le père de madame Dacier, qui pensait, avec Roland Desmarest, « que l'usage d'écrire en latin la grammaire latine, déjà obscure par elle-même, était, malgré sa généralité, incommode et inintelligent[1]. » Plus tard encore elle trouva un appui puissant dans l'opinion d'Antoine Arnauld, lorsqu'en vue de remédier au mal qu'il déplorait : « celui de voir la plupart des

chacune d'elles dans des auteurs faciles et corrects, à leur faire expliquer, graduellement et selon leur force, tous ceux de la meilleure latinité, et à les exercer surtout à les lire sous la direction du maître ; à éviter les thèmes prématurés, qui ne les habituent qu'à mal parler et à mal penser; à ne les leur faire faire que lorsqu'ils peuvent déjà goûter un peu la latinité, et à en choisir toujours le sujet dans la traduction d'un bon auteur ancien, dont on leur donnerait ensuite le texte même comme *corrigé*. Enfin, sur huit heures de travail environ par jour, trois seulement devaient être employées à l'étude, aux devoirs et aux leçons ; les cinq autres étaient consacrées à la classe, de deux heures et demie le matin et deux heures et demie l'après-midi.

1. C'est lui encore qui, dans son excellente *Méthode pour commencer les humanités grecques et latines* (insérée dans les Mémoires de Sallengre, t. II, 2ᵉ partie, p. 62), traçait ce précepte si sage de l'étude des langues : « En toute langue, dit-il, il n'y a que trois degrés : entendre, composer et parler. C'est l'ordre naturel, donc le raisonnable. Pour faire des bâtiments, il faut des matériaux. » Et il ajoutait : « Choisissez donc un livre clair et facile de style, dont le sujet soit la fable ou l'histoire. Donnez-le à l'enfant dès qu'il sera initié aux premiers principes de la grammaire. Il traduira avec votre aide quatre ou cinq lignes latines. Puis vous ferez vous-même la version française, nette, simple, sans circonlocution ; autrement on dérègle et étourdit un enfant. En trois semaines vous irez ainsi à quinze lignes, puis à vingt-cinq, en un demi-quart d'heure. En trois mois, le progrès sera plus grand qu'en deux ans de routine des colléges.

jeunes gens sortir des colléges sans entendre le latin, » il composa son *Mémoire sur le règlement des études dans les lettres humaines*[1]. Et consacrée enfin par l'autorité de Rollin, elle finit par entrer victorieuse dans l'enseignement de l'Université.

Assurément, c'est à la persévérance de ces modestes savants et à la valeur de leurs œuvres qu'elle a dû ce succès final. Toutefois leur mérite n'ôte rien à celui de son auteur, et c'est pour le collége de Juilly un droit, dont il lui est permis d'être fier et de se montrer jaloux, de revendiquer pour son illustre et saint fondateur l'honneur d'avoir inventé cette Méthode, de l'avoir appliquée le premier et d'avoir ainsi, par elle, élevé l'enseignement classique au niveau des progrès littéraires et scientifiques de son temps.

Après ce long examen de toute l'économie de l'enseignement de Juilly, il nous faut encore rechercher comment était appliqué le règlement des études qui la constituait, et quelle force il trouvait dans celui de la discipline.

1. V. t. XLI des *OEuv. compl.* d'Ant. Arnauld, p. 85.

CHAPITRE SECOND

DE LA DISCIPLINE.

Mérite de la discipline. Son caractère à Juilly. — Consécration de l'Académie à la divine Enfance de Jésus-Christ. Son personnel; obligations de chacun. — Attributions et devoirs du P. Supérieur, du P. Assistant, du P. Économe, du Grand Préfet, des Professeurs de philosophie et des Régents des autres classes. — Noviciat des Régents; études auxquelles ils étaient astreints; esprit dans lequel ils devaient s'y livrer; vertus qu'on exigeait d'eux. — Emploi du temps : règles tracées aux maîtres et aux élèves. — Discipline et exercices des études, des classes et des récréations.

Toute la force de l'éducation, disait Platon [1], est dans la discipline. C'est elle, en effet, qui soutient la piété et qui gouverne le temps en réglant le travail, le silence, les jeux et le repos. Sa vigilance protége les mœurs et sa sévérité sauvegarde les études. Partout présente, cette austère gardienne de la règle en rappelle à tous et sans cesse les termes et la sanction. Aussi, qui de nous ne l'a éprouvé? son joug paraît bien dur et bien importun à l'enfant dont tous les instincts se révoltent contre ces grandes lois de la vie : la peine et le sacrifice. Mais ceux-là mêmes le bénissent davantage plus tard, qui l'ont quelquefois le plus maudit sur les bancs de l'école, parce que ce n'est qu'au prix des efforts et de la contrainte qu'il impose, que s'acquièrent l'énergie du caractère, la force de la volonté et sur-

---

1. *Des Lois*, liv. 1er.

tout ce qui fait la dignité de l'homme, « la science, la vertu et cet empire sur soi-même, que la sagesse antique regardait déjà comme la vraie liberté[1]. »

> Quisnam igitur liber ? Sapiens sibique imperiosus.
> (Horace.)

L'Oratoire avait, à un trop haut degré, l'intelligence des lois de l'éducation pour méconnaître les exigences de la discipline. Il lui assigna, dans ses colléges, le rôle qui lui appartenait, en fit le guide des maîtres et des élèves, et laissa dans les règles qu'il lui traça l'empreinte de sa sagesse et de son esprit sacerdotal.

Elle fut à Juilly, ce qu'elle était dans les autres maisons de la Congrégation, éminemment paternelle, douce sans mollesse et ferme sans dureté.

L'Académie était consacrée à la divine Enfance de Notre-Seigneur, et en célébrait la fête le 28 janvier, jour de la fête des *Grandeurs de Jésus*, spéciale à l'Oratoire[2]. Son personnel se composait d'un supérieur, d'un assistant du supérieur, d'un éco-

---

[1]. L'abbé Hyvrier, *du Devoir dans l'Éducation*, p. 121. Lyon, 1864.

[2]. Un bref du pape Alexandre VII, du 20 mars 1657, autorisait, en faveur de la Congrégation, la fête des Grandeurs de Jésus et celle des Grandeurs de la sainte Vierge ; et un autre bref du même Pape, du 17 mai 1661, portait érection de la *Confrérie de l'Enfant Jésus* dans tous ses colléges, avec indulgences spéciales. (*Arch. de l'Emp.*, M. M. 562. V. aussi, *ibid.*, M. M. 620, les Litanies en l'honneur de la sainte Enfance de Jésus).

nome, d'un préfet des études ou grand préfet, d'un suppléant du grand préfet, de régents ou professeurs, de préfets de chambre ou maîtres d'étude, de chanoines résidants, de frères servants et de pensionnaires[1]. Chacun d'eux trouvait dans les statuts disciplinaires la règle de ses devoirs de chaque jour.

1. Les procès-verbaux de visite des Généraux de l'Oratoire, conservés dans les archives de Juilly, constatent l'état exact du personnel de cette maison, année par année, et montrent qu'il a fort peu varié pendant tout le XVIIIe siècle. Nous prenons comme exemple celui de 1721. A cette date, l'Académie renfermait 417 personnes : le P. Sauvage, supérieur; le P. d'Auvilliers, son assistant; les PP. Pastel, Corrigoust, Chardon, Lambotte, Couturier, Gache et du Vernois, résidants; le P. Cavellier, grand préfet; le P. Leseurre de Chantemerle, économe; le P. Houbigant, pour l'histoire; les PP. Peuvrest et du Hamel, pour les mathématiques; les confrères : Ferodi, suppléant du grand préfet; Davernes, sous-économe; de Canaye, philosophie; Girard, rhétorique; du Frou, seconde; Poisson, troisième; de la Bastide, quatrième; Pantin, cinquième; de Romans, sixième; de Mutz, septième; Leroux, huitième; Boucher, suppléant des régents des classes; Renaud, Astanière, Martin, de la Mellonière et Chrestien, préfets de chambre; du Val, Geffrier, de la Pinardière, Caillet, Forisier, Martiny de la Bastide, de la Tour de Bonald et Couel, préfets particuliers; M. Lessebrosse, maître de lecture; M. Gaucher, maître d'écriture; M. Parmentier, maître de danse; M. Tropenard, médecin-chirurgien; les frères : Andrieux, caissier; Lebossu et Barbier, pourvoyeurs; Clusel, dépensier; Broux, tailleur, et sept garçons sous ses ordres; Berton, infirmier; Sureau, linger, et deux garçons lingers; Louis Berton, cuisinier, et neuf aides de cuisine; un boulanger et trois aides; un jardinier et trois garçons; un menuisier et quatre compagnons; un serrurier; un garde-bois; le frère Pienne, préposé à la garde des domestiques, et douze garçons de pension; un sonneur; deux veilleurs et un portier; et 305 pensionnaires.

Le Père Supérieur était le chef de la maison, dont il avait le gouvernement général : *Superior est domui ita toti collegio, et studiis universis præest*, disait le règlement[1]. En lui résidait l'autorité, qu'il devait étendre à tous et sur toute chose pour diriger les forces de chacun vers l'unité d'un même but : le progrès dans la piété et dans les études. Mais dans son exercice, il devait se rappeler qu'elle procède de Celui « qui est tout ensemble et l'Agneau et le Souverain, et montrer plus de douceur et d'humilité que de puissance, plus de patience que de force[2]. » Et il devait puiser l'esprit de sa conduite dans cette belle instruction du P. de Bérulle à un de ses Supérieurs : « Veillez sur votre charge, lui
« écrivait-il. Ayez un grand respect et une grande
« douceur envers les âmes de vos inférieurs. Com-
« mandez rarement. Reprenez peu et montrez beau-
« coup d'exemple. Exhortez souvent; soyez plus
« père que supérieur; ayez plus de patience que
« de zèle. Pâtissez plutôt que de faire pâtir les
« autres. Disposez doucement les âmes à ce qui
« leur est convenable, et ne reprenez jamais qu'a-
« près quelque récollection précédente en vous-
« même[3]. »

Le Père Assistant, chargé de remplacer le Père

---

1. *Ratio studiorum* de la Congrégation, déjà cité.
2. V. le *Mémorial de Direction pour les Supérieurs*, par le P. de Bérulle, ch. XXII.
3. V. cette lettre aux *Arch. de l'Emp.*, M. M. 624, p. 387.

Supérieur en cas d'absence ou de maladie, était son auxiliaire dans la direction générale de la maison. Il avait plus spécialement, dans ses attributions, la direction des Confrères et celle des Frères servants. Plusieurs des Pères qui en exercèrent la charge y ajoutèrent celle de l'économat.

Le Père Économe devait rendre compte, tous les mois, de sa gestion au Père Supérieur en présence de deux autres Pères appelés par ce dernier. Tous les six mois ses comptes devaient être arrêtés par le Père Supérieur. La seconde Assemblée générale avait même prescrit que l'Économe eût un coffre en fer destiné à la garde de l'argent, des valeurs de portefeuille, des titres et autres objets de prix. Rien ne pouvait en être tiré sans qu'il en fût fait mention sur le registre d'inventaire, et il devait être fermé à trois clefs confiées, l'une au Père Supérieur, l'autre au Père Assistant et la troisième à l'Économe[1].

Le Père Préfet, ou Grand Préfet, auquel on donnait aussi le titre, trop énigmatique de nos jours, de *studiorum moderator*, était chargé de l'exécution des règlements, dont la lecture devait être faite, au commencement de l'année, par le Père Supérieur, et le premier de chaque mois, ensuite, par le Père Préfet[2]. Il était à la fois le préfet des études, qu'il devait diriger, et celui de la discipline, qu'il

1. Ordre du Conseil, du 28 juillet 1642, *Arch.*, M. 234.
2. *Arch. de l'Emp.*, M. 225.

devait maintenir; et sa juridiction était générale : elle s'étendait aux maîtres aussi bien qu'aux élèves. *Ipsius est invigilare assiduè studiorum directioni et providere ut leges tam publicæ quam privatæ tùm a professoribus tùm a studiosis observentur.* Il devait surveiller tous les exercices et tous les mouvements, se rendre compte du travail de tous les élèves, se faire représenter leurs cahiers et leurs copies, et inspecter fréquemment les classes. A la rentrée des vacances, il déterminait le choix des livres et des auteurs, et le classement des nouveaux élèves; et à la fin de l'année, il dirigeait les examens qui décidaient du passage d'une classe dans une supérieure. *Tempore induciarum imminente, scholasticos examinet Præfectus, duobus aliis ad id munus obeundum a superiore coaptatis, penes quos de promovendis ad superiorem ordinem (vel classem) scholasticis cum Præfecto judicium esto*[1]. Il composait la confrérie des élèves de la Sainte-Famille : *Instituatur Scholasticorum congregatio in honorem familiæ Domini Jesus (Jesus cum Mariâ et Josepho).* Il était spécialement chargé de la bibliothèque des élèves, du choix et de la distribution de ses livres, ainsi que de la direction de l'Académie. « C'est du Préfet, dit l'exposé de l'état de la Con-
« grégation[2], que dépend tout le bon ordre des
« colléges et tout ce qui s'y peut faire d'utile pour

---

1. *Ratio studiorum* de la Congrégation, déjà cité.
2. *Arch. de l'Emp.*, M. 215.

« la gloire de Dieu et le bien de l'Eglise. Ils doi-
« vent donc, par de fréquentes prières, tâcher
« d'attirer la grâce divine pour s'acquitter digne-
« ment de leur emploi. »

Les Professeurs de philosophie, disait encore la même instruction, doivent s'étudier à se faire aimer de leurs élèves, à être clairs et méthodiques dans leurs explications, ne pas négliger les répétitions, en faire faire, par intervalles, dans les leçons et d'autres à la fin de chaque semaine, de chaque mois et de chaque trimestre, et dans leur enseignement suivre les méthodes éprouvées, éviter de traiter les questions contestées et ne jamais parler de politique.

Le choix des Régents, leur direction spirituelle, leurs exercices de piété, leurs travaux et jusqu'à leurs délassements étaient l'objet de toute la sollicitude de la Congrégation, qui voulait qu'une pensée de foi vivifiât toutes les études, et qui ne l'attendait que de maîtres formés par elle à la vertu chrétienne.

Tous les jeunes Confrères étaient astreints, dans la province de Paris, à passer leur année de noviciat à la maison de Notre-Dame des Vertus, où ils éprouvaient leur vocation par la prière, la méditation, la lecture assidue de l'Évangile et des saintes lettres, l'étude et la pratique de la discipline ecclésiastique. Au bout de ce temps, les plus pieux et les plus capables étaient envoyés dans les collèges de la Congrégation, pour s'y livrer à l'enseignement pendant dix ou douze ans, et préluder, par ce rude mais fécond apprentissage de leurs talents, aux divers services qu'ils étaient appelés à rendre plus tard à l'Eglise dans les lettres, dans les sciences, dans le ministère pastoral ou dans la prédication. Ils débutaient par la chaire de sixième, suivaient leurs élèves jusqu'en troisième, professaient cette classe deux années de suite, passaient deux années en seconde, deux ou trois en rhétorique et une ou deux en philosophie[1]. Dans chacune d'elles ils étaient assujettis à des études spéciales dont le plan, tracé d'abord en vertu de l'ordre du Conseil, du 5 novembre 1643, déjà cité, puis modifié par le P. Lamy, dans son sixième *Entretien sur les sciences,* fut révisé de nouveau en 1715, et transcrit à la suite des règlements[2]. Chacune de leurs leçons du matin et du soir devait être de leur part l'objet d'une préparation particulière en conformité de ce plan ; et les heures, qui leur restaient libres, devaient être consacrées par eux à l'étude de l'Ecriture sainte et surtout du Nouveau Testament, des saints Pères, des conciles, du droit canon, de la théologie scolastique et morale, et de l'histoire ecclésiastique[3]. Deux fois par semaine se te-

---

1. Instruction du P. Senault aux Régents, de 1663, *Arch. de l'Emp.,* M. M. 604.
2. V. *Arch. de l'Emp.,* M. M. 567.
3. Voir l'exposé de l'état de la Congrégation déjà cité, ch. XII.

naient, sous la présidence du Supérieur ou du Préfet, des conférences où chacun était admis à soumettre ses doutes et ses difficultés sur ses lectures, et en provoquer la solution[1]. Mais autant ils étaient tenus de s'adonner aux lettres et aux sciences profanes pendant cette première période de leur vie religieuse, autant leur Supérieur devait s'appliquer à les prémunir contre les vanités ou la dissipation qu'elles étaient de nature à leur inspirer.

En dédiant ses colléges au mystère de Jésus enfant, le P. de Bérulle, avait en vue non-seulement de placer sous sa protection toute-puissante la jeunesse qu'on leur confiait, mais aussi de montrer, chaque jour, à ses régents qu'auprès de ce divin Enfant, qui enseignait les docteurs dans le temple, les plus habiles maîtres ne sont que des enfants qui bégayent. « Nous devons à la vérité, disait-il,
« cultiver nos esprits, mais en travaillant à nous
« dépouiller des nôtres et à acquérir celui de Dieu.
« Veillons dans nos colléges, où il y a plus d'exer-
« cices de l'esprit humain, à ne pas laisser affai-
« blir ceux de l'esprit de Dieu, et que l'usage de
« la piété prédomine sur celui de la science. Plus
« l'esprit est orné de science, plus il faut que l'âme
« soit ornée de vertus. Or, la plus nécessaire à
« ceux qui enseignent, est l'humilité contre la pré-
« somption, la soumission et la modestie de l'esprit

1. *Ibid.*, ch. XVII.

« contre la science[1]. » Après lui, le P. Senault, dans l'instruction qu'il adressait aux Régents en 1663, leur signalait ainsi les écueils de la science :

« Les fonctions de régent, dont l'emploi est si
« considérable parmi nous, sont le moyen le plus
« avantageux de s'instruire en instruisant les au-
« tres. Mais cet exercice a ses tentations et ses
« dangers. Il a ses dangers, parce que la science
« fait souvent perdre l'humilité aux hommes aussi
« bien réputés; et que, ne songeant pas à leurs
« obligations, ils ont plus de soin de se rendre
« savants que pieux. Ils prennent l'esprit des pro-
« fanes en lisant leurs livres; ils deviennent ora-
« teurs et philosophes au lieu de devenir saints...
« Il a ses tentations, qui sont d'en dégoûter faci-
« lement malgré son utilité, de le faire par ma-
« nière d'acquit et de ne pas s'arrêter assez dans
« chaque classe[2]. »

Sans cesse enfin, on leur rappelait cette maxime

---

1. *Arch. de l'Emp.*, M. M. 621, p. 387.
2. L'instruction du P. de Sainte-Marthe, du 11 novembre 1676, dans laquelle il recommande aux Régents de s'appliquer à la connaissance des langues grecque et latine, de l'histoire, de la poésie et de l'éloquence, contient ce passage sur l'enseignement chrétien des auteurs profanes : « La vérité a quelque chose de
« divin partout où elle se trouve. Elle a répandu, même dans
« les livres des païens, quelques-unes de ses lumières. Il faut
« les en tirer à l'exemple des saints ; elles nous appartiennent
« comme aux enfants de lumière et aux héritiers de la vérité.
Les poëtes mêmes, dans leurs fables, ont renfermé bien des
vérités ; et sous les ombres de leurs fictions ils ont caché les

fondamentale, écrite dans la bulle d'institution et qui devait diriger tous leurs travaux intellectuels : que la science ne doit pas être recherchée pour elle-même, mais pour l'usage qu'on en doit faire, à savoir, pour l'avancement du règne de Dieu et le bien spirituel des âmes : *non tam circa scientiam quam circa usum scientiæ*. Et leur plan d'études, après leur avoir rappelé ce passage de saint Bernard, qu'on peut encore citer aujourd'hui :

Sunt qui scire volunt ut sciant, et hoc curiositas est ;
Sunt qui scire volunt ut sciantur ipsi, et hoc vanitas est ;
Sunt qui scire volunt ut scientiam vendant, et hoc turpis
[quæstus est ;
Sunt qui scire volunt ut ædificent, et hoc caritas est ;
Sunt qui scire volunt ut ædificentur, et hoc prudentia est ;

le faisait suivre de ces sages réflexions : « Fasse le ciel que cette divine charité soit le principal motif de vos études et de vos travaux ! qu'ils ne vous portent pas à des lectures dangereuses pour la foi ou les mœurs, à la vanité qui recherche la réputation, à l'inconstance qui effleure et n'approfondit rien, à l'attrait du plaisir qui préfère l'agréable à l'utile, l'amusement au solide, et à celui de la nouveauté qui vous égare dans des routes inconnues. Que ce beau passage de saint Bernard vous

« mystères de la religion. Ne laissez jamais perdre une occasion,
« soit en lisant, soit en expliquant les auteurs, d'y faire remar-
« quer tout ce qui peut faire connaître Dieu et les vérités de la
« religion, former les bonnes mœurs, inspirer l'amour de la vertu
« et l'horreur du vice. »

serve de préservatif. » « Servez-vous des sciences humaines, continuait-il, comme d'un hameçon pour gagner les écoliers à Dieu, en leur apprenant en même temps l'esprit de la religion. C'est ainsi que vous formerez insensiblement des prêtres zélés pour le sacerdoce, de saints religieux pour le cloître, de bons pères de famille et de bons magistrats pour le monde... Vous y réussirez certainement si, aux fréquentes instructions que vous leur ferez, vous joignez la prière et le bon exemple. »

C'est par la prière, en effet, et par la retraite qu'ils devaient se préparer, pendant les vacances, à la reprise de leurs leçons[1]; et dans le cours de l'année scolaire, il leur était recommandé de beaucoup prier pour leurs élèves et de se regarder comme chargés d'acquitter leurs dettes envers Dieu et d'attirer sur eux ses miséricordes; d'élever souvent leur esprit vers Dieu, en étudiant ; de lui demander la lumière pour entendre ce qu'ils lisent et son amour pour en faire un bon usage; de s'arrêter, en allant en classe, devant le Saint-Sacrement, pour offrir cet exercice au Dieu de l'Eucharistie, implorer son esprit et sa grâce, lui consacrer leurs paroles et leurs intentions et renoncer à tout amour-propre; et, pendant leur cours, d'adorer Jésus-Christ comme Maître et de Le prier de le bénir[2].

---

1. Ordre du Conseil, du 29 juillet 1643, *Arch.*, M. 231.
2. Exposé de l'état de la Congrégation, *loc. cit.*, *Arch.*, M. 215.

Enfin l'Oratoire avait parfaitement compris que les enfants ne résistent pas à l'ascendant de l'exemple et à l'attraction de la charité, et, comme l'a si bien dit un de ses nouveaux et de ses plus dignes représentants, le P. de Valroger, « que la jeunesse « se livre à qui l'aime et se dévoue pour elle, à qui « lui donne continuellement le spectacle touchant « d'une sainte vie consacrée à son bonheur [1]. » Aussi exigeait-il de ses Régents qu'ils s'étudiassent sans relâche à acquérir une modestie et une gravité qui les fissent respecter de tous leurs élèves, une patience qui sût attendre d'eux des fruits de vertu, une fermeté douce qui les pliât à la règle sans rigueur, une indulgence prudente qui leur fît pardonner les fautes légères ; mais surtout à témoigner à chacun une affection de père, qui s'étendît à tous également et sans aucune distinction de mérite ou de position, et se révélât jusque dans ses rigueurs. Du reste, les paroles injurieuses, les impatiences, et à plus forte raison les sévices étaient formellement défendus. *Professores verborum contumeliis scholasticos ne lædant; nunquam pedibus, manu, aut libris cædant; sed legitimis pœnarum generibus utantur.* Ces punitions, partout autorisées, étaient : les pensums, les arrêts, les retenues, la férule et le fouet.

Deux fois par an, le Supérieur envoyait au Gé-

---

[1]. Le P. de Valroger, *du Christianisme et du Paganisme dans l'enseignement*, p. 52.

néral des notes sur la conduite, la capacité et la piété des Régents [1]; et dans ses visites, le Père Visiteur devait les entretenir tous en particulier et les interroger sur leurs dispositions intérieures, sur la manière dont ils s'acquittaient de leur office, sur tout ce qui regardait l'état spirituel et temporel de la maison, et même sur les modifications à faire et sur les abus à corriger [2].

Quant à ce qui concerne l'emploi du temps, il était réglé à Juilly, pour les Pères et pour les élèves, d'une manière un peu différente des usages reçus dans les autres maisons de l'Oratoire.

Celui des Pères, Confrères et autres résidants libres était ainsi fixé : Ils étaient éveillés à quatre heures et demie du matin (partout ailleurs c'était à quatre heures). A cinq heures, ils entraient tous ensemble à la chapelle pour l'oraison mentale [3] ou la méditation, qui se terminait à six heures par l'examen de prévoyance sur l'emploi de la journée. A partir de six heures, les Pères disaient leurs messes dans l'ordre établi, et les Confrères vaquaient

---

1. Ordre du Conseil, du 6 juin 1712, *Arch. de l'Emp.*, M. 225.
2. Formulaire du P. Visiteur, *Arch., ibid.*, M. 229.
3. Selon la recommandation touchante du P. de Bérulle, cette oraison devait embrasser non-seulement tous les besoins de la maison, ceux des élèves et ceux de leurs maîtres, mais encore ceux de l'Église tout entière, « parce que le cœur du prêtre doit se dilater et se faire aussi grand que le monde qui lui a été confié avec toutes ses misères, ses ignorances, ses douleurs et ses larmes. » Le P. Ad. Perraud, *de l'Oratoire*, p. 124.

à leurs devoirs, en commençant chacun de leurs exercices par la lecture d'un chapitre du Nouveau Testament à genoux et la tête nue [1]. A sept heures, on célébrait au chœur, à voix basse, la messe conventuelle et commune, pendant laquelle six Pères au moins (c'était la fonction spéciale des chanoines résidants) récitaient, en surplis et à voix intelligible, Prime avec le Martyrologe, Tierce et Sexte [2]. Les Confrères non régents et les Frères y assistaient. Le dimanche, cette messe était dite solennellement, et l'on chantait les Vêpres en chant grégorien. A onze heures, l'examen de conscience et le chant des Litanies de Jésus, suivi du dîner. Ensuite, petite prière à l'église et conversation en commun. A midi et demi, proposition de trois questions sur la Sainte Ecriture, la théologie morale et l'histoire ecclésiastique, et réponse à ces questions. A une heure, reprise du travail, interrompu à deux heures, hors le temps du carême, par None, Vêpres et Complies. A six heures, récitation des Litanies de la Sainte Vierge [3] et souper. Après ce repas, petite prière

---

1. Bossuet le faisait lire aussi à son royal élève, debout et la tête découverte, pour lui en inspirer le respect.

2. Un ordre du Conseil, du 13 février 1654, avait prescrit de continuer de la sorte l'office canonial de l'abbaye, obligatoire en vertu de la charte de sa fondation, *Arch.* M., M. 576.

3. Le vendredi, ces litanies étaient suivies d'une pratique spéciale à l'Oratoire, celle de l'*humiliation*, en l'honneur de toutes celles du Sauveur dans sa Vie et dans sa Passion. Elle consistait dans l'aveu public des fautes extérieures contre la Règle, et la résolution de pratiquer spécialement telle ou telle vertu dans la semaine.

à l'église, conversation et proposition de trois cas de conscience. A sept heures et demie, Matines et Laudes, examen de conscience et lecture des points de la méditation pour le lendemain. A neuf heures un quart, coucher.

Pour les élèves, l'année scolaire commençait le 18 octobre, jour de la Saint-Luc. Le lendemain matin, à huit heures, était célébrée la messe du Saint-Esprit, précédée du chant du *Veni Creator* et suivie d'un discours par un des régents de troisième ou de seconde[1]. Ils étaient répartis en six chambres ou divisions, d'après leur âge et non d'après leur instruction. Ces divisions s'appelaient : chambre des grands, chambre des moyens, chambre des troisièmes, chambre des quatrièmes, chambre des cinquièmes et chambre des minimes. Chacune d'elles était soumise à la surveillance d'un préfet spécial. La plus turbulente était celle des moyens. Celle des grands était la plus exemplaire ; elle avait quelques priviléges, comme de n'être pas tenue de marcher en rang et de déterminer elle-même quelques-uns de ses règlements.

A cinq heures du matin, en été comme en hiver, on sonnait le lever.

A cinq heures un quart, on disait la prière en commun dans les salles d'étude. Ensuite étude. A sept heures et demie, déjeuner et récréation. A

---

1. V. aussi les *usages* du collége oratorien de Troyes, à la bibliothèque de cette ville.

huit heures, messe du pensionnat à laquelle assistaient tous les régents. A huit heures et demie, classe. La première demi-heure, entre le premier et le second coup de cloche, était consacrée à la levée des copies par les décurions et à la récitation des leçons qu'ils faisaient faire sous la surveillance du Préfet. *A primo signo ad ultimum, singuli in classibus lectionis et compositionis pensum assignatis decurionibus reddant. Præfectus curet, intra primum et alterum scholæ signum, ut in suam quisque classem sese recipiat et recitet apud decuriones*[1]. A neuf heures, entrée des régents en classe. Récitation du *Veni, Sancte Spiritus*, « cette hymne magnifi-
« que, disait Gœthe, véritable invocation au génie,
« capable d'enthousiasmer tous les hommes d'intel-
« ligence et de cœur[2], » puis lecture de deux versets du Nouveau Testament, suivie d'une courte exhortation ou explication par le maître ; ensuite les exercices ordinaires de la classe, qui, pour ne pas fatiguer l'attention des élèves, devaient autant que possible varier de demi-heure en demi-heure. *Professores per dimidias horas, quoad fieri poterit, in classibus exercitia partiantur.* Elle se terminait, à onze heures, par la prière *Sub tuum præsidium*[3].

---

1. Les décurions étaient nommés par le P. Préfet parmi les meilleurs élèves de la classe.
2. Gœthe, *Max. et pensées*, p. 347, éd. Charpentier.
3. V. aux Archives, M. 224, le règlement du collége oratorien de Provins.

A onze heures, chant des Litanies de la Sainte Enfance de Jésus, suivi du dîner, pendant lequel on lisait la Vie des Saints ou *l'Abrégé des Annales ecclésiastiques* de Baronius, en français[1]. Après le dîner, récréation. A midi et demi, étude. A une heure et demie, classe. La première demi-heure était employée comme celle de la classe du matin. A quatre heures, le goûter et récréation. A cinq heures, étude. A six heures, les Litanies de la Sainte Vierge et le souper. Après le souper, récréation. A sept heures, étude, plus spécialement employée aux lectures d'histoire ou à la correspondance avec les familles. A huit heures et demie, la prière à l'église et le coucher. Les dimanches et fêtes, le pensionnat assistait à la Grand'messe du chœur et, à deux heures, aux Vêpres suivies du sermon.

La classe du samedi soir était consacrée, dans chaque division, aux catéchismes faits par les professeurs eux-mêmes, sous une forme élémentaire dans les basses classes, et sous celle d'instructions religieuses dans les classes supérieures. Et, comme le fait remarquer très-judicieusement le P. Daniel, ce double rôle du catéchiste et du professeur dans les régents leur donnait une autorité singulière sur leurs élèves « pour faire appel à leur conscience,
« pour les exhorter à la pratique des vertus chré-
« tiennes, au milieu même d'une explication litté-

---

[1]. *Arch. de l'Emp.*, M. M. 576, ordre du Conseil du 24 août 1651.

« raire et grammaticale, et pour continuer ainsi,
« dans le cours de leurs leçons, cette œuvre de
« l'éducation chrétienne, la première de toutes[1]. »
A la suite de cette classe, qui finissait à quatre
heures, le Préfet réunissait les élèves à la chapelle,
et, après le chant des Litanies de la Sainte Vierge,
leur faisait une instruction familière sur l'Évangile
du lendemain, dimanche.

Le jeudi matin, avait lieu, dans chaque classe,
la composition hebdomadaire, et l'après-midi, la
promenade. Il n'était accordé, du reste, dans le
cours de l'année scolaire, aucune sortie chez les
parents, mais seulement trois grandes promenades,
en été, à l'occasion de la fête de la Sainte Enfance
de Jésus, à laquelle était consacrée la maison, de
celle de saint François de Sales, le patron de l'Académie littéraire, et de celle du Supérieur.

Enfin les vacances commençaient, à Juilly, du 20
au 25 août pour toute l'Académie[2].

Quelques-uns de nos lecteurs taxeront peut-être
de longueurs la plupart de ces détails sur la discipline d'un simple collège. Il nous eût été facile,
assurément, de les abréger. Mais nous nous serions

---

1. V. le P. Daniel, *des Études classiques dans la société chrétienne*, p. 293.

2. Dans les autres collèges de l'Oratoire, elles commençaient ordinairement le 22 juillet pour les physiciens, le 9 août pour les logiciens, le 17 pour les rhétoriciens, le 25 pour les humanistes, et le 1er septembre pour les classes inférieures. (*Arch. de l'Emp.*, M. 224, règl. du coll. de Provins.)

reproché de n'avoir pas reproduit l'ensemble de ces prescriptions, de ces avis et de ces maximes, qui révèlent, mieux que tout ce que l'on pourrait en dire, le véritable esprit de l'enseignement de l'Oratoire, qui divulguent le secret, trop peu connu de nos jours, de son éducation si chrétienne, si française et si achevée, et qui montrent en même temps de quelles lumières et de quelle tendresse ces excellents maîtres entouraient la jeunesse confiée à leurs soins.

Pénétrons maintenant, pour les faire connaître eux-mêmes, dans l'intimité de leur vie, en donnant sur chacun d'eux les quelques notions biographiques que nous sommes parvenus à recueillir.

CHAPITRE TROISIÈME

LES SUPÉRIEURS ET LES PROFESSEURS DE L'ACADÉMIE
DE JUILLY.

Le P. de Verneuil : 1re supériorité; son installation. Il publie la grammaire du P. de Condren. Ses professeurs : les PP. Lenormand, Leblanc et Thomassin. Ses hôtes : La Fontaine et le P. Lecointe. Construction du bâtiment du fond de la grande cour; procès qu'elle suscite. — Le P. Mitouart. Son mérite; sa mort édifiante. — Le P. Lenormand. Translation provisoire du collége à Notre-Dame des Vertus. — Le P. de Verneuil : 2e supériorité; suite de ses procès. Consolidation du clocher de la Chapelle; les PP. Micault, Furetière et d'Ayron, professeurs. — Le P. Boutier. Les PP. Poisson et Lamy, régents. — Le P. de Verneuil : 3e supériorité; continuation de ses instances judiciaires; les PP. de Coetlogon, Deschamps et Richard-Simon, professeurs. Mort du P. de Verneuil. — Le P. de Saint-Denis. Il accompagne Turenne dans sa dernière campagne. Le C. Mallemans. — Le P. Sérard. Les CC. de Beaujeu et Prestet, régents. — Le P. Fresneau. Achat de la terre de Vinautes. — Le P. Devins. Difficultés de son administration; les PP. Moncelet, de Varennes, Vétillard, Lerat et de Montarou, professeurs. — Le P. Perdrigeon; ses qualités; les PP. de Bonrecueil, de Verthamon et Jacques Lelong, régents. — Le P. Gouin de Langclière. Rapports de Bossuet avec Juilly. Les PP. Colman, Michaëlis, Davazé, Despréaux, régents. — Le P. Morand. Professeurs : les PP. de Louvigny, Vigier, Gaichiez et G. Massillon. — Le P. Malguiche. Les PP. de Vizé, de Graveron et Vauthier. Restauration de la cahpelle. — Le P. Sauvage : 1re supériorité; ses talents; les PP. de Montigny, Privat de Molière, Capponi, Camusat, Thévenard et Houbigant, professeurs. — Le P. Martin de la Bastide; ses travaux de constructions. — Le P. Sauvage : 2e supériorité; le P. de Canaye. Achat de la terre de Vineuil. Inauguration du grand bâtiment des dortoirs. — Le P. Cavellier. Il établit la bibliothèque; les PP. Giraud, de la Menardaye, de Longueville et Mazières, régents. — Le P. Muly. Ses rapports avec J.-J. Rousseau à Montmorency. Les PP. Corrigoust, d'Imbertun et Peuvrest. — Le P. Sauvage. Sa mort subite. — Le P. Leseurre de Chantemerle. Les PP. de Mutz, de Messimy et Guidy, professeurs. Curage de l'étang. Le P. J. Etienne. — Le P. Boyer. Construction du bâtiment des infirmeries et du grand réfectoire. — Le P. Bastide. Les PP. Roche, de Blanchardon et Berbizotte, régents. — Le P. Petit. Son caractère; ses talents comme directeur; les PP. Danglade, Viel, Constantin, Ame, professeurs. Longue durée de leur enseignement. Les CC. Petit, Gaillard, Bailly.

Billaud et Fouché. Communications entre Juilly et Paris. Visite épiscopale de Monseigneur de Polignac. Discours du P. Petit. Ses nombreux amis. — Le P. Mandar. Son caractère; ses rapports avec J.-J. Rousseau; son talent de prédicateur; les PP. Lefebvre, Prioleau, Crenière, Lombois, Brunard, Creuzé, Menout et Macquet, régents.

Depuis l'époque de son ouverture en 1639, jusqu'à celle de sa suppression en 1792, l'Académie royale de Juilly a été dirigée par vingt-deux Supérieurs; et elle compte entre eux vingt-six supériorités successives, parce qu'il en est quelques-uns qui ont été, à diverses reprises, appelés à ces hautes fonctions[1].

LE P. DE VERNEUIL (1639-1650),

PREMIÈRE SUPÉRIORITÉ.

Le premier Supérieur de Juilly fut le Père de Verneuil (Pierre Deuxit). Il était originaire de Verneuil, au Perche, et lié d'amitié avec M. Olier, dont le père[2] était seigneur de cette ville et en portait le nom. Ce fut même sur les instances de son saint ami qu'il entra, en 1635, dans la Congrégation; il était déjà prêtre depuis plusieurs années.

1. La durée habituelle de la charge de Supérieur n'était, dans l'Oratoire, que de trois ans, et il fallait, pour les continuer, une autorisation nouvelle du P. Général à l'expiration de chaque triennal. (Décision du Conseil du 6 nov. 1642. *Arch.*, M. 234.)

2. Jacques Olier de Verneuil, conseiller au Parlement de Paris, puis secrétaire de Henri IV et maître des requêtes de son hôtel. (V. *Dict. de la Noblesse*, t. XI, p. 74.)

Il prit officiellement possession de sa charge de Supérieur de Juilly le 3 novembre 1639, jour de l'inauguration de l'Académie [1].

Le Père de Verneuil, homme instruit et fort expérimenté en affaires, avait su mériter toute la

1. L. P. Adry consigne cette date en ces termes dans sa *Notice sur le collège de Juilly*, p. 6 et 7 : « Les Pères de l'Oratoire, qui étaient entrés en possession de Juilly le 3 septembre 1639, y établirent, le 3 novembre suivant, un collège que le Roi, dit M. de Paulmy, décora du titre d'Académie royale. » En note, il est vrai, il exprime un doute sur l'exactitude de cette date, et émet l'opinion que les exercices de l'Académie n'ont dû commencer qu'en 1641, après la mort du P. de Condren. Cette assertion, qu'il croit conforme à un passage des *Annales manuscrites de l'Oratoire*, n'est nullement confirmée par ce précieux document, qui existe tout entier aux Archives, où nous l'avons lu d'un bout à l'autre avec la plus scrupuleuse attention, et qui, nous pouvons l'affirmer, garde le plus complet silence à cet égard. Au surplus, elle ne peut pas se soutenir en présence de la lettre suivante, que le P. de Verneuil adressait au garde des sceaux, Séguier, en lui envoyant un exemplaire de la grammaire du P. de Condren, et dans laquelle il atteste positivement le fait de son application à Juilly, du vivant même de son auteur : « J'espère, écrit le P. de Verneuil au mi-
« nistre, que *cette Méthode*, inventée pour abréger la plus en-
« nuyeuse des sciences, ne vous sera pas désagréable, et que le
« nom du P. de Condren, notre général, qui en est l'auteur, en
« relèvera le mérite. Il en forma le dessein pour le soulagement
« de la jeunesse et pour le secours de ceux qui, dans un âge
« avancé, se consacrent au service de l'Église. *J'en fis l'essai*, PAR
« SON ORDRE, *dans la petite Académie* QU'IL AVAIT DRESSÉE EN
« L'ABBAYE DE JUILLY, que notre Congrégation tient de la piété
« et de la munificence du Roi, et qu'elle confesse devoir aussi à
« votre bonté, tant vous lui fûtes favorable en cette affaire » (*Archives de l'Emp.*, M. M. 628, p. 34). Au besoin même, on trouverait le démenti de cette assertion dans un ordre du Conseil du P. de Condren, du 6 septembre 1640 (*Arch.*, M. 231), qui permet aux PP. Salet et de Rodes de faire le voyage de Dieppe pour venir

« nonobstant l'ignorance de la langue, je donnai
« l'intelligence des Cartes, si bien qu'en deux ou
« trois mois d'hiver et en me divertissant, le soir
« et le matin, à les leur montrer, je les rendis sa-
« vants dans les principes et les mis en sixième
« classe, d'où ils sortirent dès l'année même, pour
« aller en cinquième, et tous les ans changeant de
« classe, ils sont devenus très-habiles, ainsi, du
« reste, que d'autres sans nombre qui ont profité à
« merveille de ces Cartes, excellentes pour les
« grands et pour les petits. »

« Nous sommes proches de Paris, ajoutait-il, où
« il y a plusieurs colléges qui fleurissent, et qui
« offrent plusieurs avantages qui ne sont pas à
« Juilly, *qui n'a été en vogue* premièrement *qu'à*
« *cause de sa méthode,* laquelle si vous ôtez une
« fois, Juilly n'aura plus rien qui le rende recom-
« mandable par-dessus ces colléges.

« De plus vous savez que cette méthode a tou-
« jours été contestée; et il n'y a que le fruit qui en
« a paru qui lui a donné le dessus. Si on la quitte,
« les adversaires triompheront et feront connaître
« par là que nous-mêmes reconnaissons qu'elle
« ne vaut rien.

« J'ajoute à cela que la méthode ne consiste pas
« dans les Cartes seulement mais dans la manière
« de les enseigner; et partant il faut des personnes
« qui en sachent le secret, auquel toutes person-
« nes ne sont pas propres; il faut y avoir été ins-

« truit. Après quoi, il faut encore conduire les en-
« fants conformément au premier esprit de l'Aca-
« démie, qui était celui du P. de Condren, esprit
« de grande douceur, qui laissait aux enfants,
« pour bien goûter la facilité des Cartes, toute
« leur liberté d'esprit que la crainte fait perdre[1]. »

Le P. de Verneuil quitta Juilly le 3 juin 1650, pour se rendre dans sa ville natale, où un ordre du P. Général, du 25 août suivant, l'appela à établir une maison oratorienne[2].

Ces douze premières années de l'existence du collége de Juilly furent fécondes en résultats, et telles qu'on pouvait les attendre de la haute capacité d'un Supérieur choisi par le P. de Condren : elles assurèrent ses destinées et fondèrent sa réputation. Des maîtres habiles furent préposés à l'enseignement et surent, en peu d'années, faire atteindre les études à un niveau élevé. C'étaient : en rhétorique (ou première), deux humanistes distingués : le P. Planat d'abord et, après lui, le C. Pisart qui en occupait la chaire en 1643[3]; en philosophie, le P. Lenormand qui devint Supérieur de l'Académie, et le P. Wigtz ou Le Blanc, savant irlandais, qui en faisait encore le cours en 1649 et qui alla ensuite professer la théologie à l'Université de Nantes, dont il devint l'oracle; et en mathémati-

1. Cette lettre est déposée aux *Arch. de l'Emp.*, M. M. 628, p. 37.
2. V. *Ibid*; M. M. 629, les *Annales mss de la Congrégation*.
3. Ordre du 2 oct. 1840. *Arch. de l'Emp.*, M. 231.

« nonobstant l'ignorance de la langue, je donnai
« l'intelligence des Cartes, si bien qu'en deux ou
« trois mois d'hiver et en me divertissant, le soir
« et le matin, à les leur montrer, je les rendis sa-
« vants dans les principes et les mis en sixième
« classe, d'où ils sortirent dès l'année même, pour
« aller en cinquième, et tous les ans changeant de
« classe, ils sont devenus très-habiles, ainsi, du
« reste, que d'autres sans nombre qui ont profité à
« merveille de ces Cartes, excellentes pour les
« grands et pour les petits. »

« Nous sommes proches de Paris, ajoutait-il, où
« il y a plusieurs colléges qui fleurissent, et qui
« offrent plusieurs avantages qui ne sont pas à
« Juilly, *qui n'a été en vogue* premièrement *qu'à
« cause de sa méthode*, laquelle si vous ôtez une
« fois, Juilly n'aura plus rien qui le rende recom-
« mandable par-dessus ces colléges.

« De plus vous savez que cette méthode a tou-
« jours été contestée; et il n'y a que le fruit qui en
« a paru qui lui a donné le dessus. Si on la quitte,
« les adversaires triompheront et feront connaître
« par là que nous-mêmes reconnaissons qu'elle
« ne vaut rien.

« J'ajoute à cela que la méthode ne consiste pas
« dans les Cartes seulement mais dans la manière
« de les enseigner; et partant il faut des personnes
« qui en sachent le secret, auquel toutes person-
« nes ne sont pas propres; il faut y avoir été ins-

« truit. Après quoi, il faut encore conduire les en-
« fants conformément au premier esprit de l'Aca-
« démie, qui était celui du P. de Condren, esprit
« de grande douceur, qui laissait aux enfants,
« pour bien goûter la facilité des Cartes, toute
« leur liberté d'esprit que la crainte fait perdre[1]. »

Le P. de Verneuil quitta Juilly le 3 juin 1650, pour se rendre dans sa ville natale, où un ordre du P. Général, du 25 août suivant, l'appela à établir une maison oratorienne[2].

Ces douze premières années de l'existence du collége de Juilly furent fécondes en résultats, et telles qu'on pouvait les attendre de la haute capacité d'un Supérieur choisi par le P. de Condren : elles assurèrent ses destinées et fondèrent sa réputation. Des maîtres habiles furent préposés à l'enseignement et surent, en peu d'années, faire atteindre les études à un niveau élevé. C'etaient : en rhétorique (ou première), deux humanistes distingués : le P. Planat d'abord et, après lui, le C. Pisart qui en occupait la chaire en 1643[3]; en philosophie, le P. Lenormand qui devint Supérieur de l'Académie, et le P. Wigtz ou Le Blanc, savant irlandais, qui en faisait encore le cours en 1649 et qui alla ensuite professer la théologie à l'Université de Nantes, dont il devint l'oracle; et en mathémati-

---

1. Cette lettre est déposée aux *Arch. de l'Emp.*, M. M. 628, p. 37.
2. V. *Ibid*; M. M. 629, les *Annales mss de la Congrégation*.
3. Ordre du 2 oct. 1840. *Arch. de l'Emp.*, M. 231.

ques, l'illustre Thomassin qui les enseigna de 1645 à 1650¹, époque à laquelle il fut envoyé à Saumur pour préluder, par des leçons de théologie positive, plus remarquables que celles du P. Berthod lui-même, à ses célèbres conférences de Saint-Magloire, qu'il fit pendant quatorze ans, de 1654 à 1668, et qui lui valurent les louanges et les amitiés les plus flatteuses².

Dès cette époque aussi, Juilly commença à devenir un lieu de studieuse retraite, où l'on envoyait les plus jeunes Confrères pour se nourrir de silence et de recueillement et se pénétrer de l'esprit de l'Oratoire, et où leurs aînés se plaisaient à venir pour se livrer, loin des distractions du monde, à leurs doctes travaux. L'un de ses premiers hôtes fut notre incomparable fabuliste, La Fontaine, dont Guichard a pu dire :

> Dans la fable et le conte il n'a pas de rivaux ;
> Il peignit la nature et garda ses pinceaux.

Par la plus étrange de toutes ses distractions, il s'était cru appelé à la vie oratorienne, et était entré à l'Institution de Paris le 27 avril 1641. Quelques semaines après, il était installé à Juilly, auprès du

1. *Vie mss.*, p. 71, à la Bibilothèque imp. Orat., n° 277, et *Arch. de l'Emp.*, M. 218.
2. A sa mort, le Pape fit demander son portrait à l'Oratoire par le cardinal Cazanatti, et le fit placer dans l'admirable Bibliothèque du Vatican, au milieu de ceux des plus grands hommes. *Vie mss, ibid.*

P. de Verneuil qui devait le préparer à sa vêture; mais il ne paraît pas qu'il s'y soit préoccupé beaucoup de la morale de sa fable : *Le Laboureur et ses enfants.*

On montre encore, au second étage à gauche, dans le corridor des étrangers, la chambre où, faisant de son temps les parts que l'on sait[1], il lisait plus volontiers Marot que Rodriguez, et la fenêtre du haut de laquelle il s'amusait à faire descendre, au bout d'une longue corde, sa barrette, toute remplie de mie de pain, jusque dans la basse-cour pour attirer la volaille et rire tout à son aise des mœurs querelleuses et gloutonnes de « la gent qui porte crête[2]. »

Lui-même « il était enfant en ceci[3]. »

Mais un ordre du P. Bourgoing, qui ne péchait pas par excès d'indulgence, ne tarda pas à le rappeler à ses devoirs, et, le 28 octobre suivant, il était invité à se rendre à Saint-Magloire pour y étudier plus sérieusement la théologie. Cette retraite un peu forcée lui dessilla les yeux; il comprit que sa vocation était ailleurs, et bientôt après il quitta l'Oratoire pour n'y plus rentrer.

La présence du P. Thomassin à Juilly y attira, en

---

1.   Deux parts en fit, dont il soulait passer :
     L'une à dormir et l'autre à ne rien faire.
                    Vers de son épitaphe composée par lui-même.

2. Fable 12, liv. 7.

3. Vers de la Fable : *le Statuaire et la statue de Jupiter,* la 6ᵉ du liv. 9ᵉ.

1649, son intime ami, le P. Lecointe, dont la modestie rehaussait le rare mérite, et qui y passa lui-même plusieurs années à organiser l'enseignement de l'histoire, à rédiger ses *Mémoires* et à préparer les matériaux de son immense ouvrage des *Annales ecclésiastiques*, dont la publication lui aurait obtenu la pourpre, si son protecteur et son ami, le cardinal Chigi, qu'il avait connu à Munster, et qui occupait alors le Saint-Siége sous le nom d'Alexandre VII, eût vécu plus longtemps.

C'est encore au P. de Verneuil que l'on doit les premiers travaux d'agrandissement du collége. Il posa, en 1644, la première pierre du bâtiment du fond de la grande cour actuelle, sur l'emplacement de l'ancienne ferme de l'abbaye, dans laquelle avait eu lieu la première installation des élèves; et ce fut même là l'origine des longs et nombreux procès que l'Oratoire eut à soutenir, pendant plus de soixante ans, contre les seigneurs de Juilly. La veuve de Saint-Germain, la châtelaine d'alors, prétendit que cette construction et surtout un colombier à pied qui s'y reliait, portaient atteinte à ses droits seigneuriaux, et, le 15 juillet de cette même année, elle signifia une dénonciation de nouvel œuvre au P. de Verneuil qui engagea l'instance au Châtelet.

LE P. MITOUART (1650-1651).

Son premier successeur fut le P. Claude Mitouart, originaire du diocèse de Chartres et déjà prêtre lorsqu'il fut admis dans l'Oratoire, en 1630, par le P. de Condren. Homme d'oraison, de retraite et d'étude, avide d'austérités pour lui seul et plein d'indulgence pour les autres, il excellait dans la conduite de la jeunesse. Il avait successivement dirigé, pendant plusieurs années, les colléges de Saumur et de Condom lorsqu'il fut envoyé de Limoges à Juilly, le 26 février 1650[1], et que, le 3 juin suivant, il reçut l'ordre de remplacer le P. de Verneuil dans sa charge de Supérieur. Il ne la remplit qu'une année. En septembre 1651 il la céda au P. Lenormand pour aller prendre la direction de l'Institution de Lyon, dans laquelle il montra, pendant vingt ans, une habileté, une prudence et une fermeté exemplaires. Atteint de la maladie de la pierre, il dut en subir deux fois la longue et cruelle opération. Héroïque au milieu d'atroces souffrances, dit un historien, le P. Cloyseault, il ne proférait jamais une plainte, mais répétait seulement cette prière des saints : *Domine, adauge dolorem, modo adauge patientiam* : Encore plus de douleurs, Seigneur, pourvu que vous m'accordiez plus de patience, et ces paroles de saint Augustin : *Hic ure, hic seca, modo in æternum parcas*. Il finit ses jours à N.-D. de Grâce en Forez, auprès d'un sanctuaire vénéré de la Sainte Vierge, et mourut, en odeur de sainteté, le 9 septembre 1673.

1. *Arch. de l'Emp.*, M. M. 576.

Son trop court passage à Juilly ne fut signalé par aucun fait important.

LE P. LENORMAND (1651-1654).

Le P. Abraham Lenormand était âgé de vingt-quatre ans lorsqu'il entra, en 1644, dans la Congrégation. Ordonné prêtre à Noël 1646, il professait, depuis cette époque, la rhétorique et la philosophie à Juilly, lorsqu'il en fut nommé Supérieur en octobre 1651. Une fièvre pernicieuse, qui éclata l'année suivante dans le pays, l'obligea à transférer momentanément le pensionnat à Notre-Dame des Vertus, près Paris, où il séjourna une année[1]. A la fin de son triennal, en 1654, l'altération de sa santé l'obligea à se rendre à la maison de repos d'Orléans. Il revint résider à Juilly en 1660, et retourna vers 1670, à Orléans où il mourut, le 3 novembre 1676, âgé seulement de 56 ans.

LE P. DE VERNEUIL (1654-1657),

SECONDE SUPÉRIORITÉ.

Sur ces entrefaites, le P. de Verneuil, après s'être acquitté de la mission qui lui avait été confiée, et avoir établi une maison de l'Ordre dans son

---

[1]. Ordre du Conseil, du 29 oct. 1642, au P. Pierre de la Coutancière, de se rendre de Nantes à *Notre-Dame des Vertus, pour l'Académie de Juilly, qui y réside présentement* (Arch. de l'Emp., M. M. 577.)

pays natal, vint reprendre les rênes de celle de
Juilly. Sa seconde supériorité fut presque tout entière absorbée par les affaires contentieuses. A
peine de retour, il eut à soutenir une nouvelle lutte
contre le seigneur de Juilly, le sieur Aubry. Le
20 octobre de cette même année 1654, ce seigneur
fit emprisonner le meunier de l'abbaye, auquel il
déniait le droit de chasser sur sa seigneurie, c'est-
à-dire d'envoyer prendre les blés des habitants dans
leurs demeures pour les moudre à son moulin, et
saisir ses chevaux et ses farines sous prétexte qu'il
faisait paître indûment ses bestiaux sur ses terres.
Le P. de Verneuil se défendit énergiquement, et,
dès le 11 décembre suivant, obtint du Parlement un
arrêt provisoire qui lui donnait gain de cause[1].
Onze jours après, à son instigation, le frère Adrien
Poixallole, Prieur claustral de l'abbaye, et les religieux de la communauté signaient un acte capitulaire qui invitait l'Oratoire, cessionnaire de tous les
droits de cette abbaye, à se mettre en possession de
ceux de *curé primitif* de la paroisse de Saint-Étienne
de Juilly, et à commencer, à Pâques 1655, l'office solennel, c'est-à-dire à célébrer la Grand'messe et les
Vêpres, à faire la prière et la procession et à recevoir les offrandes aux jours des fêtes principales de
l'année, ainsi qu'à celles du patron de l'église, de la
Fête-Dieu, de la Toussaint et des Morts. Ce fut là
une source de nouvelles difficultés.

1. *Arch. de l'Emp.*, M. M. 623. *Ann. de la Congrégation.*

L'année suivante, la Chambre des requêtes du palais rendait, le 12 juillet 1655, une sentence qui défendait à l'Oratoire d'avoir un colombier à pied et lui enjoignait d'avoir à démolir celui qu'il avait fait construire. Le P. de Verneuil en interjeta appel et, par arrêt du Conseil du Roi du 11 août 1656, fit renvoyer l'instance devant le parlement d'Aix pour cause de parenté de la dame Aubry, femme de l'intimé, avec plusieurs conseillers de celui de Paris[1]. En juin 1656 il traita, pour la maison de Saint-Honoré, du bail de la ferme de Juilly avec le sieur Boscheron, au prix annuel de 6,000 francs plus 15 muids de blé et 6 setiers d'avoine[2], et fit décider en même temps par le Conseil la consolidation du clocher de l'église de l'abbaye, qui menaçait ruine, et dont il fit commencer immédiatement les travaux.

Il sut en même temps maintenir l'impulsion qu'il avait donnée aux études. En 1654 il avait pour Préfet le P. Guy Micault, et pour professeur de philosophie le P. Lozier qui devint Assistant du P. Général. La rhétorique, confiée d'abord au P. Grossy en 1653, le fut, l'année suivante, au C. Furetière, le frère de l'auteur du *Dictionnaire de l'Académie française;* et le P. d'Ayron, qui mourut Procureur général, enseignait la théologie[3].

1. *Arch. de l'Emp.*, p. 287.
2. *Ibid*, p. 285.
3. *Ibid.*, M. M. 577.

Mais ses affaires personnelles et celles de la Congrégation l'appelèrent encore une fois à Verneuil, et il dut résigner ses fonctions entre les mains du P. Boutier qui le remplaça à la Saint-Luc 1657.

LE P. BOUTIER (1657-1666).

Le P. Jean-Baptiste Boutier était du Mans. Entré dans la Congrégation en 1627, il avait été ordonné prêtre en 1634. Il gouverna pendant neuf ans l'Académie de Juilly et eut pour Assistants d'abord le P. J.-B. Nouet et, à partir de 1659, le P. Senault, son ami, administrateur aussi habile qu'éloquent prédicateur, et qui consentit, sur ses instances, à l'aider dans la direction des affaires de l'Académie. Mais il ne jouit de son précieux concours que pendant quatre ans. Nommé député de Juilly à l'Assemblée générale de 1661[1], le P. Senault remplaça, le 17 août 1663, le P. Bourgoing dans le généralat.

Les plus célèbres professeurs de Juilly, sous sa direction, furent les Pères Poisson et Lamy.

Le P. Poisson, né en 1637, entra à Juilly comme professeur de quatrième en 1663. Il devint ensuite sous-préfet de l'Académie et professeur de mathématiques. C'est là qu'il composa son *Traité de la mécanique de Descartes*, qu'il fit paraître en 1668, ses *Notes ecclésiastiques sur le bréviaire romain*, et qu'il prépara sa *Somme des conciles*, très-appréciée

---

1. *Ibid.*, M. M. 579.

des théologiens, mais qu'il ne publia que plus tard. Il quitta Juilly en 1674, pour aller prendre la supériorité de Vendôme, puis, en 1676, celle de la maison de Saumur, « ce fort inexpugnable, disait le ministre protestant Lamyrault, opposé par l'église romaine à la place d'armes des réformés de cette ville[1] ». L'année suivante, il était envoyé en mission à Rome. Il mourut, le 3 mai 1710, à Saint-Honoré.

Compatriote de P. Poisson, le p. Bernard Lamy, l'un des hommes les plus remarquables de la Congrégation, avait fait ses études dans sa ville natale, où son talent fut pressenti par Mascaron, alors son professeur de rhétorique. Entré à l'Oratoire, à Paris, le 17 octobre 1658, il avait fait deux ans de philosophie sous le P. Charles de Fontenelle, l'un des plus saints et des plus savants prêtres de l'Ordre, et était resté trois ans professeur de classe de grammaire à Vendôme, lorsqu'il vint à Juilly, en octobre 1663, comme régent de troisième. Les deux années suivantes il y enseigna les humanités et en obtint, en 1666, la chaire de rhétorique, qu'il occupa trois ans et qu'il illustra par ses leçons. Elles furent publiées, en effet, en 1670, sous le titre de : l'art de parler ou *Traité de rhétorique*, furent traduites en trois langues et obtinrent les éloges de Bayle[2], de Dupin[3], du Journal de Trévoux, et de Malebranche

---

1. Dumont, l'*Or. et le Cartésianisme en Anjou*, p. 21.
2. V. sa *République des lettres*.
3. V. sa *Bibliothèque des écrivains ecclés. du XVIIe siècle*.

qui, quoique avare de louanges en faveur des belles lettres, ne tarissait pas sur le mérite de cet ouvrage et écrivait à un de ses amis que, s'il ne l'avait pas dans sa bibliothèque, il lui manquerait *un Livre accompli* et qu'elle serait imparfaite[1]. Il quitta Juilly en 1671, pour aller professer la philosophie d'abord à Saumur et, deux ans après, en 1673[2], à Angers, où l'ardeur de ses opinions cartésiennes et la suspicion de ses idées politiques, pourtant fort monarchiques[3], lui valurent, le 4 décembre 1675, une lettre de cachet qui l'exila à l'Oratoire de Saint-Martin de Misère au diocèse de Grenoble. Ephémère victoire du péripatétisme officiel, dont madame de Sévigné prédisait le terme au lendemain du jour où elle semblait le mieux assurée! « On fait dé-
« fendre aux Pères de l'Oratoire d'enseigner la
« philosophie de Descartes, écrivait-elle en 1678,
« et par conséquent au sang de circuler. Les
« lettres de cachet dont on est menacé sont
« de puissants arguments pour convaincre d'une
« doctrine. Dieu jugera ces questions à la vallée
« de Josaphat. En attendant, vivons avec les vi-
« vants. » Moins de trente ans plus tard, en effet, cette doctrine philosophique, qui avait fait interdire à un maître éminent et à un excellent prêtre la prédication aussi bien que la régence[4], ralliait à elle

1. *Arch. de l'Emp.*, M. 220, p. 294.
2. *Ibid.*, M. M. 582. Ordre du Conseil du 18 septembre 1673.
3. Dumont, *ouv. cité*, p. 64.
4. Ordre du 13 décembre 1675. *Arch.*, M. M. 582.

ses adversaires eux-mêmes ; et un jésuite, le P. Guénard, en faisait, au xviiie siècle, le plus éloquent éloge [1].

Du reste, cette disgrâce du P. Lamy fut de courte durée. Estimé de l'évêque de Grenoble, le cardinal Lecamus, prélat d'une grande vertu [2], il devint son vicaire général et professeur de théologie à son grand séminaire, où il composa ses *Entretiens sur les sciences*, qui devinrent le manuel et le guide de tous les jeunes confrères de la Congrégation. Il habita ensuite Paris de 1686 à 1689, et passa les vingt-six dernières années de sa vie à Rouen, où il mourut le 29 janvier 1715, dans les pratiques les plus édifiantes de la pénitence et de l'humilité.

A l'expiration de son troisième triennal en qualité de Supérieur de Juilly, le Père Boutier se retira à Notre-Dame des Vertus. Le 28 août 1676, il revint à Juilly avec le titre d'Assistant, et y mourut deux ans après [3], le 7 novembre 1678. Son corps fut inhumé dans le caveau de la chapelle.

---

1. *Discours sur l'Esprit philosophique* du P. Guénard, couronné par l'Académie française en 1755 et cité par La Harpe dans son *Cours de littérature*.

2. Le pain, les légumes et les racines composaient seuls ses repas. Et il se levait à deux heures du matin, pour avoir cinq à six heures à consacrer, chaque jour, à la prière et à l'étude, avant ses audiences. V. l'épître dédic. des *Entretiens des sciences* du P. Lamy.

3. *Arch. de l'Emp.*, carton M. M. 619.

LE P. DE VERNEUIL (1666-1671),

troisième supériorité.

Le Père de Verneuil vint, pour la troisième et dernière fois, reprendre, en 1666, la conduite de l'Académie, qu'il conserva jusqu'à sa mort, et donner à toutes choses sa vive et intelligente impulsion.

Le parlement d'Aix avait rendu, le 30 juin 1660, son arrêt sur l'appel de la sentence du 12 juillet 1655, relative aux droits seigneuriaux réclamés par la dame de Juilly. Il maintenait au meunier son droit de chasse dans le village et ajournait sa décision sur la question du colombier. La lutte n'en devint que plus ardente entre les deux adversaires. Sur ces entrefaites, en septembre 1667, le même seigneur du lieu, le sieur Aubry, fit sculpter son écu au frontispice du portail de son château, vis-à-vis du collége, et le fit surmonter de cette inscription en grandes lettres d'or : *Armes du seigneur de Juilly, fondateur de l'Abbaye.* Le père de Verneuil lui en contesta le droit et le somma de la faire enlever. Ce litige, joint à tous les autres, fut porté, d'un commun accord, devant six arbitres : MM. Lenain et d'Ormesson, conseillers d'Etat, M. Boulanger, maître des requêtes, et trois avocats au parlement, qui rendirent leur sentence le 22 juin suivant[1]. Elle maintenait le colombier à pied de

---

1. *Ann. mss.* de la Congrégation, p. 348. *Arch.*, M. M. 622.

l'Académie, mais en le réduisant à un volet; elle déniait au seigneur le titre de fondateur de l'abbaye et obligeait les Pères à couvrir en tuiles leur nouveau bâtiment. Battu sur le terrain de ses prérogatives qui éveillaient le plus son amour propre, le sieur Aubry suscita de nouvelles difficultés au Père de Verneuil, en excitant le frère Louis de Cestre, le vicaire de la paroisse, à contester au Supérieur sa qualité de curé primitif. Mais le P. de Verneuil parvint à les éluder par la démission de ce vicaire qui se retira en 1670[1]. Libre de ces soucis, il travailla encore, avec succès, à faire décharger l'abbaye d'une partie des lourdes taxes qui la grevaient[2].

Il ne fallait rien moins, du reste, que ces résultats heureux de son habile gestion des intérêts de Juilly pour lui faire oublier les désagréments sans nombre que lui avait attirés le règlement des des affaires de Verneuil. Alarmée de la prospérité rapide de la maison qu'il y avait fondée, la communauté des habitants avait résolu, en 1657, de présenter une requête à la cour, pour qu'il lui fût fait défense d'acquérir aucun immeuble, du moins dans la banlieue de la ville; et le P. de Verneuil avait cru devoir se soumettre à cette exigence[3]. Cette concession n'apaisa pas les esprits; de nouveaux démêlés surgirent entre l'Oratoire et la cité; et le

---

1. *Arch. de l'Emp.*, M. 222.
2. *Ibid.*, M. M. 580. V. la décision du Conseil du 16 mars 1668.
3. *Ann. mss.* de la Congrégation, p. 295. *Arch.*, M. M. 623.

31 juillet 1663, une décision du Régime prescrivit, pour y mettre fin, la vente de tous les biens de Verneuil et, jusqu'à sa réalisation, l'emploi de leurs revenus à l'entretien de jeunes ecclésiastiques à Juilly[1].

Au nombre des professeurs les plus distingués de cette dernière période de la supériorité du P. de Verneuil à Juilly, nous devons citer le P. F. de Coetlogon de la Saudraye qui professait la rhétorique en 1667 et qui devint, en 1674, Supérieur de la maison d'études de Montmorency ; le C. Pillaut, régent de seconde en 1668, homme capable et ferme, humaniste instruit, qui fut, plus tard, chargé du cours de philosophie à Angers et qui s'égara dans le Jansénisme ; le P. Deschamps, vigoureux logicien, qui enseigna la philosophie en 1669, mais surtout Richard Simon qui, malgré tous ses écarts, est resté une des célébrités scientifiques de cette grande époque, et qui, en neuf ans, de 1664 à 1673, occupa, à trois reprises différentes, les chaires de philosophie et de rhétorique.

Fils d'un simple taillandier de Dieppe, il avait fait ses études au Collége de l'Oratoire de cette ville, la pépinière des premiers professeurs de la Congrégation, et en telle réputation, dès ses débuts, qu'il comptait déjà, en 1646, le chiffre presque incroyable de quatre mille élèves[2]. Pourvu ensuite

1. *Ibid.*
2. Ce chiffre est attesté dans un *Mémoire* manuscrit, déposé à

par ses maîtres, qui l'avaient apprécié, d'une bourse à l'Institution de Paris, il y vint, en 1654, commencer son noviciat. Mais des dégoûts particuliers le lui firent interrompre, et il rentra dans sa famille. Ce ne fut que sur les pressantes instances d'un chanoine de Rouen, l'abbé de la Roque, homme d'une grande fortune et d'une haute intelligence, et qui tenait à le produire, qu'il se détermina à reprendre, en 1657, le chemin de la capitale et à y suivre, à la Sorbonne, son *quinquennium* de théologie. Il n'avait alors que dix-neuf ans, dit son biographe contemporain[1]; mais, sans s'arrêter à la scolastique, et voyant déjà que toutes les discussions de l'époque roulaient sur les Écritures, il comprit que tout l'avantage resterait à qui en connaîtrait mieux le sens et le texte. Il se livra dès lors à l'étude et particulièrement à celle des langues orientales avec une prodigieuse ardeur, travaillant quinze et seize heures par jour, couché par terre sur un tapis et entouré de ses in-folio auxquels on ne pouvait pas l'arracher. Sa théologie terminée, il s'attacha définitivement à l'Oratoire en 1662, à la sollicitation du P. Bertad, alors Supérieur à l'Institution; et l'on vit ce vieillard à cheveux blancs, l'un des plus habiles théologiens de sa Compagnie, ne pas rougir de balbutier l'hébreu à l'école

---

la bibliothèque de Dieppe, et composé, en 1761, par Claude Guibert, *prêtre, pour servir à l'histoire de cette ville*, p. 333.

1. Cité *suprà*, à la note 1re de la page 150.

d'un jeune homme de vingt-trois ans. *La Polyglotte de Londres* et quelques autres ouvrages de critique sacrée, que l'on trouva dans sa chambre, lui suscitèrent, à quelque temps de là, des tracasseries qui le blessèrent et auxquelles il songea à mettre un terme en se retirant chez les Jésuites. Calmé par la bonté du P. Senault et l'amitié du P. Bertad, il acheva son temps d'institution et fut envoyé à Juilly, à la Saint-Luc 1664, comme professeur de philosophie... « C'était un grand honneur pour un jeune homme, dit le savant archéologue normand, M. l'abbé Cochet, dans la notice qu'il lui a consacrée, que cette chaire de Juilly, la première de l'Ordre [1]. » Simon sut le soutenir. Rappelé à Paris, en 1667, par le P. Senault pour cataloguer les manuscrits orientaux de la bibliothèque de la Maison Saint-Honoré, la plus riche de la capitale en ce genre de documents, il les dévora tous, en même temps qu'il en opérait le classement, et y puisa les plus précieux matériaux pour ses nombreux ouvrages. Il reprit, l'année suivante, son cours de philosophie à Juilly, passa la fin de celle de 1669 à Paris, puis à Dieppe dans sa famille, et rentra à l'Académie, au commencement de 1670, pour se préparer à la prêtrise qu'il reçut à Meaux dans le courant de cette même année [2].

---

1. L'abbé Cochet, *Notice biog.* sur R. Simon, citée *suprà*, p. 150.
2. L'examen préalable à son ordination, que R. Simon dut

Ce fut alors qu'il commença à se faire connaître comme publiciste par le *Factum*, qu'il lança de Juilly vers la même époque de 1670, en faveur d'un Juif condamné au feu par le Parlement de Metz pour

subir comme tous les ordinands, révéla son profond savoir et donna lieu à une scène très-plaisante, dont le bruit se répandit jusqu'à la cour, et qui montre, après le fabuliste,

Qu' « il ne faut pas juger les gens sur l'apparence[1]. »

R. Simon était petit, chétif, d'une physionomie terne, d'un maintien très-modeste; et, selon l'expression d'un de nos conteurs, « la nature n'avait pas écrit sur sa figure ses lettres de recommandation. » Parti de Juilly, le matin, à pied, il n'arriva à Meaux que vers midi après la séance d'examen, et se présenta de suite à l'Évêque, Mgr de Ligny, qui était à table avec son grand vicaire, l'un des examinateurs. Le Prélat vit dans ce retard de l'ordinand la ruse d'un ignorant qui voulait le surprendre, fixa son interrogatoire à deux heures, promit d'y assister et le recommanda à toute la sévérité de l'examinateur.

A l'heure dite, l'épreuve commença en sa présence.

« Je ne vous demanderai pas, dit tout d'abord l'Examinateur à R. Simon, si vous savez le latin. On l'enseigne chez vous avec réputation et *selon la nouvelle méthode*; et je sais que votre école est exempte de pédantisme et donne de la jalousie à beaucoup d'autres. Quoi qu'il en soit, Horace aura toujours ses difficultés. Expliquez-moi sa première satire. — Simon s'en tire en excellent humaniste. — C'est bien. Vous avez, sans doute aussi, une bonne provision de philosophie ? — Je l'étudie tous les jours, répond le candidat avec modestie. — Aussitôt son interlocuteur lui pose un argument captieux auquel Simon répond par un *distinguo* plus subtil encore. — Fort bien. Je vois que vous avez de la philosophie. Mais gardez-vous seulement d'une certaine doctrine cartésienne, insensée, qui empoisonne bien des gens. — Je suis péripatéticien pour la vie, répond Simon, — et moi, pour mon traitement, répliqua le grand vicaire en riant. — Ce n'est pas, poursuit-il, que si Descartes avait écrit en grec, d'un style obscur, à deux mille ans de nous, ses principes, n'étant lus ni entendus de

---

1. La Fontaine, *le Paysan du Danube*, liv. xi, fab. 7.

assassinat d'un chrétien, et qui contribua à faire casser l'arrêt. L'année suivante, l'impression de sa *Fides ecclesiæ Orientalis*, traduction latine des œuvres de Gabriel, de Philadelphie, l'appela à

personne, auraient plus d'approbateurs que présentement qu'il est lu et entendu de tout le monde. Du reste, vous savez de la théologie, n'est-ce pas? Vos premiers Pères étaient tous des docteurs et de grands théologiens ; et un prêtre de l'Oratoire sans théologie, surtout sans théologie mystique, serait moins qu'un Cordelier sans latin ; et il l'amène ainsi aux questions du moment et veut tenter sa foi. Mais le trouvant orthodoxe et nullement janséniste, il aborde un terrain moins épineux et plus solide. On trouve assez de philosophes et de théologiens, s'écrie-t-il alors, dans l'état ecclésiastique. Mais on ne voit pas qu'on s'y applique aux langues orientales et qu'on lise l'Écriture sainte dans sa source. Et pourtant quelles délices! Quelles délices! Monseigneur, répète-t-il en se tournant vers le Prélat, de lire les Livres sacrés dans leur texte original ; et que la langue hébraïque a de charmes pour les savants! L'Évêque incline légèrement la tête et se borne à ajouter : « Je l'ai ouï dire de même à MM. de Muys et de Flavigny, qui étaient de très-doctes hébraïsants. » Revenant à Simon, l'Examinateur lui demande s'il n'avait point de goût pour cette belle langue. — Notre diacre, à qui l'eau en venait à la bouche, lui répond qu'il en sait les éléments. — Ah! que vous me réjouissez! et qu'il se trouve peu de gens d'un esprit aussi droit et aussi bien tourné que le vôtre! Puisqu'il en est ainsi, je ne vous célerai pas ce que j'en sais moi-même : *Sermonem habes non publici saporis ; et, quod rarissimum est, amas bonam mentem ; non fraudabo te arte secretâ.* Dites-moi donc comment la Genèse s'appelle en hébreu? — *Hébraicè*, dit Simon, *vocatur Beresith.* — La carrière ouverte, on entre en matière ; le combat s'engage; on s'anime ; on se pique ; on crie à tue-tête ; on cite les Polyglottes et les Rabbins anciens et modernes. Le pauvre Examinateur, étourdi d'une pareille érudition, hésite et balbutie ses répliques. Simon le presse, le pousse sans quartier, le terrasse et l'accable. Le Prélat mourait de rire et prenait plaisir à prolonger la lutte, lorsque son maître d'hôtel, qui s'en amusait moins, vient délivrer le patient en annonçant que *Monseigneur est servi* et

Paris, où il fut chargé d'enseigner la philosophie à l'Institution. Enfin, en 1672, le P. Senault l'obligea de retourner, pour la troisième fois, à Juilly comme professeur de rhétorique et aussi en qualité de précepteur du jeune prince César d'Est, de la maison de Modène[1]. Ses relations avec cette famille ducale lui fournirent l'occasion d'étudier le *Traité* italien de Léon de Modène, rabbin de Venise, *sur les cérémonies des Juifs;* et la version française qu'il en donna lui fit quitter définitivement Juilly, à la fin de 1673, pour aller à Paris en surveiller la publication.

Le P. de Verneuil eut aussi sous sa direction, en 1668, comme élève de philosophie, le C. Faydit, qu'il fit exclure de la Congrégation comme incapable, et qui se vengea de cette disgrâce par son vers épigrammatique contre Malebranche, qui, chose triste à dire, suscita à lui seul plus de détracteurs au grand philosophe que la beauté de ses ouvrages ne lui procura de lecteurs[2]. Et en 1670, on lui envoya, comme Confrère résidant, ce Louis-Henri de Loménie de Brienne, fils de l'ancien secrétaire d'État de Henri IV, qui, après avoir été

---

que *la bisque refroidit*. L'Évêque, prenant enfin le vaincu en pitié, donna sa bénédiction à Simon, l'assura qu'il l'admettrait, le lendemain, aux saints Ordres et leva la séance. » Cette scène est racontée par Vigneul-Marville dans ses *Mélanges d'histoire et de littérature*, t. Ier, p. 236, et par Taillefer dans son *Tableau historique de l'esprit et du caractère des littérateurs français, ou Recueil de traits d'esprit*, t. II, p. 386 et suiv.

1. *Not. biog.* sur R. Simon, déjà citée.
2. V. *Arch. de l'Emp.*, M. M. 580. Ce vers est cité *suprà*, p. 155.

lui-même ministre des affaires étrangères sous Louis XIV, quitta subitement le monde pour se retirer à l'Oratoire, dont il ne sortit, en 1671, que pour rester, pendant dix-huit ans, enfermé à Saint-Lazare par ordre du Roi[1]. Ce fut pendant son séjour à Juilly qu'il composa ses *Poésies chrétiennes*, qui parurent dans l'année de son incarcération et qu'on attribua faussement à La Fontaine.

Le P. de Verneuil mourut à Juilly, le 20 février 1671[2], à l'âge d'environ soixante-sept ans. Il avait posé les assises de la renommée du collége en se rendant l'interprète aussi habile que dévoué des grandes vues du P. de Condren sur l'éducation ; il les assura en laissant, pour le remplacer, un de ses compatriotes, le P. de Saint-Denis, digne de son amitié et de sa succession par la supériorité de son esprit, la distinction de ses manières et le zèle ardent de son âme sacerdotale. Enfin il voulut donner à cette Académie, à la prospérité de laquelle il avait prodigué sa vie, un dernier gage de son affection en lui léguant deux de ses fermes de Verneuil, celles de la Bourganière et du Chapelet[3].

LE P. DE SAINT-DENIS (1671-1677).

Le P. Jacques de Saint-Denis, d'une famille noble du Perche, alliée à celle de son prédécesseur, était

1. *Arch.*, M. M. 581.
2. *Ibid.*, M. M. 609.
3. *Ann. mss. de la Congrégation*, Arch. de l'Emp., M. M. 623.

né à Verneuil en 1639, l'année même de la fondation de l'Académie, aux destinées de laquelle il était appelé à présider. Il entra dans l'Oratoire à vingt-trois ans, en 1662, et, l'année suivante, fut envoyé à Juilly comme régent de seconde. Il y enseigna la rhétorique de 1664 à 1666, devint alors Préfet de l'Académie, et n'y était plus attaché que comme chanoine résidant depuis son admission à la prêtrise en 1669, lorsque le 10 mars 1671, trois semaines après la mort de son regrettable ami, le P. de Verneuil, il reçut l'ordre de le remplacer[1].

Homme du meilleur monde, d'un caractère ferme et d'un jugement sûr, il avait toutes les qualités d'un administrateur, et les six années de sa supériorité furent un bienfait pour le collége. Un de ses plus jeunes régents, le C. Claude Mallemans, devait plus tard se faire un nom dans la science. Né à Beaune en 1653, et entré dans la Congrégation à vingt et un ans, il vint à Juilly, en 1675, comme professeur de quatrième; il y resta trois années, pendant lesquelles il consacra tous ses loisirs à l'étude des mathématiques et de la physique et à la préparation de ses ouvrages, dont le premier, un *Traité physique du Monde*, parut en 1679.

La mort du sieur Aubry, le seigneur de Juilly, et le désordre de sa fortune, avaient entraîné, en 1673, la saisie réelle de tous ses biens. Le P. de Saint-Denis voulut en profiter pour réunir au do-

1. *Ibid.*, M. M. 581.

maine de l'abbaye cette seigneurie du lieu, qui avait été l'occasion de tant de difficultés pour le P. de Verneuil. Il mit tout en œuvre pour amener cette réunion; il chercha à se procurer les fonds nécessaires en vendant les deux fermes de Verneuil; il en fit exprès le voyage, en 1674, mais sans résultat. Il était parvenu, cependant, à trouver d'autres ressources et avait obtenu du Conseil de la Congrégation l'autorisation de se rendre adjudicataire de cette seigneurie au prix de 80,000 livres, lorsqu'une mission importante, celle de suivre le maréchal de Turenne dans sa dernière campagne, vint le détourner de ce dessein et en empêcher la réalisation.

Turenne avait toujours affectionné les Pères de l'Oratoire et recherché leur société; mais elle était devenue pour lui un besoin depuis sa conversion[1], qu'avaient préparée ses conférences avec le P. Senault[2], et que décida ensuite l'*Exposition de la Foi*, écrite pour lui par Bossuet. Il s'était fait accompagner par le P. du Castel dans son admirable campagne d'Alsace de 1674[3]; et, à son retour, il aurait désiré se retirer à l'Institution de Paris pour se préparer à la mort[4].

1. Il avait fait son abjuration entre les mains de l'Archevêque de Paris, le 23 octobre 1668.
2. V. Larrey, dans son *Histoire de la France sous Louis XIV*, et l'ordre du Conseil, du 30 mars 1674, *Arch.*, M. M. 582.
3-4. « Le P. Mascaron le dit dans son oraison funèbre; et M. des Roziers, son intendant et son ami, qui s'y retira lui-même, le

Aussi ne fallut-il rien moins que l'autorité du Roi pour lui faire accepter le commandement de l'armée d'Allemagne. Mais avant d'entrer en campagne il demanda à ce que le P. de Saint-Denis fût attaché à sa personne. Le Supérieur de Juilly en fut instruit par un billet du P. de Sainte-Marthe, en date à Paris du 6 mai 1675[1]; et huit jours après, il était avec le maréchal à son camp de Schelestadt. Il le suivit au passage du Rhin à Ottenheim, à Wilstett et à Gamshurst; et le 27 juillet, en arrivant avec lui, à midi, à Nieder-Akren en face des Impériaux, il vit son visage rayonner de la joie d'une victoire certaine. Trois heures après, il recevait le corps inanimé du grand capitaine, traversé par un boulet ennemi sur une des collines de Salsbach. Assurément il connaissait trop bien la pureté de sa vie pour ne pas partager

confirma. » Telle est la déclaration contenue dans le registre mss. des *Annales de la Congrégation* (année 1675, p. 88, Arch., M. M. 624). Ramsay l'atteste également, dans son *Histoire du vicomte de Turenne*, t. I, p. 558 en note : « C'est une tradition, dit-il, dans la maison de Bouillon. Elle s'est conservée chez les Pères de l'Oratoire sur le témoignage du P. du Castel et du P. de Saint-Denys, qu'il avait eus successivement auprès de lui pendant les campagnes qui suivirent sa conversion. » La pensée en ressort, du reste, de ses derniers adieux au cardinal de Retz, rapportés par madame de Sévigné : « Monsieur, lui aurait-il
« dit, je ne suis point un diseur; mais je vous prie de croire
« sérieusement que sans ces affaires-ci, où peut-être on a besoin
« de moi, je me retirerais comme vous ; et je vous donne ma parole
« que si j'en reviens, je ne mourrai pas sur le coffre, et je mettrai,
« à votre exemple, quelque temps entre la vie et la mort. »
(*Lettre à Madame de Grignan* du 2 août 1675, n° 413, éd. Techener).

1. *Arch. de l'Emp.*, M. M. 582.

sur son salut la confiance générale dont madame de Sévigné se fit l'interprète si éloquente[1]. Nul plus que lui, néanmoins, ne dut éprouver cette anxiété chrétienne que toute mort subite inspire à un esprit sérieux, pénétré de la misère de l'homme et des grandeurs de Dieu ; et il lui fallut toute son énergie pour pouvoir célébrer ce premier service militaire qui eut lieu au camp, « où tout était fondu en larmes « et faisait fondre les autres[2]. » Il voulut même suivre jusqu'à Saint-Denis les restes du héros, que Louis XIV prescrivit d'y déposer près des tombeaux de ses pères, et qu'il avait spécialement chargé le P. de Chevigné, aussi de l'Oratoire, de ramener en France[3].

Aussitôt après la cérémonie des funérailles il rentra à Juilly, mais brisé par la douleur et incapable de tout travail suivi. L'année suivante, il dut

1. Lettres du 12 août 1675, n° 420, et du 16 id., n° 422, même éd.
2. *Lettre de Madame de Sévigné à Madame de Grignan*, du 28 août 1675, n° 433, dans laquelle elle ajoute : « Nous nous fîmes raconter sa mort : il voulait se confesser ; et en se cachotant il avait donné ses ordres pour le soir, et désirait communier le lendemain, dimanche, qui était le jour qu'il croyait donner la bataille. »
3. La mission de ce Père était un honneur de plus que le Roi tenait à rendre à la mémoire de Turenne, dont il connaissait l'attachement pour la Congrégation. Le P. de Chevigné était un vieux capitaine du régiment des Gardes et un ancien compagnon d'armes de l'illustre défunt. Il avait plusieurs fois versé son sang au service de la France avant de se consacrer à Dieu ; et la réputation de sa vaillance sur les champs de bataille et de sa sainteté sous l'habit des fils de Bérulle l'avait désigné au choix du Monarque.

prendre un congé pour aller chercher aux eaux de Bellesme une guérison et des forces qu'elles ne lui rendirent pas ; et en 1677 il fut obligé de résigner ses fonctions. Il resta encore à Juilly, en qualité de chanoine résidant, pendant trois années, au bout desquelles il passa Supérieur à Caen[1]. En 1698 il habitait à Saint-Honoré avec Malebranche dont il était l'ami, et il mourut à Verneuil, dont il administrait les biens pour la Congrégation, le 4 janvier 1702, à l'âge de soixante-trois ans[2].

LE P. SÉRARD (1677-1679).

Le P. François Sérard, son successeur, était né au Mayne, diocèse du Mans, en 1639. Il venait d'y terminer sa philosophie, quand il fut reçu dans la Congrégation le 3 octobre 1659. Ordonné prêtre en 1664, il fut appelé d'Angers à la supériorité de Juilly le 4 septembre 1677[3]. Il l'exerça deux ans jusqu'en octobre 1679, et se retira à Orléans où il mourut le 2 mai 1694.

Pendant ces deux années, la chaire de philosophie fut occupée avec talent par le C. de Beaujeu qui devint plus tard évêque de Castries et membre de l'Académie des Inscriptions ; et Juilly fut aussi la résidence du C. Jean Prestet qui y fut envoyé, le 29 juillet 1678[4], pour se préparer à la

---

1. Ordre du 9 août 1680, *Arch. de l'Emp.*, M. M. 582.
2. *Arch., ibid.*
3. *Arch., ibid.*
4. *Arch., ibid.*, et M. 220, p. 348.

prêtrise et continuer ses savantes études de mathématiques. Il en partit en octobre 1680, pour aller occuper à Nantes la chaire de mathématiques fondée par les États ; mais il ne put pas y monter par suite de l'opposition des Jésuites qui oublièrent leur récente réconciliation avec l'Oratoire[1] et virent dans ce nouveau cours une concurrence à celui d'hydrographie, qu'ils venaient d'ouvrir ; et il se retira à Raroy, en janvier 1681, en protestant contre leur résistance[2]. L'année suivante, il se rendit à Angers comme professeur de mécanique et de fortifications, place nouvellement créée au collége de cette ville. Il mourut à Marines, le 8 juin 1690, âgé seulement de quarante-deux ans.

LE P. FRESNEAU (1679-1682).

Le P. Jacques Fresneau remplaça le P. Sérard. Né en 1630, à Courdemandre, près le Mans où il fit toutes ses études, il fut admis dans l'Oratoire, le 30 mai 1648, à l'âge de dix-huit ans. Tour à tour professeur d'humanités, de rhétorique et de philosophie, puis préfet des études dans divers colléges de la Congrégation, il fut nommé Supérieur de Juilly le 4 août 1679[3]. En novembre suivant, il dut

1. *Arch.*, M. 237.
2. *Arch.*, M. M. 582. Délibération du Conseil, du 4 novembre 1680, et autorisation par lui au P. général, en date du 22 dudit, à l'effet d'écrire au P. général de la Société de Jésus pour se plaindre des procédés de quelques-uns de ses Pères contre la Congrégation à Marseille, à Toulouse, à Tours et à Caen.
3. *Arch.*, *ibid.*

faire une absence ; et ce fut le P. Robert de Saint-Germain, de l'Institution de Paris, qui fut appelé à faire son intérim. En 1680, des réparations importantes, exigées par l'état de vétusté de certaines parties des bâtiments, lui firent solliciter l'autorisation de faire une coupe de bois dans le parc de l'Académie; mais le P. d'Ayron, alors procureur général, la lui refusa. Il dut se borner à faire exécuter les travaux les plus urgents. La même année, il fit acheter par la maison de Paris la terre de Vinantes, près de Juilly, au prix de 42,000 fr. qui furent donnés par le P. de Saumaize, l'auteur d'une *histoire de la Congrégation*[1].

Le P. Fresneau quitta Juilly à l'expiration de son triennal. Il mourut à Vendôme le 18 janvier 1703.

LE P. DEVINS (1682-1688).

Le P. Denis Devins, appelé, après lui, à la tête de l'Académie, en était un ancien élève. Né à Paris en 1651, il avait fait avec succès ses humanités à Juilly[2] et sa philosophie au collége de Navarre, l'école universitaire de la noblesse française, toute fière encore d'avoir possédé Bossuet pendant dix ans, de 1642 à 1651; et après trois années de théologie en Sorbonne, il avait été reçu dans l'Oratoire, à vingt-un ans, le 15 mars 1672[3]. Professeur ins-

1. *Arch.*, M. M. 582..
2. De 1659 à 1664.
3. *Arch.*, M. M. 610.

truit et disert, il avait parcouru en neuf ans, tous les degrés de l'enseignement, quand il fut nommé, le 25 août 1682, Supérieur de Juilly, dont il exerça les fonctions jusqu'en avril 1688.

Pendant son administration de six années, qui fut hérissée de difficultés de toute sorte, il montra une rare entente des affaires, bien qu'auparavant il n'en eût jamais traité. Il termina, en 1684, un différend qui survint entre l'Oratoire et le grand prieur de France, Philippe de Vendôme, au sujet des trois anciens moulins de l'abbaye[1], en faisant débouter le grand prieur de ses prétentions[2].

En 1685, il eut, à son tour, à soutenir les droits du meunier de l'abbaye à la chasse de la mouture dans le village, que contestait, de nouveau, le seigneur actuel, le sieur Joysel, et sa fermeté parvint à les lui maintenir[3].

La même année, il sollicita du Conseil de la Congrégation l'établissement à Juilly d'une seconde Institution, c'est-à-dire d'un nouveau noviciat. Les dépenses considérables qu'allait entraîner la réfec-

1. Ceux de Juilly, de la Haise et de Grotel. Ce dernier, qui n'existait plus depuis 160 ans, avait été chargé autrefois d'une certaine redevance envers l'Ordre de Malte. Afin de pouvoir revendiquer encore cette redevance, les agents du grand prieur persistèrent à confondre le moulin détruit avec celui de Juilly et à prétendre que les deux n'en faisaient qu'un. Ce fut cette prétention qui amena le procès.
2. Ann. mss. de la Congrégation, M. M. 623, p. 416, aux *Arch. de l'Emp.*
3. *Arch.*, M. M. 583.

tion de la chapelle l'empêchèrent seules de l'obtenir[1].

Depuis longtemps, en effet, les gros murs et principalement la voûte de l'église abbatiale menaçaient ruine. Il y avait danger à y continuer les offices du chœur. On se décida enfin à la réparer et on autorisa, à l'effet de pourvoir aux frais de cette réparation, la coupe d'une partie des bois de l'abbaye. Le 2 août 1686, le P. général se rendit à Juilly avec son architecte, et convaincu de l'urgence des travaux, en prescivit l'ouverture immédiate. Le manque d'argent obligea néanmoins à les ajourner encore; et ce ne fut qu'au mois de Juillet 1687 qu'on put les commencer. Une plaque de marbre noir, commémorative de leur achèvement, que l'on voit encore à l'entrée du chœur et qui porte la date de 1704, prouve que l'on mit dix-sept ans à les terminer. L'exiguïté des ressources avait forcé à les traîner ainsi en longueur. Ils furent, du reste, assez importants : on reprit toutes les fondations des gros murs; on réduisit la hauteur primitive de la nef pour ouvrir la salle des Pas-Perdus, transformée elle-même récemment en parloir; on consolida la voûte du chœur, et on refit à neuf toute la toiture.

A l'automne de cette même année 1687, une fièvre pernicieuse, qui se déclara dans la contrée,

---

1. Décision du Conseil, du 19 mai 1685, *Arch.*, M. M. 583.

enleva trois régents, entre autres les Confrères Boutin et Mahault. Frappé lui-même par l'épidémie, le P. Devins fut obligé de se retirer pendant quelques mois à Raroy pour achever sa convalescence. Il rentra à Juilly au commencement de 1688 ; mais trop faible encore pour reprendre ses fonctions, il s'en démit définitivement deux mois après. Il resta à Juilly comme chanoine du chœur et curé de la paroisse jusqu'en 1695, où il fut appelé à la maison de Saint-Honoré. En 1710, il devint Assistant du Supérieur de N.-D. des Vertus, et le remplaça quelques années plus tard. Ce fut là qu'il mourut, le 17 février 1738, à l'âge de quatre-vingt-sept ans.

Pendant la durée de sa supériorité, plusieurs hommes distingués passèrent à Juilly comme régents : le C. Moncelet qui se fit un nom dans l'enseignement de la philosophie ; les CC. de Varennes et Vétillard, tous deux excellents humanistes ; le P. Lerat, l'auteur d'une monographie du P. de Bérulle, qui y enseigna la philosophie et qui mourut à Paris, en odeur de piété, le 12 janvier 1709 ; le C. de Montaron, professeur de rhétorique renommé et qui fut Préfet de l'Académie de 1686 à 1691 ; et le P. de La Rue, curé de Juilly, qui fut nommé, en 1689, Supérieur de l'Académie d'Effiat, qu'il sut rendre très-prospère.

LE P. PERDRIGEON (1688-1693).

Le P. Louis Perdrigeon était de Paris comme

son prédécesseur, le P. Devins. Né en 1654, il avait fait ses humanités chez les Jésuites du collége de Clermont et sa philosophie à celui de La Marche. Le P. Poncet, son parent[1], le fit entrer à vingt ans dans la Congrégation. On l'envoya tout d'abord à Juilly pour compléter ses études de philosophie. Après son noviciat, il se livra pendant neuf ans à l'enseignement, fut ordonné prêtre en 1681, et avait déjà dirigé deux maisons de l'Ordre avant d'être appelé, en avril 1688, à la supériorité de Juilly, qu'il conserva jusqu'au 25 juin 1693. Il se retira ensuite à Montmorency dont il devint curé et où il mourut, à quatre-vingt-un ans, le 19 août 1735. C'était un homme d'un vaste savoir, d'un grand sens et d'une piété fervente. Bossuet s'étonnait de la rare alliance qu'il rencontrait en lui, de la douceur du caractère et de la fermeté de la volonté; et il le prisait à l'égal du P. Aveillon, l'ancien Assistant du P. Devins, qu'il employa souvent dans ses missions diocésaines et dont il faisait le plus grand cas[2].

De son temps, le C. Vétillard faisait encore la rhétorique; un des Préfets de chambre était le C. de Bonrecueil qui se fit une certaine réputation comme prédicateur; le C. J. de Verthamon, qui mourut, en 1725, évêque de Conserans,

---

[1]. Le P. Poncet, de l'Oratoire, mourut le 10 juin 1713, Supérieur de Notre-Dame des Vertus.

[2]. Lettre de Bossuet au P. de La Tour, de 1702, pour le remercier des missions de Jouarre et de Claye, *Arch.*, M. 231.

enseignait les humanités ; et le fameux P. Lelong, les mathématiques.

Jacques Lelong, né à Paris en 1665, avait été reçu, à onze ans, clerc de l'ordre de Malte et était passé dans cette île, où il était resté longtemps enfermé comme suspect d'être atteint de la peste. Admis dans l'Oratoire le 9 octobre 1686, après avoir fait ses humanités aux Jésuites, sa philosophie à La Marche et deux ans de théologie en Sorbonne, il vint à Juilly, à l'expiration de son noviciat, en 1687, professer deux ans la philosophie et ensuite les mathématiques. Il y resta six ans, et n'en partit qu'à la fin de 1693 pour aller à N.-D. des Vertus se livrer à l'étude dans une retraite absolue. Grand mathématicien, philologue et dialecticien remarquable, il fut encore un des historiens les plus érudits de l'ancienne France. Malebranche lui avait voué une affection toute particulière et venait souvent de Raroy, sa résidence favorite, le voir à Juilly, lui soumettre ses doctes travaux et méditer avec lui sur les hautes questions de la philosophie et des sciences[1]. Du reste, l'illustre auteur de *la Recherche de la Vérité* était, depuis plusieurs années déjà, l'hôte aimé de notre collège ; il y avait fait de fréquents et assez longs séjours pendant les trois années qu'y resta son élève préféré, Prestet, et y

---

[1]. Ces visites de Malebranche sont prouvées, dit le P. Adry (*loc. cit.*, p. 26), par les lettres manuscrites du P. Lelong à Leibnitz.

avait écrit bien des pages de son célèbre ouvrage. Après la mort de ses amis, il ne cessa pas d'y revenir; et cinq ans avant de mourir, en 1710, il y planta lui-même l'admirable marronnier de la pièce d'eau, qui, par sa verdeur persistante et l'exubérance de ses floraisons printanières, semble participer à l'immortalité de son grand nom[1].

LE P. GOUIN DE LANGELIÈRE (1693-1699).

Fils d'un avocat d'Angers, le P. Michel Gouin de Langelière, né en 1663, avait fait de brillantes études dans sa ville natale avant d'entrer dans l'Oratoire en 1682. Pendant dix ans il enseigna les humanités et la philosophie dans plusieurs colléges de la Congrégation, se fit remarquer par la solidité de sa doctrine, la distinction de son esprit et la vigueur de son caractère, et montra de bonne heure une grande aptitude aux affaires et à l'administration. Ces rares qualités le désignaient au choix du Conseil pour la supériorité de Juilly. Elle lui fut conférée le 25 juin 1693, et il en demeura chargé jusqu'en juin 1699.

De tous les chefs de cette maison, il fut peut-être celui que le grand évêque de Meaux honora le plus particulièrement de son estime. Bossuet, on le sait, avait pour l'Oratoire un attachement profond, dont il lui laissa un témoignage impérissable dans sa magnifique *Oraison funèbre du P. de Bourgoing*; et

[1]. Voir *suprà*, p. 18, la note sur le marronnier de Malebranche.

il sembla le reporter tout entier sur l'Académie de Juilly pendant les vingt-trois années qu'il gouverna le diocèse dont elle dépendait. Il eut avec elle de fréquents rapports ; il se plaisait à y venir pour prendre quelques moments de repos auprès de ses Pères, présider aux exercices académiques et distribuer le pain de la parole divine aux élèves et aux habitants du village, dans ce langage simple, paternel, accessible à tous, dont il avait le secret.

Dès 1687, l'intérêt qu'il prenait à l'accroissement de cette Académie et sa confiance dans le P. Perdrigeon avaient engagé le Conseil à lui demander pour elle « non la direction de son séminaire, à la
« tête duquel étaient toujours les Chanoines réguliers
« de Sainte-Geneviève, mais le soin d'instruire et
« de former les jeunes élèves de son diocèse[1]. » Et ce projet, qu'il goûtait, ne fut abandonné que par des considérations personnelles à la Congrégation.

Deux ans après, on le voit à Juilly le 18 mai 1689.
« Monseigneur a fait la prédication en chaire, est-il
« dit dans l'extrait du registre de ses visites épisco-
« pales[2], puis il a célébré la sainte Messe, a donné
« la sainte Eucharistie à tous les confrères de l'Ora-

---

1. Délibération textuelle du Conseil, du 12 juillet 1687, *Arch.*, M. M. 583. V. aussi *ibid.*, le Reg. mss. de l'Or., M. 465, p. 311.
2. Nous devons la communication de ce document à l'extrême obligeance de M. Floquet, à qui rien de ce qui concerne Bossuet n'est étranger et qui a si bien su mettre en pleine lumière l'imposante figure de cet incomparable génie dans les belles études qu'il lui a consacrées.

« toire, et a donné la Confirmation à environ deux
« cent cinquante enfants de Juilly, de Nantouillet,
« de Saint-Mesmes et de Vinantes, ayant préalable-
« ment expliqué les cérémonies de ce sacrement
« et la manière dont le Saint-Esprit se communique
« aux fidèles. »

« Le 16 août 1692, indique ce même registre,
« Monseigneur l'évêque de Meaux a été reçu avec
« les cérémonies accoutumées. Il a administré la
« Confirmation à quarante ou cinquante enfants de
« la paroisse et de l'Académie de Juilly. Après quoi
« il a célébré la messe, puis assisté à la messe
« paroissiale célébrée par le P. Perdrigeon, prêtre
« de l'Oratoire, ancien Supérieur de la maison de
« Juilly et curé de la paroisse. Après la lecture de
« l'Évangile, Monseigneur, étant monté en chaire,
« a fait le prône et a expliqué au peuple l'Évangile
« courant, les exhortant à la fréquentation des
« sacrements et des instructions et à la pratique
« de la piété chrétienne. »

Et le 6 août 1696, Bossuet écrit lui-même à son
neveu, l'abbé Bossuet, à Rome : « Je suis venu ici
« pour une thèse qui m'y est dédiée. Il y a nombre
« d'honnêtes gens *et la fleur de l'Oratoire*. On y
« attend le P. de La Tour, qu'on regarde comme
« devant être bientôt Général. Le P. de Sainte-
« Marthe se doit démettre dans une assemblée qui
« se tiendra au mois prochain, à l'Institution. Son
« grand âge et ses infirmités donnent prétexte à sa

« démission que tous les amis de cette Congréga-
« tion ont crue nécessaire[1]. »

L'éloge qu'il fait, dans cette lettre, des Pères de
Juilly était mérité. De tout temps il eût été vrai de
dire qu'ils étaient la fleur de l'Oratoire qui les re-
crutait parmi ses sujets les plus brillants. Mais à
cette date de 1695, cette fleur projetait un véritable
éclat. Le Supérieur était le P. Gouin, homme accompli par sa sagesse, sa modestie et son savoir ;
le Préfet des études, le P. de Montaron dont nous
avons déjà parlé ; le professeur de mathématiques, le C. Colman, un des hommes les plus versés
dans les sciences exactes ; celui de philosophie, le
P. Gaspard Michaëlis, un des amis de Malebranche
et le frère du savant orientaliste ; celui de rhétorique, le P. Davazé qui devint un prédicateur célèbre ; et le régent de seconde, un parent de Boileau, le C. Christophe Despréaux.

Le même jour, 6 août 1696, Bossuet datait de
Juilly un billet ainsi conçu : « Nous ordonnons
au prieur de l'hôpital de Dammartin, de payer cent
livres aux sœurs charitables de Dammartin, de la
quelle somme il demeurera déchargé en rapportant
leur quittance[2]. » Ce billet, en soi sans importance,

1. Voir cette lettre dans les œuvres complètes de Bossuet, t. XL,
p. 212 de l'éd. Lebel, in-8, et t. XXIX, p. 14 de l'éd. Lachat, in-8.
2. Nous donnons, à la fin du volume, le *fac-simile* de ce billet
de Bossuet, à la suite de celui de l'autographe de sa première
Oraison funèbre, celle de Henri de Gornet, dont nous avons déjà fait
mention *suprà*, p. 17.

concerne cependant un couvent auquel se rattache un trait touchant et peu connu de la vie de ce grand homme. Il était en relations assez suivies avec lui depuis qu'il l'avait chargé du soin de l'hospice qu'il avait adjoint, l'année précédente, à l'Hôtel-Dieu de la ville. Un jour, il était en conférence avec la Mère prieure, lorsqu'une pauvre femme accourt tout en larmes annoncer à la supérieure que l'heure de l'enterrement de sa voisine est arrivée, et que ni le prieur ni son vicaire ne sont là pour y procéder. Bossuet la console, l'assure qu'il va trouver un prêtre pour dire la messe et les prières des morts, et fait sonner le glas funèbre. Une demi-heure après, il célébrait lui-même l'office, recevait le corps et le conduisait au cimetière[1].

L'année suivante, Bossuet est encore à Juilly le 26 août 1697[2], à l'époque de la distribution des prix, que le nouveau Général, le P. de La Tour, l'invita, sans doute, à présider à sa place.

Comme la plupart de ses prédécesseurs, le P.

---

1. Ce fait a été publié, pour la première fois, dans le *Journal de Seine-et-Marne* par un honorable habitant de Dammartin, M. Victor Offroy, à qui il avait été raconté par quatre vieillards du pays, dont il cite les noms, et qui le tenaient eux-mêmes de leurs aïeux qui en avaient été les témoins.

2. V. la lettre de Bossuet à son neveu, datée de Juilly le 26 août 1697, vol. 29e, n° 144 de ses œuvres complètes, éd. Lachat. Dans une précédente, du 7 septembre 1696, où il lui annonçait, de Paris, la nomination du P. de La Tour, élu par 42 suffrages sur 45 votants, il ajoutait: « Toute la cour ainsi que toute la ville a applaudi à un si digne choix. »

Gouin ne put éviter les contestations avec le seigneur du village. Il eut d'abord à lui refuser le droit de chasse sur les terres de l'abbaye, que ce seigneur s'arrogeait sans aucun titre. Ce fut l'occasion d'un procès qui durait encore en 1755[1]. Puis il eut à défendre les siens propres à la cure de la paroisse, que les menées de ce seigneur avaient poussé les habitants à lui contester[2].

En 1698, le P. Gouin fit relever la chapelle de Sainte-Geneviève, qui tombait de vétusté, et exhausser de deux étages l'ancien bâtiment de l'abbaye[3]. Il en fit les frais de ses deniers et de ceux du P. Lelong qui voulut y contribuer. L'année suivante, il prit sa retraite à Saint-Honoré dont il devint économe en 1720. Nommé, plus tard, procureur général de la Congrégation, puis Assistant du P. Général en 1732, il mourut le 7 janvier 1733[4]. Possesseur d'une fortune assez considérable, il en consacra une partie aux besoins de Juilly. La Congrégation lui devait 30,000 fr.; il en déchira le titre avant de mourir[5]; et par son testament il fonda deux bourses de pensionnaires à son ancienne Académie.

---

1. *Arch.*, M. M. 599.
2. En décembre 1697. V. aux *Arch.*, M. M. 623, les ann. mss. de la Congrégation, p. 455.
3. Les chambres de ce bâtiment furent précédées, dit une note mss., d'un corridor de quatorze pieds de large, *Arch.*, M. M. 586.
4. *Arch.*, M. M. 609.
5. *Ibid.*, M. M. 599, Reg. de la Congrégation, p. 249.

LE P. MORAND (1699-1703).

Il y fut remplacé par le P. Jacques Morand, comme lui fils d'un avocat au parlement. Ce dernier, né à Soissons en 1662, entra à l'Oratoire, après avoir fini sa philosophie, le 16 juillet 1680. Successivement régent dans plusieurs colléges de la Congrégation, il était préfet des études à Provins, quand un ordre du Conseil l'appela à en remplir les fonctions à Juilly, à la Saint-Luc 1696. Il les exerçait depuis trois ans lors de la retraite du P. Gouin, auquel il succéda le 12 juin 1699. Il ne garda la supériorité que quatre ans et se retira, en 1703, à Soissons où il mourut le 25 octobre 1729.

Il eut entre autres professeurs : le P. de Louvigny qui devint, en 1700, Supérieur de Joyeuse; le P. Vigier qui enseigna plus tard la théologie positive à Saint-Magloire avec un grand succès; le P. Gaichiez, le célèbre prédicateur, alors régent de seconde et de rhétorique à Juilly, de 1701 à 1703; et le P. Gaspard Massillon, le frère de l'illustre évêque de Clermont, qui entra à l'Oratoire, douze ans après lui, en 1693, et mourut en avril 1731, après avoir été Supérieur de Vendôme et de Riom.

LE P. MALGUICHE (1703-1709).

Le P. Pierre Malguiche, de Beaumont en Gâtinais, où il était né en 1666, avait fait ses humanités au célèbre collége barnabite de Montargis, sa philosophie et trois ans de théologie à Saint-Magloire avant d'entrer dans la Congrégation où il fut reçu le 14 octobre 1688. Ordonné prêtre six ans plus tard, il résidait à Juilly depuis 1701, lorsqu'il reçut l'ordre d'en prendre la direction, le 27 avril 1703. Homme aimable et bon, d'une instruction solide et étendue, il signala ses six années de Supériorité par une exactitude ponctuelle à tous ses devoirs et une attention de tous les jours à l'observation de la règle et aux progrès des études.

Investi de toute la confiance du P. de La Tour, il fut chargé par lui de diriger le jeune confrère, Charles Houbigant, dans ses études complémentaires de philosophie, qu'il fit à Juilly de 1702 à 1704. Ses principaux professeurs furent : en philosophie, le P. Gaichiez et le P. de Vizé qui devint, lui aussi, un prédicateur de talent; en rhétorique, le P. de Graveron; et en seconde, le P. Vauthier, qui tous deux se firent également un nom dans la chaire; et en mathématiques, le C. Mazières qui composa de savants ouvrages. Ce fut enfin sous son administration qu'eut lieu la restauration de la chapelle intérieure, dont nous avons déjà parlé, la construction de la salle des Pas-Perdus et celle du bâtiment qui relie la chapelle à la tour de l'horloge.

Après son second triennal, le P. Malguiche resta à Juilly comme Assistant de son successeur, le P. Sauvage, jusqu'en 1713, où il alla résider à l'Institution de Paris. De là il passa, en 1720, à la maison de Saint-Honoré, où il remplit les fonctions de secrétaire du Conseil jusqu'à sa mort, arrivée le 6 avril 1729[1].

LE P. SAUVAGE (1709-1715),
PREMIÈRE SUPÉRIORITÉ.

Le P. Abraham Sauvage, né à Coucy, au diocèse de Laon, en 1670, était fils d'un procureur de Soissons où il fit d'excellentes études. Admis à l'Oratoire, à dix-sept ans à peine, le 6 octobre 1687, il en devint, en peu d'années, un des plus éminents professeurs par la clarté et le charme de sa parole, la variété de ses connaissances et la solidité de son jugement, en même temps qu'un des membres les plus édifiants par sa piété et sa modestie.

Comme le P. de Verneuil, avec lequel il avait plus d'un trait de ressemblance, il fut appelé trois fois à la supériorité de Juilly qu'il gouverna douze ans ; et c'est, sans contredit, à ses rares talents pour l'éducation que ce collège a dû l'accroissement successif de sa réputation et de sa prospérité pendant tout le cours du XVIIIe siècle[2].

Pendant le cours de sa première direction, qui commença en septembre 1709 et finit à pareille époque de 1715, jamais peut-être Juilly ne réunit un ensemble de maîtres aussi distingués. Ce furent

---

1. *Arch.*, M. M., Reg. 609.
2. Le chiffre des élèves, qui n'était que de 220 à son arrivée, était de 311 à sa mort.

en philosophie, après le P. de Montigny, les PP. de la Bastide et Cavellier, qui tous deux eurent ensuite le gouvernement de l'Académie ; en rhétorique, le P. de Capponi, de la noble famille florentine de ce nom, l'un des esprits les plus nets et l'un des critiques les plus sagaces de son temps[1] ; dans les classes d'humanités, les confrères Camusat, Thevenard et Chappelet, qui devinrent : le premier, un prédicateur en renom, le second, procureur général adjoint de la Congrégation, et le troisième, directeur, en 1730, du séminaire de Saint-Magloire ; et le célèbre P. Houbigant qui les enseigna toutes depuis la sixième jusqu'à la rhétorique[2].

Originaire de Paris, le P. Houbigant avait fait ses humanités au collége des Quatre-Nations, sa rhétorique à Louis-le-Grand et deux ans de philosophie à Juilly. A l'issue de ses études, il fut reçu dans la Congrégation en 1704. Né pour l'enseignement public, celui dont il fut chargé à Juilly, de 1709 à 1715, eut un grand succès. Envoyé de là à Marseille pour continuer la rhétorique, puis à Soissons pour y professer la philosophie, il devint Supérieur de Vendôme, et fut nommé ensuite par

---

1. *Arch.*, M. M. 611.
2. Le P. Houbigant, dit le P. Adry (p. 44 de sa *notice*, en note), qui professait la rhétorique à Juilly en 1714, donna, la même année, pour l'exercice de la distribution des prix, *l'Électre de Sophocle*, traduite en vers iambes avec des intermèdes français qui lui avaient été fournis, pour les idées, par les PP. Thévenard et de Capponi.

le P. de La Tour à la chaire fameuse des conférences de Saint-Magloire. Il alla s'y préparer à Notre-Dame des Vertus, sorte de séminaire où les confrères de l'Oratoire, qui avaient terminé leurs cours de régence, se disposaient à la prédication ou aux autres fonctions du saint ministère. Là, l'excès du travail lui occasionna une maladie grave qui le rendit sourd. Dès lors, il se retira à Saint-Honoré où il devait demeurer quarante-cinq ans, ne vécut plus qu'avec ses livres et s'adonna à l'étude exclusive des textes originaux de l'Écriture sainte. Il y mourut à quatre-vingt-dix-sept ans, en 1783.

Enfin la chaire de mathématiques était occupée, à la même époque, par le C. Privat de Molière (né à Tarascon en 1677, † en 1742) qui composa divers ouvrages de physique, de géométrie et d'algèbre, fut honoré de l'amitié de Malebranche, et fut nommé, en 1721, membre de l'Académie des sciences.

En 1715, l'état de la santé du P. Sauvage le força à demander un successeur. Mais il resta à Juilly comme Assistant du P. de La Bastide qui le remplaça; et l'année suivante, il remplit même les fonctions de Préfet de l'Académie. Quelque temps avant sa retraite, il avait accepté de la maison de Saint-Honoré la charge de l'entretien des quatre chanoines du chœur, moyennant l'abandon qui fut fait à l'Académie par la maison mère du bois taillis et du moulin de Juilly[1]. On lui doit aussi la lingerie, la bonde de l'étang et le pavé du perron dont l'établissement date de 1710.

LE P. DE LA BASTIDE (1715-1718).

Le P. Jean-Émeric Martin de La Bastide, né à Limoges en 1685, était fils d'un conseiller au présidial de cette ville. Il y fit ses études et sa philosophie qu'il entendait bien. Admis dans la Congrégation le 4 janvier 1703, il entra à l'Institution de Lyon, où une note de son Supérieur le désigne comme un jeune confrère « d'esprit et de cœur, dont les bonnes qualités font espérer en lui un bon sujet, d'une docilité sans réserve et d'une égalité d'humeur inaltérable[2]. » Il fit ensuite sa théologie au Mans, professa les humanités dans divers colléges de l'Ordre et entra à Juilly, en 1711, comme professeur de philosophie. Il était l'Assistant du Supérieur depuis deux ans, lorsqu'il fut désigné pour le remplacer, le 4 octobre 1715.

En 1716, il augmenta d'une cinquième chambre commune ou division les quatre qui avaient seules existé jusque-là. Il fit placer un billard dans celle des grands, et fit établir au parc un jeu de longue paume, de 55 toises de long sur 50 pieds de large, planté d'ormes de tous côtés. En 1718, il fit transporter le colombier où on le voit actuel-

1. *Arch.*, M. M., R. 599.
2. *Ibid.*, M. M. 611.

lement, planter d'ormes la grande allée du parc et commencer la grande aile des bâtiments de l'Académie, qui longe l'avenue d'entrée du collége.

Au bout de son triennal, il fut nommé Procureur général adjoint de la Congrégation, puis Visiteur et mourut à Saint-Honoré, le 13 mai 1750.

LE P. SAUVAGE (1718-1724),
DEUXIÈME SUPÉRIORITÉ.

Le P. Sauvage reprit, pour la seconde fois, la direction de Juilly, le 9 septembre 1718, et la garda encore six ans. Ce fut à cette époque que la chaire de philosophie fut occupée par le P. Étienne de Canaye, de la famille de ce Philippe de Canaye, sieur de Fresne, l'ambassadeur de Henri IV à Londres et à Venise, et parent du Jésuite du même nom. Né à Paris en 1694, et reçu dans l'Oratoire en 1716, il professa cinq ans à Juilly, de 1717 à 1722, et devint, six ans plus tard, membre de l'Académie des Inscriptions. Il mourut en 1782.

Un des premiers actes de la nouvelle administration du P. Sauvage fut de faire acheter à la Congrégation, au prix total de 114,000 livres, la terre de Vineuil, qui relevait du comte de Dammartin, avait neuf fiefs en sa mouvance, les droits de haute, moyenne et basse justice et celui de nommer un maire, un tabellion, un procureur fiscal et un sergent priseur et voyer. L'année suivante, en 1719, il fit reprendre les travaux du bâtiment neuf de l'Académie; et à la rentrée des vacances de 1721, on comptait dans les beaux dortoirs de ses trois étages supérieurs 195 lits d'élèves. Ce fut lui aussi qui fit clore le chœur de la chapelle par une grille en fer, et orner de portraits la grande salle des actes.

Il quitta de nouveau Juilly pour aller prendre la supériorité du collége de Boulogne, où il resta sept ans.

LE P. CAVELLIER (1724-1730).

Le P. Philippe Cavellier, son successeur, était de Paris. Il y avait fait de très-bonnes études chez les Jésuites, sa philosophie au collége de Bourgogne, trois ans de théologie en Sorbonne et avait obtenu le grade de bachelier en 1709. Admis dans la Congrégation en 1710, il entra, deux ans après, à Juilly comme simple Préfet de chambre. Mais son mérite fut bientôt discerné par le P. Sauvage qui lui confia l'enseignement de la philosophie, de 1713 à 1716. L'année suivante, il devint Préfet de l'Académie, et il l'était encore quand il fut appelé à sa tête.

Il entreprit de grands travaux d'amélioration du collége. Il fit recrépir tous les murs, paver toute la grande cour, restaurer, en 1726, la petite chapelle de la maison du parc, convertir, en 1727, le grenier qui régnait au-dessus de la chapelle, en la belle bibliothèque que nous voyons aujourd'hui, et l'année suivante, remettre à neuf toutes les voûtes des caves du bâtiment des classes.

Parmi les professeurs de son temps, on peut citer le P. Giraud, Jean-Baptiste, qui professait la rhétorique de 1728 à 1730, et qui revint plus tard, à Juilly, composer sa traduction en vers latins des fables de La Fontaine; les confrères de La Ménardaye, le fils du secrétaire ordinaire de la reine, et de Longueville, de la famille ducale de ce nom, tous deux bons humanistes, qui débutaient, en 1725, à Juilly par les régences de quatrième et de cinquième, et dont le premier devint un orateur de talent; et le P. Mazières dont les travaux furent plusieurs fois couronnés par l'Académie française. Après avoir terminé son triennal de supériorité, le P. Cavellier resta encore quelque temps à Juilly comme Assistant de son successeur, le P. Muly. Il se retira ensuite à Notre-Dame des Vertus, où il mourut le 24 avril 1735.

LE P. MULY (1730-1733).

Le P. Louis-Denis Muly qui devint le huitième général de l'Oratoire, fils d'un avocat au Parlement, naquit à Meaux en 1693. Après avoir fait ses humanités dans sa ville natale puis à Provins, il vint suivre ses cours de philosophie à Juilly, où « il fut l'exemple de ses condisciples par sa vertu simple et modeste[1]. » Il fut reçu dans la Congré-

---

[1]. Tabaraud, *Vie du P. de Bérulle*, appendice, t. II, p. 302.

gation à dix-neuf ans, enseigna les humanités dans divers colléges et la rhétorique à Beaune où il se faisait déjà remarquer par son amour de la retraite et de l'étude des sciences sacrées. Jugé dès lors comme un sujet du plus haut mérite, il avait été nommé successivement Préfet du collége de Beaune en 1722, Assistant du directeur de l'Institution de Paris en 1725, et Préfet de l'Académie de Juilly en 1728, lorsqu'on lui en confia la supériorité le 27 septembre 1730.

A l'expiration de son triennal, il fut appelé, le 2 septembre 1733, à la direction de la maison d'étude et de théologie de Montmorency et à la cure de cette paroisse. Il la desservit pendant quarante ans et s'y montra le modèle des pasteurs. Jean-Jacques Rousseau, qui n'était pourtant pas une de ses ouailles les plus fidèles, l'avait en grande vénération et dit bien des fois qu'il n'avait connu, dans toute sa vie, que huit véritables chrétiens et que le P. Muly était le premier d'entre eux. D'une humilité profonde et d'une vie très-austère, sa fortune était celle des pauvres, et il se réservait pour lui-même à peine le strict nécessaire. Il fut appelé au généralat de l'Ordre à la mort du P. de La Valette, en 1773, et mourut à Saint-Honoré, le 9 juillet 1779, à l'âge de quatre-vingt-six ans.

Il eut pour économe le P. Corrigoust qui devint Supérieur de Rouen en 1738; pour professeur de rhétorique, le P. Bernard d'Imbertun qui rappelait par sa piété et son savoir l'auteur des *Sentiments de saint Augustin sur la grâce*, son oncle ; et pour professeur de mathématiques, le savant P. Peuvrest.

LE P. SAUVAGE (1733. — DEUX MOIS),
TROISIÈME SUPÉRIORITÉ.

Le P. Sauvage, rappelé à Juilly pour la troisième fois, après le départ du P. Muly, le 2 septembre 1733, n'y arriva que pour présider à la rentrée des élèves, à la Saint-Luc suivante. Il mourut subitement, un mois après, le 17 novembre. Aussi ne faisons-nous mention que pour ordre de sa dernière supériorité.

LE P. LESEURRE DE CHANTEMERLE (1733-1739).

Le P. Claude-Barthélemy Leseurre de Chantemerle, qui fut élu après lui, était né à Nangis, au diocèse de Meaux, en 1691. Après avoir fait ses humanités à l'Oratoire de Provins et sa philosophie au collége Mazarin, il entra à l'Oratoire en 1710, fut envoyé à Juilly pour compléter sa philosophie, et fit huit ans de régence dans divers colléges. Ordonné prêtre en 1717, il revint à Juilly, en 1719, comme chanoine résidant, et en devint économe en 1724. Il était, en dernier lieu, curé et supérieur de Notre-Dame des Vertus depuis 1730, lorsque la mort du P. Sauvage le fit désigner pour la supériorité de Juilly le 23 novembre 1733.

A cette époque, les mathématiques y étaient enseignées par le P. de Mutz, esprit solide et dont les leçons, remarquables de clarté et de précision, ont formé des hommes distingués dans les sciences; la philosophie, par le P. de La Bastide qui devint Supérieur de l'Académie, et par le P. de Messimy, fils du premier président de Dombes, pieux, aimable et d'un esprit élevé, qui fut Supérieur de Soissons en 1741; et la rhétorique, par le P. Guidy, auteur d'un excellent ouvrage contre les incrédules.

En 1734, le P. de Chantemerle fit disposer le beau réfectoire des étrangers, qui existe encore, et reconstruire la fontaine Sainte-Geneviève, et en 1737 il fit bâtir une nouvelle sacristie dans toute la longueur de l'ancienne. L'année suivante, la pêche de l'étang fut improductive par suite de l'accumulation de la vase. Il fallut alors mettre à sec cette pièce d'eau pour la curer pendant l'hiver de 1738. Ce fut une dépense totale de 4,000 fr.[1]. Quelques mois avant son départ de Juilly, le P. de Chantemerle contribua pour 15,000 livres à la réparation de l'église de Thieux[2].

Le 16 octobre 1739, il reçut avis de son remplacement par le P. Étienne et de sa nomination au poste élevé de Supérieur du Séminaire de Saint-Magloire. Il le dirigea pendant près de vingt ans,

---

[1]. Dont 2,264, pour l'enlèvement des terres et leur transport au potager.
[2]. *Arch.*, M. M., Reg. 599.

jusqu'au 3 octobre 1757, et y mourut six mois après, le 17 avril 1758, à l'âge de soixante-sept ans.

LE P. ÉTIENNE (1739-1742).

Le P. Jacques Étienne était fils d'un procureur au sénéchal de Marseille, où il naquit en 1687. Il y fit toutes ses études et entra à l'Oratoire, le 28 octobre 1705, âgé de dix-huit ans. Prêtre en 1713, à l'issue de sa régence, il quitta la supériorité du collége de Toulon pour venir prendre celle de Juilly, à laquelle il fut nommé le 16 octobre 1639. Il y resta trois ans, retourna ensuite reprendre la direction de Toulon jusqu'en octobre 1746, époque à laquelle il fut nommé Visiteur. En 1759 il devint Assistant du P. Général et mourut à Saint-Honoré, le 27 novembre 1763, à l'âge de soixante-seize ans.

Le Préfet de l'Académie était alors le P. Bastide qui en devint Supérieur; et comme Préfet de chambre se trouvait le confrère Nau, de Paris, qui fut tour à tour Supérieur à Dieppe, à Rouen, au Mans et à l'Institution, et qui mourut secrétaire du Conseil de la Congrégation.

LE P. BOYER (1742-1747).

Le P. Jean-Baptiste Boyer, qui fut appelé, le 24 septembre 1742, à prendre la charge du P. Étienne, avait été successivement Préfet des études au collége de Beaune, de 1727 à 1730, Supérieur de ce collége jusqu'en 1737, et de celui de Condom jusqu'en 1740, époque à laquelle il passa à la tête de la maison des Vertus, qu'il quitta pour venir à Juilly. Ce fut lui qui fit construire, dans la cour de l'abbaye, une grange énorme de neuf travées « dont les costières avaient cent huit pieds de long sur vingt-cinq de haut, et le pignon du côté du midi trente pieds de large sur même hauteur[1], » et qui, après avoir servi de grenier d'abondance et d'approvisionnement de grains, est devenue, en 1866, le bâtiment principal du petit collége. Il commença encore, dans l'été de 1746, la construction du bâtiment des infirmeries et du grand réfectoire des élèves, qui fut achevé, deux ans après, par son successeur. Il eut comme Préfet des moyens, en 1745, le confrère Henri de Saint-Simon qui devint Supérieur de Saint-Magloire de 1772 à 1778.

Le P. Boyer quitta Juilly, en avril 1747, pour se rendre en visite à Raroy. Nommé bientôt après Visiteur en titre, puis adjoint au Procureur général, le P. Renou, et enfin Procureur général lui-même en septembre 1749, il mourut à la maison de Saint-Honoré le 28 mars 1751.

LE P. BASTIDE (1747-1756).

Fils d'un procureur du roi de Toulon, le P. Joseph Bastide était d'Hyères. Il avait dix-huit ans lorsqu'il entra, en 1722, dans la Congrégation. Il débuta dans l'enseignement par la régence de troi-

1. *Arch.*, M. M., Reg 599.

sième à Marseille, en 1728, et de seconde à Pezenas, en 1729. Puis deux ans Préfet des études à Marseille, deux ans professeur de rhétorique à Beaune, il était passé, en 1733, Directeur des études au séminaire de Mâcon et avait occupé ensuite à Juilly la charge d'économe et de Préfet de l'Académie pendant sept ans. En dernier lieu, il était Supérieur du collége de Beaune depuis 1742 lorsqu'il fut placé à la tête de l'Académie de Juilly, le 7 avril 1747.

Il eut pour professeurs : en philosophie, le P. Roche, déjà théologien de mérite, et qui enseignait à Juilly depuis 1740 ; en rhétorique, le P. Souvré de Boujacourt, très-versé dans la connaissance des langues anciennes ; et dans les classes d'humanités, les confrères de Blanchardon, qui devint bibliothécaire à Saint-Honoré, Berbizotte, qui fut Supérieur et Visiteur à Dijon où il mourut le 8 mars 1787, et Legrand, qui fut placé plus tard à la tête de l'Institution d'Aix.

Nommé, le 26 avril 1756, Visiteur du premier département de la Congrégation, le P. Bastide avait tenu à rester encore quelque temps à Juilly pour initier le P. Petit, son successeur, à tous les détails de l'administration. Il y tomba malade dans le courant de l'été et fut enlevé en quelques semaines. Il mourut le 26 novembre 1756, et le Procureur général d'alors, le P. Durand du Fuveau, reçut l'ordre de se rendre à Juilly pour procéder à l'inventaire de sa succession et de ses papiers.

LE P. PETIT (1756-1785).

Fils d'un ancien officier de la reine, le P. Louis Petit était né à Paris en 1718. Il avait fait de très-bonnes études au collége du Plessis et avait étudié dix-huit mois en Sorbonne avant d'être reçu à l'Oratoire. Il y entra le 15 janvier 1738, enseigna les classes de grammaire à Dieppe de 1733 à 1741, fut Préfet particulier à Vendôme et arriva à Juilly, au même titre, en 1742. Il y fut successivement Régent de troisième et de seconde, puis professeur de rhétorique jusqu'en 1747, passa ensuite quatre ans à Saint-Magloire où il était chargé du cours de scolastique, et fut ordonné prêtre en 1751. Il était depuis deux ans Supérieur du collége de Vendôme lorsqu'il fut désigné, le 27 septembre 1756, pour remplacer le P. Bastide dans la conduite de l'Académie de Juilly, qu'il devait diriger jusqu'aux vacances de 1785.

Ces trente années d'une même et habile direction furent dans l'histoire de notre collége une page brillante. D'un esprit souple et fécond, d'une volonté énergique et d'un abord imposant, le P. Petit était doué de toutes les qualités nécessaires au chef d'une grande maison. La distinction de ses manières, l'aménité de son accueil et l'agrément de sa conversation prévenaient en sa faveur; l'ascendant de son mérite et de sa haute raison s'imposait aux maîtres, et sa fermeté bienveillante envers les élèves le rendait l'objet de leur crainte et de leur affection. Un d'eux, le marquis de Coriolis, a bien exprimé ce caractère de sagesse, qui distingua son administration, dans les quatre vers suivants, où il reproduit en même temps un jeu de mots sur son nom, que l'aimable vieillard se plaisait à redire aux enfants des aînés de sa famille :

> Trente années avaient vu son sceptre octogénaire
> Régir, d'un sens rassis, notre tribu scolaire ;
> Si bien qu'il arrivait que le Père Petit
> Vous disait : « J'ai grondé votre père petit [1]. »

D'une piété vraie et sans rigorisme, il ne perdait jamais de vue qu'il gouvernait un pensionnat et non un séminaire, et que ses élèves étaient destinés à vivre dans le monde et non dans le cloître. « Efforçons-nous d'en faire d'honnêtes gens, disait-il sans cesse à ses professeurs. Ne négligeons pas le conseil de Térence, de les conduire par le sentiment de l'honneur et de la générosité plutôt que par la crainte : »

> Pudore et liberalitate liberos
> Retinere satius esse credo, quàm metu [2].

Le trait suivant montre jusqu'à quel point il observait lui-même ce précepte : « Un de ses pénitents s'accusait un jour à son confessionnal d'avoir

---

1. Pièce de vers, intitulée : *l'ancien Juilly*, lue au banquet du 15 janvier 1838.
2. Vers des *Adelphes*, de Térence, qu'on a cités au bas de la gravure de son portrait, conservée à Juilly.

volé. Eh quoi donc? de l'argent? Fi donc, mon père.
— Bon; mais il est toujours très-mal de prendre le bien d'autrui. Qu'avez-vous donc volé? du papier, des plumes? Non, mon père. — Je vous crois, paresseux comme vous l'êtes, qu'en auriez-vous fait? C'est donc quelques friandises?... C'est-à-dire deux péchés pour un : celui de gourmandise et celui de larcin. — Non, mon père; c'est un oiseau que j'ai pris. — Un oiseau, c'est moins grave. Le fait n'en est pas moins un vol, c'est-à-dire une action infâme. Comment donc un enfant de famille a-t-il pu commettre une pareille bassesse? Volé! Mais, si grâce à une contrition parfaite, vous avez jamais une place au Paradis, ce ne sera qu'auprès du bon Larron. Là aussi, mon fils, il ne faut figurer qu'avec les gens d'honneur[1]. »

Spirituel et bon, il épargnait toujours une réprimande ou une punition là où un mot piquant, qu'on redoutait de sa bouche à l'égal du fouet, pouvait être une leçon suffisante. L'anecdote suivante, qui le dépeint au naturel, nous donne aussi le secret de cet ordre parfait qu'il sut toujours maintenir sans jamais prodiguer son autorité :

Un élève avait écrit à un de ses amis, sorti depuis peu du collége, pour lui rendre compte d'une séance académique où un professeur avait lu des vers dont il faisait une amère mais juste

[1]. Arnault, de l'Académie française, ancien élève de Juilly, *Mém. d'un sexagénaire*, p. 51.

critique. La lettre, dont l'adresse était mal mise, fut renvoyée à Juilly et remise au Supérieur. A quelque temps de là, le P. Petit rencontra l'élève sur son chemin : « Vous vous avisez donc de juger vos maîtres, lui dit-il sévèrement? — Moi, mon père! — Oui, vous, Monsieur. — Je ne sais ce qui peut m'attirer ce reproche de votre part (il ne songeait déjà plus à sa lettre). — Et la lettre, que vous avez écrite à votre ami Joguet, « qui déménage tous les quinze jours comme un étudiant endetté? » (L'inquiétude commence à le saisir.) Vous vous moquez des vers du P. X.... Il est vrai qu'ils ne sont pas bons; mais ne feriez-vous pas mieux de vous occuper de vos cahiers de philosophie? Au reste, vos remarques sont justes; votre lettre est assez plaisamment tournée. (Ici l'élève reprend quelque assurance.) Je suis fâché seulement d'y avoir vu des fautes d'orthographe et de participes. Ce n'est pas tout à fait votre faute, ajoute-t-il avec une maligne bonhomie : on vous apprend comment se font les vers et pas assez peut-être comment les mots s'écrivent; c'est pourtant ce dont on ne peut se passer quand ce ne serait que pour ne pas faire des vers faux. Faire des vers, comme vous en faites vous-même, et ne pas mettre l'orthographe, c'est porter un habit brodé sans avoir de chemise; d'ailleurs quand on reprend les fautes d'autrui, il faut n'en pas faire soi-même. Souvenez-vous de cela, mon petit ami : *Ejice pri-*

mùm trabem de oculo tuo. Allez, corrigez-vous et ne perdez pas courage. Pour peu que vous parveniez à tourner une énigme et à combiner un logogriphe, vous pourrez, un jour, travailler au *Mercure de France* et devenir un homme de lettres comme tant d'autres [1]. »

Quelle punition aurait pu produire l'effet d'une telle mercuriale, marquée au coin de l'esprit, de la franchise et de l'indulgence! C'est ainsi qu'il faisait régner un ordre parfait dans tout son nombreux pensionnat [2] beaucoup plus par l'autorité de sa parole que par la rigueur des châtiments. Il ne l'affranchit cependant jamais entièrement de la peur révérentielle de certain instrument correcteur, et quoiqu'il n'en autorisât que rarement l'usage,

> Plus d'une fois pourtant une verge pliante
> Au pauvre agenouillé, de ses coups tout meurtri,
> Démontra son délit à *posteriori.*
> J'en atteste ton ombre, ô victime d'Arcole!
> Muiron! plus paresseux que pas un de l'école!
> Oh! que de fois j'ai vu sous le bouleau rougi
> Ce que tu ne montras jamais à l'ennemi [3] !

Il possédait aussi, à un haut degré, l'art difficile de discerner les aptitudes de ses jeunes Régents et de les encourager ; et il sut s'entourer d'hommes

1. *Mém. d'un sexagénaire,* d'Arnault.
2. L'Académie comptait alors 375 élèves.
3. Pièce de vers, déjà citée, du marquis de Coriolis. Le colonel Muiron, mort à Arcole, aide-de-camp du général Bonaparte, était un ancien élève de Juilly (V. sa notice, *Infrà,* liv. VIII, § 2).

capables et se les attacher pour le gouvernement de l'Académie. Pendant les sept premières années de sa supériorité, il eut pour grand Préfet le P. Danglade, qui depuis vingt ans se vouait à l'enseignement, à l'habileté duquel la Congrégation dut, plus tard, la fondation du collége de Tournon et celle de l'Institution de Lyon, et qui deux fois, en 1773 et en 1779, fut proposé, par un grand nombre de suffrages, pour le généralat; de 1762 à 1770 le P. Renard, ensuite le P. Leclerc, tous deux bons humanistes et d'un grand zèle, et, pendant les onze dernières années, le P. Viel, prêtre d'un rare mérite, qui présidait à la direction de la discipline et des études avec autant de talent que le P. Petit à celle du pensionnat tout entier.

Fils d'un médecin et d'une dame Mac Carthy, il était né à la Nouvelle-Orléans en 1737; mais sa vraie patrie fut Juilly où il vécut soixante ans et où il finit ses jours. Il y était entré, en 1745, à l'âge de huit ans, y avait fait toutes ses études, et ne l'avait quitté, en 1756, que pour aller à l'Institution passer le temps de son noviciat, et ensuite à Soissons et au Mans professer les classes élémentaires. Il y revint, en 1760, continuer pendant quatre ans l'enseignement des humanités, et pendant dix autres années faire avec succès celui de la rhétorique; et il n'en serait jamais plus sorti sans la révolution. Poëte latin élégant, il réunit, sous le titre de *Miscellanea,* diverses pièces de vers qu'il dédia à un de ses anciens élèves, M. Faget de Baure, président à la Cour royale de Paris. Ce fut encore lui

.... Qui de Fénelon *virgilisa* la prose [1],

en donnant dans la belle langue de Virgile une traduction de Télémaque, qui le place au rang des Bidermann, des Masenius et des Porée.

Comme Préfet des études, il sut, pendant douze ans, de 1775 à 1787, en soutenir le niveau et maintenir une discipline exacte par une vigilance incessante, une grande pénétration et une sévérité paternelle, attentive à épargner les peines en prévenant les fautes, et à écouter la voix de la bonté plutôt que celle de la rigueur.

Un mauvais élève, qui ne savait se distinguer que par des sottises et qu'il avait eu à punir, voulut s'en venger en pariant qu'il lui cracherait au nez. Il venait de gagner son indigne gageure, et ses camarades, révoltés d'un tel outrage, demandaient son expulsion immédiate. Mais le P. Viel, s'essuyant avec sang-froid, et s'avançant vers le coupable qui le bravait du regard : « Vous êtes malade, mon enfant, lui dit-il avec douceur. Vous avez besoin d'un traitement particulier ; je vous recommanderai au médecin. Pour moi, je vais prier Dieu qu'il vous rende votre raison ; et, dès demain, je dirai la messe à votre intention [2].

1. Barthélemy. Vers lus par lui au banquet de 1831.
2. *Mém. d'un sexagénaire*, déjà cités.

Jamais leçon de respect ne fut mieux donnée et plus sentie que par cet acte de pardon d'un bon prêtre.

Une autre fois, un des amis d'Arnault, qui, comme lui, tournait assez joliment les vers, avait composé un triolet satirique contre le Préfet de leur commune chambre, qui n'était pas aimé. Un de leurs camarades, assez pauvre d'esprit, qui avait lui-même à s'en plaindre, copia les vers et alla les afficher à la fontaine au moment du goûter. Tous les avaient lus et se pâmaient de rire quand le Préfet, averti par leurs clameurs, s'approcha du placard, le lut et le porta au grand Préfet pour avoir justice de l'insolent anonyme. Arnault, déjà réputé poëte, et qu'on savait en mauvais termes avec l'offensé, est mandé de suite chez le grand Préfet. « Quel est l'auteur de ces vers? lui dit le P. Viel d'un ton sévère, en lui étalant le corps du délit. — Je ne sais pas. — Vous le savez, et vous avez tort de ne pas me l'avouer : Votre aveu motiverait peut-être mon indulgence. Mais si vous me cachez la vérité, je saurai bien la découvrir, et le coupable sera renvoyé. Retirez-vous ; je vous donne jusqu'à demain pour réfléchir. »

« Je savais, continue Arnault, qui rapporte le fait dans ses *Mémoires*, quelle était la pénétration du P. Viel et que, si je lui donnais le change, mon ami serait tout aussi compromis que l'éditeur dont je me mettais peu en peine. Je prends mon parti ; et le lendemain je vais trouver le P. Viel. « J'ai eu tort, lui dis-je, de vous cacher la vérité hier, et de ne pas répondre à votre confiance. Le coupable, c'est moi. —Vous? me dit-il, en me regardant fixement. Donnez-m'en votre parole d'honneur. — Et comme j'hésitais : Vous mentez, et vous avez doublement tort ; car vous ne savez pas soutenir votre mensonge, et il est honteux de mentir même dans un but généreux. Du reste, j'apprécie le mobile de votre démarche ; je ne pousserai pas plus loin mes informations. Mais dites bien au coupable de ne pas recommencer ; car cette fois je serais inflexible. Embrassez-moi ; et, après le dîner, venez prendre le café avec moi[1]. » De tels faits ne montrent pas seulement le tact et la bonté du grand Préfet ; ils prouvent également l'esprit de l'Institution à laquelle il appartenait, et expliquent ce souvenir tendre et filial que lui vouaient tous ses enfants.

Les autres fonctions importantes de l'Académie furent aussi, sous la direction du P. Petit, exercées longtemps par les mêmes personnes.

Celles de Préfet de la division des minimes ou de Surveillant des basses classes, furent, pendant trente-deux ans, de 1760 à la Révolution, confiées au C. Constantin, gai, doux, patient et qui excellait dans la conduite des petits enfants[2]. Les mathéma-

---

1. *Mémoires d'un sexagénaire, ibid.*
2. Né au château de la Salle (Gers) en 1723, le C. Constantin avait professé, onze ans, les humanités et la rhétorique à Nantes et à Condom avant d'entrer à Juilly.

tiques furent enseignées : pendant quatorze ans, de 1756 à 1769, par le P. Ame [1], à qui Mazéas et Cassini soumettaient leurs ouvrages, et qui fut l'ami d'un des plus grands géomètres du temps, Clairault, l'auteur du *Mouvement des comètes* et de la *Théorie de la figure de la terre;* ensuite par le C. Farcot et par un ancien élève de l'Académie, le P. Menout, tous deux excellents démonstrateurs ; — la philosophie, par le C. Dotteville, le traducteur de Salluste et de Tacite, de 1754 à 1769, puis par les PP. Menout, Beaussier et Prioleau ; — la rhétorique, successivement par les PP. Mandar, de 1753 à 1759, des Essarts, de 1759 à 1764, Viel, de 1764 à 1775, Crenière et Lefèvre jusqu'en 1792, tous noms que nous retrouverons bientôt [2] ; — et l'histoire, d'abord par le P. Angebault qui en fit le cours pendant vingt-cinq ans, de 1752 à 1777, époque à laquelle il fut nommé Assistant du Supérieur, puis Visiteur de la Congrégation [3] ; et de 1777 à la Révo-

1. Le P. Ame, né à Carentan en 1731, mourut à Juilly le 31 mars 1769, *Arch.*, M. M. 607.

2. La rhétorique eut encore pour professeur, en 1783, le P. Alhoi, « tête philosophique et poétique, dit Arnault, qui remplaça avec succès l'abbé de l'Épée à l'École des sourds-muets, pendant l'absence de l'abbé Sicard, et composa sur les hospices, à l'administration desquels il avait été attaché, un poëme recommandable par la pensée et le talent de versification. »

3. Le P. Charles-François Angebault, né à Ancenis en 1710, et élève du collége oratorien de Nantes, mourut à Juilly le 8 mars 1787, « regretté, dit la notice nécrologique de l'Oratoire, de toute la Congrégation par la régularité et la simplicité de sa vie, sa piété éclairée et son vif amour de l'ordre et du travail. » *Arch.*, M. M. 602.

lution par le P. Brunard, ancien élève de l'Académie et fils d'un cultivateur des environs, esprit juste, solide et impartial [1].

Ce long enseignement des mêmes Professeurs, exceptionnel dans les annales de l'Oratoire et contraire à ses usages, ne trouverait pas une explication suffisante dans leur affection et leur dévoûment à la personne de leur chef. Il était motivé surtout par la situation difficile que l'expulsion des Jésuites avait créée à la Congrégation. On a répété bien des fois qu'elle y avait applaudi. La vérité est, au contraire, qu'en apprenant, au sein de son Conseil, l'arrêt du Parlement[2] qui prononçait l'abolition de leur constitution, la sécularisation de leur Ordre et la vente de leurs biens, le vénérable P. de la Valette se leva en disant : « *C'est la destruction de notre Congrégation*[3] ; » et tous ses Pères avec lui déplorèrent cette œuvre d'iniquité, et virent, dans ce triomphe d'une conspiration aveugle des couronnes catholiques avec « le fanatisme antireligieux[4], » le prélude du renversement de la puissance de l'Eglise et le présage des plus grands malheurs pour

---

[1]. Le P. Brunard, très-aimé des élèves, était fort laid. Un jour un de ses écoliers inscrivit, au-dessous de son nom, ces mots latins : *Mentem hominis spectate, non frontem.* Il l'en remercia.

[2]. Du 6 août 1762.

[3]. V. aux Archives de Juilly une lettre inédite de l'abbé Pruneau, vicaire général de Meaux, à l'abbé Congnet, chanoine de Soissons.

[4]. Expressions de l'historien protestant Schœll, dans son *Cours d'histoire des États européens*, t. XLIV, p. 89.

la France, pour sa dynastie et pour eux-mêmes. Le P. Petit, de son côté, ne se fit pas illusion. Il envisagea la succession des Jésuites, dans leur œuvre de l'enseignement, comme une charge pleine de périls pour son Ordre ; il comprit que l'incorporation soudaine, à laquelle elle l'entraînait, d'un grand nombre de Confrères, d'une vocation douteuse ou mal éprouvée, pouvait devenir fatale au maintien de sa règle et de son esprit ; et ce fut pour obvier à ce danger qu'il s'appliqua à s'entourer des plus dignes de ses frères, afin que ses jeunes Régents eussent constamment sous les yeux l'exemple de Pères vénérables vieillis dans l'apostolat de l'instruction et dans la pratique de toutes les vertus religieuses.

Sa prévoyance et ses efforts furent bénis de Dieu. A une époque d'effervescence inouïe, il parvint à conserver parmi ses Régents une discipline exacte et à modérer en eux l'engoûment universel pour la Révolution, dont on n'attendait encore que des bienfaits. Et lorsque ensuite elle eut trompé par ses excès toutes les prévisions, ils surent, pour la plupart, résister à ses entraînements, honorer par leur courage et leur vertu l'habit qu'ils avaient porté, et refuser le serment funeste auquel on voulait les astreindre. Tels furent le P. Brun qui se retira à Juilly et en devint curé en 1786, après avoir dirigé, trois ans, l'Institution de Paris ; le P. Mevolhon qui fut Directeur à Saint-Magloire ; le P. Bernardi, homme de goût et d'esprit; le P. Bouvron, savant grammairien ; les Pères Crenière et de Rochas ; les Confrères de Rocquecave d'Humières, de Vissaguet, de Souvré, du Périer, de Blanchardon, Imbert, Grellet et tant d'autres, que nous rencontrerons encore à Juilly dès que des jours plus tranquilles leur auront fait espérer la reconstitution de leur cher Oratoire.

Cinq seulement d'entre les plus jeunes, et dont aucun n'était dans les ordres, en sortirent pour embrasser avec ardeur le parti de la Révolution. Ce furent les Pères Petit, Gaillard, Bailly, Billaud et Fouché [1]. Les trois premiers parcoururent dans la magistrature ou l'administration une carrière honorable; les deux derniers se souillèrent de tels crimes qu'on ne peut prononcer leur nom qu'avec dégoût.

Le P. Petit, homonyme du Supérieur, sans être son parent, professait la rhétorique en 1782. Homme distingué et orateur facile, son patriotisme exalté lui faisait négliger quelquefois les commentaires de Cicéron et de Tacite pour ceux de la guerre d'Amérique et de ses héros. Il quitta l'Oratoire, à l'ouverture de la Constituante, pour entrer au bar-

---

[1]. On donnait, à Juilly, le nom de *Pères* indifféremment à tous les membres de la Congrégation : Prêtres ou simples Confrères encore laïques, dès qu'ils portaient l'habit de l'Oratoire. C'est pourquoi nous le maintenons aux cinq membres dont nous allons parler, tout en répétant qu'aucun d'eux n'était prêtre.

reau. Il s'y fit remarquer et devint, sous l'Empire, procureur général près la Cour d'Amiens.

Le P. Gaillard (Maurice-André), né à Château-Thierry en 1757, et reçu dans l'Oratoire en 1778, débuta l'année suivante à Juilly comme Préfet de pension, y fit la sixième en 1780, continua l'enseignement des classes de grammaire à Vendôme, à Effiat et à Arras, obtint celui de la rhétorique à Boulogne en 1787, et revint à Juilly, comme suppléant des classes en 1788. « D'une piété sévère, dit Arnault, dans ses *Mémoires*, il exerçait sur ses élèves une vigilance inquisitoriale. Un jour, le P. Mandar lui montrant un portrait de Jean-Jacques : Voilà, dit-il, un homme qui, si on lui avait rendu justice, aurait été brûlé vif avec ses écrits. Le P. Gaillard, continue Arnault, en devenant le citoyen Gaillard, conserva-t-il la même rigidité de principes? C'est fort douteux [1]. » Toujours est-il que ce furent la Révolution et l'intimité de ses rapports avec Fouché qu'il avait connu à Juilly, qui firent sa fortune. Il en partit lors de la suppression des ordres religieux, en 1792, sous l'habit de garde national, qu'il prit en échange de la robe oratorienne, s'arrêta avec sa compagnie à Melun, y resta, s'y maria et, grâce au crédit de Fouché, devint bientôt après président de la Cour de justice criminelle de Seine-et-Marne. Un jour, en cette qualité,

---

[1]. V. les *Mémoires d'un sexagénaire*, t. Ier, *loc. cit.*

il adressa au premier Consul, de passage à Melun, un compliment adroit et court comme les aimait Napoléon. Le soir même, il en fut question aux Tuileries devant Fouché, qui saisit cette occasion de le faire nommer successivement député au Corps législatif, puis conseiller à la Cour impériale de Paris lors de la suppression des cours de justice criminelle en 1811. Enfin, appelé en 1815 à la Cour de cassation où il siégea jusqu'en 1831, il mourut, en décembre 1844, dans les pieux sentiments de sa jeunesse, et emporta dans la tombe le témoignage de n'avoir pas cultivé pour lui seul la sinistre amitié de Fouché, mais de l'avoir fait servir, au temps de la Terreur, à arracher à une mort certaine une foule de victimes et, plus tard, à rendre à bien des émigrés une partie de leurs biens [1].

Le P. Bailly (Edme-Louis-Barthélemy), né à Saint-Fal, diocèse de Troyes, en 1761, vint, à dix-neuf ans, à Juilly comme Préfet d'études, y enseigna toutes les classes de grammaire et d'humanités, et s'y distingua par la rectitude de son jugement et la modération de son caractère. Il en partit, en 1786, pour aller professer la rhétorique à Tours, y revint en 1788 et quitta définitivement l'Oratoire en 1791, pour entrer au barreau qui lui ouvrit la carrière

---

[1]. Il a laissé un ouvrage qu'il composa dans sa retraite : *Des qualités et des droits d'un Président de Cour d'assises*, dont l'épigraphe, qui fait estimer le livre et le magistrat, porte que « les débats ne s'ouvrent pas pour prouver que l'accusé est coupable, mais pour rechercher s'il est coupable. »

politique. Administrateur de Seine-et-Marne, la même année, il fut nommé, en 1792, député à la Convention par le district de Meaux [1]. Dévoué au bien et à l'ordre, il se réunit à ce parti d'honnêtes gens qui, dans le procès de Louis XVI, votèrent pour l'appel au peuple et pour le bannissement, et qui, au 9 thermidor, renversèrent Robespierre et poursuivirent les terroristes. Commissaire de la Convention à Strasbourg, il élargit tous les gens de bien. Président de l'Assemblée dans la terrible journée du 1er prairial an III, il n'y déploya pas moins de courage que Boissy d'Anglas qui occupa le fauteuil après lui. Secrétaire des Cinq-Cents, en 1796, il prit part au coup d'État du 18 brumaire, et fut nommé préfet du Lot et baron de l'empire. Il mourut, en 1819, des suites d'un accident [2].

Le P. Billaud, qui devint si effroyablement célèbre sous le nom de Billaud-Varennes, et que ses élèves, d'ordinaire fort bons juges des qualités ou des défauts de leurs maîtres, n'appelaient à Juilly que *le bon* P. Billaud, est un de ces trop nombreux exemples de l'influence redoutable des milieux divers dans lesquels l'homme est jeté tour à tour, mais aussi de cette triste dualité de notre être,

1. L'élection eut lieu à l'abbaye des Bénédictins de Saint-Faron, dite le monastère de Sainte-Croix. *Histoire des villes de France*, t. III, p. 67.

2. On connaît de lui un rapport sur l'organisation nationale des sciences, belles-lettres et arts, qu'il présenta aux Cinq-Cents, au nom du comité d'instruction publique, en 1799.

qu'on rencontre également dans Lebon, dans Carrier et dans Fouquier-Tinville [1], et qui faisait dire à Joseph de Maistre : « Je ne sais pas ce que c'est qu'un scélérat; mais j'ai pénétré dans les replis de la conscience d'un honnête homme, et je suis resté épouvanté en sondant les mouvements secrets de son cœur. »

Né à La Rochelle en 1762, et fils d'un avocat de cette ville, Jean Nicolas Billaud, à peine sorti des bancs du collège, s'était enrôlé dans une troupe de comédiens. Rentré en grâce avec son père, il se fit des ennemis par des vers satiriques et par une comédie outrageante pour les dames de La Rochelle, et resté sans ressources et sans appui, il se décida à se faire admettre dans l'Oratoire, et fut envoyé, à vingt et un ans, à Juilly comme Préfet des études. Mais il eut beau voiler ses antécédents sous les dehors d'une humilité feinte, et inscrire sur une mongolfière de papier, que le P. Fouché avait fait fabriquer à ses élèves, ce quatrain royaliste de sa composition :

Les globes de savon ne sont plus de notre âge.
En changeant de ballon nous changeons de plaisirs.
S'il portait à Louis (Louis XVI) notre premier hommage,
Les vents le souffleraient au gré de nos désirs [2].

le P. Petit ne se trompa pas sur son compte et,

1. La femme de Carrier, en apprenant les noyades de Nantes, s'écriait : C'est une infâme calomnie. Je connais mon mari ; c'est
2. Vers cités par Arnault, *ibid.*

dans une note qu'il donne sur lui au P. Général en 1784, il l'apprécie ainsi. « Billaud. — A en juger par la manière dont il lit le latin, il ne le sait pas fort bien. A-t-il de l'esprit ? Je n'ai pas eu assez de moyens de le connaître. Mais il a beaucoup d'amour-propre, et je ne le regarde que comme un mondain revêtu de l'habit de l'Oratoire, froidement régulier et honnête, qui a tâché de ne pas se compromettre surtout depuis quelques mois, car au commencement il n'était pas des mieux engagés. Quoiqu'il soit judicieux dans sa conduite, à raison de son âge, de ce qu'il a été et de ce qu'il est, je ne le crois pas propre à l'Oratoire[1]. » De nouvelles poésies, peu classiques, ne tardèrent pas à l'en faire expulser. Il quitta Juilly aux vacances de 1784, se fit recevoir avocat, à Paris, l'année suivante, et se maria à une fille naturelle du fermier général, M. de Verdun. D'une ambition effrénée, il se jeta avec fureur dans le mouvement révolutionnaire, se signala, dès 89, par un ouvrage sur *le Despotisme des ministres des finances*, se lia avec Marat, Robespierre et tous les démagogues les plus exaltés, se

---

un trop brave homme pour avoir jamais pu commettre de pareilles atrocités. Fouquier-Tinville pleura à l'audience du Tribunal révolutionnaire, du 17 août 1792, en entendant le plaidoyer de Bellart pour madame de Rohan; et lui, qui deux mois plus tard devait envoyer tant de victimes à l'échafaud, s'écria pendant le délibéré : Ce sont des monstres, s'ils la condamnent ! V. *Notice historique sur M. Bellart*, t. IV de ses œuvres, p. 20.

1. *Arch. de l'Emp.*, M. 237, note mss.

fit un des orateurs du club des Jacobins et le promoteur de l'insurrection du 10 août et, devenu substitut du procureur de cette commune de Paris, qui fit trembler l'Assemblée législative, il prépara et fit exécuter les massacres de septembre. Envoyé, à tous ces titres, comme député à la Convention avec le comédien Collot d'Herbois, il se fit remarquer par sa soif du sang dans ses missions à Meaux, à Châlons et à Rennes, où il se vantait d'avoir mis la terreur à l'ordre du jour, se montra cruel dans le procès de Louis XVI, devint président de la Convention le 10 septembre 93, et fut adjoint au Comité de Salut public, au nom duquel il fonda le *Bulletin des Lois* et organisa le gouvernement révolutionnaire. Au 9 thermidor, il se tourna contre Robespierre; mais il ne put se dérober lui-même à l'indignation et à la vindicte publiques. Condamné par la Convention le 1er avril 1795, il fut déporté à Cayenne. En 1816, il parvint à s'évader et alla mourir, trois ans plus tard, au Port-au-Prince où le président de Saint-Domingue, Péthion, l'avait accueilli et lui faisait une pension. Un ancien espion du Comité de Salut public, Vilate, qui l'avait bien connu, l'a dépeint sous les traits hideux d'un homme « bilieux, inquiet et faux, pétri d'hypocrisie, se « laissant pénétrer par ses efforts mêmes à se ren- « dre impénétrable; ayant toute la lenteur du crime « qu'il médite et l'énergie concentrée pour le com- « mettre, et une ambition qui ne peut souffrir

« de rivaux; morne d'ailleurs, silencieux, le regard
« vacillant et convulsif, marchant comme à la
« dérobée et montrant dans sa figure pâle et
« sinistre les symptômes d'un esprit aliéné. »

Que cette démence n'avait-elle été le prélude de ses forfaits au lieu d'en être le châtiment! Malheureusement sa puissante énergie, ses talents et jusqu'à ses dernières paroles rendent le doute impossible. « Je souffre justement, disait-il dans son exil,
« car j'ai versé le sang humain. Mais si j'étais en-
« core dans les mêmes circonstances, je voudrais
« remplir la même carrière. On ne peut pas gou-
« verner un État en temps de révolution comme
« dans un temps calme. Il fallait employer des
« moyens extrêmes, et je me suis dévoué. Il y en
« a qui ont donné leur vie. J'ai fait plus; j'ai donné
« mon nom. J'ai permis de douter de ce que j'étais.
« La postérité même ne me rendra pas justice.
« J'en ai plus de mérite et de gloire à mes propres
« yeux. » Monologue de théâtre, aussi repoussant que son auteur, dont les aveux n'ont même pas le mérite de la franchise et dont les abominables excuses trahissent, jusque dans leur formule calculée, le fiel de la haine et la folie de l'orgueil.

Le P. Fouché, de l'Oratoire, devenu le régicide Fouché, créé duc d'Otrante par Napoléon, et accepté comme ministre par Louis XVIII, n'offre pas moins de contrastes que Billaud-Varennes, en qui les enfants n'avaient vu que le bon P. Billaud.

Fils posthume d'un capitaine au long cours, Joseph Fouché, né à la Martinière, près de Nantes, en 1761, entra à l'Oratoire à vingt ans, après avoir fait ses études et sa théologie au collége de la Congrégation à Nantes. Il débuta dans l'enseignement à l'école militaire de Vendôme et vint ensuite professer les mathématiques à Juilly, de 1784 à 1787, avec un certain talent de démonstration. Envoyé ensuite à Arras, il était, en dernier lieu, Préfet des études à Nantes, où il fixa l'attention publique par son ascension courageuse dans un aérostat, lorsqu'éclata la Révolution. Il quitta alors l'Oratoire, se fit avocat, concourut à la fondation de la *Société patriotique* de Nantes, et, grâce à la violence de ses opinions, se fit nommer député de la Loire-Inférieure à la Convention. Peu connu d'abord, il brigua la main de Charlotte, sœur de Robespierre qui le détesta toujours, et se joignit à la faction de Danton, pour qui l'enthousiasme n'était qu'un prétexte à la spéculation. Dans ses premières missions de l'Aube et de la Nièvre, il produisit des miracles, selon le mot de son ami Chaumette, et forma le noyau d'une fortune qui devait, à sa mort, dépasser 15 millions, en s'arrogeant le prix de la vente des biens d'émigrés et le produit du pillage des châteaux, pendant qu'il écrivait à la Convention : « Avilissons l'or et l'ar-
« gent et traînons dans la boue ces dieux de la
« monarchie, si nous voulons faire adorer les dieux
« de la République et *établir le culte des vertus aus-*

« *tères de la Liberté*[1]. « A Lyon, où il se rendit ensuite avec Collot d'Herbois, il préluda à ses fusillades et à ses massacres par une fête sacrilége. Le 12 décembre, il faisait écrire par son agent Pelletier au Conseil général de la commune: « Il faudra réduire « cette cité de 140,000 âmes à 25,000. Du reste, « les représentants ont substitué aux deux Tribunaux révolutionnaires, sans cesse embarrassés « par les formes, un Comité de sept juges qui « prononcent sommairement et dont la justice est « aussi éclairée qu'elle est prompte. Le 14 frimaire, 60 de ces scélérats ont été fusillés; le 16, « 208 ; le 18, 68 ; et le 19, 130 ont été guillotinés. »

Et écrivant lui-même à un de ses amis le résultat de sa conduite : « Soyons terribles, lui disait « Fouché, pour ne pas craindre de devenir faibles « et cruels. Adieu, mon ami; des larmes de joie « coulent de mes yeux et inondent mon âme. » Ce n'était pas là, d'ailleurs, les seules jouissances qu'il éprouvât; et il avait soin de s'en ménager de solides tout en ramassant l'or dans le sang. Le 2 janvier 1794, les représentants du peuple, *envoyés à la commune affranchie (Lyon) pour y assurer le bonheur du peuple*, requéraient la commission du séquestre « de leur faire apporter deux cents bouteilles du meilleur vin et cinq cents de Bordeaux de première qualité. » Ses cruautés furent tellement atroces qu'elles révoltèrent jusqu'à Robespierre dont la

---

[1]. Dans le procès de Louis XVI, il vota la mort sans appel ni sursis.

sœur affirme qu'il voulait, au 9 thermidor, lui en demander compte[1]. Chassé de la Convention en août 1795, il put, à force d'or et d'adresse, et malgré ses relations avec Babeuf, échapper à la mort, acheter l'amitié de Barras et devenir, sous le Directoire, ambassadeur de France à La Haye, puis ministre de la police et, sous l'Empire, sénateur et duc d'Otrante en récompense de ses services dans la campagne d'Allemagne. Chose triste à dire! le crédit de ce régicide grandit même à ce point, que l'on vit longtemps ses salons et jusqu'à ses antichambres encombrés des débris de l'aristocratie qu'il avait mutilée, qu'il entra dans les conseils du frère de sa victime, et que Louis XVIII apposa sa signature au contrat de son second mariage avec une Castellane. Et toutefois cet homme féroce et sans pitié ne fut pas seulement sévère dans ses mœurs et fidèle dans ses amitiés, il fut charitable, loyal dans ses engagements et songea à mourir en chrétien. La vie oratorienne, si pure et si édifiante, était restée un des souvenirs les plus chers de cette âme dépravée. Aux jours de sa plus haute faveur, il revenait souvent à Juilly et ne cessait de frapper à la porte des PP. Lombois et Crenière, ses anciens confrères, qui ne voulaient pas le voir. Ce fut même dans l'espoir de vaincre leurs refus qu'il fit don à la chapelle du collège du beau mausolée du cardinal de Bérulle, dont nous avons parlé. Il com-

[1]. *Mémoires de Charlotte Robespierre*, p. 123 et suiv., 2ᵉ éd.

mençait déjà à éprouver ces mouvements de repentir qui ont fait dire, lorsqu'il mourut en exil, qu'il était passé par eux de la classe des coupables dans celle des infortunés. Et son ancien secrétaire, qui fut élève et plus tard un des professeurs de Juilly, M. L. Roberdeau, nous écrivait, le 28 juin 1866 : « Voici des faits dont je puis vous garantir l'exactitude : le curé de Ferrières[1] avait toujours son couvert mis au château quand le duc d'Otrante y était. Il recevait de lui annuellement un supplément de traitement de 600 fr. et pouvait signer *ad libitum* des bons de bois, de pain et de viande et réclamer tous autres secours ou distribuer des aumônes. Le duc avait fait don à l'église d'un magnifique dais. Le médecin du château était tenu de soigner tous les malades pauvres de ses domaines; et il exigeait qu'ils reçussent les mêmes soins que lui-même. Il avait donné au maître d'école une maison, un jardin et un traitement. Du reste il n'y avait pas de malheureux sur les terres du duc d'Otrante, qui donnait 1 fr. 25 cent. par jour à quiconque voulait aller travailler à la réparation ou à l'ouverture des routes de ses bois. Je ne sais pas dans quels sentiments est mort le duc d'Otrante; mais je sais que, lorsque Louis XVIII lui offrit une ambassade de premier ordre, il choisit l'humble résidence de Dresde, parce que le roi de Saxe était

---

[1]. La terre de Ferrières, dont le baron de Rothschild est aujourd'hui détenteur, appartenait à Fouché depuis 1801.

connu pour un homme sincèrement religieux. » Atteint par la loi du 12 janvier 1816 contre les régicides, il se retira à Trieste et y mourut à Noël 1820, âgé de cinquante-neuf ans. Charles Nodier a fait de lui un portrait saisissant : « Quand je vis le duc d'Otrante en Illyrie, en 1813, il n'avait que cinquante-deux ans, mais il annonçait davantage. Sa taille, peu au-dessus de la moyenne, était excessivement grêle et même un peu cassée. Sa constitution osseuse et musculaire ne manquait pas de vigueur ; mais il ne portait plus rien de ce luxe de santé, auquel on reconnaît les heureux de la terre, les paresseux, les égoïstes et les riches. Il n'y avait pas un trait dans sa physionomie, pas un linéament dans toute sa structure, sur lequel le travail ou le souci n'eussent laissé une empreinte. Son visage était pâle, d'une pâleur qui n'appartenait qu'à lui. C'était un ton froid mais vivant, comme celui que le temps donne aux monuments. La puissance de ses yeux, d'un bleu très-clair, mais dépourvus de toute lumière de regard, prévalait du reste, en peu de temps, sur toutes les impressions que son premier aspect avait pu produire. Leur fixité curieuse, exigeante, profonde, mais immuablement terne, avait quelque chose de redoutable. J'ai souvent vu le duc d'Otrante ; j'étais près de lui, et seul avec lui, à l'arrivée de plus d'un message désolant, et je n'ai jamais vu se démentir d'un clin d'œil l'impassible immobilité de ses yeux de verre. Je me demandais par quelle opération de la volonté on pouvait parvenir à éteindre ainsi son âme, à dérober à la prunelle sa transparence animée, à faire rentrer le regard dans un invisible étui comme l'ongle rétractile du chat[1]. »

Le P. Petit ne se montrait pas moins jaloux d'accroître la prospérité matérielle de la maison de Juilly. Il avait obtenu de la générosité de M. de La Borde, le riche financier de la cour, qui avait ses quatre fils au collége, le pavage de la grande cour, et de celle de M. de Trudaine la construction du chemin qui se relie à la route de Meaux à Paris au-dessus de Compans. Il s'empressa d'organiser un service régulier de voitures de Juilly à la capitale, et ne négligea pas d'en insérer l'annonce dans tous les organes de la publicité du temps. L'almanach du diocèse de Meaux, pour 1784, en fournit la preuve : « Juilly, y est-il dit, est à sept lieues de « Paris et à trois de Meaux. Une voiture couverte « et commode va, tous les vendredis, de Juilly à « Paris. Elle arrive rue Saint-Honoré, à l'Oratoire, « sur les trois heures, et elle repart, le samedi, à « huit heures du matin. » Ainsi un coche, dont le principal avantage était d'être couvert, qui mettait sept heures pour faire sept lieues[2], et qui ne s'aven-

---

1. *Dictionnaire de la conversation*, V° FOUCHÉ.
2. Encore en 1807, et même vingt ans plus tard :
   Un étroit véhicule, allant de deux jours l'un,
   Dans la cour de Médard descendait un chacun,
   Et, le repos compris, mettait, coûte que coûte,
   Près de deux tiers de jour à parcourir la route.
   (GUÉRIN. Banq. de 1845.)

turait sur la route qu'une fois par semaine, tel était le mode de locomotion le plus perfectionné de nos aînés d'il y a quatre-vingts ans ; et il ne nous semble pas inutile de le rappeler à nos jeunes camarades qui font maintenant le trajet en trois quarts d'heure, et qui pourraient le renouveler, en une semaine, autant de fois que jadis ce lourd chariot en une année.

Le même almanach rend compte de la visite pastorale faite à Juilly, le 20 juillet 1784, par Mgr de Polignac, évêque de Meaux, et du compliment que lui adressa le P. Petit et qui se terminait par ces paroles : « Lisez, Monseigneur, dans nos cœurs et sur nos visages, vous y verrez la joie que produit ici le plaisir de vous posséder. Quelle douce allégresse dans cette aimable jeunesse, portion précieuse de votre troupeau ! Leurs yeux, leur air, leur maintien, leur ardeur à vous environner, tout annonce dans ces jeunes élèves le désir empressé de voir s'ouvrir pour eux, par votre saint ministère, le trésor du Ciel et de recevoir de vos mains sacrées les dons de l'Esprit-Saint, dont vous êtes le dispensateur. Heureux, Monseigneur, si, dociles à la voix du pasteur et vrais imitateurs des vertus dont il est l'apôtre et le modèle, ils sentent tout leur bonheur ; plus heureux encore, si, marchant sur vos traces à la suite du Prince des pasteurs, ils vous donnent, ainsi qu'à nous, la consolation d'apprendre un jour que vos enfants, que ceux que vous avez marqués du sceau de la croix, continuent toujours à marcher d'un pas ferme dans les sentiers que leur prescrit Celui qui est la voie, la vérité et la vie ! »

Le P. Petit avait de nombreux amis. Le P. Moisset aimait à se reposer auprès de lui des fatigues du généralat, et l'auteur du *Poëme de la Religion*, le fils de Racine, venait quelquefois le visiter. Il se démit de sa supériorité aux vacances de 1785, et resta à Juilly encore deux ans, jusqu'au 12 août 1787, où il fut appelé à résider à Saint-Honoré. Nommé second Assistant en 1788, il prit part, en cette qualité, à la cinquante-troisième assemblée de la Congrégation, qui vota des remerciements à la maison de Juilly pour son généreux concours à la dotation de divers colléges de l'Ordre[1]. En 1789 il revint à Juilly avec le titre de curé de la paroisse, s'en démit, en 1790, en faveur du P. Brun, et mourut, en 1791, de chagrin et d'inquiétude des événements politiques.

LE P. MANDAR (1785-1791).

Le P. Jean-François Mandar, le dernier Supérieur de Juilly, naquit à Marines en 1733. Il fut admis à l'Oratoire à seize ans et demi, le 6 février 1750, après avoir fait ses études au collége des

---

1. Le 1er décembre 1783, la maison de Juilly avait prêté 20,000 livres, à 4 pour 100 d'intérêts, à celle de Tournon pour la construction de son collége et de son école militaire. *Arch.*, M. M. 592.

Grassins. Successivement Régent des classes de grammaire à Dieppe, de 1751 à 1753, de seconde et de rhétorique à Juilly, de 1742 à 1759, il fut, à cette époque, désigné pour la cure de Montmorency et la chaire de théologie de la maison d'études du lieu[1], fut placé à la tête du séminaire de Saint-Magloire en 1762, revint à Juilly, en 1776, comme chanoine résidant, et y exerçait depuis cinq ans les fonctions d'Assistant et de Directeur spirituel, lorsqu'en octobre 1783 il fut appelé à en prendre la direction supérieure.

C'était un homme d'une vertu rare et d'un véritable talent, poëte facile et prédicateur éloquent. L'urbanité de ses manières, l'agrément de son esprit et la bienveillance de son caractère faisaient rechercher sa société. Jean-Jacques Rousseau, à qui il suggéra l'idée de traiter en vers le sujet du *Lévite d'Ephraïm*, aimait à le voir toutes les fois qu'il le savait à Montmorency auprès de son vénérable ami, le P. Muly. Et ce fut au contact de ces bons prêtres qu'il apprit à honorer le sacerdoce et à reconnaître « qu'un bon « curé de campagne est un ministre de bonté comme « un bon magistrat est un ministre de justice[2]. » Il en parle en divers endroits de ses *Confessions* et, la veille du jour où le Parlement le décréta de prise de corps pour la publication de son *Émile*, le 8 juin 1762, il écrivait ces lignes : « Je fis ma promenade

1. *Arch.*, M. M. 612.
2. *Émile*, l. IV.

ordinaire dans les bois de Montmorency avec deux professeurs oratoriens : le P. Alcmanni et le P. Mandar. Nous emportâmes aux Champeaux un petit goûter que nous mangeâmes de grand appétit. Nous avions oublié des verres; nous y suppléâmes par des chalumeaux de seigle, avec lesquels nous aspirions le vin dans la bouteille, nous piquant de choisir des tuyaux bien longs pour pomper à qui mieux mieux. Je n'ai de ma vie été si gai[1]. »

Juilly, le séjour favori du P. Mandar, inspira souvent sa muse, ordinairement simple, enjouée, familière; et les élèves se plaisaient à redire ses chansons[2]. Il réussit aussi dans la poésie morale, et sa pièce de vers sur la *Chartreuse*, qu'il composa à Juilly en 1777, lui assigna une place honorable dans les lettres. On y trouve un sentiment vif et vrai des beautés de cette nature grandiose et de la présence de Dieu, à laquelle elle vous rappelle, un parallèle heureux entre l'aspect calme et sévère de cette montagne et l'activité dévorante des forges attachées à ses flancs, et une description fidèle de la vie des religieux qui l'habitent.

Comme prédicateur, il eut une grande réputation ; il rappelait Massillon par l'élégance de sa diction et par l'abondance harmonieuse de ses périodes. Plusieurs fois il eut l'honneur de prêcher en pré-

---

1. J.-J. Rousseau, *Confessions*, p. 306, éd. Furne, 1837.
2. Citées par le marquis de Coriolis dans sa pièce de vers lue au banquet de 1839.

sence du Roi, et il prononça, en 1772, devant l'Académie française le panégyrique de saint Louis avec un tel succès, qu'elle le lui redemanda et qu'il fut traduit en espagnol.

A Juilly, il fut aimé de tous par la douceur et la simplicité de ses procédés, le soin qu'il prenait des élèves et l'affection sincère qu'il leur témoignait.

Ce fut sous sa direction que la moyenne annuelle du nombre des élèves atteignit le chiffre le plus élevé, celui de trois cent soixante-quinze; mais elle diminua rapidement à partir de 1789.

Le P. Mandar aimait à donner aux séances académiques et aux exercices publics du collége une solennité que ne comportait pas l'exiguïté de la salle intérieure qui leur était consacrée. Il en fit construire une beaucoup plus grande en 1786, à l'entrée du parc, dans laquelle eurent lieu désormais les distributions de prix, et au fronton de laquelle il fit placer cette inscription : *Hic sunt sua præmia laudi*. MM. de Scorbiac et de Salinis en firent, en 1828, la chapelle du parc.

L'année scolaire 1790-1791 fut la dernière de l'Académie. En janvier 1791, on voulut astreindre le P. Mandar, en sa qualité de Supérieur, à prêter le serment, prescrit par un décret de l'Assemblée constituante à la Constitution civile du clergé. Il s'y refusa et n'en fut pas moins laissé libre de continuer la direction du pensionnat jusqu'aux vacances suivantes.

Le personnel de ses Professeurs et maîtres était ainsi composé :

Le curé de la paroisse était le P. Brun qui avait quitté la direction de l'Institution de Paris depuis 1786, et les chanoines résidants ;

Les Pères Dotteville, tête légère sous ses cheveux blancs[1], que le philosophisme avait égaré, et que nous verrons bientôt gagné à l'opinion exaltée de quelques jeunes Confrères par la vanité puérile de jouer le rôle de chef de parti ;

De Bons, âgé de soixante-treize ans,

> celui qui par son nom
> Comme par ses vertus, son divin caractère,
> Au dire de chacun, était doublement bon[2] ;

Constantin, l'ancien Préfet de la division des Minimes ;

Et Herbet qui, pendant vingt ans, avait été chargé de faire aux étrangers les honneurs de la maison, homme assez nul, et pourtant caustique, qui avait le défaut d'aimer la table, et auquel les élèves appliquaient malignement ce vers d'Horace :

Nos numerus sumus et fruges consumere nati ;

Le Grand Préfet, le P. Elysée Prioleau ;
Son Suppléant, le C. Michel Crenière ;

---

1. Il avait alors soixante-quatorze ans.
2. Vers lus par M. Dupré de Saint-Maur, au banquet des anciens élèves, en 1844.

Le Directeur Econome, le P. Lombois ;

Les Directeurs spirituels : les PP. Domange et de Menneville.

Les Professeurs étaient : en philosophie, le C. Begat; en rhétorique, le C. Hippolyte Lefebvre; en seconde, le C. Athanoux ; en troisième, le C. Raffié ; en quatrième, le C. Creuzé ; en cinquième, le C. Joly; en sixième, le C. Domange ; en histoire et géographie, le P. Brunard; en mathématiques, le P. Menout,

> Savant révélateur des secrets de Bezout[1] ;

et pour le grec, le P. Macquet,

> célèbre professeur,
> Qui, toujours embrasé d'une hellénique ardeur,
> Interprétait si bien l'harmonie et la grâce
> De cet idiome enchanteur[2].

Le Suppléant des classes était le C. Arnold, né à Liége en 1754, et qui, après avoir professé les basses classes à Juilly de 1776 à 1783, et la rhétorique à Tours de 1783 à 1786, était revenu à Juilly en occuper la chaire de 1787 à 1789 ; et les Préfets de pension : les CC. Deleau, Chomel, Arnauld, Foucher d'Aubigny, Meune, Pruthomme et de Neufgermain.

1-2. Vers lus par M. Dupré de Saint-Maur au banquet de 1844.

Le P. Mandar quitta définitivement Juilly en septembre 1791, pour se retirer à Saint-Honoré où, l'année suivante, à la veille de la suppression des Congrégations séculières, il signa avec soixante autres membres de la Congrégation la belle Lettre du P. Vuillet au Souverain Pontife.

LIVRE CINQUIEME

L'Oratoire de Juilly
pendant et depuis la Révolution.

CHAPITRE PREMIER

LE COLLÉGE DE JUILLY PENDANT LA RÉVOLUTION.

Loi du serment à la Constitution civile du Clergé. Protestations qu'ell
soulève. — Fidélité du P. Brun, curé de Juilly, et du P. Maudar, supérieur du Collége. Défection du P. El. Prioleau. — Situation critique
du Collége. — Exercices militaires. Dernière distribution des prix. —
Projet de loi sur la suppression des Congrégations séculières. Résistance qu'il rencontre. Rôle des professeurs et des anciens élèves de
Juilly dans la polémique qu'il suscite. Admission du Conseil de l'Oratoire à la barre de l'Assemblée nationale. Allocution du Président.
Projet de comité, au sein de la Congrégation, pour traiter de ses intérêts avec l'Assemblée nationale. L'énergie du P. Moisset le fait
abandonner. — Nouvelle lecture du projet de loi. Lettre remarquable
d'un ancien élève de Juilly pour le faire rejeter. Son adoption. Ruine
de l'Oratoire. Dispersion des Pères de Juilly. Martyre du P. Queudeville et de quelques autres Pères. Belle conduite des Pères Grellet,
Brun et Carrichon pendant la Terreur. Histoire intérieure du Collége

à la même époque. Club et banquets patriotiques. Alerte du P. Lombois. Conversion du Collége en hôpital militaire. Famine. Le P. Lombois rend la chapelle au culte en mai 1795.

Lorsqu'on parcourt les annales de notre première Révolution qui, selon le mot de notre philosophe juliacien, M. de Bonald, « la tête dans les cieux et les pieds dans les enfers [1], » a donné au monde, dans une mesure qui ne sera jamais dépassée, le spectacle inouï de tous les délires et de tous les modèles, de tous les scandales et de tous les héroïsmes, on reste confondu du nombre de traits d'ingratitude qu'elles constatent ; et le regard se trouble à la vue de tant et de si grands bienfaits dont la plupart furent payés de la haine de ceux qui les avaient reçus et trop souvent, hélas ! du sang de leurs auteurs.

Le village de Juilly résista à la contagion de ces odieux exemples. Et si sa population laissa, elle aussi, souiller son temple et profaner ses autels, elle sut, du moins, par une exception qui l'honore, porter dignement le poids de la reconnaissance, préserver le collége du pillage et y procurer à ceux des maîtres et des élèves qui voulurent ou durent y rester, un asile sûr et tranquille. Malheureusement ce n'était là qu'une protection locale et matérielle ; elle put couvrir les personnes et leur demeure, mais elle fut impuissante à s'étendre jusqu'à l'Institution elle-même, dont l'existence fut brisée par

1. *Législation primitive*, t. I, p. 128.

les deux funestes décrets que l'Assemblée constituante se laissa entraîner à rendre : ceux du serment à la Constitution civile du clergé et de la suppression des Congrégations religieuses; triste prélude de cette régénération sociale à laquelle elle se croyait appelée, et qu'elle inaugurait ainsi par la violation des principes de liberté de conscience et d'inviolabilité des propriétés, qu'elle venait d'inscrire elle-même en tête de sa fameuse déclaration des droits de l'homme !

La première de ces lois avait été votée le 12 juillet 1790. OEuvre adultère des impies et des dévots, des philosophes, qui s'appuyaient sur le dogme de la souveraineté du peuple et n'admettaient pas d'obstacle à leurs volontés, et des jansénistes, qui invoquaient les usages de la primitive Eglise [1], et dont elle était appelée, sur les bancs mêmes de l'Assemblée, la *pragmatique sanction*, elle ne tarda pas à porter ses fruits empoisonnés. De toutes parts elle avait soulevé des protestations : l'Église de France, dont elle violait la constitution, la discipline et la hiérarchie et qu'elle plaçait en dehors de l'Église universelle, l'avait combattue par les mandements de ses évêques; la Religion, dont elle tendait à faire une œuvre humaine et une institution politique, l'avait condamnée par l'organe du Saint-Siége; et une des illustrations du Parlement

[1]. Droz, *Hist. du règne de Louis XVI*, t. III, p. 175, éd. in-12, 1860.

anglais, l'éloquent défenseur des libertés américaines, Burke, qui avait pénétré dans la pensée intime de ses auteurs, l'avait flétrie du nom de *Code infernal d'irréligion et d'anarchie*. Toutes ces voix avertissaient l'Assemblée de sa faute; et son Comité des affaires ecclésiastiques hésitait lui-même à faire exécuter cette mesure attentatoire à la liberté de conscience. Mais le parti des philosophes, qui la dominait, et l'éloquence de Mirabeau, dont l'idée fixe était de *décatholiciser* la France, l'entraînèrent à une iniquité qui lui répugnait; et, le 27 novembre, elle vota, sur le rapport de Voidel au nom des Comités réunis, l'obligation du serment à cette Constitution du clergé, loi fatale qui sema le trouble dans les consciences et la division dans le pays, et qui suscita contre le clergé la violence et la persécution.

A Juilly, comme dans toutes les autres paroisses, le jour de la prestation de ce serment avait été fixé au dimanche, 16 janvier 1791, après la grand'messe. Le curé, le P. Brun, refusa de trahir le devoir de sa conscience; les habitants, dont il était aimé, respectèrent sa fidélité à l'Église; et il put continuer ses fonctions curiales jusqu'au mois d'août suivant, époque à laquelle il fut remplacé par l'intrus Moreau, Bénédictin de l'abbaye de Saint-Faron, de Meaux. Il se retira alors à Montgé, d'où il revenait, chaque semaine, le vendredi soir, pour dire la messe, le samedi et le dimanche, à la chapelle Sainte-Geneviève du collége, en faveur de ses paroissiens qui s'y rendaient, « moins peut-être, « dit le P. Pruneau, par conviction de l'illégitimité « de l'intrus que par affection pour leur véritable « curé [1]. »

Au collége, le P. Mandar, astreint de son côté au serment en sa qualité de Supérieur, déclara au maire, chargé de le recevoir, en présence de toute la communauté assemblée, qu'il regardait la Constitution civile, à laquelle on voulait l'obliger à se soumettre, comme schismatique et attentatoire à l'indépendance de l'Église; qu'à ses yeux, le serment qu'il venait lui demander ne serait, de sa part, qu'un parjure et une apostasie, et qu'il ne le prêterait jamais. Comme nous l'avons déjà dit, il fut cependant maintenu dans ses fonctions jusqu'aux vacances.

Sa noble résistance détermina celle de tous les Pères. Un seul eut la faiblesse de succomber, qui, du reste, lors du Concordat, s'empressa de réparer, par une rétractation publique, le scandale de sa défection [2]; ce fut le P. Elysée Prioleau. Fils d'un greffier du siége de Niort où il était né en 1751,

---

[1]. Notes mss. du P. Marcel Pruneau, ancien curé de Juilly, citées dans la lettre inédite de son neveu, mort, en 1863, doyen du chapitre de la cathédrale de Meaux, à l'abbé Cougnet, chanoine de Soissons.

[2]. Le curé Moreau se soumit, en même temps que le P. Prioleau, son ami, à l'autorité de l'Église, et mourut, en 1810, dans de grands sentiments de piété et de repentir de ses fautes.

il avait été reçu dans l'Oratoire à vingt ans, avait professé les classes élémentaires à Soissons et était entré à Juilly comme Régent de troisième en 1775. Il y avait été ordonné prêtre en 1781, y avait occupé successivement la chaire de seconde, de rhétorique et de philosophie jusqu'en 1784; et après y être resté quatre ans comme chanoine résidant, il avait remplacé le P. Viel dans sa charge de grand Préfet. Esprit fin et cultivé, homme adroit et aimable, mais trop oublieux de sa règle et pas assez du monde, il s'était laissé séduire par les idées philosophiques du temps ; sa foi, affaiblie par ces sophismes, était devenue impuissante à le maintenir dans la voie droite, et l'acceptation du serment ne se présentait que trop aisément à ses yeux comme un moyen de concilier l'intérêt du collége et celui de sa position personnelle.

Les faits se chargèrent bien vite de déjouer ses calculs coupables. Supérieur de fait, il ne put faire reconnaître son titre ni par le Régime de la Congrégation, qui lui reprochait sa félonie, ni par ses Confrères, dont les plus influents et les plus dignes l'abandonnèrent, ni par les familles qui lui refusaient presque toutes leur confiance. Il fallut l'intervention du P. Mandar pour empêcher la désertion totale du collége par les élèves et par les maîtres. Néanmoins, la rentrée d'octobre 1791 fut telle qu'on devait l'attendre de la difficulté de la situation ; il ne revint qu'une centaine d'élèves. Le

P. Prioleau se chargea du cours de philosophie, et le P. Lefebvre continua celui de rhétorique. La Préfecture des études fut acceptée par le P. Crenière[1], et l'Économat et la Direction spirituelle de la maison, par le P. Lombois[2] sur l'avis du P. Mandar lui-même.

Trop d'excès et de troubles avaient signalé cette première période de la Révolution, pour que les études ne se ressentissent pas des anxiétés et des préoccupations générales. Elles furent, d'ailleurs, singulièrement entravées par l'introduction des

---

1. Le P. Michel Crenière, né à Vendôme en 1756, et admis dans l'Oratoire en 1773, avait étudié la philosophie à Montmorency, et était déjà venu à Juilly, en 1775, comme Régent de sixième. Il avait ensuite enseigné les humanités à Nantes et, de 1783 à 1785, la rhétorique et la philosophie, à Arras, avec un grand succès, et était revenu, en octobre de la même année, occuper la chaire de rhétorique à Juilly où il demeurait, depuis 1788, à titre de chanoine résidant.

2. Le P. Lombois (Philibert-Étienne) était né à Chalanges, diocèse d'Autun, en 1736. Entré dans l'Oratoire à vingt et un ans, après avoir fait ses humanités et sa philosophie au collége de Beaune, il débuta dans l'enseignement à Troyes et fut envoyé ensuite à Soissons où son talent fut remarqué. Élevé au sacerdoce en 1764, il fut chargé, l'année suivante, de la direction du séminaire de Châlons-sur-Saône et fut nommé curé d'Effiat en 1771. Quatre ans plus tard, en 1775, sa réputation de piété, la noblesse et la fermeté de son caractère le désignèrent pour le poste difficile de Supérieur de l'École militaire de cette ville où il ne cessa, pendant douze ans, de recevoir les éloges et les témoignages d'estime les plus flatteurs de la part de tous les officiers généraux envoyés, chaque année, par le Roi pour inspecter l'École. En 1788, il fut appelé à la Supériorité de Montmorency ; mais les soins de sa santé l'obligèrent à se retirer à Juilly qu'il ne quitta plus.

exercices militaires que l'on prescrivit alors dans tous les colléges, et qui devinrent bientôt l'occupation préférée des élèves. Ceux des quatre classes supérieures, de troisième, de seconde, de rhétorique et de philosophie, formèrent un bataillon qui, en quelques mois, se fit remarquer par sa bonne tenue non moins que par la précision de ses manœuvres. Un sergent, tiré du régiment de Noailles, en était l'instructeur. Le drapeau en avait été donné par la mère de deux élèves, la vicomtesse de Noailles née d'Ayen, qui devait porter si courageusement sa tête sur l'échafaud le 4 thermidor an II (22 juillet 1794);[1] et sa cravate avait été attachée par les mains de cette noble dame[2], la digne compagne d'un des héros de la guerre de l'indépendance américaine, l'intrépide vicomte de Noailles qui, dans son enthousiasme pour les idées généreuses de 1789, avait proposé à l'Assemblée constituante, dont il faisait partie, ces trois grandes réformes votées dans la fameuse nuit du 4 août et « d'où sont sortis l'unité de la France et l'affranchissement des hommes et des terres[3] : » l'abolition des droits féodeaux, celle des corvées, et l'égale répartition des impôts entre tous les citoyens, et qui, en 1792, récompensé par la proscription de cette motion

1. Lire l'émouvant récit de sa mort, dans *Madame de Montagu, sa sœur*, ch. VII, p. 149. Douniol, 1865.
2. Archives de Juilly, *Lettre inédite de Romainville-Dumoulin*.
3. *Hist. du règne de Louis XVI*, par J. Droz, t. II, p. 344, éd. in-12.

célèbre, reprit son épée, aida son ancien compagnon d'armes Rochambeau à reconquérir Saint-Domingue, et trouva une mort digne de son grand cœur à l'abordage d'une corvette anglaise par la goëlette de guerre le *Courrier* qui le transportait à la Havane, lui, son état-major et une compagnie de grenadiers de la 34ᵉ demi-brigade[1].

Assez souvent, dans les beaux jours, le bataillon sortait du collége, tambour battant et enseignes déployées, et faisait de longues excursions dans le voisinage, au grand étonnement des bons campagnards qui suspendaient leurs travaux pour venir applaudir, sur son passage, à cette jeune milice du milieu de laquelle devaient sortir bientôt plusieurs généraux de mérite. Ces marches militaires étaient poussées quelquefois jusqu'à Roissy, où presque toujours d'abondantes collations étaient ménagées à nos joyeuses recrues dans le beau parc de M. le duc de Caraman.

Malgré l'agitation produite par un état de choses aussi anormal, et malgré le trouble qu'apportaient au Collége les nouvelles alarmantes de Paris et des provinces, on put encore terminer l'année et la clore par une distribution solennelle des prix; mais ce fut la dernière. La loi sur le serment avait compromis la fortune du Collége dont elle avait désorganisé la direction, dispersé les maîtres et réduit de près des trois quarts le nombre des élèves. Celle du

---

1. Ce brillant fait d'armes a été peint par Gudin, et raconté dans *Madame de Montagu*, p. 367.

18 août 1792, qui supprimait les congrégations séculières, acheva sa ruine.

Cette loi, dont le but avoué était la destruction du christianisme en France, et qui réalisait tous les vœux de l'impiété philosophique du xviiie siècle, n'avait pourtant pas passé sans résistance. Pendant deux ans, elle souleva une polémique et des luttes ardentes, auxquelles des maîtres et des anciens élèves de Juilly prirent une part active que l'histoire de cette maison doit enregistrer.

La Constituante, en abolissant les ordres monastiques, malgré les services séculaires dont la France leur était redevable, avait cependant épargné les congrégations séculières et laïques, vouées à l'enseignement et au service des pauvres. L'article 2 du décret du 15 février 1790 statuait que, jusqu'à nouvel ordre, les maisons d'éducation publique et les établissements de charité continueraient de subsister. Cette disposition avait soulevé dans l'Oratoire des interprétations contraires et fait éclater, dans son sein, des dissensions fâcheuses. La plupart, et ils ne se trompaient pas, y voyaient, à une échéance indéterminée mais certaine, la perte de la Religion et la destruction de leur Ordre; les plus jeunes, entraînés par l'effervescence de l'âge et leurs rêves enthousiastes de renouvellement du monde, voulaient soumettre à l'Assemblée nationale des plans de réforme de ces diverses Congrégations et en particulier de la leur.

Instruit de ces dispositions, le Comité ecclésiastique de l'Assemblée crut devoir adresser une circulaire aux diverses maisons de l'Oratoire, pour leur signaler les dangers et l'inconséquence d'une pareille démarche avant la décision de l'Assemblée sur leur sort qui était toujours incertain. « Vivez « d'ici là en paix et dans l'union, concluait le Co- « mité. L'Assemblée, soyez-en sûrs, rend toute la « justice qui est due à votre zèle pour l'instruc- « tion de la jeunesse; et si, malgré son éloigne- « ment pour conserver les anciennes corporations, « elle vous exceptait, vous pourriez alors présen- « ter les projets que vous jugeriez nécessaires [1]. » Cette observation finale était peu rassurante, et le ton général de la lettre trahissait d'ailleurs l'ironie et la malveillance. Le Régime de la Congrégation s'en émut et décida qu'il se rendrait à la barre de l'Assemblée, pour présenter sa défense et provoquer l'assurance de son maintien. Il y fut introduit le 10 juillet 1790.

C'était un ancien élève de Juilly, le marquis de Bonnay, député de la noblesse du Nivernais, qui présidait, précisément ce jour-là, l'Assemblée. La

---

[1]. *Arch. de l'Emp.*, M. 235. Cette circulaire, qui porte la date du 8 juin 1790, était signée par dix de ses membres : par Durand de Maillane, vice-président; de Boislandry, secrétaire; l'abbé Expilly; Thibaut, curé de Souppes; don Gerle, chartreux; d'Ormesson; Dionis du Séjour; Lapoule; Massieu, curé de Sergy et ancien précepteur de MM. de Lameth; et Lanjuinais. Cette commission, formée le 20 août 1789, au nombre de quinze membres, avait été portée à trente depuis le 10 février 1790.

pétition de l'Oratoire fut lue par le P. Moisset, à qui le président répondit en ces termes :

« Messieurs, la liberté est l'essence de notre Constitution ; elle l'est aussi de vos statuts. Votre Congrégation est depuis longtemps célèbre par ses lumières, utile par ses travaux, respectable par ses vertus. Depuis longtemps elle préside avec succès à nos meilleurs établissements d'éducation publique ; elle a bien mérité de la patrie.

« Mais après vous avoir rendu ce témoignage au nom de l'Assemblée nationale, après avoir ainsi glorieusement récompensé les preuves que vous avez données de votre zèle et de votre patriotisme, me serait-il permis de me séparer, pour un moment, de mes fonctions augustes et de payer publiquement un tribut d'amour et de reconnaissance à ceux qui, dans les premières années de ma vie, employèrent des soins si tendres à former mon cœur et mon esprit, à ceux sans qui je n'aurais jamais été digne de m'asseoir parmi les représentants de la nation ? Plusieurs de mes collègues, qui ont reçu les mêmes bienfaits, partagent l'émotion de mon cœur et sont prêts à mêler leur voix à la mienne. Je m'estime heureux s'ils m'ont avoué pour leur interprète. L'Assemblée nationale vous permet, Messieurs, d'assister à la séance [1]. »

---

[1] V. cette allocution mss. aux *Arch. de l'Emp.*, M. 228. Conférer aussi le pr.-verb. des séances de l'Assemblée nationale et le *Moniteur*.

Cette démarche resta sans résultat, malgré la bienveillance des paroles du président de l'Assemblée, et n'apaisa pas les dissidents. Guidés par les illusions des uns, la vanité des autres et les calculs ambitieux du plus grand nombre, ils persistèrent à dire qu'il fallait agir au lieu d'attendre en silence les événements, et se tenir au courant des desseins de l'Assemblée nationale, afin d'aviser d'après eux ; et ils résolurent, en conséquence, de nommer parmi eux un comité de quinze membres, dont la mission serait de conférer, pendant les vacances, avec ceux des membres de l'Assemblée nationale auprès desquels ils pourraient avoir accès, et de traiter avec eux des intérêts de la Congrégation.

Ce projet fut sévèrement improuvé par le Régime; et dans sa séance du 2 août suivant, il invita le P. Général à rappeler à ses partisans que la Congrégation ayant une existence légale, ses statuts et la forme de son gouvernement devaient continuer à subsister tels qu'ils étaient ; que les règlements s'opposaient à ce qu'aucun membre de l'Oratoire se rendît à Paris sans autorisation, même pour ses affaires ; et que dès lors toute réunion, non convoquée par le P. Général, était nulle et illégale[1]..

On chercha à éluder cette défense ; et la formation du comité fut annoncée au P. Moisset par une

---

[1]. *Arch. de l'Emp.*, M. 228. Cette délibération était signée : Moisset, Sup. gén. ; Poiret, Sup. de la maison de Saint-Honoré ; Petit et Balagny, Assistants.

lettre en date, à Montmorency, du 6 août 1790. Elle était signée : de Saint-Jorry, prêtre de l'Oratoire ; Monard, *idem* ; Lalande, *idem*[1] ; Daunou, *idem*[2], et Dotteville, de l'Oratoire, résidant à Juilly,

1. Le futur Évêque constitutionnel de Nancy et l'auteur de l'*Apologie du Serment*, alors professeur de théologie à Montmorency.
2. Daunou (P. C. F.), né à Boulogne-sur-Mer le 18 août 1761, était entré à l'Oratoire en 1777, et après avoir professé dans plusieurs collèges de la Congrégation, à Troyes, à Soissons et à Boulogne, avait été ordonné prêtre en 1787, et professait alors la logique à Montmorency. Compromis déjà dans la cause de la Révolution, il dut quitter l'Oratoire en 1791, et fut nommé, en 1792, député du Pas-de-Calais à la Convention où il éleva courageusement la voix en faveur de Louis XVI : « La sévérité d'une république, dit-il, n'est pas la barbarie de cannibales fanatiques ; » et il vota pour le bannissement à la paix. Incarcéré, en octobre 1793, et mis en liberté après le terrorisme, il devint successivement président de la Convention et du Conseil des Cinq Cents, refusa sous l'Empire, dont il se défiait, d'entrer au Conseil d'État, se livra tout entier aux lettres et n'accepta que le poste de garde général des Archives. Professeur d'histoire au collège de France en 1816, il publia ses leçons, en vingt volumes, sous le titre de *Cours d'études historiques*. Député de Brest en 1829, il fit partie de la Commission de l'Adresse et protesta contre les Ordonnances. Rapporteur de la loi sur l'instruction primaire en 1831, élu membre de l'Académie des Inscriptions en 1838, et nommé Pair de France en 1839, il mourut le 20 juin 1840. Il n'eut jamais de chaire à Juilly ; mais il y venait souvent passer ses vacances. Son ancien professeur de philosophie, le P. Marcel Pruneau, qui s'y rencontra avec lui pendant celles de 1790, a consigné le souvenir de leur entrevue dans une note intéressante et qui rectifie une assertion inexacte de Feller dans son *Dictionnaire historique*. « Feller, dit-il, le représente comme cédant moins à sa vocation qu'à l'influence de ses maîtres, lorsqu'il entra dans la Congrégation ; c'est une erreur. Daunou se fit oratorien par goût et par piété et fut d'abord un fort bon prêtre. Le succès de son discours, couronné à Nîmes : *De l'influence de Boileau sur*

et autorisé à signer aussi pour le C. Crenière[1], tous membres du comité.

Le P. Général répondit immédiatement à l'auteur de l'adresse, le C. Dotteville : « Messieurs nos Pères et Confrères, j'avais pensé que la circulaire du Comité ecclésiastique de l'Assemblée nationale, qui a été adressée à la Congrégation, et la lettre que j'avais moi-même écrite, vous détourneraient du projet de former, dans le sein de la Congrégation, ce que vous appelez un comité, qui n'étant pas même du vœu de la plus grande partie du Corps, ne peut jamais être regardé comme légal. Quant à moi, fidèlement soumis à tout ce qui peut émaner de l'Assemblée nationale, je crois, avec le Comité ecclésiastique, que cette démarche est prématurée et dangereuse. J'ajoute que tant que le Corps existera, tant qu'il n'aura pas de nouvelles lois, il doit se régir par les anciennes, sans quoi il tomberait dans l'anarchie. Je suis le conservateur de nos règlements, et c'est un dépôt que je ne puis violer. J'attends avec respect et soumission ce qu'il plaira au Corps législatif d'ordonner de nous ; mais jus-

---

la littérature française, 1787) lui inspira une vanité qui fut sa perte. Dans les vacances de 1790, le maître et l'élève, s'étant rencontrés à Juilly, eurent une vive discussion dans laquelle le premier rappela fortement à l'autre et ses discours de ferveur et la cause de sa chute. » Cette note est reproduite dans la lettre déjà citée de l'abbé Pruneau, son neveu, à l'abbé Congnet.

1. Le C. Dotteville, né à Paris en 1710, était entré à Juilly en 1735.

que-là, il ne m'est pas permis d'enfreindre les statuts qui nous ont toujours gouvernés; et tant qu'ils existeront, je ne puis que vous rappeler à leur observation; tel est aussi l'avis de mon Conseil. Je suis, etc. Moisset [1]. »

Cette lettre inspira plus de réserve aux opposants; et ils renoncèrent à leur projet de comité. Malheureusement, ils avaient donné là un exemple d'insubordination, qui trouva bientôt des imitateurs.

L'année suivante, quelques jeunes Régents de Juilly, à peine majeurs, et qui n'avaient pas encore le temps requis pour être membres de l'Oratoire, mécontents d'un changement de résidence qu'on leur assignait, adressèrent à l'Assemblée nationale une plainte contre le Régime de la Congrégation, contre l'arbitraire de ses décisions et aussi contre *le fanatisme* du P. Mandar, leur Supérieur, qui, non content d'être un dissident, avait défendu, à Juilly, l'enseignement de la nouvelle géographie et l'introduction du *catéchisme national*.

Le député Fauchet, évêque assermenté du Calvados, consentit à se faire l'organe de cette plainte; et, ajoutant aux griefs qu'elle articulait ceux de la décadence des études au milieu de pareilles divisions et de la gêne de l'Oratoire qui, disait-il, ne se soutenait que par des emprunts, il proposa la sup-

[1]. *Arch. de l'Emp.*, M. 235. La minute n'est pas signée du P. Moisset, mais elle est écrite de sa main.

pression des Congrégations séculières. L'Assemblée renvoya l'examen de cette motion au Comité ecclésiastique qui s'en occupa, toute affaire cessante, et choisit pour rapporteur Massieu, alors évêque de l'Oise, et qui devait plus tard échanger son anneau pastoral contre celui du mariage. Il établit une distinction entre les Congrégations de femmes, vouées à l'enseignement des classes pauvres et au soin des malades, et qu'il ne savait comment remplacer, et celles des hommes, qu'il était impatient de faire disparaître. Ces dernières se divisaient en Congrégations ecclésiastiques, telles que celles de l'Oratoire, de la Doctrine chrétienne, de la Mission de France ou de Saint-Lazare, des Missions étrangères, des Eudistes, de Saint-Joseph, de Saint-Sulpice, de Saint-Nicolas-du-Chardonnet, du Saint-Sacrement, du Saint-Esprit, des prêtres dits *Mulotins*, et en Congrégations laïques : des ermites du Mont-Valérien, de Sénart, de Saint-Jean-Baptiste et tous autres frères Ermites, celles des frères des Écoles chrétiennes, des frères tailleurs, des frères cordonniers. « Toutes ces associations, disait le rapport, excepté peut-être celles des Ermites qui vivent du travail de leurs mains dans la solitude, sont appelées par leurs statuts aux fonctions les plus intéressantes de la société : l'instruction de la jeunesse, l'enseignement de la religion, l'éducation de ses ministres, le soin des malades indigents.

« Mais pour remplir des fonctions aussi touchantes et aussi essentielles au bien public, est-il nécessaire, continuait-il, de tenir à une corporation quelconque? Ne voyons-nous pas ces fonctions également bien remplies dans les gouvernements qui ne connaissent pas ces sortes d'établissements? Quand on est assez modéré dans ses désirs pour se contenter de la nourriture et du vêtement en se rendant utile aux autres, a-t-on besoin de tenir à une riche société dont les biens ne sont la propriété de personne ou deviennent quelquefois le patrimoine de quelques chefs moins sages ou moins scrupuleux? Pour enseigner la jeunesse, a-t-on besoin d'autre chose que de mœurs et de talent? Pour enseigner la religion et former ses ministres, faut-il un autre esprit que celui de l'Évangile? Pour se consacrer aux soins qui sont dus à l'humanité souffrante, faut-il d'autres motifs que ceux de la charité? »

Il ajoutait que sans doute les mœurs, la religion, les sciences, les lettres et les arts avaient les plus grandes obligations à la plupart de ces Corps, estimables à plus d'un titre, que l'esprit de Corps avait fait naître de grands hommes dans leur sein, mais qu'aussi il avait été trop souvent le germe de disputes, de querelles et de scandales dans l'Église et dans l'État, et que la paix et la Religion avaient plus perdu que gagné à la diversité d'opinions, ou religieuses ou politiques, produites dans tous les temps par la trop grande multiplicité des Congrégations. Et il concluait en soumettant à l'Assemblée l'approbation d'un projet de décret qui maintenait provisoirement l'existence des Congrégations séculières de femmes, supprimait toutes celles des hommes et accordait à leurs membres une pension annuelle de cinquante livres pour les prêtres, et de vingt-cinq livres pour les frères, par chaque année de service dans la Congrégation, et, s'ils avaient plus de dix ans de services effectifs, de cinq cents livres à cinquante ans et de quatre cents livres, au-dessous de cet âge, pour les prêtres, et de moitié pour les frères.

L'Assemblée vota l'impression de ce rapport[1], mais ajourna la discussion du projet de décret jusqu'à l'époque où elle se croirait en mesure de supprimer toutes les Congrégations d'hommes et de femmes indistinctement. Toutefois l'impatience de la gauche ne lui permit pas de la différer longtemps ; et moins de trois mois après, le 10 février 1792, le Comité ecclésiastique lui présentait un nouveau rapport sur cette même question. Gaudin, qui pendant vingt-cinq ans de sa vie avait appartenu à l'Oratoire, en était l'auteur. Il écartait la distinction faite par Massieu, passait en revue toutes les maisons d'éducation depuis la Sorbonne jusqu'aux sœurs grises, discutait l'origine et le but

---

1. Novembre 1791.

de chacune de ces Associations ; et poussant l'infamie jusqu'à s'attacher à prouver qu'elles n'avaient tendu toutes *qu'à perpétuer l'ignorance et l'imposture,* il concluait à leur suppression générale. L'Assemblée éluda encore une fois l'examen de cette proposition.

Dès qu'elle fut connue, elle souleva dans le public une indignation profonde et les plus énergiques protestations. L'une des plus remarquables par la justesse des pensées et l'énergie du langage, et qui fit alors une très-grande sensation, est la lettre d'un ancien élève de Juilly à l'un de ses amis. Elle est datée du 21 février 1792, et est attribuée à d'Esprémesnil. A tous ces titres, elle nous semble, malgré son étendue, devoir être reproduite ici. Même à quatre-vingts ans de distance, sa lecture peut d'ailleurs être encore profitable :

« Mon ami, le décret qui doit foudroyer les Congrégations séculières et l'Oratoire est prêt à paraître. On avait cru jusqu'ici qu'une Congrégation dont les Voltaire et les d'Alembert avaient fait eux-mêmes le plus grand éloge, qu'un corps qui n'était lié que par les liens de la fraternité, qui n'excitait l'envie ni par ses édifices, ni par son crédit, ni par ses richesses, qui ne mit jamais la moindre distinction entre le riche et l'indigent, le noble et le roturier et qui, sous l'ancien régime, fut constamment battu par la tempête, serait au moins épargné. Mais sa destruction est depuis longtemps projetée; et elle doit subir le même sort que tous les ordres religieux.

« Il n'y a pas de doute que si la cause des Congrégations séculières eût été plaidée selon les règles de la justice et de la vérité, elles n'eussent gagné leur procès, d'autant plus que l'auteur du rapport cite la philosophie comme la première cause de leur suppression, et que personne n'ignore que la philosophie moderne est une indifférence entière pour ne pas dire une aversion pour toutes les religions, un mépris universel de toutes les règles qui tendent à la conservation des mœurs, de la subordination, de la piété et des droits de la Royauté, une pleine et parfaite tolérance envers les ouvrages impies ou obscènes. On sait que la Sorbonne ne s'est rendue coupable aux yeux des philosophes, que parce qu'elle les combattait avec vigueur. »

Après avoir justifié certains Ordres monastiques, notamment les Trappistes et les Bénédictins, des calomnies dont ils étaient l'objet, l'auteur de la lettre continue ainsi :

« Quant aux Congrégations, il est sans doute étrange qu'après avoir dit qu'on devait les respecter comme étant soumises à la volonté des personnes, libres à toute heure de rompre leurs engagements, et qu'après avoir reconnu les services qu'elles avaient rendus et qu'elles rendraient encore, on ne craigne pas d'avancer qu'il faut les anéantir parce qu'on ne les conservait que par reconnaissance et par besoin. »

Et relevant ces derniers mots, il ajoute avec une perspicacité que l'expérience n'a que trop justifiée :

« Mais quand donc ce besoin a-t-il cessé?

« Où sont les corps prêts à remplacer ceux qu'on va détruire? L'art d'élever la jeunesse ne se donne pas par infusion, et l'on aura beau patenter des Professeurs, s'ils sont isolés ils n'auront ni cette émulation qui subsistait dans les corporations, ni cet amour du devoir qu'inspire celui de la Religion.

« Chaque Professeur apportera dans un collége son opinion avec soi; s'il est déiste, il communiquera le déisme à ses élèves; s'il est impie, il se moquera devant eux de tout ce qui se rapporte à Dieu ; et les dogmes de l'existence du Souverain Etre et de l'immortalité de l'âme, dogmes si essentiels, que J.-J. Rousseau lui même ne craint pas de dire que tout gouvernement *doit punir de mort* quiconque ose les attaquer, passeront pour de pures chimères.

« Que diront alors les parents en voyant revenir leurs fils remplis du venin de l'incrédulité? Et ce sera vraisemblablement le fruit de la belle éducation qu'on destine à la jeunesse, et qu'elle goûtera d'autant plus volontiers que, dans l'âge bouillant des passions, on aime à se persuader qu'il n'y a point de Dieu. *Dixit insipiens in corde suo : Non est Deus.*

« Le rapporteur, poursuit l'ancien élève de Juilly, a tort de se plaindre de la division qui a éclaté dans l'Oratoire ; car il est indubitable que les jeunes gens qui en ont secoué le joug, ne l'ont fait que parce qu'ils se flattaient de trouver des appuis auprès des nouveaux législateurs ; et ce fut alors que le Régime dit avec raison que, si l'insubordination était autorisée à un pareil point, il aimerait mieux être déchargé de toute responsabilité que de souffrir de pareils excès...

« Mais il semble aujourd'hui, dit-il encore, qu'il faut tout abattre, et qu'une simple réforme ne peut être utile. D'après cela, il n'y aura plus ni ente, ni greffe, ni arboriculture ; il faudra toujours déraciner. Tout zèle passe pour fanatisme ; le père qui arrache un mauvais livre des mains de son fils, est un fanatique ; le maître qui exige que ses domestiques assistent à la messe, est un fanatique ; le pasteur qui tonne contre des impies qu'on appelle de grands hommes, est un fanatique ; le prêtre qui, fidèle au cri de sa conscience, refuse le serment comme incompatible avec sa croyance, est un fanatique ; l'évêque qui donne un mandement pour revendiquer l'ancienne discipline et conserver la tradition, est un fanatique ; le Pape lui-même, quoique le chef de la religion catholique, obligé par sa dignité suprême de conserver le dépôt de la foi, est un fanatique [1].

1. Le 4 mai 1791, en effet, le surlendemain de la publication

« On dirait qu'il n'y a plus d'autre Dieu que la patrie, quoiqu'elle ne soit pas infaillible dans ses décrets, et que l'Église aurait dû être idolâtre chez les Romains, arienne du temps des Ariens, protestante parmi les protestants. C'est pourtant sur cette base ruineuse que porte la nécessité de détruire les Congrégations séculières : l'auteur du rapport ne leur reproche d'autre délit que ce refus d'adopter la loi du serment, qu'il regarde comme le sceau du vrai patriotisme, sans vouloir penser que l'assemblée qui l'a décrétée en vertu d'une Constitution susceptible elle-même de changements après la troisième législature, n'a pas fait de lois irréfragables, et que cette loi du serment peut être abrogée.

« Mais ce que je dois vous dire, mon ami, après avoir analysé ce rapport, c'est que me trouvant ces jours-ci avec plusieurs Oratoriens des plus respectables et des plus éclairés, je fus vraiment édifié de leur modération. Sans la moindre plainte contre l'Assemblée, ils se contentèrent de me répéter ce que dit leur célèbre P. Lami dans son portrait de l'Oratoire dont il fut un des plus dignes membres : « Nous avons beaucoup de reconnaissance du bien qu'on nous procure ; mais nous ne

du Bref du 13 avril contre la Constitution civile du Clergé et la loi du serment, le Pape (Pie VI), fut brûlé en effigie sur la place du Palais-Royal aux acclamations de la foule, *Hist. parlementaire*, t. IV, p. 69. L'abbé Jager, *Hist. de l'Église de France pendant la Révolution*, t. II, p. 236.

savons pas ce que c'est que de tenir registre du mal qu'on nous fait. »

« Les amis de cette célèbre Congrégation ne sont pas si modérés. Ils éclatent en justes murmures de ce qu'une société, dont la religion et la patrie tirent tant d'avantages, se voit anéantie sous le simple prétexte qu'on ne veut plus de Corporations[1]. »

C'était là le langage de l'équité et du bon sens ; mais l'Assemblée n'était plus capable de l'entendre. « Elle rêvait d'être libre, » selon la belle et profonde parole de Sieyès lors de la suppression de la dîme, « et elle ne savait pas être juste. » La perte de la religion était arrêtée ; il fallait, à tout prix, détruire les Congrégations qui en étaient le dernier et le plus ferme appui. L'hostilité de la majorité n'était plus douteuse. Un député avait pu, déjà, décrier les religieuses à la tribune, et dire qu'elles portaient dans les campagnes et qu'elles insinuaient dans l'esprit des enfants le poison de l'aristocratie et du fanatisme. Un autre avait traité de *charlatanes* les filles de la Charité et demandé la dispersion de *cette vermine*. Aussi, lorsque Merlin demanda, le 6 avril, au nom de l'ordre public, que l'on statuât sur le sort des Congrégations religieuses, l'urgence fut-elle déclarée. Sur sa motion, Gaudin donna une seconde lecture de son rapport, et, séance tenante, toutes

---

1. V. cette lettre imprimée, aux *Arch. de l'Emp.*, M. 235.

les Congrégations séculières enseignantes, sans exception, furent supprimées.

Ainsi fut consommée par la Législative l'œuvre d'impiété, d'injustice et d'ingratitude préparée par la Constituante. Les corporations religieuses avaient propagé partout les sources de l'enseignement; elles avaient fait de la France un foyer de lumière et de science, qui l'avait élevée au premier rang des peuples. On les supprima comme des écoles d'ignorance et comme un obstacle à la chose publique. Leurs richesses territoriales, basées sur les titres les plus légitimes : les dons, le travail et une possession quinze fois séculaire, produisaient un revenu d'environ 150 millions, qui leur avait servi à couvrir le sol d'établissements de charité et de maisons d'enseignement. En un jour on les en dépouilla, oubliant, dans le délire de la passion, et cette fameuse déclaration des droits de l'homme, qu'on venait de proclamer, et cette vérité première, rappelée avec tant d'éloquence par l'abbé Maury dans sa défense de la propriété ecclésiastique, « que sans la propriété il n'y a plus de liberté, parce que la liberté n'est autre chose que la première des propriétés sociales, la propriété de soi. »

Ce décret mit fin à l'existence de l'Oratoire dont toutes les maisons furent fermées, les membres dispersés et les biens confisqués[1].

1. Le dernier état de la Congrégation, dressé par le P. Moisset en son Conseil, le 1er avril 1790, constatait l'existence de 236 pré-

A Juilly, dont il lésait la majorité des habitants en détruisant une maison qui faisait leur fortune, la municipalité, composée presque tout entière d'honnêtes ouvriers, en retarda l'exécution jusqu'aux vacances, et consentit à laisser séjourner au collége ses anciens possesseurs. Néanmoins, la rentrée d'octobre ne put pas s'effectuer. Quelques

tres, 394 confrères et 421 frères servants, en tout 754 membres (*Arch.*, M. 229.) répartis en 71 maisons, savoir : la maison de Saint-Honoré, résidence du P. Général ; — 3 institutions : de Paris, Aix-en-Provence et Lyon ; — 2 maisons d'étude : de Montmorency et de Sainte-Marthe, à Marseille ; — 6 séminaires : de Châlon-sur-Saône, Dijon, Grenoble, Saint-Magloire, à Paris, Toulouse et Vienne (non compris les petits séminaires de Lyon et du Mans) ; — 30 colléges : d'Agen, Angers, Arras, Autun, Beaune, Béthune, Boulogne-sur-Mer, Condom, Dieppe, Effiat (Académie et Ecole militaire), Hyères, Juilly (Académie), Le Mans, Lyon (collége de la Trinité), Marseille (collége de Sainte-Jaume), Montbrison, Nantes, Niort, Notre-Dame de Grâce en Forez (Académie), Pezenas, Poligny, Provins, Riom, Salins, Soissons, Toulon, Tournon, Tours, Troyes et Vendôme (École militaire); — et 30 maisons de retraite et cures de : Amiens, Avignon, Arles (c.), Besançon (c.), Bourges, Caen, Clermont-Ferrand, Dijon, Douai (c.), Grasse, Joyeuse (c.), Limoges, Marines (prieuré et cure), Montpellier, Nancy (c.), Nevers, Notre-Dame des Anges, Notre-Dame de Grâces de Cotignac, Notre-Dame des Ardilliers de Saumur, Notre-Dame des Vertus d'Aubervilliers, Ollioule, Orléans, Rouen, Saint-Paul aux Bois (prieuré et cure), Perthuis, Troyes (Saint-Esprit), Raroy, Toulouse (cure), Tours (maison pour les Confrères), La Rochelle (3 cures). (*Arch.*, M. M. 592.)

Et le total des revenus annuels des biens et terres de la Congrégation, contenu dans la déclaration qu'elle eut à en faire en 1791 (*Arch.*, M. M. 600), ne s'élevait qu'à la somme totale de 57,112 livres. Dans ce chiffre ceux de l'abbaye de Juilly figuraient pour 19,803 livres. Où trouver une preuve plus convaincante de l'esprit de pauvreté et de désintéressement qui anima toujours l'Oratoire.

semaines auparavant, avaient eu lieu les exécrables forfaits qui firent du mois de septembre 1792 une des dates les plus lugubres de notre histoire : les égorgements des Carmes et de l'Abbaye, la proscription des prêtres insermentés, les scènes sauvages des prisons, l'atroce massacre de la princesse de Lamballe[1]. Les plus fermes courages étaient ébranlés. Ceux des Pères de Juilly qui avaient quitté l'Académie deux mois plus tôt, ne purent ou n'osèrent plus y rentrer ; ceux qui y étaient demeurés prirent presque tous la fuite, saisis d'épouvante.

Le P. des Essarts trouva dans une maison amie, à Croissy, près Saint-Germain, une retraite sûre qu'il partagea quelque temps avec son ancien élève, le duc Pasquier. Le vieux Dotteville, égaré par les conseils de Daunou, demeura à Paris où il mourut en 1795 dans les bras d'un prêtre jureur. Le plus grand nombre se résigna à prendre la route de l'exil, après avoir courageusement combattu pour la foi ; tels furent, avec le P. Mérault de Bisy et le P. Latour, le vicaire général du vénérable évêque, Mgr du Chillan[2], le P. Sonnet qui alla faire une éducation en Espagne, le P. Marcel Pruneau qui suivit, comme précepteur, le fils aîné du marquis

---

1. Les listes officielles portent le nombre des victimes des massacres de septembre à 1,458. L'abbé Jager, *loc. cit.*, t. III, p. 549.
2. Le P. Latour se retira en Allemagne où il mourut du typhus en soignant nos soldats dans les hôpitaux.

de Causans dans les Pays-Bas, le P. Viel qui se retira à la Louisiane, sa patrie, dans laquelle il demeura jusqu'en 1812, et le P. Mandar qui trouva la plus généreuse hospitalité en Angleterre, dans la famille du duc de Norfolk dont il avait eu un des fils pour élève à Juilly, et qui revint mourir en France en 1803, après avoir refusé, sous Napoléon comme sous Louis XV, d'être promu à l'épiscopat[1]. Tous honorèrent l'Eglise de France dans ces divers pays, et conquirent l'estime et les sympathies des populations qui les accueillirent, par leur conduite exemplaire et leur touchante résignation.

La maison de Juilly eut même son martyr dans la personne du P. Queudeville. Né à Caen en 1733, le P. Germain Queudeville avait été admis à dix-huit ans à l'Institution de Paris. Après avoir été Préfet de pension à Juilly, de 1753 à 1755, professeur d'humanités à Nantes et à Beaune, de philosophie au Mans, et de théologie à Sainte-Magloire, le séminaire archiépiscopal de Paris, il était en dernier lieu simple curé de Coulans, près le Mans. Chassé de sa paroisse pour refus de serment, il se retira à Juilly. Il y demeurait depuis dix-huit mois, lors-

---

1. V. *Biographie universelle*, Didot, Art. Mandar. Le nom du P. Mandar n'est plus rappelé que par celui d'une des rues de Paris. Mais ses vertus sont restées héréditaires dans sa famille ; et l'un de ses petits neveux, Eugène Belin, notre condisciple à Juilly et libraire actuel du collège, est à la tête d'une maison de librairie classique, qu'il a su rendre, par son intelligence et son travail, l'une des plus importantes de la capitale.

que la loi du 26 août 1792 sur la déportation l'engagea, pour ne pas compromettre ses confrères, à quitter cette retraite. Il vint à Paris consulter le maire, Bailly, qui lui dit que la loi ne pouvait atteindre un sexagénaire. Rassuré par lui, il crut trouver un protecteur dans son ancien élève du Mans, Levasseur, député de la Sarthe à la Convention ; mais le régicide ne l'accueillit que pour le perdre, le fit arrêter dans son propre salon et traîner à la prison du Luxembourg. « Mon Dieu, ayez pitié de son âme, » s'écria le saint prêtre, en entendant prononcer son arrêt de mort par le tribunal révolutionnaire ; et il monta à l'échafaud, à la barrière du trône, le 10 juillet 1794, âgé de soixante-deux ans [1].

Enfin, d'autres de ses Pères restèrent à Paris pour y prodiguer les secours de leur zèle et de leur saint ministère.

Tel fut le P. Grellet, l'ancien précepteur des

---

[1]. V. *les Martyrs de la foi pendant la Révolution*, par l'abbé Aimé Guillon, 4 vol. in-8, et *les Confesseurs de la foi*, par l'abbé Carron, 4 vol. in-8, 1820. L'Oratoire compte d'autres martyrs : tels que le P. Jean-Baptiste Perron, Supérieur du grand séminaire de Dijon, qui y mourut incarcéré, le 27 décembre 1793 ; le P. Mathurin Petit, né à Lyon en 1770, élève de l'Oratoire, condamné à mort par la commission révolutionnaire de Lyon le 25 décembre 1793, exécuté le même jour, à vingt-trois ans ; le P. Pochet (François-Xavier), massacré à Manosque le 6 août 1792 ; le P. Lazare Roubiès, né à Marseille en 1741, d'une très-vaste érudition, qui, après avoir montré un courage héroïque au siège de Lyon en 1793, fut traduit devant la commission révolutionnaire de cette ville, le 17 février 1794, et condamné à mort comme fana-

enfants de Noailles à Juilly¹, qui se fit l'intrépide auxiliaire du P. Carrichon, aussi de l'Oratoire, et lui facilita les moyens de donner une dernière absolution à ce vénérable maréchal duc de Mouchy qui, au 20 juin, faisait encore à Louis XVI un rempart de son corps, et qui, en sortant de la prison du Luxembourg pour aller à la mort, fit cette sublime réponse à un de ses vieux compagnons d'armes, qui le reconnut et l'exhorta au courage : « A dix-sept « ans, j'ai monté à l'assaut pour mon roi ; à quatre-« vingts je monte à l'échafaud pour mon Dieu ; mon « ami, je ne suis pas à plaindre² ; » et d'accompagner, quelques jours après, le 4 thermidor an II, jusqu'au lieu de son supplice, la vicomtesse de Noailles, cette héroïne chrétienne que nous avons déjà rencontrée à Juilly, qui, la veille de sa mort, tombant de fatigue en évangélisant ses codétenus, répondait à l'un d'eux, qui l'engageait à prendre quelque repos : « Comment se reposer à la veille de l'éternité ? » et qui, le lendemain, après avoir vu tomber la tête de son aïeule, la maréchale de Noailles, et celle de sa mère, la duchesse d'Ayen, présenta

---

tique ; « J'ai besoin de faire pénitence, dit-il en entendant sa condamnation ; je suis heureux de l'abréger en mourant pour la religion de J.-C.; » le P. Mathurin Tabaraud, le frère de l'historien du P. de Bérulle, condamné à la déportation par les autorités de la Haute-Vienne, mort, en rade de Rochefort, le 3 avril 1794, sur le navire *les Deux-Associés*, des suites de privations et de mauvais traitements. V. *les Martyrs de la foi*, cités plus haut.

1. Le P. Grellet n'était pas prêtre, mais simple confrère.
2. *Madame de Montagu*, p. 162.

la sienne au bourreau, en exhortant encore, sur le sanglant escalier, un des compagnons de son supplice à s'abandonner à la divine miséricorde [1].

Tel fut encore le P. Brun, le curé de Juilly, qui, sous son costume de garde national, qu'il ne quitta pas un seul jour, la cocarde tricolore à son tricorne, prodiguait partout les consolations suprêmes aux victimes du tribunal révolutionnaire. Comme le P. Carrichon, son ami [2], il eut le bonheur d'assister celles de la journée du 22 juillet 1794 ; mais plus heureux que lui, il put parvenir jusqu'au pied de l'échafaud et y rester pour prononcer la formule sacrée de l'absolution sur chacune des quarante et une têtes qui y tombèrent [3].

---

1. *Ibid.*, p. 148, ch. VIIe.
2. Le P. Carrichon a, lui aussi, raconté cette scène déchirante mais admirable dans le *Correspondant*, n° du 10 avril 1847, où, sans le nommer, il désigne le P. Brun dans ce passage (page 8) : « Sur les marches de l'église Saint-Louis j'aperçois un ami, pénétré pour elles de respect et d'attachement, cherchant à leur rendre le même service. »
3. Nous devons ce détail à notre excellent ami, M. Eugène Gossin, qui a bien voulu nous permettre de citer l'extrait suivant des manuscrits de son respectable père, M. Jules Gossin, décédé ancien Conseiller à la cour royale de Paris, et dont la mémoire est restée en vénération dans les deux Sociétés de Saint-Vincent de Paul, dont il fut le second Président général, et de Saint-Régis, dont il fut le fondateur.

« La famille de Noailles était très-liée avec un prêtre de l'Ora« toire, nommé le P. Brun : elle avait fait promettre à cet ecclé« siastique que si le tribunal révolutionnaire la condamnait à « mort, il suivrait les charrettes, déguisé en garde national, pour « qu'au moment fatal il pût donner à chacun l'absolution *in arti*« *culo mortis*. Le P. Brun tint fidèlement sa promesse ; mais là

Il ne resta à Juilly que les Pères Prioleau, Lombois, Creuzet, Lefebvre et Raffié qui ne voulurent pas se séparer des quelques élèves, au nombre de vingt environ, que la dispersion ou l'éloignement de leurs familles contraignaient à demeurer au collége.

Le jour même de la distribution des prix d'août 1792, les scellés furent apposés par le chef de la Municipalité du village sur la chapelle et la bibliothèque. Mais quinze jours après,

> Dans ces jours où la France était, avec stupeur,
> Livrée à la folie autant qu'à la terreur,

comme le dit un de nos poëtes juliaciens, Loraux[1], à qui nous empruntons ces détails, une horde insensée, sous les ordres d'un commissaire du Directoire de Meaux, pénétra dans la maison, brisa les portes de la chapelle, mutila sa croix, ses vases,

---

« ne se borna pas sa charité ; il resta au pied de l'échafaud, et « prononça la formule sacrée *sur chaque tête* qui allait tomber. » (T. V, p. 111e de ces manuscrits, rédigés par M. Gossin, sous le titre de : *Dictées sur l'histoire de France*, pour servir à l'éducation de l'un de ses enfants.)

Ce fait, d'ailleurs, avait un intérêt particulier pour M. Gossin dont le père, Pierre François Gossin, député de Bar-le-Duc à l'Assemblée constituante, était au nombre des quarante et une victimes qui ont porté leur tête sur l'échafaud révolutionnaire le même jour que Mesdames de Noailles ; et il le tenait, ainsi qu'il l'explique à la page suivante, du P. Brun lui-même avec lequel il s'était trouvé en rapport en décembre 1810.

1. Pièce de vers lue au banquet de 1834.

ses flambeaux, entassa ses ornements, ses tableaux et les bois sculptés de ses antiques stalles dans la cour des grands, et en fit un feu de joie autour duquel les pauvres élèves furent contraints de danser la carmagnole. Elle se livra aux mêmes profanations dans l'église du village, enleva de son piédestal la statue du patron de la paroisse, saint Étienne, et l'étendit sur la dernière marche du porche, pour qu'on ne pût pas entrer dans l'église sans la fouler aux pieds [1].

Ce furent là, du reste, les seuls excès qu'on eut à déplorer à Juilly. Il y eut bien encore quelques-uns de ces actes dans lesquels on pourrait reconnaître l'inspiration de la déesse Raison, mais qui, s'ils étaient ridicules, n'avaient, du moins, rien d'odieux. La grande cour vit, à plusieurs des fêtes républicaines, se dresser des tables de banquets patriotiques, où les élèves *durent* porter des toasts *à la Liberté*.

> Dans la chambre des quatrièmes
> On ouvrit le club de l'endroit,
> Où de déraisonner chacun avait le droit [2],

et où l'auditoire écolier, tenu d'y assister, sourit, plus d'une fois, de la singulière rhétorique de maint orateur.

---

[1]. Nous tenons ce fait d'un témoin oculaire, Madame Barre, de douce et pieuse mémoire, la mère de notre condisciple et bien bon ami, Édouard Barre, notaire à Paris.

[2]. Loraux, *loc. cit.*

Il ne fut plus permis aux élèves de donner à leurs maîtres le nom de *Pères*, et le respect du langage leur fut interdit à leur égard :

Pour un insolent *tu* le *vous* fut aboli [1].

Les corridors, si connus sous les noms des Bérulle, des Condren, des Saint-Thomas d'Aquin et des Bossuet, devinrent désormais les corridors : Robespierre, Marat, Saint-Just, Billaud et Couthon [2]. Une nuit même, le collége eut une alerte. Un détachement de cavalerie vint faire l'assaut du grand portail et chercher dans la maison les émigrés que, disait-il, elle cachait. Le Père Lombois, qui couchait auprès des élèves, eut le temps de sauter à bas de son lit, de courir à la maison du haut du Parc [3], prévenir les Pères qui l'habitaient, et d'aller se réfugier avec eux chez un habitant de Nantouillet. Mais ils en furent quittes pour la peur et purent, dès le lendemain, rentrer au collége et reprendre leurs paisibles fonctions.

Ils furent obligés, cependant, de les interrompre pendant trois mois, lorsqu'en avril 1793 le Comité de salut public, embarrassé des malades et des blessés de nos armées de l'Est et du Nord, se décida

---

[1]. Loraux, *loc. cit.*

[2]. Ces corridors existaient encore sous cette dénomination, en 1797, lorsque notre condisciple Berryer, qui nous l'a déclaré, entra à Juilly.

[3]. Cette maison servait autrefois d'infirmerie pour les élèves atteints de maladies contagieuses.

à les évacuer à l'intérieur. Le collége fut alors condamné à servir d'hôpital où l'on entassa plus de six cents soldats, et les élèves furent relégués sous les toits du bâtiment de l'infirmerie, où l'on ne parvenait pas à dérober à leur vue les affreux ravages de la mort. Mais des démarches actives furent faites auprès des autorités départementales et même auprès du ministre de la guerre pour éloigner cette ambulance; et en octobre de la même année, il n'y restait plus un seul malade [1].

Néanmoins les études, quoique rendues plus libres, ne prirent pas encore leur cours ordinaire. Le nombre des élèves était trop restreint pour que l'on pût songer à l'organisation de classes régulières; et les préoccupations politiques ne laissaient pas assez de repos d'esprit pour que maîtres et élèves se livrassent à un travail sérieux et suivi. Enfin, un dernier fléau qui sévit en 1794, la disette,

---

1. La demande en fut adressée au Comité de salut public par le P. Lefebvre qui la fit appuyer par J. Lebon, qu'il avait connu à l'Institution. Il l'avait d'abord présentée directement à Couthon, à qui il avait été recommandé par la sœur de Robespierre, Charlotte, que lui avait fait connaître Billaud-Varennes, son ancien confrère à Juilly ; mais cette tentative avait failli lui coûter la vie : Couthon, à la fin de l'audience qu'il lui avait accordée, allait agiter sa sonnette pour le faire arrêter par ses sbires, quand le P. Lefebvre, prévenu de son dessein par Charlotte Robespierre qui lui avait recommandé de fuir s'il recevait de lui un accueil aimable, s'esquiva à la hâte en emportant dans sa fuite précipitée le chapeau de son affreux interlocuteur au lieu du sien. Cette dangereuse entrevue a été racontée bien des fois par le P. Lefebvre lui-même à plusieurs de nos condisciples.

força les Pères de Juilly à congédier jusqu'au dernier de leurs élèves et à se retirer eux-mêmes dans les environs : les PP. Prioleau et Crenière à Montgé, auprès du curé Moreau, et le P. Raffié dans sa famille. Un seul résolut de mourir plutôt que de quitter le collége : ce fut le P. Lombois qui profita de la loi du 21 février 1795, qui tolérait la liberté des opinions religieuses, pour rouvrir l'église de Juilly et y célébrer les saints mystères jusqu'à ce que le retour du curé intrus, au mois de mai suivant, l'obligea à relever de son état d'abandon la chapelle du collége pour pouvoir y continuer ses fonctions sacerdotales.

CHAPITRE SECOND

LES DERNIÈRES ANNÉES DE L'ORATOIRE A JUILLY.

Rachat du Collége, devenu bien national, par les PP. Lombois, El. Prioleau, Lefebvre et Creuzet, sous le nom du P. Prioleau seul. Avance du prix par M. Gibert. — Direction du P. El. Prioleau. Embarras des premières années. Rétablissement de la méthode et de la discipline oratoriennes. Réouverture de l'Académie littéraire. Personnel des Professeurs. Les PP. Lefebvre, Huré, des Essarts, Patuel. Visite du Collége par le général Bonaparte, le cardinal Maury, M. de Fontanes et Fouché. Mort subite du P. El. Prioleau. Transmission de la propriété du Collége à sa famille. — Son frère Antoine le remplace comme Supérieur. — Direction du P. Crenière; ses antécédents; son mérite. — Les Cosaques au Collége. Son second rachat par les PP. Lombois, Crenière et Sonnet. Réunion des survivants de l'Oratoire à Juilly. Mort du P. Crenière. Les PP. Lombois et Sonnet lui succèdent. Caractère du P. Sonnet. Il fait de Juilly la propriété d'une société tontinière. Statuts et but de cette société. Adjonction d'agrégés ou intéressés aux sociétaires. Désaccord entre eux. Décès des PP. Lombois et Sonnet. Situation prospère de la Maison à leur mort. Sa prompte décadence. Le P. Laurent Roche, directeur. Ses faiblesses l'obligent à résigner ses fonctions. M. Pascal Roche, son frère, le remplace et cède le Collége à MM. les abbés de Scorbiac, de Salinis et Caire. Intervention de M. Berryer au traité. Conditions de la cession.

Dès que le couteau sanglant de la guillotine eut été brisé par la réaction de thermidor, et que la France, laissée à la générosité de ses instincts, put se rendre compte de l'étendue de ses désastres, il se fit un élan universel pour les réparer.

A Juilly, un homme dont la mémoire y sera toujours en honneur, M. Gibert, propriétaire du château de Thieux et père de trois de nos anciens condisciples, empêcha, par sa libérale initiative, le collége de devenir la proie des spéculateurs éhontés qui, sous le nom de *bande noire*, achetaient partout, à vil prix, pour les dépecer, les plus beaux domaines nationaux. Il proposa aux quatre principaux Pères de la maison de s'en rendre immédiatement acquéreurs, s'offrit à leur bailler les fonds nécessaires, s'assura de l'adhésion de la municipalité locale et des autorités de Seine-et-Marne; et, lorsque par ses soins toutes les difficultés eurent été aplanies, l'adjudication définitive du collége de Juilly et de toutes ses dépendances fut prononcée, le 3 messidor an IV (21 juin 1796), par le notaire de Dammartin au profit des Pères Prioleau, Lombois, Lefebvre et Creuzet, au prix minime de 10,000 fr., qui fut payé comptant des deniers avancés par leur bienfaiteur. Pour éviter les défiances et les entraves de l'autorité supérieure, le nom du P. Prioleau fut seul porté dans l'acte; mais il fut convenu, en présence du notaire et de M. Gibert, que dès que les circonstances le permettraient, un acte complémentaire rendrait à cette acquisition son véritable caractère de propriété collective, recouvrée et transmissible gratuitement, en vue de la consacrer, à toujours, à un établissement d'éducation religieuse et nationale[1].

[1]. Cette convention irrégulière, destinée à rester quelque temps secrète, amena plus tard, comme presque toutes les clauses de ce genre, de regrettables démêlés entre ses auteurs. E 1805, les PP. Lefebvre et Creuzet invitèrent le P. Prioleau à réaliser l'acte

Moins de quatre années donc après la suppression légale du collége, et au lendemain de la plus formidable de nos commotions sociales, Juilly rentrait presque intact entre les mains de ses anciens possesseurs. Ils y retrouvaient leurs autels dévastés mais encore debout, leur bibliothèque intacte et toute la maison sans changement. La Providence semblait leur ouvrir, une seconde fois, le champ de l'avenir et les convier à renouer la chaîne glorieuse des traditions de leur ordre. Le P. Prioleau, il faut le dire à sa louange, comprit la grandeur de cette mission, et tous ses efforts tendirent à reconstituer l'Oratoire à Juilly, en y réunissant ses membres dispersés et en y rétablissant l'enseignement sur ses anciennes bases.

LE P. PRIOLEAU (1796-1809).

Les treize années de la supériorité du P. Prioleau (François-Élysée) furent laborieuses, mais aussi fécondes en résultats. Il s'était mis à l'œuvre sans ressources[1], sans appuis, avec un personnel de

de constatation de leur propriété commune. Il ne crut pas devoir se rendre encore à leur prière. Un procès fut sur le point de s'engager; mais Berryer, père, qui avait consenti à se charger de la cause des demandeurs, amena une transaction ; et les PP. Lefebvre et Creuzet furent désintéressés au prix de 40,000 francs chacun. Tous ces détails sont consignés dans une note manuscrite, intitulée : *Souvenirs de Juilly*, et déposée aux Archives du collége.

1. On le voyait, chaque matin, la blouse sur le dos, et la bêche à la main, cultiver son jardin comme un simple ouvrier, dont il avait besoin d'économiser le salaire.

professeurs incomplet et un nombre d'élèves insuffisant. A sa mort, il laissa le collége en voie de prospérité, dirigé par des maîtres habiles et comptant plus de deux cents pensionnaires. La politesse de ses manières et la convenance de ses rapports avec les familles, la fermeté de son caractère et son habileté administrative furent les principales causes de cette restauration rapide de la maison.

Il la rouvrit le 9 vendémiaire an IV (1ᵉʳ octobre 1796) sous le nom d'*École secondaire de Juilly*, qu'il changea plus tard, à l'avènement de l'Empire, en celui d'*Institution de Juilly*[1]. La première année fut très-difficile. Tout était à faire et l'on manquait de tout : d'argent, de collaborateurs et d'élèves. Au début, ils n'étaient que vingt-cinq, dirigés par cinq personnes : les PP. Prioleau, Lombois, Crenière, Lefebvre et le curé Moreau.

Le P. Prioleau ajouta à ses fonctions celles de professeur de philosophie ; le P. Lombois cumula celles d'administrateur, d'aumônier et de professeur de mathématiques. Il les connaissait bien et était très-versé dans la science de l'astronomie. C'est lui

> Qui, dans son atelier, Archimède en soutane,
> De notre conscience interrogeait l'arcane[2],

et qui y fabriqua de ses mains le globe terrestre

---

1. V. les *Palmarès* de l'époque. Elle reprit son titre d'Académie royale de 1815 à 1828.
2. Vers de Barthélemy, l'auteur de *Némésis*, ancien élève de Juilly, lûs au banquet de 1831.

que l'on voit encore à la bibliothèque. Le P. Crenière se chargea de la préfecture des études et de l'enseignement de l'histoire ; le P. Lefebvre, de celui de la rhétorique et des humanités ; et le curé Moreau, avec la collaboration du P. Raffié qui rentra un peu plus tard, de celui de la grammaire et des langues grecque et latine.

En 1797, la rentrée fut de cent élèves. L'accroissement du pensionnat continua en 1798 ; il devint encore plus notable à partir du 18 brumaire ; et d'année en année, les encouragements donnés à l'instruction par le gouvernement réparateur du premier Consul, sa bienveillance personnelle pour Juilly, où son plus jeune frère Jérôme avait été élevé, et plus tard celle de M. de Fontanes, le Grand Maître de l'Université, concoururent à relever la fortune du collége.

Dès la rentrée de 1798, le P. Prioleau eut la joie de pouvoir lui rendre son organisation d'autrefois. L'ancienne discipline fut rétablie : la répartition des élèves en cinq chambres ou divisions d'après leur âge, les mouvements divers, les heures d'étude et de classe, les exercices religieux, le silence, la lecture au réfectoire, les promenades, les jeux de paume et de billard [1], les récompenses

---

1. Je n'oublierai jamais, dit Barthélemy, dans sa charmante pièce de vers : *Au secours des anciens*, qu'il lut au banquet de 1854,

l'excentrique attitude
De celui qui meublait notre salle d'étude.

et les punitions, tout,

> Jusqu'au martinet, bourreau perpétuel,
> Relique aux nœuds piquants qui, suivant Patuel,
> Eut l'honneur de servir pour le prince Jérôme [1],

fut remis en vigueur comme avant la Révolution. Les chaires de philosophie, de rhétorique, d'humanités et de grammaire, depuis la troisième jusqu'à la huitième, celles de grec, d'histoire et de mathématiques furent toutes relevées. On ajouta à ces leçons celles des langues modernes : de l'anglais, de l'allemand et de l'espagnol, et aussi celles de la musique et du dessin. L'histoire était enseignée,

> Je vois encor d'ici ses six pieds effélés,
> Et ses blouses, bâillant dans six larges filets,
> Et son ex-tapis vert, semé de pièces bleues,
> Et ses deux bâtons blancs qu'il prenait pour des queues,
> Et son quinquet fumeux qui, suspendu le soir,
> Servait de luminaire et souvent d'arrosoir.
> C'était sur cette informe et caduque charpente
> Que, lorsqu'elles trouvaient, par hasard, une pente,
> Trois billes se traînaient en zigzags tremblotants.
> Leurs fréquents soubresauts aussi bien que le temps
> A leur poids inégal avaient ravi trois onces
> Et criblé le poli comme des pierres ponces.
> Avant de parcourir ce raboteux parquet,
> Elles avaient jauni sur un vieux bilboquet,
> Et quant à leur matière, à coup sûr leur ivoire
> Jamais d'un éléphant n'illustra la mâchoire.
> Qui le croirait pourtant? Ce meuble hétérogène
> Avait ses amateurs, ses Romain, ses Eugène :
> On s'inscrivait d'avance au noble tapis vert.
> Aussi, pour qu'à chacun ce plaisir fût ouvert
> Et pour les prétendants ne fût pas un vain leurre,
> Les mêmes ne jouaient que la moitié d'une heure,
> Qu'on payait, à la fin du mois ou du quartier,
> Quatre sous qui valaient le billard tout entier.

1. Vers de Barthélemy, lus au banquet de 1832.

jusqu'en troisième, par les maîtres de grammaire ; à partir de la troisième, par un professeur spécial ; le grec n'était commencé qu'en cinquième. Les mathématiques étaient professées, comme l'histoire, par les maîtres ordinaires jusqu'en troisième et par un maître particulier à partir de cette classe. On voyait en troisième la géométrie, l'algèbre en seconde, et les mathématiques spéciales en rhétorique et en philosophie.

La vieille méthode de l'enseignement de l'Oratoire fut respectée. Ce fut le même programme d'études, la même distribution du temps et des leçons. Une heure par jour, au moins, était réservée à la lecture dont le goût, encouragé par les travaux académiques, était très-répandu. Jusqu'en philosophie, les élèves s'occupaient surtout de latin, d'histoire et de mathématiques ; et, en général, ils les possédaient bien. Le P. Prioleau leur demandait peu ; mais ce peu il exigeait qu'ils le sussent à fond. Il avait en horreur les connaissances multiples et superficielles qui fatiguent la mémoire sans profit aucun pour l'intelligence. Il croyait que l'enseignement devait faire non pas de précoces savants, mais des hommes capables de tout apprendre, et il voyait dans l'étude des langues anciennes le moyen le plus efficace pour donner à l'esprit des jeunes gens la force et l'étendue qu'exigeraient les diverses carrières auxquelles les appelleraient, un jour, leurs aptitudes ou les circonstances. Enfin l'institution de l'Académie, avec ses conditions d'admission, son mode d'élection, ses exercices, ses insignes distinctifs, ses priviléges et ses encouragements, fut fidèlement maintenue[1]; et l'on n'apporta aucun changement dans le nombre et la nature des récompenses de fin d'année. Il y eut également, en sus des prix ordinaires, des prix

---

[1]. V. *suprà*, p. 225. L'Académie, telle que la rétablit le P. Prioleau en 1798, ne différa de l'ancienne que par quelques points de détail. Elle se composa d'élèves de philosophie, de rhétorique et de seconde. Le nombre des académiciens était illimité en philosophie ; de six, au maximum, en rhétorique ; de quatre, en seconde ; et à Pâques, on élisait deux élèves de troisième qui prenaient le titre *d'élèves de l'Académie*. Ses séances avaient lieu toutes les trois semaines ; et chacune des trois classes supérieures en faisait les frais, à tour de rôle. Le programme de ces séances consistait dans la lecture de pièces de vers français ou latins, discours, dissertations, traductions, ou autres ouvrages de prose française ou latine composés par les élèves de ces classes, membres ou non de l'Académie, dans leur appréciation par des rapports spéciaux des académiciens et dans la discussion des questions d'histoire, de littérature ou de grammaire qu'ils pouvaient soulever. Chaque classe élisait, au suffrage universel et par bulletins secrets, ceux de ses membres appelés à faire partie de l'Académie. L'Académie elle-même élisait son bureau. Le Président, qui était toujours un élève de philosophie, portait, dans toutes les cérémonies, une croix d'or, suspendue au cou, en sautoir, par un large ruban de soie rouge à double lisière jaune. Le Chancelier ou Vice-Président qui devait être aussi un philosophe, et le Secrétaire, choisi parmi les rhétoriciens, portaient la même croix d'or à la boutonnière. Tous les autres académiciens la portaient en argent avec le même ruban. Les deux *élèves de l'Académie* n'avaient que le ruban. Cette croix, analogue à celle de Saint-Louis, était à huit pointes, cantonnées de quatre fleurs de lis ; d'un côté, étaient gravées les initiales A. R. (*Academia regia*), et de l'autre, une branche de laurier boutonnée et terrassée avec la devise de Juilly : *Orior*.

d'honneur auxquels concouraient les élèves de chaque chambre ou division, et dans chaque classe les prix d'application et de bonne conduite, ceux d'excellence ou prix des places de compositions jusqu'à Pâques, et ceux de l'Académie[1].

A cette sagesse de vues dans l'enseignement le P. Prioleau joignait le don de discerner les talents et de les faire valoir ; et parmi ceux de ses collègues, qu'il rappela de l'exil et auxquels il offrit une cordiale hospitalité, il sut toujours choisir des auxiliaires capables.

Jusqu'en 1800, le Préfet des études fut le P. Creuzé dont la vigilance et la sévérité étaient proverbiales et qui, d'après le témoignage accablant d'un de ses meilleurs élèves, Charles Turpin, devenu l'un de nos plus aimables poëtes juliaciens,

..... de la férule avait tant abusé
Que de par Radamanthe, un jour de chaque année,
Son ombre dans l'îlot[2] languit emprisonnée[3],

et que l'instrument redoutable est toujours dans sa main.

De 1801 à 1807, cette charge importante fut remplie par le P. Balland, homme d'un grand

---

1. Les places de premier en application et en composition donnaient aussi, chaque semaine, et dans chaque classe, le droit de porter une décoration spéciale.

2. L'île de la pièce d'eau.

3. Pièce de vers lue par notre condisciple Turpin, au banquet de 1834, p. 19.

savoir et du meilleur monde, qui par sa longue expérience et ses relations étendues eut une grande part aux succès du collége. Né en 1741, à Clairval sur le Din, au diocèse de Besançon, il avait fait d'excellentes études à Salins et sa philosophie chez les Jésuites de Dôle, était entré dans la Congrégation en 1762, et avait été ordonné prêtre en 1776. Successivement Préfet de pension et des études à Niort et Supérieur du collége de Béthune de 1777 à 1783, il dirigeait depuis sept ans l'Académie d'Effiat, où il avait eu pour élèves Desaix et Casabianca, lorsque la Révolution éclata. M. de Fontanes, dont il avait été le précepteur, l'avait en vénération. Il venait très-souvent le voir à Juilly, et se plaisait à visiter avec lui les classes et les études. Il ne se lassait pas d'en admirer la parfaite discipline, et il en appréciait la méthode d'enseignement qu'il aurait désiré, nous l'avons vu déjà, étendre à toute l'Université, lorsqu'il en fut devenu le grand Maître [1]. « C'est la maison modèle, » répétait-il à tous ceux qui lui parlaient du collége; et il ajoutait : « Les maîtres d'étude de nos lycées ne réussiraient peut-être pas à Juilly; mais ceux de Juilly réussiraient partout [2]. »

Le cours de philosophie, confié d'abord à un P. Henriot, le fut ensuite au P. Crenière, l'un des

---

1. V. *suprà* l'introduction.
2. Le P. Balland, en quittant Juilly, fut nommé inspecteur général de l'Université.

esprits les plus éminents qu'ait possédés Juilly dont il devint Supérieur,

> Des vertus et du beau sincère enthousiaste,
> D'un cœur sensible et bon¹, du savoir le plus vaste².

Celui de rhétorique fut fait pendant les neuf premières années par le P. Lefebvre, professeur brillant et plein de goût, que ses démêlés avec le P. Prioleau forcèrent à quitter Juilly, après vingt et un ans d'enseignement, et qui vint, en 1805, se fixer à Paris où il sut se faire un nom honorable dans les lettres ³.

1. Il pleurait quelquefois à la lecture de Virgile ou de Racine, rapporte Barthélemy.
2. Pièce de vers lue par notre condisciple Guérin, au banquet de 1840, p. 25.
3. Le P. Lefebvre, auteur du poëme : *Le génie voyageur*, parvint à une longue et verte vieillesse, et demeura le lien de l'ancien et du nouveau Juilly comme il fut aussi le trait d'union entre l'ancien et le nouvel Oratoire. Sur la fin de sa vie, il obtint une distinction flatteuse et méritée. Au banquet des anciens élèves, du 26 janvier 1850, dont il était un des convives, le Président, Berryer, se leva au dessert pour donner lecture d'une lettre que venait de lui adresser un de nos anciens condisciples, M. de Parieu, alors ministre de l'Instruction publique et des Cultes, et qui lui annonçait que, sur sa demande, le Président de la République accordait la croix de la Légion d'honneur à M. Hippolyte Lefebvre ; et séance tenante, M. Achille Gibert, Receveur général de l'Oise, en vertu d'une délégation spéciale du Grand Chancelier, décora son vieux maître des insignes de l'Ordre et lui donna l'accolade aux acclamations prolongées de l'Assemblée.

L'âge avait fait dégénérer en manie l'originalité de son esprit. Il s'était fait arranger à Passy un logement identique à son appartement d'hiver de Paris ; et de deux jours l'un, il occupait alternativement chacun d'eux. La dimension, la distribution, l'ameu-

Après le P. Lefebvre, la rhétorique eut pour titulaire le P. Huré aîné,

> Huré aux longs sourcils, cénobite savant,
> Canonisé par nous, même de son vivant [1],

qui avait appartenu à l'ancienne Université de Paris ; il était chargé, en même temps, de l'enseignement du grec [2]. C'était un prêtre exemplaire, un professeur habile et un helléniste distingué. Son admiration pour la littérature du grand siècle allait jusqu'à la passion ; il n'avait jamais feuilleté qu'avec dédain *le Génie du Christianisme*, et n'en regardait l'auteur que comme un dangereux novateur. Or, un jour, nous raconte un des élèves de son temps, Amédée Pichot, dans une de ses *Arlésiennes*, il donna pour sujet de composition dans sa classe : *la Fête-Dieu*. Un des neveux de M. de Chateaubriand [3], qui en faisait partie et qui possédait secrètement l'ouvrage de son oncle, y copia textuellement le chapitre qui porte ce titre. Il fut *le premier*, laissant tous ses concurrents à une

---

blement des pièces, tout y était absolument semblable. Les livres mêmes de sa bibliothèque y étaient en double et leur reliure était pareille. Il n'y avait que sa vieille servante dont il n'avait jamais pu trouver le pendant ; c'était son désespoir. Il mourut en 1859, âgé de quatre-vingt-douze ans.

1. Vers de Barthélemy, lus au banquet de 1831.
2. Comme professeur de grec, le P. Huré fut remplacé par M. de La Villirouet qui devint plus tard Inspecteur divisionnaire des postes.
3. Louis-Geoffroy et Christian-Antoine de Chateaubriand furent élèves de 1803 à 1806.

grande distance. Et le P. Huré, après avoir lu tout haut le chef-d'œuvre de son élève, s'écria avec enthousiasme : Jeune homme, vous êtes plus fort que votre oncle.

Les classes d'humanités et de grammaire eurent à leur tête : la seconde, le P. Rochas, excellent homme mais trop indulgent; la troisième, un P. Dumoulin; la quatrième un P. Delpouve, célèbre collectionneur de tulipes; la cinquième, le curé Moreau, esprit caustique et bon latiniste; et la sixième, le P. Petit, capable, au dire de son illustre élève, Berryer, d'enseigner la rhétorique, mais dont la modestie l'inclina à confiner ses talents et son expérience dans cette classe élémentaire et fondamentale où il initiait ses élèves, avec un art incomparable, aux principes essentiels des trois langues classiques : française, latine et grecque, en prenant pour pivot de son enseignement le latin, dont la syntaxe, comme l'a justement fait remarquer un excellent grammairien, M. Labbé, « plus pleine que la nôtre et plus claire que celle du grec, offre cependant avec l'une et avec l'autre des analogies évidentes et sert admirablement, comme un flambeau intermédiaire, à éclairer d'avance les obscurités de la méthode grecque et à illuminer notre grammaire d'un éclat inconnu à ceux qui n'étudient pas le latin[1]. »

---

[1]. *Des Réformes dans l'enseignement secondaire*, par M. Labbé, professeur de sixième au lycée Saint-Louis, p. 34.

Les mathématiques furent enseignées d'abord par le P. Lombois; puis, de 1802 à 1806, par M. Romainville Dumoulin, ancien élève de Juilly, qui en sortit pour entrer comme employé dans les bureaux de la guerre [1]; et après lui, par le curé Moreau.

Enfin les leçons d'histoire furent données par le P. des Essarts, « savant et laborieux comme un bénédictin, écrivait de lui son élève Berryer [2], et qui consacra presque tous ses travaux à des recherches historiques dont les nombreux manuscrits avaient été laissés par lui à la bibliothèque du collége; » et à sa mort [3], par le P. Chapus, charmant vieil-

---

1. Poëte aimable, il lisait souvent à nos banquets des chansons très-goûtées. L'une d'elles : *Les Souvenirs de collége*, contient les strophes suivantes :

> Vous souvient-il, amis, de ce collége,
> Premier témoin de nos premiers débats,
> Qui plus encor fut pour nous le vrai siége
> Et des plaisirs et des joyeux ébats !
> Qui d'entre vous, sourd à l'expérience,
> Pourrait ne pas avec moi convenir
> Que du berceau plus longue est la distance
> Et plus on aime à s'en ressouvenir ?
>
> De l'innocence, aimable et cher asile !
> A ton appel quel cœur n'a tressailli ?
> En est-il un, si dur et si stérile,
> Qui ne palpite au nom du vieux Juilly ?
> Peut-on prouver avec plus d'évidence,
> A ce banquet où chacun vient s'unir,
> Que du berceau plus longue est la distance,
> Et plus on aime à s'en ressouvenir !

2. Lettre de M. Berryer au commandant d'artillerie Ordinaire, neveu du P. des Essarts, du 28 mars 1865.

3. Il mourut à Juilly le 3 août 1803, et fut enterré dans le caveau de la chapelle du collége. Ses élèves firent graver sur sa pierre tombale, placée dans la chapelle Sainte-Geneviève, à l'entrée

lard qui professait très-bien, mais un peu trop à bâtons rompus.

Nos poëtes juliaciens, Guérin, de Coriolis, de Castillon, Nancey et Barthélemy, ne nous ont pas laissé ignorer non plus :

les dessins de *Bluteau*,

> Vous taillant le crayon et, sans ouvrir la bouche,
> D'un trait mal imité vous redressant la touche ;

> Les notes de *Crevin* et ses talents divers
> Sur tous les instruments, et jusqu'à ses concerts,
> Ses morceaux dont, par mois, une troupe choisie
> Faisait si brusquement grincer la symphonie.
>
> F. Nancey. B. de 1855.

L'anglais de *Charlemagne*, la prestance de *Simart*, le maître d'escrime,

> Bretteur savant en fait de défense et d'attaque ;
>
> Nancey. *Ibid.*

Et l'allure martiale du maître d'étude *Bouchard*,

> ..... de l'Oratoire autrefois familier,
> Qui, sous la République enrôlé cavalier,
> A cheval, disait-on, était comme un centaure.
> Il m'en souvient, il regrettait encore
> Une part de son nez gelé aux Apennins,
> Et semblait un géant à nos écoliers nains.
>
> De Castillon. B. de 1838, p. 19.

Mais aucun nom n'a été mieux célébré par leurs

---

du chœur, ces seuls mots : *Mœrentes amici posuere* ; et longtemps, par respect pour sa mémoire, on évitait de marcher sur cette pierre en se rendant à la grande chapelle par la sacristie.

chants et n'est resté, grâce à eux, plus populaire que celui du professeur de septième [1],

> Ce Père Patuel, aux robustes poumons,
> Qui jadis à Paris, quand il ouvrait l'office,
> Ébranlait de sa voix les tours de Saint-Sulpice,
> BARTHÉLEMY. B. de 1831.

> ... Et qui nous fit aimer le chant du Rituel.
> BOUHJOT. B. de 1843.

Sous la direction habile du P. Prioleau les portes

[1]. Il inspira l'auteur de *Némésis*, qui voulut d'abord consacrer à sa mémoire un poëme épique :

> Œuvre de longue haleine, autant que l'Iliade,

dit-il lui-même au banquet de 1839 (p. 22),

> Que j'intitulerai la Patuelliade
> Et qui débutera par ces mots éclatants :
> Je chante Patuel qui chanta si longtemps.

D'autres travaux le détournèrent de ce projet ; et il se borna à célébrer son martinet, sur le ton de l'élégie, dans des vers pleins de charme et d'esprit, adressés par lui au roi Jérôme qui lui avait demandé des nouvelles de ce héros du plain-chant :

> Prince ! ce martinet que sa main redoutable
> Caressait au dortoir, en chaire et même à table
> Et dont nous gardons tous les stigmates gravés,
> Après avoir reçu l'honneur que vous savez [1],
> Fut conservé par lui comme une chose sainte
> Dans un lieu qui bravait toute profane atteinte
> Longtemps il le montra d'un front enorgueilli
> Aux étrangers marquants qui visitaient Juilly ;
> Et quand las d'agiter la terrible férule
> Après soixante hivers consacrés à Bérulle,
> Il fut en patriarche habiter sans retour
> Le calme Nautouillet qui lui donna le jour,
> Comme un vieux serviteur, compagnon d'un vieux maître,
> Ce sceptre le suivit dans son manoir champêtre.
> C'est là que loin d'un monde orageux et menteur,

[1] V. les vers cités p. 395.

de Juilly s'ouvrirent à un grand nombre de personnages marquants qu'il ne négligeait aucune occasion d'y attirer. En décembre 1797, après le fameux traité de Campo-Formio, le vainqueur d'Italie, accompagné de ses frères Joseph et Louis, et de ses sœurs Elisa, Caroline et Pauline, vint inopinément à Juilly embrasser son plus jeune frère Jérôme, alors élève du Collége [1].

En mai 1803, monseigneur de Barral, évêque de Meaux, vint donner à Juilly la Confirmation. Plus

> Libre de contenter ses goûts d'horticulteur,
> Il mêlait à la rose, objet de son extase,
> Le tabac que son nez distillait en topaze.
> Un soir, comme il prenait cet innocent plaisir,
> Le sommeil éternel vint sans bruit le saisir ;
> Et sur la tombe simple où ce sage repose
> Un martinet se trouve à côté d'une rose.
> Puisse-t-il dormir en paix et qu'aujourd'hui
> Le martinet d'en haut ne soit pas lourd pour lui !
>
> BARTHÉLEMY, *Entretiens sur Juilly*. Pièce lue au banquet de 1848, p. 21.

[1]. Il le trouva dans la grande allée du parc jouant avec Charles et Fortuné Julliot, ses deux amis, sous la garde de leur mère. Après les premiers moments d'épanchement, le jeune Jérôme courut à Madame Julliot qui s'était éloignée, et la priant de ralentir le pas : Je veux, lui dit-il, que mon frère vous remercie de vos bontés pour moi. Puis il revint vers le général, lui dit quelques mots et lui montra cette dame. Bonaparte se dirigea aussitôt vers elle avec sa société et l'abordant avec grâce, la remercia de ses attentions pour son frère, la pria de les lui continuer et l'assura de sa reconnaissance. Il se dirigea ensuite vers la maison qu'il visita en détail, et voulut voir le réfectoire pendant que les élèves s'y trouvaient à table. Un quart d'heure après, les illustres voyageurs remontaient dans leurs berlines qui les ramenaient en poste à Paris. La relation de cette visite a été faite par M. Charles Julliot lui-même. V. le compte rendu du banquet de 1848, p. 34, en note.

de douze cents personnes de tout âge se présentèrent pour recevoir ce sacrement qui n'avait pas été administré depuis la Révolution. Jamais on n'avait vu une affluence aussi considérable et une réception aussi touchante faite au premier Pasteur du diocèse. On fut obligé de dresser l'autel au fond de la grande allée du parc.

Deux ans plus tard, le cardinal Maury vint présider une séance académique et voulut bien, à la demande du P. Supérieur, répéter son célèbre discours pour la défense du clergé, qu'il avait prononcé à la Constituante en 1790. Bien des fois aussi on y reçut M. de Fontanes, alors président du Corps législatif, et le trop fameux Fouché :

« Véritable Janus,

a fort bien dit notre condisciple Turpin,

qui dans sa double vie,
« Et du bien et du mal semble être le génie.
« Il avait arraché maint confrère à la mort;
« Nos cœurs reconnaissants lui comptaient cet effort;
« Et s'il doit craindre enfin l'inexorable histoire,
« Il ne peut être, au moins, damné par l'Oratoire. »

Le P. Prioleau mourut frappé d'apoplexie, la veille de la distribution des prix, le 20 août 1809. Il n'avait fait aucun testament; en sorte que la propriété du collège passa à ses deux frères et à ses neveux. Un de ses anciens élèves, Guérin, a fait de lui ce portrait, qui pourrait lui servir d'épitaphe :

..... Prioleau,
Impassible pasteur d'un turbulent troupeau,
Même des plus mutins savait se faire craindre,
Sans jamais leur donner aucun droit de se plaindre.
Aimable, un peu malin et parfois jovial,
Sage administrateur et juge impartial [1].

LE P. ANTOINE PRIOLEAU (1809-1813).

Son frère Antoine, prêtre de l'Oratoire comme lui, le remplaça. C'était un homme de capacité médiocre, mais simple et réservé, et qui sut, par la douceur de son caractère, calmer les trop justes susceptibilités de ses collègues, qui reprochaient à la mémoire du P. Elysée Prioleau de s'être laissé surprendre par la mort, sans avoir assuré leurs droits à la propriété du collége, comme ils l'en avaient prié maintes fois. Ils consentirent à ne pas l'abandonner; et l'espoir de reconstituer la Congrégation leur fit même conserver leurs fonctions.

Il n'y eut de changement qu'en rhétorique dont le Professeur, le P. Huré, demanda à la quitter pour se charger désormais de la seconde, moins fatigante pour lui. Il eut pour successeur M. Guay, jeune professeur de talent, qui, quelques années après, passa à la chaire d'histoire. Ce fut dans sa nouvelle classe, qu'en 1812 un poëte se révéla au

---

1. Vers lus au banquet de 1840, p. 23.

P. Huré parmi ses élèves. Un matin, en ouvrant son Cicéron, il s'aperçut qu'un rat en avait rongé plusieurs pages pendant la nuit. Il fit de cette mésaventure le sujet d'un devoir ; et le lendemain, il trouva dans ses copies la pièce de vers suivante :

> Parmi tous les bouquins d'une bibliothèque
> Où l'on voyait fleurir Quintilien, Varron,
> Tite-Live, Virgile et Lucain et Sénèque,
>   Et surtout l'ami Cicéron,
> J'aperçus, l'autre jour, en bonne compagnie,
> Un rat frais et dispos qui, sans cérémonie,
>   Et s'agitant en forcené,
> Rongeait, à belles dents, un vieux *pro Milone*,
>   Fort tranquille sur la manière
>   De digérer si bons morceaux.
> Eh bien ! que dira-t-on si l'on voit, au contraire,
>   Bâiller aux endroits les plus beaux
>   Des enfants nés pour servir de modèle
>   Par leur ardeur, leur travail et leur zèle ?
>   Quoi ! l'espoir naissant de l'État
>   Serait-il moins sage qu'un rat !

Le grand Préfet, le P. Crenière, envoya cette pièce à M. de Fontanes, grand maître de l'Université. Elle était de l'élève Poirée Sainte-Aurèle, de la Guadeloupe, qui publia plus tard le poëme des *Flibustiers*, les *Cyprès* et les *Palmiers*, les *Veillées françaises*, et qui mérita, par la grâce et l'éclat de sa poésie, le surnom de poëte des Antilles. Il est mort à Sainte-Rose (Guadeloupe), le 22 février 1855.

Le P. Antoine Prioleau succomba à une affection de foie en février 1813. Sa mort fit passer la propriété du Collége entre des mains laïques, celles de son plus jeune frère qui était marié, et des enfants de sa sœur, madame Bonneau.

LE P. CRENIÈRE (1813-1817).

Né à Vendôme, le 9 octobre 1756, le C. Michel Crenière avait été reçu dans la Congrégation en 1773. Après avoir fait sa théologie à Montmorency, il débuta dans l'enseignement à Juilly, en 1775, par la classe de sixième, fit les autres classes de grammaire à Nantes de 1776 à 1780, les humanités, la rhétorique et la philosophie à Arras de 1781 à 1786, et était revenu, en 1787, comme professeur de rhétorique à Juilly qu'il ne devait plus quitter. La Révolution l'avait empêché de se faire prêtre ; mais il en portait l'habit et il en pratiquait tous les devoirs. Esprit vaste et profond, âme tendre et élevée, d'une activité infatigable et d'une grande piété, il rappelait en sa personne les vertus de l'Oratoire dont il était un des derniers survivants. Fils dévoué de la Congrégation, pour laquelle il professait une sorte de culte, il travailla avec une abnégation et une persévérance que rien ne put lasser, à l'œuvre de son rétablissement. Ce fut même en vue de l'accélérer qu'il consentit à prendre la direction de Juilly, que lui offrirent les héritiers

Prioleau à la mort du P. Antoine. La difficulté des temps et surtout une mort prématurée ne lui permirent pas d'en assurer le succès.

Sa trop courte Supériorité fut signalée par de graves événements : l'invasion de la France par l'étranger ; la chute du pouvoir impérial ; le rachat du collége par des Pères de l'Oratoire, et leur association pour en maintenir l'esprit.

Ce fut en mars 1814 que Juilly vit ces jours d'humiliation et d'effroi,

« Où sainte Geneviève aux eaux de sa fontaine
« Abreuva les coursiers sortis du Borysthène[1]. »

Dès le 27, l'approche des Cosaques fut signalée par des bandes de paysans qui fuyaient devant eux dans toutes les directions, traînant à leur suite femmes, enfants et bestiaux. Le 28, dans l'après-midi, apparurent leurs éclaireurs ; et le soir, toute la campagne s'illumina des feux de leurs bivouacs. Vers onze heures, une horde de ces barbares enfonça la grande porte du collége, se répandit dans toute la maison, à la chapelle, dont on eut à peine le temps d'enlever les vases sacrés, dans les dortoirs, dans les salles d'étude, dans les réfectoires, faisant main basse sur tout, jusque sur les couvertures et les vêtements des élèves. Le lendemain, à la pointe du jour, de nouvelles troupes vinrent prendre leur part du pillage et enlever le reste

1. Vers de Barthélemy, lus au banquet de 1839, p. 23.

des provisions de bouche. Sans ressources et sans vivres au milieu d'un pays dévasté, le P. Crenière rassembla le pensionnat au fond de la grande cour, divisa les élèves en groupes de quarante à cinquante, et les dirigea les uns vers Paris, les autres vers Dammartin et Luzarches, sous la garde des moins terrifiés de leurs maîtres. Les pauvres enfants se mirent en route par la pluie, à jeun, et les poches vides même de leur Xénophon. Aussi leur marche en désordre et précipitée n'eut-elle rien de comparable à sa belle retraite, si ce n'est pourtant qu'elle eut un résultat analogue. Pas un ne fut pris par l'ennemi ; tous purent arriver sains et saufs chez leurs parents ; et tous aussi, cinq à six jours après, se retrouvaient au bercail, joyeux de se revoir et de se raconter les divers épisodes de leur commune Odyssée[1].

La chute de l'Empire, que détermina cette invasion, et les événements qui la suivirent, occasionnèrent pour le collége une crise passagère qui inquiéta ses propriétaires et les amena à composition.

---

1. Louis Reybaud, notre condisciple, l'a rappelée dans ces vers lus par lui au banquet de 1831 :

> Il fut une heure où de rudes attaques
> D'un grand empire abrégèrent le cours.
> Moi, j'étais là, quand vinrent les Cosaques,
> Quand leurs chevaux hennirent dans nos cours
> Faibles enfants ! loin des murs du Collége,
> Je m'en souviens, par la guerre chassés,
> Nous répétions : Que le ciel te protége,
> Pauvre Juilly ! tes beaux jours sont passés !

On leur fit de nouvelles offres de cession, qu'ils se décidèrent à accepter, et le 5 janvier 1816 les Pères Crenière, Lombois et Sonnet rachetaient leur cher Juilly au prix total de 237,680 francs, sur lesquels ils payèrent, de leurs deniers personnels, une somme de 157,000 francs [1]. Quinze jours après, le 18 du même mois, les nouveaux propriétaires, dans la pensée d'assurer à leur acquisition le caractère d'immutabilité qu'il n'avait pas dépendu d'eux de donner à celle de 1796, formèrent entre eux une association pour l'exploitation du collége. Cet acte ne changea rien, du reste, à leurs fonctions. Le P. Crenière conserva la Supériorité; le P. Lombois, l'économat; et le P. Sonnet, la direction des études.

Tout semblait concourir à la réalisation de leurs vues et préparer, par les garanties de l'avenir de Juilly, le rétablissement de l'Oratoire. Les élèves étaient nombreux, la discipline exacte, le travail sérieux et l'enseignement solide. La chaire de philosophie était occupée par le P. Huré; celle de rhétorique par M. Laval, ancien élève de la maison,

---

[1]. Ce prix se décomposait ainsi :

Valeur de l'immeuble.	120,000	»
Estimation du mobilier.	66,960	40
Idem des provisions, des livres de la bibliothèque et des instruments de physique. .	45,174	45
Perte sur les recouvrements qu'ils avaient pris à leur charge.	5,545	45
	237,680	30

ruiné par les événements de Saint-Domingue, traducteur en vers latins du *Lutrin* et de l'*Art poétique* de Boileau [1]; celle de seconde par le P. Raffié, bon humaniste et excellent homme; celle de troisième par l'abbé Piquet, impitoyable censeur des moindres fautes de syntaxe; les autres par les PP. Viel, Petit et Patuel; M. Sénard, ancien élève de l'Académie, homme du monde et fort instruit, donnait les leçons de mathématiques; le P. Chapus, celles d'histoire, et M. de la Villirouet, celles de grec.

Beaucoup d'autres Pères de l'Oratoire, cordialement accueillis à Juilly à leur retour de l'exil, y restaient réunis. Enfin le comte d'Artois, à qui la maison avait été recommandée par M. de Bonald, l'avait prise sous sa protection spéciale et, dès l'année 1816, avait envoyé son chambellan, le comte d'Escars, pour présider en son nom la distribution des prix.

Sur ces entrefaites, la mort subite du P. Crenière, enlevé à l'affection et à l'estime de tous [2], le 18 octobre 1817, fit évanouir toutes ces espérances. La maison se soutint encore jusqu'à la mort de ses deux associés. Mais le défaut de recrues dans le jeune clergé, qu'absorbaient les besoins du

---

1. M. Laval resta à Juilly, dont il fut maire pendant cinq ans, jusqu'en 1827, époque à laquelle il fut nommé censeur du collége de Vendôme. Il est mort récemment précepteur en Russie.

2. La ferme et habile administration du P. Crenière lui avait valu l'honneur d'être, en 1815, nommé maire de Juilly par le suffrage unanime des habitants. Il l'était encore à sa mort.

diocèse, et l'âge trop avancé des anciens membres de la Congrégation furent des obstacles insurmontables à sa résurrection.

Le P. Crenière n'avait pas voulu se laisser surprendre par la mort, comme le P. E. Prioleau, sans avoir fait de dispositions testamentaires ; et dès le mois de mai 1816, il avait institué pour légataires universels ses deux associés. Son testament, attaqué par sa famille, fut maintenu par les tribunaux, et la propriété de Juilly reposa dès lors tout entière sur la tête des PP. Lombois et Sonnet.

LES PP. LOMBOIS ET SONNET (1817-1824).

Lorsque la perte si fâcheuse du P. Crenière appela le P. Lombois à partager avec le P. Sonnet le fardeau de la conduite du collége, il était déjà dans sa quatre-vingt-deuxième année [1]. Aussi se déchargea-t-il sur son collègue de tous les détails de l'administration.

Le P. Ambroise-Etienne Sonnet n'avait que 59 ans. Né à Montoise, au diocèse du Mans, le 3 avril 1758, il avait commencé ses études dans sa ville natale et les avait achevées à Niort. Admis dans la Congrégation le 25 octobre 1776, il avait enseigné la grammaire à Béthune de 1780 à 1785, et avait été ordonné prêtre le 21 mars de cette dernière année. Il était entré à Juilly en 1807, sous le P. Elysée

---

[1]. V. sa notice biographique, p. 359 *suprà*, en note.

Prioleau, comme Préfet de discipline, et avait succédé au P. Crenière dans sa charge de Grand Préfet. Irascible et prompt, il n'était pas aimé des élèves qui lui reprochaient ses rigueurs

« et son zèle un peu rude,
« Qui prêchait à grand bruit le silence et l'étude¹. »

Mais l'âge et le contact du monde l'amendèrent singulièrement : et on ne trouva plus dans le nouveau Supérieur qu'une fermeté douce, exempte de brusquerie, une bonté prévenante envers ses collaborateurs et une patience indulgente envers les élèves.

Préoccupé avant tout de l'avenir de la maison de Juilly, il ne visa qu'à la rendre à sa première destination et à la consacrer d'une manière stable à l'éducation chrétienne et à l'instruction littéraire de la jeunesse ². Pour lui obtenir les grâces d'en haut, il la dédia, d'accord avec le P. Lombois, à la Très-Sainte Trinité ³, et pour assurer sa permanence, il eut l'idée d'en faire l'objet d'une société tontinière. Ce projet, agréé par son vénérable collègue et soumis à l'examen de MM. Pardessus, conseiller d'Etat, et Berryer, leur ami et leur conseil commun, fut réalisé par acte sous seings privés du

1. Turpin. Pièce de vers lue au banquet de 1834, p. 18.
2. V. le registre des délibérations de la Société, p. 21, aux *Archives de Juilly*.
3. *Ibid.*

1ᵉʳ août 1818, déposé à M. Dehairain, notaire à Paris, le 29 octobre suivant. Aux termes de cet acte les PP. Lombois et Sonnet s'adjoignirent quatre Pères de l'Oratoire : les PP. Brun, Marcel Pruneau, Viel et Moissenet et deux anciens professeurs de l'université de Paris : MM. Huré aîné et Robert, et formèrent entre eux, pour l'exploitation du collége, une société en forme de tontine, en vertu de laquelle la part des prédécédés d'entre eux devait accroître aux autres, et la propriété de la totalité de l'immeuble et du mobilier appartenir au dernier survivant (art. 2). L'article 18 du même acte stipulait, *qu'en cas de nécessité*, les tontiniers associés pourraient s'adjoindre un ou plusieurs associés qui seraient astreints aux mêmes obligations qu'eux-mêmes. L'article 19 accordait à chacun d'eux un prélèvement annuel qui ne devait pas dépasser 1,200 francs ; et l'article 21 soumettait la décision de toutes les contestations à l'arbitrage amiable et en dernier ressort de l'évêque de Meaux, ou en cas de vacance du siége, des vicaires capitulaires du diocèse. Enfin, par l'article 4, la mise de fonds de chaque associé était fixée à 10,000 fr. et le capital de la tontine à 80,000 fr.

Cet acte, dont la loi civile, prohibitive des substitutions fiduciaires, n'avait pas permis une rédaction plus explicite, n'était pas l'expression exacte de la pensée mère des fondateurs. Mus par un sentiment de piété et de désintéressement, où se révèle le véritable esprit de l'Oratoire, ces dignes prêtres ne poursuivaient qu'un but : celui de doter leur pays, à perpétuité, d'une maison libre d'éducation chrétienne et nationale; et en la cédant à la société qu'ils créaient, ils n'entendaient la lui attribuer ni comme une propriété, qu'il lui fût loisible d'aliéner en tout ou en partie, ni même comme un usufruit, dont elle aurait le droit de jouir, mais uniquement à titre de dépôt, dont elle n'aurait, en aucun cas ni en aucun temps, la faculté de se dessaisir et dont elle serait tenue, au contraire, d'assurer la transmission intégrale et indéfinie par la substitution de nouveaux sociétaires aux anciens, au fur et à mesure de leur retraite ou de leur décès.

Mais si les termes de l'acte social ne pouvaient pas être plus précis, la conscience de chacun des associés devait suppléer à leur insuffisance. Aussi, lorsque les derniers d'entre eux eurent cédé le collége à MM. de Scorbiac et de Salinis en 1828, contrairement à l'esprit plutôt qu'à la lettre du traité qui les liait, l'un de leurs anciens collègues leur reprocha-t-il amèrement leur conduite dans une lettre qui, si elle ne tient pas assez compte des nécessités de leur situation extrême, formule du moins nettement l'intention première des fondateurs : « Ils ont vendu comme *droit*, écrivait d'Auxerre, le 4 juin 1835, le P. Chapet à un de ses intimes amis de Juilly, M. Fauche, ce qui, à leur égard, n'était qu'une *charge* et une *obligation sacrée*. Ce sont vraiment d'infidèles dépositaires qui se sont mis en plein dans la position d'un exécuteur testamentaire qui, simplement appelé à surveiller l'exécution d'une volonté écrite, s'approprierait et mettrait dans sa poche tous les biens, sur la distribution desquels porterait cette volonté dont il ne serait que l'exécuteur. Ils auraient pu se rappeler pourtant ce que je leur disais lors du dernier Conseil auquel j'ai assisté avec eux, lorsqu'un membre eut mis en avant la proposition ou la possibilité d'une vente forcée : « Prenez garde, Messieurs, leur dis-je, à ce que vous allez faire. Aux yeux de la loi, nous sommes propriétaires ; mais à la balance de la conscience et de la probité, nous ne sommes que fidéicommissaires, choisis et consentant pour mener à bien une œuvre consacrée généreusement, sans retour et très-exclusivement à la chose publique. En conséquence, ce dépôt se trouvant échangé malgré nous contre de l'argent, cet argent serait mis entre nos mains ; mais si nous nous en attribuions un sou, nous serions tous et chacun des fripons d'un sou. »

Du reste, cette société, qui devait être, pendant les vingt-sept ans de son existence, l'unique mode de transmission de la propriété du collége, subit, du vivant même de ses fondateurs, certaines modifications dans le personnel de ses membres et dans quelques-uns de ses statuts. Par un acte complémentaire du 11 mai 1819, l'arbitrage de l'évêque de

Meaux, reconnu par l'article 21 des statuts, fut limité aux choses spirituelles, aux cas de discipline, de doctrine ou d'exercices religieux ; et la décision de tous les autres points litigieux fut laissée aux membres du Conseil de la Société. Par un autre acte du 23 août 1821, les Sociétaires, en vue d'assurer davantage la stabilité et d'accroître la prospérité de la maison, résolurent d'accorder à ceux de leurs professeurs, que leur mérite et leur dévoûment en rendraient dignes, une part fixe d'intérêt dans les bénéfices de l'administration du collége [1]. Ces intéressés devaient être nommés en Assemblée générale des propriétaires tontiniers, prendre le titre d'*agrégés*, porter la robe noire longue et avoir voix délibérative aux Assemblées de la Société auxquelles ils seraient convoqués (art. 8). Enfin les associés devaient être choisis de préférence parmi eux (art. 13).

Les premiers agrégés, nommés à la suite de cet acte, furent MM. Gabriel Huré, inspecteur de l'infirmerie ; Souberbielle, suppléant du Grand Préfet ; Laval, professeur de rhétorique ; Genest, professeur de mathématiques supérieures et de physique ; et Laulhé, professeur de philosophie et de mathématiques élémentaires [2].

---

1. Cette part fut fixée d'abord à 300 francs par an, payable à leur mort ou lors de leur retraite de la maison, avec les intérêts cumulés sur le pied de 5 pour 100.

2 V. le registre des délibérations de la Société, p. 18, aux

La mort de quelques-uns des associés apporta bientôt des changements dans le personnel de la Société, que les survivants, empêchés par leur grand âge ou leurs infirmités de s'occuper activement des intérêts du collége, durent songer à compléter. Le 29 mars 1822, ils remplacèrent le P. Huré (Pierre), décédé, par l'économe du collége, M. Pierre Garric, qui était laïque; le 18 juin suivant, la mort récente du P. Viel leur fit élire à sa place le P. Jacques Chapet, ancien élève de l'Oratoire, recommandable par ses vertus et ses talents, qui avait professé avec distinction la rhétorique à Tournon où il avait eu pour élèves M. de Montalivet et l'historien de la république de Venise, M. le comte Daru, et qui, en dernier lieu, vivait retiré à Auxerre[1]; et le 2 juillet 1823, ils proposèrent à Mgr. de Cosnac, évêque de Meaux, présent à Juilly, de s'adjoindre à eux comme membre titulaire. Mais le prélat fut obligé de décliner cette offre, qui lui était faite au nom d'une société oratorienne dans laquelle il ne pouvait entrer ni comme associé, soumis à la présidence d'un simple prêtre, à cause de sa dignité, ni comme Président à cause des règlements de la Congrégation, qui veulent qu'un prêtre, dès qu'il

Archives de Juilly. Dans la même séance, le conseil de la Société fut élu et composé de MM. Leblanc d'Hauterive, conseiller d'État, Berryer père, Pardessus, Berryer fils, et Lefebvre, homme de lettres.

1. Il y retourna en 1825, lorsque ses différends avec ses Collègues l'obligèrent à quitter Juilly, et y mourut en 1836.

est élevé à l'épiscopat, quitte l'Institut où il ne peut plus rester comme inférieur[1].

Ce refus de l'évêque amena un désaccord fâcheux entre les Sociétaires. Deux d'entre eux, MM. Robert et Garric, persistèrent à faire donner la présidence au prélat et, sur les observations de leurs collègues, quittèrent Juilly et allèrent se fixer à Paris. Leur absence prolongée et la mort du P. Marcel Pruneau, décédé curé de Juilly le 15 octobre 1823, décidèrent les PP. Lombois et Sonnet, d'accord avec les PP. Brun, Moisset et Chapet, à s'adjoindre quatre nouveaux associés dont l'esprit sacerdotal et oratorien maintînt la Société dans les principes qui avaient présidé à sa formation; et le 7 février 1824, ils choisirent le P. Vuillet, l'ancien Procureur de la Congrégation et l'auteur de la *Lettre au souverain Pontife*; le P. Girard, ancien professeur de philosophie à Juilly, alors professeur de philosophie au collège royal d'Orléans; le P. Laulhé, prêtre et déjà agrégé, professeur actuel de philosophie dans la maison; et l'abbé de Neuilly, chanoine de Meaux, ancien curé d'une paroisse voisine de Juilly et l'ami constant de l'Oratoire depuis plus de quarante ans.

Toutefois, ces difficultés firent perdre au vénérable P. Lombois ses dernières illusions sur le rétablissement possible de la Congrégation; elles l'affectèrent profondément et le conduisirent au tombeau.

---

1. V. le registre des délibérations, p. 22.

Il mourut plein de jours et de mérites le 16 mars 1824, âgé de quatre-vingt-huit ans, dans cette maison de Juilly, que sa prévoyance et sa fermeté avaient préservée d'une ruine complète pendant la tempête révolutionnaire, et que la générosité de ses sacrifices personnels avait relevée, et en bénissant Dieu de lui avoir donné pour collaborateur et pour successeur le P. Sonnet. Malheureusement il ne lui survécut pas assez longtemps. Atteint luimême mortellement par la perte de son ami, il présida encore l'Assemblée générale de la Société le 26 octobre 1824, et y fit admettre comme membres nouveaux le P. Joseph Créchent, de l'Oratoire, qui résidait à Bordeaux et, sur la proposition du P. Chapet qui l'avait beaucoup connu autrefois, le P. Laurent Roche, prêtre de l'Oratoire, alors proviseur du collége royal de Tournon; mais moins d'un mois après, le 23 novembre, il succombait à une attaque d'apoplexie.

Sa mort fut le signal de la décadence de la maison oratorienne de Juilly. Il l'avait pourtant conduite avec une sagesse et une économie qui avaient porté leurs fruits, et dont il dépendait de ses successeurs de profiter. La caisse contenait à son décès plus de 50,000 francs en valeurs et en espèces, et les magasins, des approvisionnements considérables. Le capital de la dette avait été réduit à 60,000 francs. Le pensionnat renfermait deux cent quarante élèves, soumis à une discipline sévère et adonnés à des études sérieuses. Le corps des professeurs était bien choisi. Les fonctions de Grand Préfet dont il s'était réservé le titre, pour laisser au P. Lombois seul celui de Supérieur, étaient remplies par son suppléant, M. Souberbielle, dont la belle figure, l'air imposant, la parole haute, cette *vox imperativa* dont parle Tacite, inspiraient à tous le respect et la crainte. C'était un ancien membre du Conseil des Cinq-Cents, l'un des quarante auxquels l'entrée en avait été interdite pour leur résistance au coup d'État du 18 brumaire, et qui néanmoins fut sous-préfet d'Autun pendant les Cent jours. La philosophie était faite par le P. Laulhé, un des premiers élèves de la création de l'École polytechnique; la rhétorique par M. Laval[1]; la seconde par M. Fauche, humaniste remarquable, dont l'un des élèves, qui devint une des gloires du barreau de Paris, Bethmont, aimait à se rappeler les brillantes leçons sur Homère et sur Virgile[2]; la troisième par M. Jeanin; la cinquième par

---

1. V. *suprà*, p. 414.
2. M. Fauche était professeur de grec à Paris quand il fut appelé à Juilly, en la même qualité d'abord, en 1821. Il quitta l'enseignement en 1828; et dans la modeste retraite qu'il se créa au village, il commença, à partir de cette époque, les longues et savantes études, qui honorent encore sa laborieuse vieillesse, sur la langue et la littérature sanscrites, dont il a publié la traduction de nombreux ouvrages, tels que le *Râmâyana*, poëme de Valmiski en neuf volumes; les œuvres complètes de *Kalidâsa* en deux volumes, et le *Mahâ-Bhârata*, en cours de publication et dont six volumes (sur dix-huit) ont déjà paru. Il a été décoré en 1867.

M. Boyer, décoré plus tard pour les services qu'il rendit dans l'administration des télégraphes ; la sixième par M. Doucet qui, comme son prédécesseur, occupa sa chaire pendant près de trente ans ; la septième par un abbé Victor, et la huitième par M. Vial, le secrétaire du P. Lombois, qui fut longtemps maire de Juilly sous l'Empire. Un Polonais, M. Leski, était chargé du cours d'allemand ; M. Pierker, Irlandais, de celui d'anglais ; et l'enseignement des mathématiques supérieures et de la physique était confié à un neveu du général Foy, M. Genest, un des anciens et des plus brillants élèves de l'Ecole polytechnique, démonstrateur incomparable, qui sut former des élèves tels que Clapeyron, Cavalier, Armand, Delessert, qui tous se sont fait un nom dans les sciences[1]. Enfin, l'avénement du comte d'Artois au trône, sous le nom de Charles X, avait valu à Juilly une protection de plus dans la personne de Madame la Dauphine (Madame la duchesse d'Angoulême, fille de Louis XVI), à laquelle le nouveau roi avait recommandé tout particulièrement cette maison.

En moins de quatre ans, tous ces avantages de l'habile administration du P. Sonnet furent entièrement perdus. Le Conseil de la Société, composé d'éléments divers, oublia bientôt l'esprit de l'Oratoire auquel la plupart de ses membres étaient

[1]. Il n'y avait plus alors de professeur spécial d'histoire. L'enseignement en était donné, dans chaque classe, par le maître de latinité.

étrangers. La division se mit entre les chefs et amena à sa suite le relâchement de la discipline, la faiblesse des études et des désordres graves parmi les élèves. Des Professeurs eux-mêmes donnèrent, par leurs paroles et dans leur conduite, les plus tristes exemples. Toutes ces causes réunies firent pencher rapidement la maison de l'Oratoire de Juilly vers sa ruine.

LE P. LAURENT ROCHE (1824-1827).

Le P. Chapet avait été appelé, tout d'abord, par les suffrages unanimes des Sociétaires à recueillir l'héritage du P. Sonnet; et c'était bien, en effet, par l'ensemble des qualités qu'il réunissait, l'homme le plus capable de diriger le collége. Mais il lui manquait le diplôme exigé par l'Université de tout chef d'établissement de plein exercice. Aussi ne put-il exercer les fonctions de Supérieur que par intérim, au nom et jusqu'à l'arrivée du P. Laurent Roche qui fut nommé, à sa place et sur sa proposition, dans la séance du Conseil du 3 février 1825 [1]. Son premier soin fut de rétablir l'accord entre les propriétaires associés et de rappeler à Juilly, comme secrétaire du Conseil, en son lieu et place, M. Robert, un des membres dissidents de l'ancienne administration. Il fit voter ensuite les fonds nécessaires pour des réparations urgentes à

1. Registre des délibérations de la société tontinière, p. 24.

faire aux chaussées de l'étang, dans le quartier des étrangers, à l'infirmerie et à la chapelle, et prit quelques mesures utiles dans l'intérêt de la discipline.

L'arrivée du P. L. Roche à Juilly, le 19 mai 1825, mit fin à sa Supériorité provisoire. Il consentit toutefois à accepter la charge de Grand Préfet et de membre du Conseil administratif du Supérieur [1].

Le P. Roche, sur le gouvernement duquel on fondait de grandes espérances, avait beaucoup perdu, en vieillissant [2], de son activité et de son énergie. Facile à circonvenir, enclin au népotisme, il accorda sa confiance à des hommes qui compromirent son autorité, et s'aliéna les sympathies de ses collègues par ses infractions aux règles et aux traditions de son ordre. Son premier acte, contraire à l'esprit de la Société, souleva une opposition assez vive. Les Sociétaires devaient être huit au plus et choisis parmi d'anciens Oratoriens ou des Agrégés à la Société. Dès le 12 juillet, bien qu'il n'y eût à pourvoir qu'au remplacement du P. Sonnet, il en fit admettre trois nouveaux : le P. Roulhac, prêtre de l'Oratoire, le C. Monthus, clerc de la Congrégation, et son propre frère, Jean-Louis-Pascal Roche, qui n'en avait jamais fait partie et qui n'était même pas Agrégé à la maison de Juilly. En octobre suivant, ses regrettables hésitations à ordonner le renvoi de deux de ses professeurs, que

1. Le P. Girard était le second membre du Conseil du Supérieur.
2. Il avait alors soixante-trois ans.

l'évêque de Meaux lui demandait et qu'il finit par lui imposer sous peine d'interdiction *à divinis*, excitèrent une désapprobation générale¹. Ce fut au point qu'à l'instigation pressante de plusieurs Pères, le P. Chapet se décida à solliciter pour lui-même le diplôme que le ministre ne croyait pas pouvoir octroyer au P. L. Roche, en sa qualité de pensionnaire de l'Université. Mais le Conseil fut blessé de cette démarche faite à son insu, et qui portait atteinte à ses prérogatives, et il présenta directement le frère du Supérieur à l'agrément du ministre. Ce choix fut approuvé ; et un arrêté de monseigneur d'Hermopolis, du mois de février 1826, nomma M. Pascal Roche, *chef de l'Institution de Juilly*, dont les fonctions continuèrent à être exercées, en réalité, par son frère aîné ².

En novembre 1825, la destitution d'un des suppléants du Grand Préfet fut encore exigée par le ministre sur le rapport de MM. Letronne et Thibaut, inspecteurs généraux de l'Université, envoyés en mission spéciale à Juilly ³.

Ces faits déplorables occasionnèrent la désorganisation de la Société tontinière. Les PP. Robert et Laulhé refusèrent de prendre part désormais à ses travaux ⁴ ; les PP. Roulhac des Crouzils, Créchent et Monthus donnèrent leur démission ; le P. Cha-

---

1-2-3. V. le Reg. des délibérations, p. 31 v°, 33 r° et 35 r°.
4. Le P. Laulhé fut remplacé dans sa chaire de philosophie par M. Desroziers.

pet suivit leur exemple et envoya la sienne le 26 décembre 1825 [1]; et à la suite de violentes discussions ave le P. Robert, le P. Laurent Roche fut forcé lui-même de résigner ses fonctions de Supérieur entre les mains de son frère Pascal, et de quitter Juilly. Sa retraite eut lieu le 18 avril 1827.

M. PASCAL ROCHE (1827-1828).

M. Pascal Roche, le vingt-huitième et dernier Supérieur de la maison oratorienne de Juilly, essaya d'en relever le crédit en y apportant quelques réformes disciplinaires, telles que la suppression des concerts de l'Académie, l'abolition de la férule et des corrections corporelles. Mais le mal était trop profond et trop invétéré pour que des mesures aussi secondaires pussent y porter remède. La situation du nouveau directeur, en effet, n'était pas tenable. Aucun des Sociétaires ne lui prêtait plus son concours, et tous les services du collége demeuraient en souffrance. Le nombre des élèves était descendu à 75, et encore la plupart ne devaient pas revenir l'année suivante; il n'y avait plus un seul prêtre pour les instruire de la religion et leur administrer les sacrements; le chiffre de la dette s'était accru, et le payement de ses intérêts n'était plus assuré [2]. M. Roche se ré-

1. M. Pascal Roche remplaça le P. Chapet comme Grand Préfet.
2. Ce déplorable état de la maison est avoué par M. Roche lui-même, p. 46 v° du Reg. des délibérations.

signa alors au seul parti qu'il lui restât à prendre, celui de céder le collége. Le moment, d'ailleurs, était opportun. La Restauration venait de sacrifier les Jésuites aux exigences de l'opposition et d'ajouter, par leur expulsion, une faute de plus à toutes celles qui firent de ses quinze années de pouvoir un long suicide de la monarchie. Il fallait continuer l'œuvre de l'éducation de cette nombreuse jeunesse, qu'ils n'étaient plus là pour diriger; il fallait aussi défendre le principe tutélaire de la liberté d'enseignement et ne pas laisser prescrire ce droit sacré de l'Église, que le libéralisme oppressif de l'époque se flattait d'avoir atteint par cette mesure injuste. Deux prêtres éminents, MM. les abbés de Scorbiac et de Salinis, se réunirent pour pourvoir à ce double besoin; et s'inspirant de leur foi et de leur dévoûment à la grande cause de l'éducation chrétienne, ils cherchèrent le lieu où ils pourraient fonder un vaste établissement d'instruction libre et religieuse de la jeunesse laïque, qui suppléât à ceux de Bordeaux, de Sainte-Anne et de Saint-Acheul qui venaient d'être fermés.

Instruit de leurs projets, M. Berryer leur parla de Juilly, le leur fit connaître, les mit en rapport avec ses propriétaires et s'offrit à leur servir d'intermédiaire pour mener à bonne fin cette négociation dont il désirait vivement le succès. D'autres personnes leur prêtèrent leur concours et les aidèrent à résoudre toutes les difficultés. Des capitaux considérables étaient nécessaires ; M. de Renneville les leur procura. Il leur fallait des collaborateurs ; un ecclésiastique d'un grand mérite, ancien collègue de M. de Salinis à Henri IV, M. l'abbé Caire, consentit à s'associer à eux pour l'achat et la direction de Juilly[1]. Ils n'avaient pas les grades universitaires exigés pour l'obtention du diplôme de chef d'institution. La dispense en fut sollicitée par M. de Bonald auprès du ministre, M. de Vatimesnil, qui finit par l'accorder après bien des hésitations entretenues par la crainte du

1. Homme d'esprit et de tact, excellent prêtre et administrateur habile, M. l'abbé Caire se chargea de l'économat et de la haute direction de la discipline du collége. Mais des dissentiments survinrent entre M. l'abbé de Salinis et lui sur la question financière et sur le chiffre des dépenses, dont il demandait la réduction ; et il quitta Juilly dès le 11 février 1830. En annonçant sa détermination à la vénérable supérieure des Dames chanoinesses de Saint-Augustin, qui dirige encore le couvent de l'avenue de la Reine-Hortense : je crains bien, lui écrivait-il, que ma retraite ne soit la ruine de *Troie*. Il faisait allusion, par ce jeu de mots, au nombre des directeurs de Juilly ; mais grâce à Dieu, ses craintes ne se réalisèrent pas ; et il fit tout lui-même pour éviter ce malheur. De Paris où il se retira, il continua, pendant de longues années encore à s'occuper des intérêts de la maison et à donner à ses deux associés l'appui de son expérience. D'un zèle admirable pour toutes les bonnes œuvres, il leur consacra le reste de ses forces et de sa vie, se chargea de l'administration des colléges catholiques irlandais de Douai et de Paris, et accepta également la direction spirituelle et temporelle du couvent des Dames chanoinesses de Saint-Augustin, que nous venons de nommer, et où sa mémoire est en vénération. D'une abnégation sans bornes, il n'accepta jamais la moindre rémunération de ses services, refusa l'épiscopat et mourut en voyage à Lyon, le 5 juillet 1856, dans la pauvreté volontaire à laquelle il s'était voué. Il était grand vicaire d'Amiens et Protonotaire apostolique.

parti libéral[1]. Il s'agissait aussi de gagner la confiance des familles dont les enfants venaient de quitter les maisons des Jésuites, et d'obtenir l'appui de ces Religieux qui n'avaient pas vu sans quelque ombrage l'adhésion de l'abbé de Salinis aux doctrines philosophiques de l'abbé de Lamennais; des amis communs les rapprochèrent. Enfin le collége leur fut cédé le 12 juillet 1828, sous forme de leur adjonction à la Société tontinière. Il fut convenu qu'ils prendraient le mobilier existant au prix de. 65,497 19

qu'ils se chargeraient de l'acquit des dettes et des réparations urgentes dont le chiffre était porté à   94,000   »

qu'ils serviraient la pension due à d'anciens professeurs, dont le total annuel était de 6,400

et les rentes viagères accordées aux anciens Sociétaires démissionnaires, qui s'élevaient par année à 4,800

Total. . . . . 11,200[2]   159,497 19

1. V. *Histoire de Mgr de Salinis*, par l'abbé de Ladoue, p. 106, en note.

2. V. le détail de ces rentes et pensions, p. 56 du registre des délibérations.

Report............	159,497	19
au capital, au denier dix, de..................	112,000	»
et qu'ils supporteraient les frais de la bourse entière réservée à la famille Prioleau, estimée en capital.......	10,000	»
De plus, ils évaluaient à 160,000 fr. le chiffre des réparations qu'exigeaient les bâtiments, et qu'ils eurent à débourser, effectivement, dans les quatre premières années de leur séjour à Juilly[1], ci...	160,000	»
En réalité donc l'acquisition de Juilly leur revint à plus de..	441,000	»

Libres, dès ce moment, d'administrer et d'exploiter le collége selon leurs vues personnelles, ils n'en devinrent cependant propriétaires exclusifs qu'en 1835 par la démission de M. Garric, le seul des Associés tontiniers qui n'eût pas encore souscrit au traité de 1828, qu'il regardait comme contraire aux vues des Fondateurs. Pour apaiser les scrupules de sa conscience et de celle de ses

---

[1]. Déclaration faite par M. l'abbé de Scorbiac, le 7 octobre 1840, à ses cessionnaires, p. 58 du registre des procès-verbaux et délibérations.

amis, M. l'abbé de Scorbiac prit la parole après la signature de ce dernier acte, s'engagea au nom de la nouvelle Société à respecter les traditions et à perpétuer l'esprit du collége, et ajouta : « Nous ne sommes pas membres de la Congrégation qui fit de Juilly un des monuments les plus précieux pour la Religion et pour les Lettres. Nous n'appartenons à un aucun ordre religieux. Mais le prêtre trouve dans sa vocation bien comprise, surtout dans le temps où nous sommes, toutes les pensées de dévoûment à l'Eglise, qui peuvent assurer l'avenir d'une œuvre telle que celle que nous recueillons en ce moment. Nous ne demeurerons pas, nous l'espérons, au-dessous des devoirs que nous impose notre mission ; et lorsque, dans la suite, l'attention de nos successeurs se reportera sur l'époque où Juilly passa des mains d'une Congrégation à celles de prêtres séculiers, ils n'auront pas à nous reprocher, nous vous en donnons l'assurance, de nous être rien approprié de ce qui pouvait nous avoir été transmis à titre gratuit, ou d'avoir laissé s'appauvrir, par notre faute, entre nos mains, le précieux héritage qui nous avait été légué[1]. »

Ce double engagement, nous allons le voir, fut fidèlement rempli par la nouvelle direction. Quant aux derniers représentants de l'ancienne, ils quit-

---

[1]. V. le procès-verbal de la séance du 13 juillet 1835, p. 56 du registre des délibérations.

tèrent tous Juilly et s'éteignirent obscurément, emportant dans la tombe le regret de leur impuissance à relever leur Congrégation et à soutenir l'existence de son principal collége, dont leurs devanciers avaient porté si haut la réputation.

LIVRE SIXIEME

Direction de MM. de Scorbiac et de Salinis.

CHAPITRE PREMIER

LES DIRECTEURS.

L'abbé de Scorbiac : sa naissance, sa famille, ses études à la pension Liautard. Son entrée à Saint-Sulpice. Qualités et vertus qu'il y montre. Son admission dans la Société des Missionnaires de France. Succès de ses prédications et de ses retraites dans les colléges. Il est nommé aumônier général de l'Université. — L'abbé de Salinis : son origine, sa première enfance, ses succès au collége d'Aire. Sa vie à Saint-Sulpice. Amitiés qu'il y forme; talents qu'il y révèle. Il est nommé aumônier au collége Henri IV. Difficultés de sa tâche; comment il les surmonte. Part considérable qu'il prend à toutes les œuvres catholiques. Il fonde avec l'abbé Gerbet le *Mémorial catholique*. Il organise la *Société des bons Livres*. Il ouvre avec l'abbé de Lamennais des conférences de polémique religieuse. Il concourt à la formation de l'*Association pour la défense de la Religion catholique*. Il suit l'abbé de Scorbiac à Juilly.

Juilly n'est resté que douze ans sous la direction de MM. les abbés de Scorbiac et de Salinis. Mais cette courte période de ses annales en est aussi l'une des plus brillantes. La notoriété du nom de ses nouveaux chefs, l'étendue de leurs relations, leur expérience des choses de l'éducation et l'esprit général de leur enseignement replacèrent bientôt le collége au premier rang des établissements similaires; et la part considérable qu'ils prirent au mouvement religieux de cette époque fit aussi de cette maison un des centres les plus actifs du prosélytisme catholique.

Doués de qualités différentes : l'un, de celles qui révèlent les grands cœurs, l'autre, de celles qui distinguent les esprits puissants, chacun d'eux semblait les posséder toutes, comme si l'étroite amitié qui les unissait eût confondu leurs deux âmes; et l'on eût dit que la Providence ne leur avait accordé le bonheur si rare de vivre ensemble de la même vie, que pour être plus utiles à leurs élèves et les aimer davantage.

L'ABBÉ DE SCORBIAC.

Issu d'une des premières et des plus anciennes familles du Bas-Quercy[1], l'abbé Bruno Casimir de Scorbiac, né à Montauban le 4 mars 1796, n'avait que trente-deux ans lorsqu'il entra à Juilly; et déjà

---

1. Un de ses ancêtres, M. d'Escorbiac, écrivait de son château de Montech au cardinal de Bérulle, en 1629, pour l'assurer de ses bons offices à l'effet de faire rentrer Montauban et Caussade dans l'obéissance du Roi et de les remettre au duc d'Épernon. Lettre du 1er juillet 1629, citée carton M. 232 des *Archives de l'Empire*.

il occupait une grande place dans le clergé par ses talents oratoires et la considération qui l'entourait. Il avait fait de bonnes études à l'institution de M. l'abbé Liautard, aujourd'hui le collège Stanislas, à l'école d'un de ses fondateurs, l'abbé Froment, ancien officier de nos armées, devenu plus tard un des Oratoriens de Juilly, et à celle de l'abbé Augé, le condisciple de Robespierre sur les bancs de Louis-le-Grand, qui sut former de tout autres élèves dans les Legris-Duval et les Cheverus. Au sortir de cette pension, il avait songé à embrasser la carrière des armes, et il se préparait aux examens de l'École polytechnique, lorsqu'en octobre 1815 il se sentit appelé au sacerdoce et entra au séminaire de Saint-Sulpice. Il s'y fit remarquer par une gaîté douce et inaltérable, par la franchise et l'aménité de son caractère, par le feu de sa parole brillante et convaincue, au milieu des jeunes enfants de la paroisse dont il dirigeait les catéchismes, mais surtout par la pureté et la générosité de son âme, chaque jour plus attentive à correspondre aux grâces d'en haut. « Je m'appliquerai de toute mon âme, écrivait-il sur un de ses cahiers de résolutions, à pratiquer toutes les vertus qui doivent faire de moi un saint prêtre.... *La Foi :* J'aurai le plus profond respect pour toutes les choses saintes, et je m'efforcerai de vivre en tout de la vie de la foi.... *La Charité :* Je ne parlerai d'autrui qu'en bien ; je montrerai beaucoup de douceur dans mes manières et dans mon langage, surtout envers les inférieurs, mais sans affectation; je pardonnerai de bon cœur…. *L'humilité* : Je ne parlerai jamais de moi ni en bien ni en mal…. *La Mortification* : Je m'appliquerai à mortifier ma volonté dans les choses où on peut le faire sans inconvénient; j'offrirai chaque jour à Dieu quelque petite mortification pour expier mes fautes passées et pour acquérir les vertus d'un saint prêtre ; je donnerai le cinquième de mes menus plaisirs aux pauvres…. *L'amour envers la très-sainte Vierge* : J'aurai en elle une confiance filiale et sans bornes; je recourrai à elle dans tous mes besoins et dans toutes mes peines, et je chercherai à l'honorer par toutes mes actions [1]. »

Toute la vie de M. de Scorbiac est résumée dans ces lignes dont elle fut l'application constante. Après cinq ans de préparation, il fut ordonné prêtre et entra dans la société des Missionnaires de France, formée par l'abbé de Rauzan. Les bénédictions de Dieu s'attachèrent à son apostolat ; le succès de ses retraites dans les colléges fut surtout prodigieux. La beauté et la noblesse de ses traits, le charme de son regard et de sa voix, « cet accent de foi qui partait de son âme, ces rayons de candeur et de loyauté qui illuminaient son visage [2] » subjuguaient ses jeunes auditeurs. Au collége de Rouen, il pro-

---

1-2. Notice sur M. l'abbé de Scorbiac, par M. du Lac de Monvert. *Université catholique*, janvier 1847.

duisit, de l'aveu du Recteur de l'Académie, un vrai miracle moral parmi les élèves. Ceux de Henri IV lui offrirent, en signe de gratitude, un beau portrait de saint Thomas d'Aquin, au bas duquel ils inscrivirent ce distique :

> Si Thomas fuit angelicus cognomine doctor,
> Scorbiacus nobis doctor amicus erit.

Cette influence heureuse sur la jeunesse, cette rénovation morale que sa parole entraînante opérait partout, déterminèrent M. le ministre de l'Instruction publique à lui confier la mission de donner des exercices de retraite dans tous les établissements universitaires, et en 1823 il lui conféra, à cet effet, le titre d'Aumônier général de l'Université. L'abbé de Scorbiac exerçait depuis cinq ans et avec le plus grand succès ces importantes fonctions quand il vint à Juilly.

L'ABBÉ DE SALINIS.

Plus jeune que lui de deux ans, l'abbé Antoine de Salinis, son ami, qu'il rencontra au séminaire, et qui dès lors vécut avec lui dans une intimité toute fraternelle, descendait d'une des plus nobles maisons du Béarn. Né à Morlaas, l'ancienne capitale de cette province, le 11 août 1798, il avait passé ses premières années dans la famille de sa mère à Oloron puis au château de Momuy, et s'y était fait remarquer déjà par la bonté de son cœur et ce mélange heureux de grâce et de finesse qui formait le trait saillant de son esprit. « Béarnais dans l'âme autant que de naissance, nous dit son biographe [1], le jeune Antoine ne voulait parler d'autre langue que sa langue nationale. Contrariés de cette préférence exclusive, ses parents usaient de tous les moyens pour le déterminer à parler français. *Si tu n'apprends pas à parler français*, lui dit un jour une de ses tantes, faisant appel à son amour-propre déjà éveillé, *tu seras toujours le dernier de ta classe.* L'enfant sourit. *Eh bien! Tu ne sais rien dire? — Tante, je vous aime bien*, dit-il avec un gracieux sourire; et revenant de suite, comme par un retour malicieux, à son langage favori : *Es francès, aco?* Est-ce français, cela? [2] »

Dès ce moment, on peut suivre les voies admirables par lesquelles la Providence voulut le préparer à la grande œuvre de sa vie sacerdotale : l'apostolat de la jeunesse. Tout jeune encore, orphelin de père, il n'a d'autre guide que sa mère, femme d'esprit et de cœur, qui sait déposer dans

---

1. La vie de Mgr de Salinis, mort Archevêque d'Auch, a été écrite, en des pages pleines d'intérêt par un de nos anciens condisciples, l'abbé de Ladoue, qui, après avoir eu le bonheur de passer de longues années auprès de lui en qualité de son grand vicaire, eut encore la dernière consolation de lui fermer les yeux. Un vol. in-8, Tolra et Haton, Paris, 1864.

2. *Vie de Mgr de Salinis*, p. 3.

son âme les germes d'une piété simple, confiante et vraie. A dix ans, il entre en sixième au collége d'Aire, qui deviendra le double berceau de son intelligence et de sa vocation ecclésiastique, y remporte, dès la première année, le premier prix de version latine, prélude de ses brillants succès ultérieurs, y fait sa première communion qui décide de son avenir, et y termine son éducation sous la direction d'un saint prêtre, l'abbé Lalanne, qui lui inspira cette fidélité à l'Église et au Saint-Siége qui fut l'honneur de sa vie, par ces simples et chrétiennes paroles qu'il redisait sans cesse à ses élèves : « Mes enfants, restez toujours dans la barque de Pierre. Vous serez sûrs de ne pas faire naufrage [1]. » A dix-sept ans, préparé par de fortes études ecclésiastiques à celle de la théologie, il est admis au séminaire de Saint-Sulpice. Il y trouve pour maîtres et pour guides des hommes éminents en science et en piété, l'abbé Foulquier, l'évêque actuel de Mende, l'abbé Teyssère, un des élèves les plus distingués de l'École polytechnique, et, après sa mort, le successeur de M. Emery dans les fonctions de supérieur général, M. Duclaux, dont le mémoire est encore en bénédiction dans la Compagnie. Il y forme des amitiés, « ces premières fleurs du cœur, dira-t-il lui-même plus tard, que le temps ne flétrit pas » et qui contri-

---

1. *Vie de Mgr de Salinis*, p. 7.

bueront à fournir à sa parole et à son action sacerdotales un théâtre digne d'elles. C'est là, en effet, qu'il se lie avec l'abbé de Scorbiac et avec l'abbé Gerbet [1], avec l'abbé de Genoude, avec le duc de Rohan, qui écrivait de lui à madame de Salinis : « Il m'a été donné pour ange à mon entrée au séminaire, et le bonheur de l'avoir rencontré n'est pas une des moindres grâces dont j'aie à remercier Dieu, » et avec l'abbé de Lamennais qui faisait déjà un tel cas de son jugement qu'il le chargeait d'examiner ses propres écrits et qu'il disait de lui à l'abbé Teyssère : « Quand on consulte l'abbé de Salinis, on est sûr qu'il vous donne un bon avis; il est même rare que ce ne soit pas le meilleur [2]. » Il y reçoit la direction des catéchismes de persévérance des jeunes gens; et dans ces nouvelles fonctions, pour lesquelles il se sent un attrait particulier, il révèle les qualités qui le distingueront plus tard : l'élévation des pensées, l'éclat de l'imagination, l'abondance d'une parole facile et persuasive, la grâce des manières et la dignité de sa personne. Enfin il y est soutenu contre l'inexpérience

---

[1]. L'abbé Gerbet, du même âge que l'abbé de Salinis, était né à Poligny en 1798. Il y avait fait ses premières études, avait suivi les cours de philosophie de l'Académie de Besançon et avait commencé, dans cette ville, sa théologie. Arrivé à Paris à la fin de 1818, il entra au séminaire de Saint-Sulpice ; mais sa santé délicate ne lui permit pas d'y rester, et il alla s'installer aux Missions étrangères où il suivait la règle des séminaristes.

[2]. *Vie de Mgr de Salinis*, p. 28 et suiv.

de sa jeunesse et contre les entraînements de son amour-propre par l'affection éclairée de deux mentors, ses oncles : le vieil amiral comte de Blachon et le baron d'Espalungue qui, dans une lettre toute paternelle qu'il lui écrivait quelque temps après son arrivée à Paris, lui donnait les plus sages avis sous la forme la plus piquante [1].

Ordonné prêtre en 1822, à côté de son ami l'abbé Gerbet, il fut, quelques mois après, appelé par l'abbé de Causans, alors aumônier du collége Henri IV, à partager son ministère, qu'il exerça seul l'année suivante lorsque ce saint prêtre se fut décidé à entrer chez les Jésuites. Sa tâche était fort ardue; l'impiété était de mode jusque dans

---

[1]. « Enfin te voilà établi, lui disait-il, sur un théâtre digne de toi... J'admire comme tu mets en avant *ton jeune toi-même*. Tu parles de Paris bien mieux que ne le feraient bon nombre de personnes qui ont passé leur vie dans cette immense capitale. Paris et ses environs sont presque devenus ton domaine, tu en as pris en quelque sorte possession par tes observations aussi profondes que variées, par tes remarques fines et pénétrantes... Comme tes courses et promenades sont bien entendues et tes visites faites à propos ! Et cette adresse avec laquelle tu es parvenu à occuper une place distinguée *dans le parvis du temple* pour la cérémonie du mariage ! Il n'est que le fameux M. Comte qui puisse être de cette force. (A propos de M. Comte, ne va pas le voir ; il pourrait te jouer le mauvais tour d'escamoter ta modestie, et Dieu sait où il irait la nicher, peut-être si haut que tu ne pourrais plus l'atteindre.) Courage, mon ami, marche et tu arriveras. N'est-ce pas que tu le crois autant que moi ? Pour moi, vieux soldat, je me disais en débutant dans la carrière: *Rose et Fabert ont ainsi commencé*, mais j'en suis resté là ; et toi, tu te dis : *Fénelon et Bossuet*..... je ne sais pas finir ma comparaison. Charge-t'en, je t'en prie. » Citée p. 45 de la *Vie de Mgr de Salinis*.

les colléges dont un grand nombre n'étaient que des écoles de vice et d'athéisme pratique [1].

Aussi fut-il accueilli par des murmures lorsque, la première fois qu'il monta en chaire, il prononça le mot de miracle en traitant des preuves d'une religion divine; et à quelque temps de là, une protestation énergique, tombée de ses lèvres contre les excès de la Révolution, lui valut la menace du poing de la part d'un des plus grands élèves. Ces dispositions déplorables lui traçaient sa ligne de conduite; et par une grande pompe, donnée aux cérémonies du Culte, par des retraites spirituelles bien organisées, mais surtout par un cours de Conférences et de polémiques religieuses où, tout en prémunissant les élèves contre les préjugés et les sophismes dont ils étaient assaillis, il leur démontrait, avec autant de force que de talent, la divinité du Christianisme et l'autorité de l'Église, il parvint, en quelques années, à changer leur esprit, à ramener les plus incrédules au respect de la Religion et le plus grand nombre à sa pratique.

Son action ne se restreignit pas à l'enceinte du Collége. Il prit une part active à toutes les œuvres catholiques du temps, et « la chaire, la presse, les associations charitables, les réunions de jeunes gens

---

1. « Il s'en est trouvé un, écrivait l'abbé de Lamennais au ministre, dans une lettre du 22 août 1823, qu'inséra le *Drapeau blanc*, où on a vu trente élèves aller ensemble à la table sainte, garder l'hostie consacrée et par le plus horrible des sacriléges, en cacheter les lettres qu'ils écrivaient à leurs parents. »

ou d'ouvriers furent, tour à tour, le théâtre de son zèle[1]. » De concert avec l'abbé Gerbet, qu'il venait de faire nommer second aumônier de Henri IV, il fonda, en 1823, le *Mémorial catholique*, journal périodique destiné à faire connaître, sous toutes ses faces, l'état actuel de l'esprit humain en religion, en philosophie et en littérature, à réfuter les fausses opinions philosophiques et à défendre les saines doctrines et les sentiments de l'Église romaine ; et il y obtint la collaboration des publicistes les plus éminents, tels que l'abbé de Lamennais, M. de Bonald, M. de Haller, les abbés Gousset, mort cardinal, Rohrbacher et Doney, évêque actuel de Montauban, le comte O'Mahony et MM. de Montalembert et Lacordaire. Il organisa la *Société catholique des bons Livres*, dans le but de lutter, par leur diffusion, contre l'influence fatale des ouvrages impies, obscènes et révolutionnaires dont, en moins de six ans, plus de cinq millions de volumes étaient sortis des seules presses de la capitale, et qui faisaient dire à M. de Bonald que « si le monde entier entendait le français, il y aurait de quoi bouleverser le monde. »

Enfin, les Conférences hebdomadaires de polémique religieuse, qu'il ouvrit, tous les dimanches, avec le concours de l'abbé de Lamennais, d'abord dans son salon, puis dans celui de l'abbé de Scor-

---

1. *Vie de Mgr de Salinis*, p. 65.

biac, à la Sorbonne, ensuite rue Saint-Thomas-d'Enfer, devinrent le noyau de l'*Association pour la défense de la Religion catholique*, dont il devint en 1827 un des Directeurs, qui rallia à la défense de l'Église et du Saint-Siége une pléiade de jeunes gens d'élite, et qui prépara le grand mouvement religieux que la voix du P. Lacordaire devait étendre si rapidement après 1830 [1].

Tant de services rendus à la cause catholique avaient déjà fixé sur lui l'attention publique, lorsqu'en 1828 il se décida à accompagner l'abbé de Scorbiac à Juilly pour s'y livrer, avec lui, à l'éducation de la jeunesse, l'œuvre des œuvres, liée aux intérêts les plus intimes de la Religion et de la Société, et du succès de laquelle devait dépendre, à ses yeux, l'avenir du pays.

Tels étaient les deux hommes que la Providence plaçait à la tête de Juilly et auxquels notre Collége

---

1. Il composa encore, à la demande des rédacteurs du *Missel de Paris*, la prose de la fête de saint Pierre et de saint Paul ; et afin que la liturgie parisienne offrît une expression précise des prérogatives du pape et de son infaillibilité doctrinale, il avait rédigé ainsi la huitième strophe :

> Ridebit inferni minas
> Vox Petri falli nescia ;
> Nec stare, nec verum loqui,
> Orante Christo, desinet.

Cette pensée : *Vox Petri falli nescia*, jugée trop ultramontaine, fut remplacée par ce vers : *Innixa Petri cathedra*. Ce serait probablement l'inverse qui se produirait aujourd'hui, grâce à ses habiles et incessants efforts pour combattre les doctrines gallicanes. V. sa *Vie*, p. 460.

allait devoir les jours de sa plus grande splendeur. L'abbé de Scorbiac eut le titre officiel de Directeur, que lui méritaient la sainteté de sa vie, la droiture de son esprit, la générosité de son âme sympathique et l'exquise urbanité de ses manières. « Je n'ai rencontré personne, écrivait de lui son ami, en qui cette foi vive, cette piété vraie qui fait les bons prêtres, se trouvent plus unies à tous les instincts nobles, à tous les sentiments distingués qui peuvent relever, aux yeux du monde, la dignité et la mission du Prêtre[1]. »

Mais ils en partagèrent, en réalité, tous deux les fonctions et l'autorité. M. de Scorbiac eut dans ses attributions la direction générale de la maison et les rapports avec les familles; et l'abbé de Salinis, dont la rare intelligence s'était toujours adonnée à l'étude de la science religieuse et des lettres profanes, se chargea du soin de l'enseignement, de sa direction et avant tout de son organisation.

[1]. Lettre de M. l'abbé de Salinis, citée p. 163 de sa *Vie*.

CHAPITRE SECOND

L'ENSEIGNEMENT.

Plan d'études tracé par l'abbé de Salinis. Sa base dans la science de la Religion, considérée par lui comme la branche principale de l'enseignement et la lumière de toutes les autres. Programme du cours de Religion. Ses divisions; ses récompenses. Étude de ses rapports avec les autres sciences. Cours théorique et historique de la philosophie. Cadre général de l'enseignement. Étude simultanée et progressive de ses divers objets. Simplicité des méthodes. Spécialité des classes pour chaque branche de l'enseignement. Conférences des hautes études. Ses membres, ses travaux, ses résultats.

Cette tâche, si difficile et si importante, de formuler un système d'enseignement, n'était pas au-dessus des forces de celui auquel elle incombait. Homme de son temps qu'il connaissait bien, homme d'éducation dont il avait l'expérience, orateur et écrivain, versé également dans les lettres profanes et dans les lettres sacrées, l'abbé de Salinis réunissait toutes les qualités requises pour une telle mission. Il avait scruté attentivement les plaies, les entraînements et les besoins de la France de son époque. Il avait longtemps médité sur la Révolution et sur les changements prodigieux qu'elle avait produits dans le caractère, les mœurs et les institutions de presque tous les peuples de la vieille Europe; et quand il chercha à se rendre compte de la cause intime et profonde de cette scission impie qu'elle avait opérée entre le ciel et la terre, entre l'homme et Dieu, il crut l'avoir trouvée « dans les sentiments et les idées dont une éducation toute païenne avait, depuis trois siècles, lentement pénétré la longue suite des générations qu'elle avait formée[1]. » Il en conclut que l'éducation était la pierre angulaire de toute restauration durable de l'ordre social si profondément ébranlé, et que cette pierre ne pouvait

[1]. Dans un de ses beaux discours de distribution de prix où, devant les familles assemblées, il se plaisait à proclamer les principes de la direction de Juilly, dans celui du 16 août 1832, M. de Salinis disait en effet : « Depuis trois siècles surtout, le vice radical de l'éducation publique en Europe était de ne nourrir l'enfance que d'études païennes, de la parquer dans le champ étroit de l'antiquité profane au point, qu'excepté dans l'ordre du salut et de la vie future, qui lui était toujours montré comme un ordre à part et ne se rattachant par aucun lien à la vie présente, on la laissait à peine soupçonner que le monde eût marché depuis les Romains et les Grecs, de l'habituer en toutes choses, pour le langage, l'éloquence, la philosophie et les lois, à ne voir que dans la tombe de ces peuples, morts depuis dix-huit siècles, le dernier mot de l'esprit humain, et, en méconnaissant les pas immenses que lui avait fait faire, pendant cette longue série de siècles, le souffle divin du christianisme, d'avoir imaginé que c'était dans ces siècles idolâtres qu'il fallait chercher tous les principes du développement de l'intelligence de l'homme et que des études toutes païennes étaient la pâture la plus naturelle, la seule même dont il convenait de nourrir des générations catholiques. Une telle apostasie de la littérature, des arts, de la science, de la politique, réalisée ainsi dans les premières études d'où sortent les pensées de toute la vie, ne pouvait aboutir qu'à faire passer dans l'âme et dans le cœur de l'homme, dès le berceau, toute la pensée d'une révolution qui, dans ce qu'elle présente de fatal et de sacrilége, devait briser tous les liens qui unissaient le présent au passé, le monde à son auteur. »

elle-même reposer que sur un seul fondement indestructible, la Religion, expression la plus générale et la plus intime de la pensée de Dieu dans la création de l'univers, principe de tous les développements de l'homme considéré comme être individuel et comme être social, et qui doit être le centre de toutes les études, comme elle est le centre de toutes les vérités de l'ordre moral aussi bien que de l'ordre physique.

Telle fut la base du système qu'il adopta ; et l'on peut dire que cette œuvre remarquable, qui forme la couronne de sa vie sacerdotale, contribua puissamment à accroître la renommée de la maison de Juilly, et exerça même une influence réelle sur la renaissance religieuse des années ultérieures.

Quels doivent être l'esprit, l'objet et les procédés de l'enseignement? Le plan d'études de M. l'abbé de Salinis répond à ces trois questions, dont il puisa la solution dans l'idée même qu'il se formait de l'éducation.

Qu'est-ce que l'éducation ? se demanda-t-il d'abord, et quel en doit être le but ? Le développement de l'homme, de l'homme tout entier, c'est-à-dire de sa vie animale, intellectuelle et divine, de son corps, de son esprit et de son âme : — de son corps, l'humble mais indispensable auxiliaire de l'esprit pour concevoir et exprimer la pensée, dont l'organisation appelle la force et la souplesse par des exercices bien gradués, pour donner à l'esprit l'étendue, la justesse et la pénétration, et qui exige, dès lors, l'air, le soleil, le mouvement, mais surtout le respect de lui-même, et l'entretien dans les veines d'un sang pur et vierge, source de la vie et des grandes pensées; — de son esprit, dont toutes les facultés doivent être assidûment dirigées vers la recherche du vrai dont l'amour développe la passion du bien; — mais principalement de son âme, en dilatant en elle la vie divine dont l'homme, « *cette plante du ciel,* » comme l'appelle si bien Platon[1], n'a été doué par son Créateur que pour s'élever vers lui, et selon le langage de Bossuet « pour confesser la vérité de son être, en adorer la perfection, en admirer la plénitude, se soumettre à sa souveraine puissance, s'abandonner à son incompréhensible sagesse, se confier en sa bonté, craindre sa justice et espérer son éternité[2]. »

Or, ce développement ne peut être assuré dans toute sa plénitude et son harmonie que par la Religion de Jésus-Christ, foyer de toute lumière, source de toute vertu pour les individus, et principe de tout progrès pour les sociétés. Cette Religion divine doit donc présider à toute l'éducation de l'homme, à celle de son intelligence comme à celle de son cœur. Elle doit, en un mot, être l'âme

---

[1]. Platon, *le Timée*, t. XII, p. 239 de ses œuvres complètes, éd. Cousin. ἡμᾶς... ὡς ὄντας φυτὸν οὐκ ἔγγειον ἀλλ᾽ οὐράνιον.

[2]. Bossuet, *De la connaissance de Dieu et de soi-même.*

de l'enseignement, en former la branche essentielle, et pénétrer toutes les autres de ses clartés.

I

LA SCIENCE DE LA RELIGION.

Le programme de la science de la Religion fut tracé par l'abbé Salinis « de manière, il le dit lui-même, à développer dans l'intelligence et le cœur des élèves toutes les racines d'une foi complète et éclairée. » Il suivait en cela le vœu et l'exemple de l'Église qui n'impose la foi à la raison humaine qu'en lui fournissant les preuves de sa divinité et en provoquant l'étude de ses fondements par l'examen de tous les monuments de l'histoire, de la littérature, de l'archéologie et de toutes les découvertes des sciences. Et il s'appliqua à y mettre en relief « ce prodigieux phénomène, si opposé à l'inconstance native de l'esprit humain, de l'unité de la doctrine catholique, se perpétuant à travers les siècles au moyen d'un enseignement qui revêt toutes les formes, et soutenue d'âge en âge et dans tous les pays par les adhésions d'une multitude de grands esprits et de savants, divisés d'ailleurs le plus souvent d'opinions et d'intérêts[1]. »

---

[1]. Balmès, *le protestantisme comparé au catholicisme*, t. ., p. 41.

Il s'attacha également à en proportionner l'étude à tous les progrès de l'intelligence des élèves et au développement de toutes leurs autres études ; et il en divisa l'enseignement en deux parties et en quatre cours, chacun de deux années. La première partie, qui avait pour objet la science de la Religion considérée en elle-même, était examinée dans son ensemble depuis la septième jusqu'à la rhétorique inclusivement; la seconde, c'est-à-dire la Religion considérée dans ses rapports avec les autres sciences, était vue en philosophie.

Le premier cours, celui de la septième et de la sixième, était consacré à l'explication du catéchisme. Cette explication, simple et familière en septième, était complétée, en sixième, par des instructions plus méthodiques et plus raisonnées sur le symbole, les sacrements et la morale.

L'étude des faits dont se compose l'histoire de la Religion, avant et depuis Jésus-Christ, occupait les deux années suivantes de cinquième et de quatrième, et préparait ainsi, par degrés, les élèves à une instruction religieuse plus approfondie.

Le troisième cours, celui des classes de troisième et de seconde, envisageant le Christianisme d'un point de vue plus élevé, embrassait toute l'économie de la Foi. En troisième, on exposait l'ensemble des mystères, de la morale et du culte catholique. En seconde, on étudiait l'histoire de chacune des vérités révélées, contenues en germe dans les traditions contemporaines du berceau du monde, plus développées dans la Religion de Moïse, manifestées dans toute leur splendeur par la parole du Christ, attaquées par la raison humaine et les efforts de l'hérésie, et fixées enfin par les définitions de l'Église. Cet exposé, en faisant ressortir l'unité et l'immutabilité de la Foi, qui en sont le caractère essentiel et divin, démontrait la nécessité d'un pouvoir établi de Dieu pour défendre, contre les inquiètes pensées de l'homme, le dépôt de ces vérités révélées, et servait ainsi de préparation au cours de rhétorique, destiné à sonder les bases immortelles de la croyance catholique par l'exposition des preuves qui établissent l'autorité du Christianisme et de l'Église.

En philosophie, enfin, la science de la Religion était considérée dans ses rapports avec toutes les autres sciences : philologiques, littéraires, historiques, exactes, naturelles, sociales et philosophiques, et permettait ainsi de mesurer les hauteurs auxquelles le Christianisme avait élevé le genre humain.

La linguistique, cette science du langage, où l'on trouve l'expression la plus irrécusable des progrès de la raison des peuples, montrait toutes les langues de l'Europe chrétienne, notre langue française surtout, « qui lève la tête au-dessus des autres comme une souveraine[1], » sortant pour ainsi

1. Discours de l'abbé de Salinis à la distribution des prix de 1832.

dire des racines de l'antiquité profane et, sous l'action féconde du souffle d'en haut, donnant à leurs mots, dont le son primitif trahit une origine grecque et romaine, une acception plus élevée pour exprimer les hautes idées dont le Christianisme a agrandi l'intelligence de l'homme et pour rendre les sentiments divins dont il a enrichi son cœur.

L'étude de la littérature, des arts et de la politique révélait le même essor du génie de l'homme sur les ailes du Catholicisme : — l'éloquence trouvant dans les mystères de la mort et de l'éternité, du néant et de l'Être infini, et dans tous les immortels intérêts de l'homme que la Foi lui découvre, une source d'inspirations tout autrement sublimes que celles qui pouvaient sortir des intérêts étroits débattus à la tribune de Rome ou d'Athènes ; — la poésie faisant entendre des accents divins qui vibraient dans l'âme comme un écho des accords des Anges, lorsqu'au lieu de la traîner vers l'Hélicon sur les pas d'Horace et de Virgile, elle osait suivre vers le trône du vrai Dieu le vol des prophètes ; — la peinture et la sculpture reproduisant avec toute leur perfection matérielle les formes de l'art antique sous le pinceau de Raphaël ou le ciseau de Michel-Ange, et s'animant, pour retracer les mystères d'une religion divine, d'une vie dont la source semble cachée dans un monde surnaturel ; — l'architecture ne recevant des mains des Grecs le cercle et le compas que pour s'élever au-dessus de leurs terrestres monuments dans ces basiliques du moyen âge, forme aérienne d'une prière qui semble commencer sur la terre et s'élever dans les cieux ; — enfin la science de la vie sociale, de ses droits et de ses devoirs, qui fait découler des rapports qui unissent l'homme à Dieu ceux qui unissent les hommes entre eux, trouvant dans l'Évangile, qui révèle à l'homme sa dignité, la charte immortelle de toutes les véritables libertés du monde, l'explication du mot d'*Égalité*, que l'antiquité n'avait jamais su que bégayer, et de celui de *Charité*, qu'elle ne connaissait pas, et donnant, sous l'influence de son esprit, un essor jusque-là inconnu aux deux éléments essentiels de l'ordre social, le pouvoir et la liberté[1], *qui dégénèrent en despotisme ou en anarchie partout où cette loi de justice*, QUI SEULE PEUT LES UNIR, *est méprisée ou violée.*

L'histoire, considérée dans son ensemble à la lumière de ce flambeau divin, offrait le tableau saisissant de la marche de l'humanité, montrait, jusqu'à l'évidence, dans l'ordre religieux le fondement de l'ordre social, dans l'Évangile, ce code immuable de justice conservé par la société spirituelle, le principe de l'existence et du progrès des sociétés temporelles, et arrivait à cette formule exacte de la civilisation : que ses degrés divers sont partout et

1. Mgr de Salinis donnait de la liberté cette définition : le droit qu'ont les peuples comme les individus de perfectionner, d'âge en âge, les conditions de leur existence.

toujours en raison directe de l'ignorance ou de la connaissance de cette Loi divine, de son observation ou de son oubli.

Dans ce plan d'études encore, les sciences exactes et naturelles ne servaient pas seulement à prouver, par leur développement prodigieux, combien l'homme a besoin d'être fixé sur la grande question de sa destinée pour pouvoir donner à ses facultés une libre carrière ; mais elles démontraient aussi l'accord qui existe entre les conclusions de la science et les affirmations des Livres saints sur l'histoire de l'homme et de l'univers, les phases successives de la création, le déluge, la dispersion des peuples et l'origine divine du langage. Et de leur histoire ressortait cette vérité d'observation : qu'on n'a jamais cru pouvoir en tirer parti contre la Religion que lorsqu'elles étaient imparfaites, et qu'à mesure que les faits étaient mieux connus et plus étudiés, il fallait reconnaître avec Bacon que la vraie science ramène à la religion et que l'ignorance seule en éloigne [1].

L'enseignement de la philosophie tendait au même but. Il était divisé en deux parties : l'une théorique, qui n'avait rien de spécial, et l'autre historique. Dans une histoire de la philosophie, aussi étendue que le permettent les limites des

---

[1]. C'était la pensée que développa plus tard le cardinal Wiseman dans ses beaux *Discours sur les rapports entre la Science et la Religion révélée*.

études classiques, il était donné une idée nette de tous les principaux systèmes de la philosophie des temps anciens et modernes [1]. Cette anatomie de la pensée de tous les grands philosophes, cette analyse de tous les efforts de l'esprit humain, dans la suite des siècles, pour résoudre les graves problèmes qui l'occupent depuis l'origine du monde, étaient à la fois une source d'instruction solide et un excellent exercice de l'intelligence. Après avoir fait ainsi l'inventaire de tout l'héritage de la raison des philosophes, le Professeur, éclairé par l'infaillible lumière de la foi, faisait distinguer ce que la raison du chrétien peut en accepter de ce qu'elle doit en répudier. Le vide des conceptions contraires à l'enseignement de l'Église était démontré dans leur principe et dans leurs conséquences; toutes les autres étaient examinées comme des opinions libres dont les élèves étaient invités à apprécier la justesse. On leur montrait comment la vérité ne se trouvait tout entière dans aucun de ces systèmes, et comment, dans toutes ces œuvres respectables du passé, ils ne pouvaient espérer rencontrer que des fragments de la science, qui, un jour, recueillis de nouveau par les mains d'un génie chrétien,

---

[1]. Le *Précis* de cette histoire, rédigé à l'usage des élèves de Juilly et publié pour la première fois par la librairie Hachette en 1834, fut l'œuvre de M. l'abbé Gerbet et fut complété ensuite et mis en ordre par son savant ami, l'abbé Houet, aujourd'hui chanoine de Rennes, et qui occupa, pendant plusieurs années, la chaire de philosophie de notre collège. V. *infra*, p. 495.

comme ils le furent déjà au XIII⁰ siècle par saint Thomas d'Aquin, serviront à élever un monument en rapport avec le développement actuel de l'esprit humain, jusqu'à ce que de nouveaux progrès rendent encore ce travail incomplet ; car la philosophie, dont l'objet est l'explication rationnelle des vérités infinies que l'homme possède par la foi, est une science éminemment progressive qui tend, d'âge en âge, vers un but qui recule et s'enfuit devant elle dans les abîmes de l'infini.

C'est ainsi que dans ce nouveau mode d'enseignement de Juilly, la Religion, dont Diderot lui-même a dit « qu'elle est la plus essentielle leçon de l'enfance, celle par où tout enseignement doit commencer et finir, » occupait le premier rang dans les études et formait le centre auquel elles étaient toutes ramenées ; que, par la continuité et l'ensemble d'un enseignement où la loi divine se trouvait comme infusée de toutes parts, on s'appliquait à inculquer aux élèves un esprit vraiment religieux, qui demeurât la sauvegarde de leur avenir au milieu de l'indifférence, du doute et des défaillances de leur temps ; et qu'à cette grande école catholique ils apprenaient à voir dans la Religion l'expression de leurs devoirs envers Dieu, la loi souveraine de leur existence et la condition essentielle de leur bonheur et de celui de la société.

Cette primauté de rang, assignée à la science de la Religion, était assurée, d'ailleurs, par les récompenses spéciales dont elle était l'objet; et le prix d'instruction religieuse, décerné d'après le mérite des rédactions hebdomadaires de toute l'année, était le plus beau et le premier proclamé dans chacune des classes. Mais elle l'était surtout par le talent qu'apportaient les deux directeurs dans son enseignement dont ils s'étaient réservé l'honneur. L'abbé de Scorbiac faisait les deux premiers cours, et l'abbé de Salinis, les deux derniers. Les leçons de M. de Salinis étaient données sous forme de conférences; et ceux qui, comme nous, ont eu le bonheur de l'entendre, ne sauraient oublier la séduction de sa parole spirituelle et facile, la clarté de son exposition, le talent de son argumentation dont la vigueur emportait la conviction, et cette éloquence substantielle des faits et de la raison, qui défiait les sophismes et plaçait la vérité catholique dans une lumineuse évidence. Un de ses plus studieux élèves, qu'il honora de son amitié et qu'il nomma plus tard, lorsqu'il fut évêque, son vicaire général, l'abbé de Ladoue, l'auteur de sa biographie, a recueilli ces belles conférences, et les a réunies en quatre volumes in-8°, sous le titre de la *Divinité de l'Église* [1]. Leur ensemble forme une démonstration complète de la foi catholique, présentée avec une méthode et des armes de dialectique nouvelles ; et notre pieux condisciple a rendu un service signalé à la cause de la vérité en publiant

---

[1]. En vente chez Tolra et Haton, éditeurs, à Paris.

cette œuvre capitale, l'un des plus beaux monuments de l'apologétique contemporaine.

II

DU CADRE DES ÉTUDES.

Aux yeux de l'abbé de Salinis, l'objet des études ne pouvait jamais rester stationnaire. Il devait au contraire se modifier et s'étendre selon les besoins de la société et le progrès des temps. Le développement de l'homme, qui est le but de l'éducation, ne peut être atteint, disait-il, qu'en faisant participer la raison de l'enfant, à mesure qu'elle grandit et autant qu'elle en est capable, à tous les progrès par lesquels s'est développée, dans le cours des siècles, la raison du genre humain. Le monde romain a été, en toutes choses, le point de départ du monde moderne : nos langues, notre littérature, nos arts, nos sciences, nos lois, nos institutions, notre civilisation tout entière, enfin, est fille de l'antiquité quant au corps, mais aussi fille du christianisme quant à l'esprit. C'est lui qui a animé ce corps de sa vie divine et qui, « en le dégageant de la matière et des sens, l'a élevé de la terre au ciel par un de ces efforts surhumains dont Rome chrétienne présente une magnifique image, lorsque la main hardie de Michel-Ange posa le Panthéon antique dans les airs. » Il faut donc élargir le cercle, trop étroit jusqu'ici, des études classiques. On doit, il est vrai, maintenir dans ces études aux lettres païennes la place considérable qui leur appartient, et comme moyen incomparable d'exercer les facultés mentales de l'enfance, et comme un instrument nécessaire pour acquérir la science de l'antiquité, introduction naturelle à celle des temps modernes. Mais il faut aussi découvrir, de bonne heure, à l'élève, dans ses différents points de vue, tout le vaste horizon du monde de la Foi et de la science, tel que l'ont fait le catholicisme et, sous son inspiration, le génie des âges modernes; lui faire entrevoir les hauteurs qu'il ne peut pas aborder encore, pour qu'il connaisse au moins le but où conduisent les sentiers ouverts à ses jeunes pas; faire des esprits complets en liant entre elles, dès leurs premiers éléments, des études qui ont des rapports nécessaires et se prêtent un secours mutuel; faire surtout des hommes de leur temps, pour lesquels les leçons du passé éclairent le présent et l'avenir, et qui, ayant suivi jusqu'au bout, selon la portée de leur esprit, la marche de l'esprit humain dans tous les sens, ne soient étrangers à aucune des connaissances que les besoins et les progrès de notre époque ont rendues nécessaires.

Dans l'application de ces vues générales, l'enfant recevait, dès la première période de ses études, les germes de toutes les connaissances que devait embrasser son instruction classique par un enseignement dont toutes les parties marchaient de front, en s'élevant graduellement de leurs notions les plus élémentaires à leur connaissance la plus complète.

Les élèves étaient initiés à l'étude des langues vivantes (l'anglais et l'allemand) presque en même temps qu'à celle des langues mortes, afin que les deux mondes, ancien et moderne, s'ouvrissent, pour ainsi dire, à la fois devant eux et qu'ils pussent saisir de bonne heure, dans les rapports de ces langues, les liens qui unissent, malgré leur diversité apparente, les peuples qu'elles distinguent.

Les langues n'étaient, d'ailleurs, qu'un instrument qu'on se hâtait d'appliquer au but auquel il devait servir. Dès que les progrès des élèves dans la connaissance des langues mortes leur permettaient de communiquer avec les grands génies de Rome et de la Grèce, on leur faisait lire et étudier les principaux monuments de la littérature païenne non par lambeaux mais dans leur ensemble. En même temps on leur mettait dans les mains les chefs-d'œuvre de la littérature chrétienne ; on les habituait à les goûter, afin que dans leur commerce journalier leur esprit acquît plus de force en se nourrissant d'idées plus saines et plus actuelles, et aussi plus de sève, en plongeant ses racines dans un sol plus fécond ; et on leur en montrait les beautés supérieures dans un cours d'histoire comparée des deux littératures, qui complétait leurs études de seconde et de rhétorique.

L'histoire et la géographie étaient de même enseignées simultanément dès les basses classes. Ce n'était d'abord que de simples récits, propres à éveiller la curiosité de l'enfant, sans imposer à sa mémoire aucune tâche réglée, puis des leçons méthodiques que l'on se bornait à faire répéter de vive voix et dont on exigeait ensuite des rédactions écrites. Et lorsque sans fatigue, l'élève possédait ainsi tout le squelette de l'histoire, et qu'il ne s'agissait plus que d'animer ce corps et de bâtir avec ces matériaux l'édifice de la science la plus importante après celle de la Religion, ce travail s'opérait dans les deux classes supérieures où une série de leçons développées sur la philosophie de l'histoire exerçait leur raison sur le vaste ensemble des faits qu'un enseignement élémentaire de six années avait rassemblés dans leur mémoire.

A l'étude des lettres, fond nécessaire de toute éducation libérale, était aussi mêlée celle des sciences dont la connaissance, indispensable aujourd'hui à tout homme cultivé pour être au niveau du mouvement social, est aussi pour l'esprit une source réelle de force et de justesse. Dès leurs premières classes, les élèves étaient familiarisés, dans des cours élémentaires, avec les faits les plus simples des sciences naturelles et physiques, et les notions les plus faciles des mathématiques;

et peu à peu, et sans effort, ils arrivaient à comprendre les applications de ces sciences aux problèmes les plus intéressants de l'industrie, des arts et de l'économie domestique.

III

DES MÉTHODES.

L'enseignement de Juilly, on doit le reconnaître, se fit remarquer beaucoup plus par son esprit général et par l'étendue du cercle d'études qu'il embrassait, que par la spécialité de ses méthodes. Elles avaient cependant un caractère de simplicité qui ne permet pas de les passer sous silence, et présentaient cet avantage d'économiser le temps des premières classes et de coordonner utilement, par une direction générale commune, les différentes études qu'elles servaient à faciliter.

Deux hommes distingués avaient été appelés à Juilly par l'abbé de Salinis pour organiser, sous sa conduite, la direction des études classiques et scientifiques. M. de Gourgas, un des disciples de M. de Lamennais, dont le maître faisait le plus grand cas [1], fut chargé des premières ; M. Menjaud, an-

---

[1]. C'est à lui que l'abbé de Lamennais voulait confier la direction de *l'Avenir* lorsqu'il songea à le rétablir, en 1832. T. II, p. 108 de ses œuvres inédites.

cien élève de l'École polytechnique, des secondes; et à dater du mois d'octobre 1830, M. Burnouf, le savant inspecteur de l'université, voulut bien se charger de la surveillance spéciale de l'enseignement classique.

M. de Salinis déplorait qu'on desséchât pendant huit ou neuf ans de jeunes intelligences dans l'étude aride et presque exclusive du grec et du latin. Il voyait une dépense de temps et de travail sans proportion avec les résultats obtenus. « Si la poussière du tombeau, disait-il aux familles dans son discours de la distribution des prix de 1832, n'avait pas recouvert depuis longtemps l'ancienne Grèce et l'ancienne Italie, que feriez-vous de cet enfant à qui vous voulez apprendre le grec et le latin? Vous l'enverriez à Rome et à Athènes. Point de rudiment; il jouerait avec les enfants de son âge; il entendrait parler; et, avec la merveilleuse facilité d'une âme neuve, il parlerait parfaitement, en moins de deux ans, ces deux langues. Rome et Athènes ne sont plus; mais la nature est de tous les temps. Ne peut-on pas surprendre le secret des procédés si simples par lesquels elle révèle en si peu de temps et sans aucun effort à une jeune intelligence les mystères d'une langue vivante, pour les appliquer à l'étude des langues mortes? Oui, Messieurs, et nous le faisons, j'ose le dire, avec bonheur à Juilly. » En effet, le système dû à M. Gourgas, et qui se rapprochait des vues du P. Lamy et de l'école de Port-Royal, substituait, dans les classes inférieures, aux dictionnaires et aux rudiments si rebutants pour l'enfance une suite d'exercices analogues à ces procédés naturels dont l'homme se sert pour parler un idiome étranger, de manière à faire revivre en quelque sorte ces langues mortes aux oreilles et à l'esprit des enfants.

Des auteurs latins faciles étaient mis dans leurs mains. Le maître leur en donnait l'explication littérale et grammaticale, multipliait de leur part et de la sienne les exercices de vive voix, leur faisait appliquer au tableau les règles qu'il leur avait indiquées, les mettait constamment en scène en les opposant les uns aux autres pour exciter leur émulation, leur mémoire et leur attention, et leur donnait à faire en étude plutôt des reproductions des explications de la classe que des devoirs nouveaux.

Mais, outre l'économie de temps dans l'étude des langues mortes, le Directeur visait surtout à combiner les études diverses d'après les rapports qui les unissent, de manière à ce que l'unité de leur ensemble éclairât de lumières plus vives les détails de chacune d'elles. «Tout se tient, disait-il encore [1], dans l'intelligence de l'homme et dans les différents ordres de connaissances sur lesquels elle doit s'exercer. Quelque nombreuses que soient les branches de la science, la science est une; c'est ce

---

1. Même discours de la distribution des prix de 1832, p. 12.

chêne dont les mille rameaux, renfermés tous dans le même germe, nourris de la même sève, s'élancent d'un même jet dans les airs. Et si cette unité ne se révèle pas d'une manière distincte à l'enfant, toutefois, l'expérience le démontre, il recueille, dès le début de son éducation, des fruits réels de ces notions élémentaires qui l'initient aux divers ordres de connaissances que doit embrasser le cours de son instruction classique. Ces études, qui ne dérobent, chaque semaine, qu'un petit nombre d'heures à celles des langues mortes, loin de retarder ses progrès, jettent dans son instruction une heureuse variété qui éveille sa curiosité et entretient dans son esprit une activité féconde. Puis, à mesure que ses diverses facultés grandissent par l'effet d'un enseignement complet dès l'origine, peu à peu il aperçoit le rapport de ses diverses études; le travail des langues mortes, d'abord si aride à ses yeux, s'embellit de tous les charmes qu'il trouve dans le commerce des plus beaux génies de l'antiquité; il voit dans la littérature et l'histoire anciennes les termes de comparaison nécessaires pour apprécier la littérature et l'histoire des temps modernes; les mathématiques, appliquées aux arts et à l'industrie, perdent leur sécheresse; la rhétorique n'est plus l'art futile de combiner des mots; l'habitude qu'il aura déjà prise d'exprimer avec ordre et précision ses pensées sur la religion, l'histoire et la littérature, lui révélera les secrets de l'art d'écrire en l'initiant à l'art de penser; la philosophie enfin ne sera plus une vaine théorie des formes du raisonnement, et la prétention plus vaine encore de résoudre, à l'aide d'une raison sans règle, tous les problèmes de l'ordre moral, mais la science des vérités immuables et des vérités contingentes, de leurs rapports et des limites qui les séparent. »

Les mêmes procédés de simplification étaient appliqués à l'étude des mathématiques et des sciences physiques, dont l'abbé de Salinis avait voulu que l'enseignement se liât, dès le plus jeune âge, à celui des lettres. Il regardait l'élément scientifique auquel on avait fait, jusqu'alors, une part trop restreinte dans l'instruction, non-seulement comme un des meilleurs exercices de l'intelligence, mais surtout comme une de ces connaissances, indispensables aujourd'hui dans le commerce de la vie, qui s'imposent à tout programme complet d'éducation; et afin d'inspirer le goût de ces sciences aux enfants, il avait exigé qu'on les accoutumât de bonne heure avec elles par un enseignement progressif, gradué avec une sage lenteur, et qui leur offrît tout d'abord des faits qui arrivassent sûrement à leur esprit par l'intermédiaire de leurs sens, au lieu d'abstractions arides qui les rebutent parce qu'elles ne sont pas de leur âge[1].

1. Voir le programme de l'enseignement scientifique de Juilly exposé par M. Menjaud, dans le *Palmarès* de 1832.

Enfin toutes les branches de l'enseignement formaient des cours distincts et étaient confiées à des professeurs spéciaux, et chacune d'elles y gagnait en force et en étendue par une préparation plus facile et un plus grand mérite des leçons de la part des maîtres, comme aussi par une meilleure répartition des élèves dans chaque faculté et une attention plus soutenue de leur part.

IV

DE LA CONFÉRENCE DES HAUTES ÉTUDES.

Le plan des études du collége était couronné par une institution à laquelle l'abbé de Salinis donna le nom de *Conférence des hautes études*, et qui rappelait, en la développant, l'ancienne Académie oratorienne dont le rétablissement avait fait l'objet d'un vœu spécial de la part de M. Bonald, lorsqu'il vint en 1829, comme ministre d'Etat, présider la première distribution des prix de la nouvelle maison de Juilly. Elle fut inaugurée en novembre 1831.

Tous les élèves de philosophie faisaient partie de cette Conférence; et ceux de rhétorique et de seconde pouvaient y être admis après avoir présenté un travail qui promît de leur part une collaboration utile. Les séances étaient hebdomadaires et avaient lieu en présence des Directeurs, des professeurs des hautes classes et des étrangers en passage au collége. Les élèves y lisaient des dissertations sur des sujets de religion, de philosophie, d'histoire et de littérature, quelquefois même de sciences physiques ou mathématiques. Ils trouvaient auprès des Directeurs tous les conseils qui pouvaient leur être utiles pour le choix des questions à traiter ou pour les moyens de les résoudre. Ces travaux se distinguaient des devoirs ordinaires des classes par l'importance du sujet, l'étendue de son cadre et la liberté laissée à l'élève dans la manière de le traiter.

Après la lecture d'une dissertation, une commission de trois membres, désignée par un des Directeurs, était chargée de l'examiner et de présenter son rapport à la séance suivante. Si les conclusions de la commission n'étaient pas favorables à toutes les opinions qui y étaient émises, l'auteur prenait la parole pour répondre aux critiques qui lui étaient adressées, et il s'engageait alors des discussions auxquelles tous les élèves de la Conférence pouvaient prendre part. Elles se prolongeaient quelquefois pendant plusieurs séances, et étaient toujours closes par un résumé d'un des Directeurs, qui en prenait occasion pour fixer les idées des jeunes gens sur le fond même de la question agitée. A la fin de l'année, les travaux les plus remarquables étaient récompensés par une médaille d'argent. Sur une de ses faces était gravée l'entrée du collège avec cet exergue : *Conférence des hautes études du collége de Juilly*, et sur l'autre le nom de l'élève au centre d'une couronne de chêne et de laurier surmontée d'une croix lumineuse avec cette devise : *Ardere et lucere*.

Les résultats de cette institution dépassèrent l'attente de son fondateur. Elle ne mûrissait pas seulement l'intelligence des élèves en les exerçant à parler et à écrire sur des sujets plus sérieux que ceux de leurs compositions habituelles, elle les invitait à chercher, dans les principes de leur enseignement, une réponse à toutes les grandes questions qui intéressaient leur avenir, et permettait aux Directeurs de juger des fruits de leurs leçons dans l'esprit de ces jeunes gens et de rectifier ce qu'ils remarquaient de défectueux dans leurs idées. La Conférence des hautes études était, dans l'ordre de l'intelligence, quelque chose d'intermédiaire entre le collège et le monde, la transition de l'enfance à l'âge d'homme. Et à une époque de scepticisme railleur et d'indifférence universelle, où on ne pouvait déjà plus montrer trop tôt à l'enfant les bases sur lesquelles la main de Dieu a posé l'édifice de la Religion et de la raison humaine, tous ceux qui ont eu l'honneur de faire partie de cette Conférence ont béni plus tard la prévoyante sagesse de ces maîtres vénérés qui, tout en formant leurs convictions sur les principes essentiels de la vie morale et sur les plus graves questions contemporaines, avaient su leur inspirer le culte désintéressé de la science et le goût des études sérieuses, les affranchir des préoccupations égoïstes de la vie vulgaire et des mesquines ambitions, et les préserver des écueils des frivoles plaisirs.

Tel fut, pendant les douze années de la direction de MM. de Scorbiac et de Salinis, l'enseignement de Juilly, le plus élevé, le plus étendu et le plus savamment distribué de tous ceux qui s'offraient alors au choix des familles, et qui trouvait sa justification dans toutes les épreuves d'admission aux grandes écoles publiques et surtout dans celles du baccalauréat, dont les examinateurs les plus distingués se plaisaient à reconnaître que c'était Juilly qui, toute proportion gardée, faisait recevoir le plus de bacheliers, et que, si ses élèves savaient peut-être moins de grec et de latin que ceux des colléges de Paris, il y avait incontestablement chez eux un plus grand développement d'intelligence [1].

1. Lettre de M. Saint-Marc Girardin, du 5 août 1836, citée dans la *Vie de Mgr de Salinis*, p. 133.

CHAPITRE TROISIÈME

L'ÉDUCATION.

Système d'éducation adopté par l'abbé de Salinis. Continuation de la vie de famille. Caractère de la discipline. Degré d'indépendance relative laissée aux élèves. Ses motifs. L'urbanité des élèves. Leur admission dans les salons des Directeurs. Société qu'ils y rencontraient. La piété. Règlements qui la concernaient. Pompes du culte. Retraites. Le P. Lacordaire. L'abbé Gerbet. L'abbé Combalot. L'abbé Deguerry. Mgr de Forbin-Janson. L'abbé Cœur.

L'éducation morale, ce travail du cœur, de la conscience et de la volonté, si cher à toute âme sacerdotale, fut soumise par l'abbé de Salinis à des règles aussi sages que l'éducation intellectuelle. « Que vos études soient fortes, lui écrivait M. de Lamennais le 3 juillet 1830, et que pour le régime intérieur vous ayez un ordre sévère et doux, qui se rapproche le plus possible de celui qui règne dans une famille bien réglée, et la confiance publique s'attachera de plus en plus à votre établissement. »

Ces vues du maître étaient aussi celles du disciple qui les réalisa à Juilly. Comme lui, il voyait dans l'éducation morale de la jeunesse une œuvre toute paternelle qui exigeait à la fois et la tendresse des mères et l'autorité des pères, et il fit du collége la continuation de la famille. Les parents furent conviés à venir souvent en rappeler la vie à leurs enfants. Soixante chambres de maîtres furent tenues constamment à leur disposition, et le nombre des convives qui s'asseyaient chaque jour à la table des étrangers, disait assez combien ils étaient heureux de répondre à la généreuse et aimable hospitalité dont ils étaient l'objet.

La discipline, exempte de rigidité et de faiblesse, savait maintenir la règle sans sévérité inflexible comme sans coupable indulgence. Elle prévenait les infractions par une vigilance attentive, et dans la répression des fautes graves elle s'efforçait d'atteindre et de toucher les âmes, de corriger les enfants plutôt que de les châtier.

Retenus sans compression et dirigés sans contrainte, les élèves étaient soumis à un régime systématiquement libéral. Leurs maîtres voulaient qu'ils fissent de bonne heure l'apprentissage de la liberté dont le principe avait prévalu dans la société; dans les limites d'une indépendance relativement étendue, ils apprenaient à régler leur conduite, à discipliner leur âme, à développer l'énergie de leur volonté, et à connaître la responsabilité de leurs actes ; en un mot, on les traitait comme des hommes, selon le principe de l'éducation anglaise [1],

---

[1]. V. le remarquable rapport de M. Marguerin, Directeur de

afin qu'ils apprissent à le devenir[1]. Mais c'était surtout dans les choses de la piété qu'on respectait en eux cette liberté d'action. Les Directeurs se rappelaient cette parole de Fénelon que « nulle puissance humaine ne peut forcer le retranchement impénétrable de la liberté du cœur; » et ils ne voulaient le plier à la loi de Dieu qu'en lui apprenant et surtout en lui montrant à l'aimer. « Toute espèce de contrainte, dit l'abbé de Ladoue, était bannie du sanctuaire de la conscience. On se confessait quand on en sentait le besoin ; on communiait de même. Pendant douze ans il n'est peut-être pas arrivé une seule fois qu'on ait été obligé de dire à un élève : il faut vous confesser. Il est vrai qu'outre les exhortations de ses maîtres on avait les exem-

---

l'école Turgot, à M. le Préfet de la Seine, sur l'enseignement des classes moyennes en Angleterre, p. 88.

1. On a souvent reproché aux Directeurs de Juilly cette indépendance de leurs élèves comme un abus. On oubliait ou on ignorait qu'elle avait pour correctif leur influence sur les jeunes gens, qui s'ingéniaient à leur être agréables avec autant de soin qu'on en apporte dans d'autres maisons à enfreindre la règle.
Au surplus, l'abbé de Salinis savait être ferme, au besoin, dans l'application du règlement. Il avait proscrit les sorties dans le cours de l'année. Il les regardait comme dangereuses. Il maintint rigoureusement ce principe jusque dans un cas où une exception, très-motivée, n'aurait fait que le confirmer. Le maréchal de Bourmont, nommé au commandement en chef de l'expédition d'Alger, lui écrivit pour qu'il voulût bien lui envoyer son fils, que ses occupations nombreuses lui faisaient craindre de ne pouvoir pas venir embrasser à Juilly avant son départ. L'abbé de Salinis lui répondit qu'il le suppliait de ne pas le contraindre à déroger à une règle qu'il voulait absolue, et le maréchal prit aussitôt la poste pour aller lui-même faire ses adieux à son fils.

ples de ses condisciples. Chaque dimanche, un bon nombre d'élèves, surtout parmi les plus avancés, s'approchaient de la table sainte. A certaines époques, les anciens élèves, qui suivaient à Paris les cours préparatoires aux différentes carrières, venaient se mêler à leurs camarades d'autrefois restés leurs amis; et on voyait les uns et les autres s'approcher avec un recueillement édifiant de la sainte table [1]. »

L'urbanité, cette vertu toute française, était aussi fort en honneur à Juilly. Les Directeurs, qui en offraient en leur personne des modèles achevés, mettaient un soin jaloux à en perpétuer parmi leurs jeunes gens les nobles traditions. Leurs salons et celui de madame de Salinis mère [2] étaient ouverts pendant les récréations. Les élèves de la grande division y étaient tous admis. Ils s'y trouvaient mêlés à la société la plus aimable et la plus spirituelle; ils y puisaient ces leçons d'exquise politesse, de prévenances, d'égards et de respectueuse déférence, qui les éloignaient du laisser-aller ordinaire aux collégiens et de la vulgarité proverbiale de leurs manières; et ils y contractaient des habitudes d'aisance, de naturel et de simplicité modeste que remarquaient tous les étrangers [3]. Un de nos publi-

---

1. *Vie de Mgr de Salinis*, p. 136.
2. Madame de Salinis habita Juilly pendant tout le temps qu'y resta son fils.
3. Je reconnaîtrais entre mille officiers un élève de Juilly, disait un jour, devant Sébastopol, un de nos officiers généraux. Il faut

cistes contemporains, si bien fait pour apprécier cette vieille et noble courtoisie qui le distingue lui-même, M. du Lac, qui a bien connu et fidèlement dépeint, dans sa notice biographique sur M. de Scorbiac, les hommes et les choses du Juilly d'alors, en a rendu ce témoignage exact : « J'ai vu Juilly souvent et longuement. Une chose frappait tout d'abord ; les élèves y étaient bien élevés. Ce n'était pas cet air gauche ou impertinent, ces allures ou sauvages ou effrontées, si communes dans la plupart des colléges qu'elles forment comme le type, dès longtemps vulgaire, de l'écolier; c'était au contraire une politesse simple et naturelle, l'aisance et la modestie dans le maintien, la distinction dans les manières, l'à-propos et la retenue dans les paroles; on se demandait comment des enfants pouvaient avoir acquis de si bonne heure, et à ce degré, l'art si difficile, et que les hommes ne possèdent pas toujours, du *savoir-vivre*. Il fallait pour le comprendre, les voir groupés autour de MM. de Scorbiac et de Salinis, auprès desquels ils avaient tous libre accès, et dont, à certaines heures, sacrifiant volontairement leurs récréations, ils envahissaient en foule les appartements. Je ne manquais jamais, lorsque je me trouvais à Juilly, de descendre en ce moment chez l'un ou chez l'autre des deux Directeurs. La franche et cordiale gaîté

qu'ils aient été à une bien excellente école de bon ton et de savoir vivre pour en offrir tous d'aussi saillants exemples.

des élèves, leur confiant abandon, l'affection filiale qu'ils montraient pour leur Supérieur, la familiarité toute particulière de celui-ci, les causeries piquantes et très-souvent fort instructives qu'ils établissaient sur les défauts à corriger, sur les difficultés à vaincre, sur la conduite, sur les études, sur mille questions relatives à la religion, à l'histoire, à la littérature, que soulevait à propos de ces études une curiosité naïve, et dont les solutions étaient mises à leur portée avec une aisance merveilleuse, tout cela me charmait ; et je m'expliquais parfaitement que les élèves de Juilly, entretenant avec des hommes comme MM. de Scorbiac et de Salinis ce commerce intime et de tous les jours, fussent, dès le collége, des jeunes gens de bonne compagnie[1]. »

Dans ces salons de nos Directeurs, en effet, tantôt c'étaient des causeries intimes, pleines d'abandon et de gaîté, où en tête à tête avec eux nous recevions de leur exemple des leçons de conduite et de bienséance, et de leur bouche des conseils de direction. Nous sortions de ces entretiens moins faibles contre nous-mêmes, meilleurs et mieux disposés ; ceux de l'abbé de Scorbiac surtout nous laissaient toujours une impression profonde ; l'effet de sa parole était irrésistible ; et pour ma part je n'ai jamais rencontré d'homme en qui j'aie senti battre un cœur plus pur et plus noble, plus ai-

---

[1]. *Université catholique*, t. XXIII, n° de janvier 1847.

mant et plus dévoué, dont le regard reflétât mieux l'image d'une belle âme, et qui me rappelât davantage la vérité de cette pensée du P. Lacordaire, « qu'il y a dans la bonté, ce don gratuit de soi-même, je ne sais quoi de simple, de doux et de pénétrant qui attire tout l'homme, et lui fait préférer au spectacle même du génie celui de la bonté[1]. »

Tantôt c'étaient des réunions nombreuses, dans lesquelles les élèves assistaient et prenaient part eux-mêmes aux conversations les plus animées. Ils y entendaient débattre les questions les plus intéressantes de la politique et de la littérature, raconter les anecdotes les plus piquantes et les faits les plus curieux ; et ils y puisaient le goût des lettres et de la vie de l'esprit en même temps que le langage, les formes et le ton de la bonne société.

L'abbé Combalot appelait spirituellement ces causeries l'apostolat du salon de nos Directeurs ; et ceux-là seuls qui en ont été l'objet, pourront jamais dire tout le bien qu'il a opéré, toutes les plaies qu'il a fermées, toutes les âmes qu'il a soutenues, relevées et affermies dans les voies du bien.

Mais le véritable ressort de cette bonne éducation de Juilly était la piété,

> Qui nourrit dans le cœur la semence féconde
> Des vertus dont il doit sanctifier le monde,

et qui sera toujours pour lui la plus grande leçon

---

[1]. Oraison funèbre du général Drouot.

de respect qu'il puisse recevoir. Et par leurs exemples, par des exercices courts et bien ménagés, par des retraites et des instructions solides, les Directeurs cherchaient à l'inculquer à leurs élèves telle qu'ils la pratiquaient eux-mêmes, simple, aimable, solide et vraie.

La prière du matin, qui se disait à l'étude, était suivie d'une courte lecture spirituelle ; celle du soir se récitait à la chapelle et était précédée de quelques paroles du Directeur, bref examen de conscience de toute la journée. Le jeudi, le pensionnat entendait une messe basse dans la chapelle intérieure. Le dimanche, tous les offices se célébraient à la chapelle du parc, et à Vêpres un des Directeurs ou un des prêtres de la maison faisait, à tour de rôle, une brève mais substantielle et pratique homélie sur l'Évangile du jour.

L'expérience de Henri IV avait appris à l'abbé de Salinis combien les pompes du culte saisissent l'imagination des enfants et quelle heureuse influence elles exercent sur leur cœur. Il s'attacha donc à donner aux cérémonies religieuses le plus d'éclat possible. L'ancienne chapelle lui paraissait trop étroite et surtout trop triste et trop froide à l'âme pour qu'elles pussent s'y accomplir avec toute la solennité désirable. Il se décida à convertir en chapelle l'ancienne salle des Actes, à l'entrée du parc; et la bénédiction en eut lieu, en 1830, le jour de la Purification.

Deux retraites générales avaient lieu chaque année : l'une à la Toussaint, pour assurer, après l'agitation des vacances, un travail sérieux et soutenu ; l'autre, dans la semaine sainte, pour préparer à l'accomplissement du devoir pascal.

Dans ces retraites, comme à la plupart des grandes fêtes, les Directeurs prenaient soin de ménager aux élèves une parole apostolique éloquente qui pût les émouvoir et, en réveillant leur foi, les encourager dans la voie du devoir et de la vertu. On peut dire que, pendant ces douze années de leur supériorité, les plus grands orateurs de la chaire, presque tous leurs amis, vinrent distribuer, à Juilly, le pain de la parole de vie. L'abbé Lacordaire s'y fit entendre deux fois, en 1831, dans la grande chapelle : la première fois, son discours sur la bonne Nouvelle de l'Évangile était au-dessus de la portée de ses jeunes auditeurs ; ils ne le comprirent pas et se permirent de le critiquer ; l'abbé de Salinis, pour rectifier leur jugement, se borna à leur lire l'exorde entraînant de sa victorieuse défense de l'*Avenir* devant la Cour d'assises, à l'audience du 31 janvier précédent[1]. Ils l'entendirent une seconde fois, huit jours après, et sa parole les électrisa. L'abbé Gerbet, l'abbé Combalot, l'abbé Deguerry, Mgr de Forbin-Janson y subjuguèrent souvent les âmes et les ravirent par l'onction ou le

---

[1]. Cité p. 28 de la *Vie du P. Lacordaire*, par M. de Montalembert.

pathétique de leurs prédications; et bien des fois aussi la lumière de la vérité jaillit aux yeux de cette jeunesse privilégiée de la parole froide, mais élégante et lumineuse de l'abbé Cœur, mort évêque de Troyes, qui s'écriait lui-même, en se rappelant les jours si agréables qu'il avait passés à Juilly auprès de ces messieurs : « O Juilly ! Juilly ! délicieuses « causeries, frais ombrages, douce confiance, « tendres épanchements, quelle place vous aurez « toujours dans mes souvenirs ! C'est là qu'aurait « dû s'écouler ma vie avec vous, très-bon et vé- « néré Seigneur ! Croyez bien que je serai toujours « pour vous ce que j'étais sous votre toit, quand « vous teniez mon âme charmée par la grâce de « votre parole et de votre si aimable hospitalité[1]. »

1. Lettre de Mgr Cœur, Évêque de Troyes, à Mgr de Salinis, Évêque d'Amiens, du 11 septembre 1853.

CHAPITRE QUATRIÈME

LA VIE INTÉRIEURE ET LES PROFESSEURS DE JUILLY.

Inauguration du collége. Ses débuts. Ses difficultés. Retraite de M. Pascal Roche. Révolution de 1830. Voyage de l'abbé de Salinis à la Chesnaie. Proposition qu'il y fait à M. de Lamennais de céder le collége de Juilly à sa nouvelle Société ecclésiastique. La Congrégation de Saint-Pierre. Son but, son origine récente. Ses trois maisons de Malestroit, de Saint-Meen et de Rennes. Nombre et talents de ses membres. Acceptation de cette offre. Séjour de M. de Lamennais, de M. Gerbet et de la plupart de ses autres disciples à Juilly jusqu'à la fin de 1831. Leur genre de vie. Les professeurs du pensionnat : MM. les abbés Houet, Bourgeat, Bornet, Harriet aîné, Vitau, Jacottin, Daubré, Matissart et Liabeuf ; et MM. Guihal, Nicolas, Collin, Lecques, Douhaire, Léon Boré, Chavin de Malhan, Menjaud, de Lhermite, Passot, Doucet, Duflot et Duprat. M. l'abbé Gerbet. Sa vie à Juilly. Son précis de l'histoire de la philosophie. Ses couplets de fête et de circonstance. M. Phil. Guérin et le docteur Labarthe.

L'ouverture du nouveau collége eut lieu le 15 octobre 1828, et son inauguration solennelle le 3 novembre suivant. La cérémonie en fut présidée par le délégué spécial de Mgr de Cosnac, évêque de Meaux, l'abbé Villecourt, son grand vicaire, qui devint lui-même évêque de La Rochelle et qui mourut cardinal [1].

Les débuts furent heureux et faciles. Deux cent quarante élèves, dont la plupart appartenaient aux premières familles du pays et vingt-neuf seulement

1. A Rome, en 1865.

à l'ancienne administration, entendirent la messe du Saint-Esprit, et à Pâques 1829 ils étaient plus de trois cents. Leurs professeurs étaient presque tous des hommes de mérite : l'abbé Caire, le frère du troisième Directeur, monta dans la chaire de philosophie; l'abbé Dobrée, jeune prêtre de talent, qui devait mourir quelques années ensuite de la poitrine et de chagrin, dans celle d'histoire; M. Desroziers, agrégé de l'Université, dans celle de mathématiques spéciales. On avait laissé à l'ancien Supérieur, M. Pascal Roche, celle de la rhétorique, en même temps qu'on lui confiait les fonctions de Censeur. L'année scolaire se termina sans aucune de ces crises intérieures que la restauration d'un pensionnat amène presque toujours parmi des élèves de maisons différentes et sans unité d'esprit et de traditions; et le 17 août, à la distribution des prix, l'abbé de Scorbiac put rendre le témoignage le plus favorable de leur conduite et de leur travail devant M. de Bonald, le président de cette fête, dont la présence réveillait les plus beaux souvenirs de Juilly et encourageait toutes ses espérances, et devant le maréchal de Bourmont qui arriva au milieu de la cérémonie pour voir couronner son fils alors en cinquième.

Mais bientôt se levèrent les jours de l'épreuve, ce sceau divin que la Providence se plaît à imprimer à toutes les grandes œuvres catholiques. Trop enclins à sacrifier leurs désirs personnels à l'esprit de conciliation qui les animait, MM. de Scorbiac et de Salinis avaient consenti à accepter la collaboration de quelques-uns des professeurs et en particulier, nous l'avons vu, du dernier Supérieur de l'ancien collége, dont les idées ne cadraient nullement avec les leurs. C'était une faute qu'ils ne tardèrent pas à reconnaître. Si l'unité de vues est indispensable pour le bon gouvernement d'une maison d'éducation, c'est une illusion de l'attendre et presque une injustice de l'exiger de vos devanciers, qui en ont tenu les rênes d'une autre main que vous, et qui n'ont pas réussi à la conduire. Les imperfections de votre système, et quelle est la chose au monde qui n'en présente! excitent leurs critiques; ses avantages éveillent leurs susceptibilités jalouses; bientôt les rapports se tendent, les froissements se produisent, et il faut se décider à des séparations regrettables qu'un simple refus d'union aurait pu éviter. Ce fut aussi la peine que ressentirent les nouveaux Directeurs, lorsque, après moins d'un an de vie commune, ils durent remplacer M. Roche. Ils lui donnèrent pour successeur un agrégé de l'Université, M. de Molroguier, professeur distingué, poëte latin de mérite, mais qui malheureusement resta trop peu de temps à Juilly, qu'il quitta pour se rendre à Clermont en qualité de Recteur de l'Académie.

Quelques mois après survinrent les événements de juillet 1830.

Le contre-coup s'en fit sentir immédiatement à Juilly : les études furent interrompues, les élèves furent rendus à leur famille sans qu'on pût faire de distribution de prix ; et à la rentrée d'octobre, leur nombre était réduit de près de moitié. Pour toute autre maison, cette révolution pouvait déterminer une crise fatale ; car elle l'atteignait au milieu de toutes les difficultés d'une transformation récente, que l'expérience n'avait pas encore consacrée ; et la foi politique de ses chefs était exposée à rencontrer, dans un nouveau courant d'opinions opposées, des obstacles de toute sorte. La gravité de ces conjonctures n'ébranla cependant pas leur confiance dans les destinées du collége. Ils n'y virent qu'un motif de plus pour en assurer l'avenir et pour réaliser la première pensée qu'ils avaient eue en y entrant, celle de le transmettre à une congrégation enseignante qui lui donnât les garanties de force, de zèle et de durée qu'on chercherait en vain dans les individualités les plus dévouées et les plus capables.

Le choix n'était pas possible : les Jésuites étaient expulsés ; l'Oratoire disparaissait dans la sénilité de ses derniers survivants ; les autres Ordres restaient toujours sous le coup des lois révolutionnaires. Il en existait un pourtant en voie de formation, la Congrégation de Saint-Pierre, que l'abbé de Lamennais avait fondée, en 1828, dans le but de propager ses doctrines philosophiques et reli-

gieuses et qui, adoptant comme idée régulatrice de
sa vie l'infaillibilité du Saint-Siége et l'autorité du
sens commun ou de la raison générale, se proposait de travailler à la défense de l'Église, à la restauration de l'ordre social ébranlé dans sa base, et
à la cessation du divorce funeste existant entre la
religion et toutes les forces vives de la société, par
les diverses formes d'un haut enseignement alimenté
par toutes les sources de la science moderne et
tous les progrès de l'esprit humain [1]. Elle devait se
composer de prêtres et de laïques [2]; et les vœux y
étaient temporaires ou perpétuels [3]. Recrutée d'abord parmi les membres de l'ancienne société
diocésaine de Saint-Meen [4], qu'avait établie l'abbé
Jean de Lamennais, puis parmi les nombreux admirateurs du fondateur qui les avait appelés des
divers diocèses de France, les uns déjà prêtres, les
autres simples ordinands ou même laïques, elle formait, lors de la Révolution de juillet, un personnel
d'une quarantaine de membres dont les plus éminents, après les deux frères de Lamennais, étaient :
l'abbé Blanc, supérieur du noviciat de Malestroit,
l'abbé Rohrbacher, le savant auteur de l'*Histoire de*

1. Lettre adressée à l'auteur, en avril 1866, par son ancien Professeur et son vénérable ami, l'abbé Houet, un des membres de cette Congrégation.
2. *OEuvres inédites* de Lamennais, t. II, p. 99. Lettre 300, de Rome, le 25 février 1832.
3. *Idem*. Lettre 292, de Juilly, le 27 août 1831, p. 83.
4. Au diocèse de Rennes.

l'*Église*, alors professeur à Malestroit, l'abbé Coëdro, Supérieur des Missionnaires à Rennes, et l'abbé Gerbet ; et elle desservait trois établissements : le noviciat de la Congrégation à Malestroit, au diocèse de Vannes, le petit séminaire de Saint-Meen et la maison des missionnaires de Rennes. Enfin le domaine patrimonial de l'abbé de Lamennais, le château de la Chesnaie, « maison solitaire et sombre dont aucun bruit ne troublait la mystérieuse célébrité[1], » était comme une école préparatoire au noviciat de Malestroit, où le Supérieur retenait à l'ombre de sa gloire tous les sujets qu'il voulait former lui-même [2].

Cette Congrégation, d'une origine si récente, et qui ne jouissait que d'une simple existence de fait, car ses statuts à peine élaborés n'avaient pas encore reçu la sanction du Saint-Siége, était cepen-

1. Mémoires du P. Lacordaire, cités dans sa *Vie*, par le P. Chocarne, t. I, p. 105. La Chesnaie, disait encore Maurice de Guérin, dans son *Journal* (p. 181), est une oasis au milieu des steppes de la Bretagne. Devant le château s'étend un vaste jardin, coupé par une terrasse plantée de tilleuls, avec une toute petite chapelle au fond.
2. L'abbé de Lamennais avait même songé à établir sa Congrégation dans le Nouveau-Monde. « J'ai reçu, mon cher ami, écrivait-il à l'abbé de Salinis, le 26 mai 1830, de nouvelles lettres de l'Évêque de New-York, lequel entre sur les projets et sur les moyens d'exécution en des détails fort satisfaisants. D'un autre côté, la Providence a tout récemment ouvert des voies qui faciliteront le concours qu'il demande de nous ; et je suis persuadé de plus en plus qu'on peut préparer un bien immense dans ces contrées lointaines, destinées à devenir peut-être l'asile de la foi. *Tuissimus in J. C. et Mariâ.* » (Lettre citée dans la *Vie de Mgr de Salinis*, p. 96.)

dant déjà puissante par le talent et le nombre de ses membres, jeunes pour la plupart et aimant d'un amour enthousiaste leur temps et leur pays, par le but qu'elle se proposait, par le souffle libéral qui l'animait et surtout par le prestige du nom de son chef, que l'apparition du premier volume de son fameux *Essai sur l'Indifférence* avait fait saluer par le clergé de France du titre glorieux de dernier Père de l'Église. L'abbé de Salinis comptait dans ses rangs beaucoup d'amis; et c'était à lui-même que M. de Lamennais réservait la direction de la nouvelle maison qu'il avait le projet d'ouvrir à Paris, dont il voulait faire le centre d'action de la Congrégation tout entière. « Vous deviendrez, lui écrivait-il, le Directeur du nouvel établissement, soit en réalité, si vous vous décidez à vous unir à nous, soit ostensiblement aux yeux du public, si cette union ne vous convient pas[1]. »

Ces divers motifs engagèrent les Directeurs de Juilly à tourner leurs regards et leurs espérances vers cette Congrégation; et dans le courant du mois d'août 1830, l'abbé de Salinis, accompagné de l'abbé Blanquart[2], se rendait à la Chesnaie et venait

---

1. *Vie de Mgr de Salinis*, p. 96.
2. L'abbé Blanquart, ancien aumônier des Pages, était lié d'amitié avec l'abbé de Scorbiac qui l'avait connu lorsqu'il était lui-même grand aumônier de l'Université. Après la retraite de l'abbé Caire, il vint s'installer à Juilly en qualité d'aumônier, et en exerça les fonctions jusqu'en 1839. Il était neveu de Mgr Blanquart de Bailleul, alors Archevêque de Rouen.

offrir à M. de Lamennais, pour lui et ses disciples, l'hospitalité de son collége et la participation à sa direction en attendant que la reconnaissance de la Congrégation par le Saint-Siége permît de la lui céder tout entière. Ces ouvertures furent de suite accueillies, et à la fin de septembre toute la colonie de la Chesnaie quittait sa studieuse retraite. Une partie de ses membres s'installait à Paris, et le plus grand nombre, entre autres l'abbé Gerbet, suivaient l'abbé de Lamennais à Juilly et s'y fixaient avec lui.

Quatre d'entre eux seulement, l'abbé Houet, l'abbé Hamelin, l'abbé Bornet et M. de Gourgas, s'y consacrèrent à l'enseignement du collége. Tous les autres y continuèrent la vie qu'ils menaient en Bretagne, vie d'étude et de travaux spéculatifs que dirigeait leur maître vénéré. Quant à lui, qui n'était pas orateur, il ne prêchait jamais les élèves et n'avait aucun rapport avec eux. Ils le voyaient seulement, enveloppé dans une longue douillette noire qui couvrait sa soutane, se promener de longues heures dans le parc, quelquefois entouré de ses disciples, le plus ordinairement seul, méditant les leçons de philosophie qu'il leur donnait tous les jours ou ses articles de *l'Avenir*. La pâleur et la mélancolie de son visage, la vivacité et la profondeur de son regard, et plus encore peut-être la singulière énergie de ses traits, qui contrastait tant avec la maigreur et la débilité de son corps, inspiraient à tous le respect et la crainte; on eût aimé à le contempler de près, mais chacun redoutait sa présence. Il demeura ainsi à Juilly jusqu'à son départ pour Rome, qui eut lieu dans les derniers jours de décembre 1831. Mais dès avant cette époque qui fut le signal de sa chute[1], l'exagération de ses idées politiques et la violence de sa polémique n'avaient pas permis à MM. de Scorbiac et de Salinis de s'engager davantage avec sa Congrégation, et ils durent même renoncer entièrement au projet de lui abandonner le gouvernement du collége. Son orgueil en fut extrêmement blessé. « Je m'applaudis de plus en plus, écrivait-il de Juilly même, à son frère Jean, le 27 août 1831[2], que l'affaire de Juilly ait manqué. Sans parler des études et de la discipline, sur lesquelles nous n'aurions eu aucune influence réelle, il est impossible d'imaginer une plus mauvaise ou plutôt *une plus folle* administration. » Cette exagération de langage trahissait toute l'amertume de son âme. L'administration du collége aurait pu, sans doute, se montrer plus économe de ses ressources et surtout moins généreuse et moins hospitalière ; mais ce n'était pas à l'abbé de Lamennais, qu'elle accueillait si bien, à lui en faire un reproche ; et le temps se chargea de la venger de l'injustice de ce grief.

1. Ce fut à partir d'un des jours du mois de novembre 1831 qu'il cessa de dire sa messe. Ses amis étonnés lui en demandèrent la raison : « Je ne m'en sens plus digne, » se borna-t-il à leur répondre.
2. *OEuvres inédites*, t. II, p. 83.

Quoi qu'il en soit, la collaboration de quelques-uns de ses disciples à l'œuvre de l'éducation dans le collége fut pour les Directeurs un précieux secours. Elle leur permit d'éliminer plusieurs des anciens professeurs, qui résistaient à l'influence de leurs idées; et désormais une parfaite unité de doctrine et de vues présida à l'enseignement de Juilly.

La plupart des chaires furent confiées à des ecclésiastiques; mais on en donna aussi à des laïques; « et ce mélange de prêtres et d'hommes du monde, loin de nuire à l'harmonie et au progrès des études, y contribua puissamment et imprima même à l'ensemble de l'éducation de Juilly un caractère de largeur, de modération et de force en rapport parfait avec les devoirs de la vie publique réservés à la jeunesse qu'elle était appelée à former[1]. » Celle de philosophie fut occupée, jusqu'aux vacances de 1832, par l'abbé Houet, esprit élevé, solide et net, qui joignait à un rare savoir une modestie plus rare encore, et en qui s'alliait une fermeté très-grande à une inépuisable bonté. Rappelé alors en Bretagne, où il resta trois ans, il la reprit une seconde fois en 1837, après être rentré à Juilly en 1835 comme professeur d'histoire. Dans l'intervalle, elle eut pour titulaire l'abbé Bourgeat, dont l'érudition et l'ardeur au travail rappelaient les mérites des Bénédictins[2],

---

[1]. *Vie de Mgr de Salinis*, p. 110.
[2]. Il était presque impossible de pénétrer dans sa chambre, qu'il avait fait précéder d'une double porte pour mieux se défendre

et qui fut ensuite chargé du même enseignement au collége d'Oullins, fondé en 1833 par M. l'abbé Dauphin.

Dans celle de rhétorique M. de Molroguier eut pour successeurs de 1829 à 1831 : M. de Gourgas, le protégé de M. de Lamennais, et de 1834 à 1836 M. Bernier, esprit brillant et professeur de mérite, qu'il fut question cependant, en 1834, de remplacer par Maurice de Guérin [1], mais qui, soutenu par l'abbé Gerbet, conserva sa chaire deux années encore, après lesquelles elle fut donnée à l'abbé Laborde, ancien professeur de rhétorique à Bayonne[2].

La classe de seconde, faite d'abord par l'abbé Bornet, de la Congrégation de Saint-Pierre, et qui devint grand vicaire de Mgr Gerbet à Perpignan, puis par M. Nicolas, très-bon helléniste et consciencieux professeur, qui la quitta en 1836 pour celle de grec, le fut ensuite par l'abbé Harriet aîné qui s'éloigna de Juilly à la suite des Supérieurs pour prendre à Bayonne la direction d'un pensionnat important. Celle de troisième eut successivement pour professeurs un docteur ès lettres, M. Collin, l'abbé Vitau, aujourd'hui chanoine de la cathédrale de Di-

---

du bruit et des visites. Il est mort, il y a plusieurs années, après avoir publié deux volumes d'*Histoire de la philosophie*, Paris et Lyon, 1850.

1. Voir dans le *Journal* de Maurice de Guérin ses lettres du 13 août et du 10 septembre 1834 à sa sœur Eugénie, et celle du 21 du même mois à M. de la Morvonnais.

2. Il est mort, vers 1860, à Paris.

jon, et M. Lecques, dont on remarqua dès alors quelques-uns des articles littéraires qu'il publia dans l'*Université catholique;* celle de quatrième, l'abbé Jacotin, esprit fin et caustique, qui la céda, en 1835, à l'abbé Harriet jeune[1] pour se charger d'une de celles de mathématiques élémentaires[2]; celle de cinquième, l'abbé Matissart qui accepta également, plus tard, la seconde classe de mathématiques élémentaires qu'il expliquait fort bien ; et la sixième, M. Doucet qui en resta chargé pendant plus de trente ans.

L'enseignement important de l'histoire, confié jusqu'en 1833 au jeune et regrettable abbé Daubré, et de 1833 à 1836 à M. Douhaire, alors un des rédacteurs habituels du journal *l'Univers religieux*[3], le fut ensuite à l'un des élèves de M. de Lamennais, M. Léon Boré, auteur de plusieurs ouvrages histo-

---

[1]. L'abbé Harriet jeune remplaça l'abbé Humphry comme Recteur de Saint-Louis des Français, à Madrid.

[2]. L'abbé Jacotin quitta Juilly en 1842, pour aller faire une éducation particulière dans une grande famille russe et mourir à Odessa en 1854. Il n'avait jamais plu à l'abbé de Lamennais qui plus d'une fois s'était senti atteint par quelques-unes de ses piquantes saillies, et qui se souvenait trop de l'antipathie qu'il lui avait inspirée, lorsqu'il écrivait de Frascati, à son frère, le 15 mai 1832 : « Je doute que M. Jacotin te convienne. Il est bon prêtre, mais indolent ; et dans toutes ses façons d'être *il y a quelque chose d'une vieille femme*. Au reste tu le verras ; mais avant de l'envoyer à Saint-Meen, penses-y deux fois. » (*Œuvres inédites*, t. II, p. 112.)

[3]. Après avoir occupé pendant onze ans, de 1841 à 1852, une chaire de littérature française à Moscou, M. Douhaire rentra en France et s'attacha à la rédaction du *Correspondant* dont il est encore un des écrivains les plus appréciés.

riques[1] et le frère de l'infatigable apôtre de la foi catholique à Constantinople[2], et, en dernier lieu à M. Chavin de Malhan, connu par ses deux intéressantes monographies de *saint François d'Assise* et de *sainte Catherine de Sienne*.

Les mathématiques spéciales eurent pour professeur d'abord M. Menjaud qui organisa l'enseignement scientifique du collège, puis un parent de l'abbé de Salinis, M. de Lhermite, d'un profond savoir et d'un rare talent de démonstration, aux leçons duquel un grand nombre de nos camarades ont dû leur admission à l'École polytechnique[3]; et les sciences physiques, M. Passot, inventeur d'une turbine qui dans l'industrie est connue sous son nom.

Parmi les Préfets de discipline on doit citer l'abbé Hamelin, de la Congrégation de Saint-Pierre, que son amour de l'enfance avait porté à accepter ces modestes et essentielles fonctions; l'abbé Liabeuf, aujourd'hui l'un des aumôniers de S. M. l'Empereur, et MM. Duflot et Pascal Duprat, tous deux bons humanistes, et qui devinrent : l'un, chef d'institution à Paris, et l'autre, publiciste et Représen-

---

1. **M.** Léon Boré est aujourd'hui inspecteur de l'Université. Il a donné la traduction de deux volumes de l'*Histoire ecclésiastique* du chanoine Döllinger.

2. L'abbé Eugène Boré.

3. M. de Lhermite était un des types du distrait. Il passait des heures entières debout, immobile, les yeux fixés sur un pavé de la cour ou sur une dalle de la classe, cherchant la solution des problèmes qui le préoccupaient. Il quitta Juilly en 1840, se fi prêtre et entra dans la société de M. l'abbé d'Alzon.

tant du peuple à l'Assemblée constituante de 1848.

Enfin, les fonctions de Censeur, exercées pendant les premières années par M. Pascal Roche, le furent ensuite, jusqu'à la retraite des Directeurs, par M. Guihal, homme instruit, énergique et bon, d'une grande activité et d'un dévoûment éprouvé [1].

Nous ne pouvons clore cette liste des collaborateurs de MM. de Scorbiac et de Salinis sans parler de M. l'abbé Gerbet qui, quoiqu'il n'eût aucun titre officiel qui l'associât à la direction du collége, resta à Juilly cinq années consécutives de 1833 à 1838, et y joua, comme partout où il vécut, un rôle considérable. Nous l'avons laissé, en 1824, l'auxiliaire de M. de Salinis dans ses fonctions d'aumônier de Henri IV et travaillant avec lui à la fondation du *Mémorial catholique*. Ce fut vers cette époque qu'il entra en relations suivies avec l'abbé de Lamennais; et à partir de 1826 il s'attacha à sa personne. Il consentit à prêter à ce grand esprit, vigoureux et hardi, mais violent et absolu, le concours de sa plume « plus fine, plus retenue et plus douce [2], » et s'appliqua, dans son *Traité des doctrines philosophiques sur la certitude*, à revêtir du caractère de persuasion et de ménagement, qui lui était propre, le système de son illustre maître. Il le suivit à Juilly,

1. M. Guihal ne quitta le collége qu'en 1841. Il resta, ensuite, plusieurs années, à la tête de l'Institution Pelassy de Lousle, à Paris, et prit en dernier lieu la direction d'un pensionnat à Nantes, son pays natal, où il est mort en 1865.
2. Sainte-Beuve, *Causeries du lundi*, . VI, p. 311.

nous l'avons dit encore, et y resta avec lui depuis le mois d'octobre 1830 jusqu'à la fin de 1831. Il retourna alors à la Chesnaie, pendant que M. de Lamennais se rendait à Rome, y composa une introduction à l'ouvrage que l'auteur de l'*Essai sur l'indifférence* préparait pour résumer toute sa philosophie[1], et y demeura quinze mois environ, jusqu'à l'époque où la révolte de ce génie immodéré l'obligea à se séparer de lui.

Il revint à Paris dans le courant de 1833 et s'était déjà attaché à la rédaction de *l'Univers religieux*, dont le premier numéro parut le 3 novembre suivant[2], lorsqu'il fut attiré une seconde fois à Juilly par l'abbé de Salinis. Il ne sut pas résister à l'appel « d'un ami égal et tendre, et tout conforme à sa belle et fidèle nature[3]. » Il accepta le soin de rédiger un *Précis de l'histoire de la philosophie* à l'usage spécial du collège, ainsi que la présidence et la direction de la Conférence des hautes études. En peu de temps il parvint à donner un éclat tout nouveau aux travaux de cette Conférence; et il en obtint de plusieurs élèves d'assez remarquables pour qu'ils

1. *Journal* de Maurice de Guérin. Lettre à sa sœur du 18 décembre 1832.

2. Le public remarqua beaucoup le premier article de ce premier numéro, signé du Directeur, l'abbé Migne, mais dont le véritable auteur était l'abbé Gerbet, ainsi qu'une série d'études hebdomadaires qu'il y publia sur la philosophie des Pères de l'Église.

3. Sainte-Beuve. Lettre citée dans la *Vie de Mgr de Salinis*. p. 324.

méritassent l'honneur d'une mention spéciale de la part de M. de Salinis à la distribution des prix de 1834. L'année suivante, au retour des vacances, une vaste maison fut louée à Thieux pour y préparer les anciens élèves à leurs études de droit par des cours supérieurs de littérature et de philosophie de l'histoire ; et la direction en fut confiée à l'abbé Gerbet. Après la suppression de cette maison en 1836, il rentra à Juilly où il garda sa résidence habituelle jusqu'en 1838[1]. Une maladie de larynx, qui l'obligeait à passer l'hiver sous un climat plus chaud, le décida à partir pour Rome. Il ne devait y rester que six mois ; il y demeura dix ans et y composa sa belle *Esquisse de Rome chrétienne*, le livre le mieux fait, on l'a dit, pour donner, dans les réalités visibles de Rome chrétienne, l'intelligence de la ville éternelle[2].

L'abbé Gerbet ne laissa pas seulement l'empreinte de son talent dans l'enseignement de Juilly ; il embellit encore cette paisible retraite du charme et de la douceur de son esprit. C'était toujours lui l'au-

1. Plusieurs de ses lettres, insérées dans le *Récit d'une sœur*, sont datées de Juilly et de la fin de 1838.
2. L'abbé de Salinis, qui avait la mémoire du cœur si fidèle, n'oublia pas son ami même après une aussi longue absence. Un de ses premiers actes comme Évêque d'Amiens fut de le nommer son grand vicaire ; et cinq ans après, il ne voulut user qu'en sa faveur de l'influence que son propre mérite lui avait acquise auprès de l'Empereur. Il sacrifia généreusement à l'intérêt de l'Église le bonheur qu'il trouvait dans son intimité et obtint pour lui la succession de Mgr de Saunhac sur le siége épiscopal de Perpignan.

teur des chansons et des petits poëmes allégoriques de fête et de circonstance; et malgré le voile de l'anonyme dont il avait soin de les couvrir, leur spiritualité discrète et leur gracieuse gaîté trahissaient chaque fois l'aimable poëte. Une de ses pièces de vers les plus jolies, et que M. de Salinis estimait un chef-d'œuvre, était une ode qu'il composa précisément en l'honneur de Juilly, sous l'impression que lui avait faite la lecture d'une des plus belles de Lamartine. Malgré toutes nos recherches il nous a été impossible de nous la procurer; mais nous devons plusieurs de ses couplets, qui nous faisaient si agréablement oublier les heures sans les dissiper, à l'obligeance d'un de nos meilleurs camarades[1] auquel sa fraîche voix de soprano valait, dans ce bon temps, l'honneur de nous les chanter. Nous croyons être agréable à nos lecteurs juliaciens en les reproduisant *in extenso* :

Couplets chantés à Juilly, à la fête de M. de Scorbiac, en 1835, après une représentation de l'Avocat Patelin par les élèves de Thieux. Un neveu de M. de Lhermite jouait le rôle de Jovial.

LES ÉLÈVES DE JUILLY A CEUX DE THIEUX.

I

Notre plaisir est votre ouvrage.
Cependant qui jamais eût cru
Que Thieux, ce modeste village,
Cachait tant d'acteurs impromptus?

1. M. le vicomte Charles de Hédouville, agronome distingué, qui consacre son intelligence, son temps et sa fortune à propager partout autour de lui le goût et la science pratique de l'agriculture.

Tout en vous me paraît comique,
Oui, très-comique, assurément.
Ce trait a l'air d'une critique;
Mais prenez-le pour compliment.

II

Jovial, cet huissier aimable,
Que nous avons longtemps cherché,
Dit que nul *pensum* n'est valable
Dès que le soleil est couché.
Ce mot, qui bannit la tristesse,
Obtient un succès sans égal;
Jamais on n'oublie une pièce
Quand on en sort plus jovial.

III

Sieur *Patelin*, sur votre trace
Nous marchions déjà d'un bon train.
Quel écolier ne sait en classe
Faire l'avocat Patelin?
Mais votre talent nous inspire;
Et dans nos plus mauvais procès
Quand nous ne saurons plus que dire,
Comme *Agnelet* nous dirons : *Bais*.

IV

Chers amis, revenez bien vite
Egayer ces murs sérieux;
Si vos pièces ont leur mérite
Les acteurs valent encore mieux.
Oui, notre attente est satisfaite;
Le Père, que nous chérissons,
Vous doit le bouquet de sa fête;
Vous jouez comme nous l'aimons.

RÉPONSE DE JOVIAL.

I

Souffrez, amis, que j'improvise :
Je suis inspiré par vos chants.
J'aime applaudir, moi, barbe grise,
Aux succès des jeunes talents.
Vos vers, parfois, sont d'un comique
Que rien n'égale assurément.
Ceci n'est point une critique ;
Je vous rends votre compliment.

II

N'espérez pas le privilége
Que donne le soleil couché,
Tant qu'à la grille du collége
Vous aurez le pied attaché.
Soyez d'une humeur plus discrète
Thème bon, version pas mal,
C'est ici la seule recette
Pour être toujours jovial.

III

Chacun de vous sait à merveille
Faire l'avocat Patelin.
Mais le Préfet qui vous surveille [1]
N'est pas un monsieur *Bartholin*.
Le jour des prix, de votre audace
Il vous ferait payer les frais.
Vous lui diriez : Un prix de grâce !
A son tour, il vous dirait : *Bais*.

1. M. Guihal, le Grand Préfet de discipline, qui proclamait les prix.

IV

Mais chassons ces tristes présages
Que désavoue un si beau jour;
Vous serez tous charmants et sages
Et par respect et par amour.
Si votre attente est satisfaite,
Nous partons, heureux du plaisir
D'avoir égayé cette fête
Que vous seuls savez embellir.

―――

Couplets chantés, en 1835, à la fête de M. de Salinis, après la représentation de Fich-Tong-Kang *et de* Jean Bart, *par Alex. de Benoist* [1], *sur l'air :* Soldat, t'en souviens-tu ?

I

Quittons, amis, notre humeur joviale ;
Nous nous dirons adieu d'un autre ton.
La farce ici doit avoir sa morale ;
Et nous allons finir par un sermon.
Poussah-Pouf est trop grave personnage
Pour vous laisser partir en étourdis ;
Jean Bart, lui-même, en son rude langage,
Aux écoliers peut donner un avis.

II

Le collège est la mer de la science.
Héros du Grec et *Jean Bart* du Latin,
Vous y ramez, guidés par l'espérance,
Pour conquérir en prix votre butin.

1. Frère de M. le baron de Benoist, aussi élève de Juilly, aujourd'hui député de la Meuse.

Suivez la voix de votre bon pilote;
Qu'à ses conseils vos cœurs soient enchaînés;
Et vos vaisseaux, qu'en vain le flot ballotte,
Iront au port joyeux et couronnés.

III

Il est ici quelques Chinois, je pense,
De *Cacao* rivaux infortunés;
Quand, sans raison, vous perdez patience
N'avez-vous pas, amis, la mouche au nez.
Pour expulser la bête qui vous pique,
Ne consultez ni farceur ni magot;
Rien n'équivaut, dans ce moment critique,
Aux bons avis du père *Combalot* [1].

IV

Cet *Edouard* [2], menteur incorrigible,
Dans ce séjour ne fut point élevé;
Il est pour nous un mensonge impossible,
Que ce craqueur n'aurait jamais trouvé :
Car en songeant au Père dont la fête
Ne peut ici rencontrer des ingrats,
Son cœur jamais n'eût permis à sa tête
D'imaginer que nous ne l'aimions pas.

1. L'abbé Combalot assistait à la séance.
2. Allusion à un personnage joué par l'élève Édouard de la Loyère. M. le comte Édouard de la Loyère est Président de la Société d'agriculture de la Côte-d'Or.

Couplets adressés aux jeunes gens de Thieux par un élève de Juilly, avec réponse.

I

Vous partez donc! et ce beau jour finit,
Nous voudrions vous servir de cortége.
Mais entendez, dans la cour du collége,
Le son fatal qui nous rappelle au lit.
  Et vous plus heureux
  Retournez à Thieux
Prolonger la veille joyeuse,
  Et jusqu'à demain,
   Troupe rieuse,
Fredonnez quelque gai refrain.

  Et vous, mes amis,
  Écoliers soumis,
Regagnez le dortoir tranquille
  Et demain matin,
   Troupe docile,
Chantez du grec et du latin.

II

De la gaîté vous donniez les leçons.
D'autres leçons vont en prendre la place.
Mais, entre nous, les plus beaux vers d'Horace
Ne valent pas une de vos chansons.
  Et vous plus heureux, etc.
  Et vous, mes amis, etc.

III

On nous dira, pour nous mystifier,
Amusez-vous aux drames d'Euripide.

Mais ses héros ont l'air bien insipide
Près de *Fringale* et du père *Saucier*[1].
 Et vous plus heureux, etc.
 Et vous, mes amis, etc.

IV

Dans tant d'ennui, pour garder la gaîté
Heureusement notre ressource est prête :
Nous penserons à celui que l'on fête,
Nous penserons à ceux qui l'ont fêté.
 Dans vos jours heureux,
 Beaux seigneurs de Thieux,
Songez à notre vie austère,
 Et préparez-vous
  Bientôt, j'espère,
A nous égayer encore tous.

 Courez, mes amis,
Vers celui qu'aujourd'hui l'on chante,
 Et auprès de lui,
  Troupe contente,
Vous rirez tous comme aujourd'hui.

Pour la fête de l'abbé de Salinis, en 1836.

UN JEUNE HOMME DE THIEUX AUX ÉLÈVES DE JUILLY.

I

Messieurs, d'un ton mélancolique,
Je viens vous faire nos adieux.

---

[1]. Personnages de la pièce jouée.

Nous partons, mais l'art dramatique
Régnera toujours en ces lieux.
A l'étude, à l'infirmerie,
A la promenade, au dortoir,
Vous jouez tous la comédie,
Mes amis, du matin au soir.

II

Par un tour des plus ridicules,
Un écolier bien paresseux
Écrit à ses amis crédules
Qu'il est un bachelier fameux.
Les *Farambolo* [1] de province
Le croient un grand littérateur;
On le respecte comme un prince,
Et ce n'est qu'un *Badigeonneur*.

III

Le matin, quand un son maussade
Va réveiller chaque rideau
Par ce seul mot : Je suis malade,
Vous créez un rôle nouveau :
Car le *Malade imaginaire*
Trouve un pendant fort curieux
Dans ce malade volontaire
Que vous jouez à qui mieux mieux.

IV

Quand, malgré Virgile et Racine,
Un rhétoricien se permet
Soit du vrai latin de cuisine,

---

1. Personnage de la pièce : *le Badigeonneur.*

Soit du français de cabaret,
On demande, en le voyant faire,
S'il est *cuisinier-secrétaire*,
Ou *secrétaire-cuisinier*[1].

V

Mais je sais qu'il faut que j'abrége
Ces compliments trop peu flatteurs.
Je vois, en ce jour, au collége
Une famille et plus d'acteurs.
L'amour dictant chaque parole,
N'a pas de langage emprunté ;
L'esprit seul joue ici son rôle
Et laisse au cœur la vérité.

UN POISSON D'AVRIL.

A M. de Salinis.

On lui avait dit que MM. Janvier, Sainte-Beuve et de Lamartine, devaient venir visiter Juilly. Un grand dîner fut préparé en leur honneur ; et à la fin du repas on servit à l'abbé hospitalier les couplets suivants :

I

Janvier, l'objet de votre attente,
N'eut jamais, en ses plus beaux jours,
Une éloquence plus piquante
Que nos belliqueux calembourgs.

[1]. Après *le Badigeonneur* on avait joué : *le Secrétaire et le Cuisinier.*

Si nos armes sont bien pointues,
Chacun en comprend la raison ;
Est-il de flèches plus aiguës
Que les arêtes d'un poisson.

II

Sainte-Beuve, aux douleurs humaines,
Offre des *consolations*.
Mais hélas! elles sont bien vaines
Pour quelques tribulations.
Il nous console de la guerre
Que nous font l'ours et le lion ;
Mais en son livre on n'apprend guère
A se consoler d'un poisson.

III

Lamartine, dont la palette
Sait rajeunir un vieux tableau,
A su décrire, en grand poëte,
Un gros poisson nageant dans l'eau.
Mais si sa muse plus hardie
L'avait peint nageant dans le vin,
Bien pâle eût été sa copie ;
Le chef-d'œuvre est de votre main.

Il y eut encore deux hommes qui furent mêlés à la vie de Juilly pendant toute la durée de la direction de MM. de Scorbiac et de Salinis, et dont le souvenir est trop cher à tous ceux d'entre nous qui les ont connus, pour que nous omettions de le rappeler ici :

C'est d'abord le professeur de dessin, M. Philibert Guérin, neveu du célèbre Paulin Guérin, à qui il dut le bienfait de son éducation, les premières leçons de son art, et sa place au collége. Paysagiste habile, il sentit grandir son talent à Juilly où son âme comprit mieux la nature à mesure qu'elle s'éleva davantage vers son Auteur ; et toutes ses toiles en expriment un sentiment profond, mélancolique et vrai[1]. Il est mort à peine âgé de quarante et un ans, dans les sentiments de la foi la plus vive, le 10 février 1846, laissant un fils, Prosper Guérin, qu'il a fait élever à Juilly, et dont les premiers essais donnent lieu de croire qu'il ne laissera pas dégénérer le nom de sa famille[2].

C'est aussi
. . . . avec son air altier,
. . . . ce digne Alain Chartier,
Qui porte le nom cher du bon docteur Labarthe[3],

dont plus de dix générations d'élèves, auxquels

1. Les plus remarquables sont : un *Taureau dans un marécage*, exposé en 1837 ; un *Chasseur assis dans une forêt*, exp. de 1838), la *Bacchante* (1840), un *Intérieur de bergerie*, un *Groupe de chèvres au bord d'un lac*, *deux Moutons paissant*, et des *Chèvres broutant auprès d'un marais* que sa veuve a offert au collége en souvenir de lui. Il est aussi l'auteur des deux portraits lithographiés et très-ressemblants de MM. de Scorbiac et de Salinis.

2. Ses débuts reçurent les encouragements de l'illustre Flandrin qui reconnut de suite, à quelques-unes de ses ébauches, le pinceau d'un peintre et l'inspiration d'un artiste ; et le Jury de la dernière exposition a partagé l'avis de ce grand maître en couronnant les deux tableaux du jeune exposant : *Agar en prière dans le désert* et le *Christ consolateur*.

3. Vers de notre condisciple Bourjot, lus au banquet de 1843,

il donna ses soins pendant les quarante années qu'il fut le médecin du collége, pourraient attester comme nous le diagnostic sûr et le talent pathologique, surtout pour discerner nos affections paresseuses, et avec quelle science de la thérapeutique il traitait, par la simple prescription du lit, de la diète et du silence prolongés, tous nos rhumes, migraines et fièvres de circonstance; mais qui seraient encore à chercher, sans doute, l'énigme des rares brusqueries de cet excellent homme, si le vénérable doyen de Dammartin, le confident de tous ses secrets, ne nous l'eût expliquée, en nous racontant qu'il ne l'avait jamais vu qu'une seule fois de mauvaise humeur, un jour qu'il le surprit avant l'aube, par une neige épaisse et un vent glacial, chargeant sa monture de bouteilles de vin et de plusieurs gros pains, qu'il allait porter lui-même, dans un hameau voisin, aux plus chers de ses clients, les pauvres.

p. 10. Le docteur Labarthe était un ancien aide-major de nos armées et avait, en cette qualité, assisté à la célèbre bataille de Hohenlinden. Il devint le médecin du collége en 1804, et ne se retira qu'en 1843. Il fut remplacé par son fils aîné, Camille Labarthe, un de nos condisciples, l'héritier de sa science médicale et de son dévoûment, qu'une mort trop précoce enleva en 1862, à l'âge de quarante-neuf ans.

CHAPITRE CINQUIÈME

L'ACTION EXTÉRIEURE ET L'INFLUENCE RELIGIEUSE DE JUILLY.

Le journal l'*Avenir*. Sa fondation. Son programme. Sa rédaction ; craintes qu'elle inspire à l'abbé de Salinis. Inutilité de ses conseils. Premiers triomphes de l'abbé Lacordaire devant la Cour d'assises. — L'abbé de Salinis, premier promoteur de la loi sur la liberté de l'enseignement. Il organise l'*Agence générale pour la défense de la liberté religieuse*. Statuts de cette agence. Composition de son Conseil. Ses premières luttes. Départ pour Rome des rédacteurs de l'*Avenir*. Encyclique du 15 août 1832. Suppression de l'*Avenir*. Dissolution de l'*Agence* et de la Congrégation de Saint-Pierre. Soumission de l'abbé de Salinis. Fondation à Juilly de l'*Université catholique*. But de cette Revue. Son programme, tracé par l'abbé Gerbet. Ses premiers collaborateurs. Ses principales publications.

L'influence de la maison de Juilly sur le mouvement catholique de l'époque contemporaine de la Révolution de 1830, ne s'est pas exercée seulement par les principes de son éducation et leur action sur la jeunesse ; elle s'est manifestée aussi par la part considérable qu'elle a prise à la polémique religieuse du temps. Et le rôle qu'elle a joué dans la lutte mémorable engagée alors pour la défense des droits de l'Eglise, mérite de fixer l'attention moins peut-être comme une des pages intéressantes de ses annales que comme un aperçu des grandes questions qui s'agitaient alors autour d'elle et qui sont toujours demeurées pendantes.

Les principes politiques de ses Directeurs, tout

dévoués à la maison de Bourbon, ne les aveuglaient pas cependant sur les fautes du gouvernement de la Restauration ; et ils étaient les premiers à gémir de cette funeste alliance du trône et de l'autel, dont l'Église avait attendu son affranchissement et qui ne lui avait valu que l'oppression et la haine : l'oppression de la part d'un pouvoir ami mais faible, qui crut apaiser ses ennemis en leur sacrifiant le plus précieux de ses droits[1], et la haine de la part d'une partie de la nation, qui ne vit dans cette étroite union du clergé et de la royauté qu'une conjuration contre les libertés publiques.

L'abbé de Salinis, surtout, qui plus que ses deux collègues avait été associé, depuis six ans, à la direction des intérêts catholiques, ne se méprenait nullement sur leurs périls et sur leurs besoins au milieu de la situation nouvelle et difficile que leur créaient les événements de Juillet ; et il se préoccupait déjà des moyens de les soutenir contre un gouvernement hostile qui entravait l'Eglise dans son enseignement par le monopole universitaire, dans sa hiérarchie par des choix équivoques d'évêques, et jusque dans sa discipline dont il méconnaissait les lois, lorsqu'il apprit par l'abbé Gerbet l'intention commune de l'abbé Lacordaire et de l'abbé de Lamennais, qui renonçait à ses doctrines absolutistes, de fonder un journal qui fût l'organe

1. V. les ordonnances du 16 juin 1828.

de la cause catholique. Le programme de cette feuille devait être le respect de la charte, la revendication de la liberté, non plus à titre de privilége mais comme le patrimoine commun de la Société nouvelle, et par conséquent la défense de celle des opinions par la presse contre l'illégalité et l'arbitraire, de celle de l'enseignement contre le monopole de l'université, de celle d'association contre les lois anti-monastiques, et enfin l'indépendance de l'Eglise vis-à-vis de l'Etat.

L'abbé de Salinis était trop au courant des aspirations et des exigences de son temps pour ne pas admettre, avec l'abbé Lacordaire, « que l'Eglise, après avoir donné la liberté au monde moderne, avait à son tour le droit et l'impérieuse obligation de l'invoquer[1]. » Il comprenait que c'était pour elle un devoir, parce qu'au milieu de la division des partis c'était le seul moyen de sauvegarder son indépendance et de conjurer le fléau du despotisme ; et il y voyait aussi son intérêt, parce qu'à une époque d'anarchie morale la vérité ne pouvait attendre son triomphe que de ses libres combats contre l'erreur, qu'un lien de solidarité étroite existait entre la liberté religieuse et d'enseignement et les autres libertés publiques, et que la perte de l'une devait entraîner fatalement la ruine des autres.

Aussi, bien que ce programme, qui fut livré à la

---

[1]. *Le P. Lacordaire*, par M. de Montalembert, p. 18.

publicité à la fin d'août 1830, ne contînt pas toutes les réserves qu'on eût été en droit d'attendre, il en approuva la pensée, encouragea sa réalisation et procura une grande partie des ressources nécessaires pour élever le drapeau de l'*Avenir*, qui fut arboré, le dimanche 17 octobre suivant, au nom de Dieu et de la liberté[1].

La réserve que lui imposait sa qualité de directeur d'un collége, ne lui permit pas, il est vrai, de s'inscrire au nombre des collaborateurs de ce journal, mais il s'intéressait trop à son succès pour rester étranger à sa rédaction dont l'impulsion, d'ailleurs, partait de Juilly, la résidence permanente de l'abbé de Lamennais pendant toute la durée de sa publication. Dès les premiers numéros de cette feuille, il la trouva trop radicale dans ses principes, trop violente dans ses procédés ; et il ne cessa pas de réclamer plus de mesure dans la pensée et plus de modération dans le langage. Malheureusement cette voix de la prudence, quoique appuyée par celle de l'abbé Gerbet, trouvait peu d'écho dans l'âme altière et agressive de M. de Lamennais, qui lui préférait les accents de la lutte et de la témérité et qui, loin de calmer la fougue des combattants et de guider leur inexpérience, se laissait électriser lui-même par leurs catilinaires.

[1]. Les rédacteurs de l'*Avenir* étaient : l'abbé F. de Lamennais, l'abbé Ph. Gerbet, l'abbé Rohrbacher, l'abbé H. Lacordaire, Ch. de Coux, Ad. Bartels, le comte de Montalembert, Daguerre et D'Ault-Dumesnil.

Le 13 novembre, avait paru dans l'*Avenir* un article virulent de l'abbé Lacordaire sous ce titre : *Ce qu'ils sont et ce que nous sommes ;* et le lendemain, il avait été saisi par ordre du procureur général. Dix jours après, l'abbé de Lamennais écrivait à Juilly sa diatribe fameuse contre le pouvoir, dans laquelle il disait : « La liberté religieuse et la liberté
« d'enseignement ont été solennellement procla-
« mées dans la nouvelle Loi fondamentale. Catholi-
« ques ! c'était hier que sur les débris d'une monar-
« chie brisée par le peuple, on vous faisait, à la
« face du ciel, ces promesses de liberté. Comment
« les a-t-on tenues ? A peine les paroles qui vous
« affranchissaient étaient-elles prononcées, qu'on
« se hâtait de resserrer vos liens. Ici, on ordonnait
« administrativement des prières ; là, on renversait
« sous vos yeux le signe sacré de votre foi ;
« ailleurs, on introduisait avec violence dans vos
« Églises les cercueils de ceux qui, jusqu'à la mort,
« avaient repoussé votre communion. Voilà ce qui
« s'est fait, ce qui se fait encore. C'est ainsi qu'on
« respecte vos droits ! »

Avant de la publier, il voulut la communiquer à ses amis et il en donna lecture dans le salon de l'abbé de Salinis en présence de plusieurs ecclésiastiques étrangers. L'abbé de Salinis, au nom de tous, lui soumit, dans la forme la plus modérée, quelques observations critiques, auxquelles il n'opposa que des raisons spécieuses. L'abbé de Salinis crut alors devoir insister, et lui proposa quelques modifications. Mais il se leva brusquement et sortit du salon, en disant avec un ton d'impatience : *Quod scripsi scripsi*[1]. Ce second article, qu'il intitula *l'Oppression des catholiques*, fut comme le premier déféré au jury. Leurs auteurs comparurent, le 31 janvier 1831, devant la Cour d'assises, où le talent de M. Janvier et plus encore le charme irrésistible de la parole du P. Lacordaire les firent acquitter tous deux. Mais cette première victoire, aussi imprévue qu'éclatante, loin de les rendre plus circonspects, ne fit que les égarer davantage loin des voies de la modération : ils demandèrent la séparation absolue de l'Eglise et de l'Etat, la suppression du budget des cultes, rappelèrent sans cesse que la liberté ne se donne pas, qu'elle se prend, et n'hésitèrent pas à joindre eux-mêmes l'exemple au précepte.

Malgré tous les regrets que lui inspirait une ligne de conduite aussi imprudente, l'abbé de Salinis ne voulait pas, néanmoins, rompre avec ses amis. Leurs exagérations et leurs écarts trouvaient une excuse, à ses yeux, dans le mauvais vouloir du gouvernement, dans les outrages qu'il laissait prodiguer au clergé, dans l'impatience ordinaire aux esprits ardents ou absolus, dans la sincérité de leurs convictions, dans leur ardeur à répandre la contagion du dévoûment et du courage parmi les prê-

1. *Vie de Mgr de Salinis*, p. 474.

tres, si faibles et si désarmés devant l'opinion, et surtout dans le talent qu'ils déployaient pour la défense des deux causes qui lui étaient les plus chères : celle du Saint-Siége[1] et celle de la liberté religieuse.

Cette liberté essentielle ne lui paraissait pas assurée tant que celle de l'enseignement ne serait pas obtenue. Il résolut, dès lors, d'en provoquer la loi, promise par la Charte mais toujours éludée par le gouvernement, et d'organiser, à cette fin, une association analogue à celle dont il avait été l'un des principaux promoteurs sous la Restauration. Les rédacteurs de l'*Avenir* consentirent à en faire partie ; et ce fut encore dans son salon de Juilly que furent

---

1. Dans un second procès que la rédaction de l'*Avenir* eut à soutenir peu de temps après, et où fut agitée la question de la suprématie pontificale, l'abbé Lacordaire ne manqua pas de l'exalter et de lui rendre gloire. C'est lui qui déjà, répondant à un avocat du Roi, qui s'était hasardé à dire que les prêtres étaient les ministres d'un pouvoir étranger, s'était écrié, aux applaudissements du peuple de Juillet, tout hostile qu'il fût au clergé : « Nous sommes les ministres de quelqu'un qui n'est étranger nulle part, de Dieu. » Aussi les rédacteurs de l'*Avenir*, dans le mémoire qu'ils adressèrent de Rome à Grégoire XVI, le 3 février 1832, purent-ils rappeler ce procès et dire au Souverain Pontife : « Jamais l'Église romaine n'obtint en France un triomphe
« si grand que dans le grand jour où se jugea ce procès. Ses doc-
« trines y furent soutenues pendant une journée entière, aux
« applaudissements d'un auditoire encombré de jeunes gens du
« barreau et de toutes les classes de la société. On entendit dans
« le palais même du Parlement, d'où étaient sortis tant de décrets
« contre le Saint-Siége et la liberté de l'Église, une accusation
« solennelle contre les articles de 1682. Et l'acquittement des
« prévenus par le Jury, prononcé au milieu d'acclamations una-
« nimes, termina cette journée qui consomma la ruine des maximes
« gallicanes en France. »

jetées, en décembre 1830, les bases de cette société. Elle prit le titre d'*Agence générale pour la défense de la liberté religieuse*; et ses statuts furent publiés le 18 du même mois.

Elle se proposait : 1° Le redressement de tout acte contre la liberté du ministère ecclésiastique par des poursuites devant les chambres et devant les tribunaux, depuis le conseil d'État jusqu'à la justice de paix. Dans les procès les plus importants, les publications, les mémoires judiciaires, les plaidoyers devaient avoir lieu et être répandus par toute la France aux frais de l'Agence ;

2° Le soutien de tout établissement d'instruction primaire, secondaire ou supérieure contre tous les actes arbitraires, attentatoires à la liberté d'enseignement sans laquelle il n'y aurait plus ni charte ni religion ;

3° Le maintien du droit, appartenant à tous les Français, de s'unir pour prier, pour étudier ou pour atteindre toute autre fin légitime, également avantageuse à la religion, aux pauvres et à la civilisation;

4° Et de servir de lien commun à toutes les associations locales déjà établies en France ou qui s'y établiraient, dans le but de former une assurance mutuelle contre toutes les tyrannies hostiles à la liberté religieuse.

Elle était composée d'un conseil de six personnes : MM. de Lamennais, qui en avait la présidence, Gerbet, Lacordaire, de Coux, de Montalembert et de

Salinis, et de donateurs associés. La souscription annuelle était fixée à 10 fr.; et en 1831 son montant total s'élevait déjà à 31,500 fr.

Le premier acte de cette agence fut de présenter aux Chambres une pétition en faveur de la liberté de l'enseignement, d'en provoquer trois cents autres semblables dans les départements, et de faire acte de cette liberté, à laquelle le Recteur de Lyon venait de porter atteinte par le renvoi des enfants de chœur auxquels les curés de cette ville faisaient donner un enseignement gratuit, en ouvrant, le 7 mai 1831, une école libre à Paris. L'existence de cette école donna lieu à des débats célèbres devant la Cour des Pairs ; et son arrêt du 15 septembre, qui condamna MM. de Montalembert et Lacordaire à 100 fr. d'amende, fut le prélude de ce grand et solennel procès que ses auteurs ne devaient gagner que vingt ans plus tard.

Elle ouvrit ensuite une enquête sur une odieuse machination qui, pour compromettre le clergé, avait revêtu des émeutiers de costumes ecclésiastiques ; encouragea la fondation de plusieurs écoles libres en province; soutint quelques instituteurs, victimes du monopole universitaire ; poursuivit devant les tribunaux la défense des Congrégations religieuses, entre autres des Trappistes de la Melleraye, chassés brutalement de leur maison comme des bandits, le 28 septembre 1831, sur l'ordre d'un ministre, par une troupe de 600 soldats ; et facilita la création de plusieurs journaux à Nantes, à Strasbourg, à Lyon. Partout, enfin, elle se montra l'instrument courageux de la défense de tous les opprimés et de toutes les causes justes et faibles.

L'émotion qui vous gagne encore aujourd'hui au récit de ces grandes luttes, dont l'influence a été si considérable sur le réveil de la Foi, vous explique les généreuses pensées qui enflammaient alors tous les cœurs et peut donner une idée de l'enthousiasme qu'inspirait à nos Condisciples de Juilly cette sainte cause de la Religion, de la justice et de la liberté de l'Église, dont ils voyaient auprès d'eux, tous les jours, les plus glorieux champions. Le P. Lacordaire, en se reportant au souvenir de cette époque si mémorable de sa jeunesse sacerdotale, a pu dire « que ce furent des jours comme on n'en voit qu'une fois dans sa vie; » et l'un de nos poëtes, M. de Laprade, en a fidèlement retracé la physionomie dans ces beaux vers :

> Ah ! j'ai connu ces jours et je les ai vécu
> Où les droits désarmés, où l'idéal vaincu,
> Le penseur qu'on proscrit et le Dieu qu'on délaisse
> Avaient au moins pour eux les cœurs de la jeunesse.
> Alors aux grandes voix ces cœurs étaient ouverts...
> Tous alors, adoptant nos poëtes pour guides,
> Nous montions, dédaigneux des intérêts sordides,
> Fiers, altérés de bien plutôt que de bonheur,
> Et tous prêts à mourir, purs de toute autre envie,
> Pour ces biens qui font seuls les causes de la vie.

Cependant l'opposition que l'*Avenir* avait rencontrée tout d'abord dans les rangs du parti avancé aussi bien que parmi les défenseurs du régime déchu et les gallicans de l'ancien clergé, avait forcé ses rédacteurs et ceux de l'*Agence* à soumettre au Saint-Siége, dès le mois de février 1831, l'exposition de leurs doctrines[1]. Plus tard, elle s'était encore accrue des justes défiances de l'Épiscopat, alarmé de l'exagération des théories politiques et du système philosophique de M. de Lamennais. « Sa jeune école ne « craignait pas la guerre; mais sa foi et sa loyauté « s'arrangeaient mal des vagues soupçons qui pla- « naient sur son orthodoxie[2]. » Aussi les trois principaux rédacteurs du journal en suspendirent-ils spontanément la publication le 15 novembre suivant, pour aller demander au Souverain Pontife la solution des questions controversées. Cette réponse, que le Pape désirait éluder, mais que provoquaient les inconvenantes exigences de l'abbé de Lamennais, fut l'Encyclique du 15 août 1832, qui entraîna, le 10 septembre suivant, la suppression définitive de l'*Avenir* et la dissolution de l'*Agence*, et un peu plus tard, en 1834, celle de la Congrégation de Saint-Pierre.

L'abbé de Salinis, qui avait déjà signé la déclaration du 2 février 1831, manifesta publiquement sa soumission à l'encyclique par une lettre pleine d'hu-

---

1. Ils l'avaient signée le 2 février, le jour même de l'élection de Grégoire XVI.
2. *Vie du P. Lacordaire*, par le P. Chocarne, t. I, p. 138.

milité qu'il adressa à son évêque, le 30 novembre 1833[1]; et quand, cinq mois plus tard, l'apparition des *Paroles d'un Croyant*[2] eut révélé la chute irrémédiable de leur auteur, il protesta de nouveau de sa filiale obéissance au Saint-Siége dans son discours de la distribution des prix du 18 août 1834.

L'année suivante (1835), MM. de Scorbiac et de Salinis, de concert avec l'abbé Gerbet, fondèrent la revue de l'*Université catholique*, dont le titre répondait bien à leur pensée en exprimant leurs regrets et leurs espérances. La création de l'*Université catholique* de Louvain sous l'autorité de l'épiscopat belge leur avait inspiré le désir de doter leur pays d'une institution semblable. Mais le refus formel du ministère ne leur laissa que la douleur de voir « cette noble terre de France, la mère antique de toutes les universités européennes, réduite à envier aux provinces belges un bien qu'autrefois elle leur avait accordé. » Ils ne perdirent cependant pas courage; et afin de préparer cette fondation si chère à tous les catholiques, et dont certains scandales récents ne sont pas de nature à infirmer le désir et le besoin, ils songèrent à en essayer une ébauche par la presse, au moyen de l'organisation d'une publication périodique dont les diverses séries d'articles principaux formeraient, en quelque

1. *Vie de Mgr de Salinis*, p. 143.
2. Elles parurent en avril 1834 et furent condamnées par l'Encyclique du 10 juillet suivant.

sorte, des cours correspondant aux diverses facultés universitaires.

Le but immédiat qu'ils assignaient à cette *revue*, était de correspondre au double courant des esprits : l'un, qui les rapprochait du catholicisme en montrant en lui le plus grand préceptorat du genre humain qui ait jamais existé; l'autre, qui les en éloignait en les persuadant que l'humanité, parvenue aujourd'hui à l'âge viril, n'avait plus besoin de ses leçons et pouvait se charger seule, et sans son appui, de constituer la science, la morale, les arts, la société. Et pour y parvenir, ils voulaient qu'elle effectuât un double travail : le premier, d'épuration et d'élimination, qui tendît à cultiver les diverses parties des connaissances humaines, à les dégager de plus en plus des conceptions erronées qui pouvaient y avoir été mêlées, et à favoriser ainsi le mouvement de retour des esprits à la foi; le second, d'organisation, qui consistât à montrer que la foi catholique engendre la philosophie, science générale qui constitue l'unité de toutes les sciences diverses; que la hiérarchie catholique renferme le point d'appui de l'ordre et des progrès sociaux; que la charité catholique, combinée avec les résultats de la science, peut seule résoudre, d'une manière complète, les problèmes les plus importants de l'économie politique; que tout art doit être chrétien, et qu'enfin tout ce qui est chrétien émane du catholicisme ou y rentre.

Ils appelèrent à la défense de cette grande thèse religieuse du XIXᵉ siècle des écrivains catholiques de tous les partis; et pour que leur projet pût être discuté avec toute la maturité convenable, ils leur donnèrent rendez-vous au collége de Juilly. « Cet établissement, disait l'abbé Gerbet dans le
« programme de la nouvelle *revue* qu'il publia en
« juillet 1835, consacré par les souvenirs de Bos-
« suet et de Malebranche, et qui devient le centre
« de plusieurs œuvres chères à la religion, devait
« naturellement être choisi pour le lieu de leur
« réunion; car c'est du sein de cette retraite qu'est
« sortie la première idée de cette œuvre. »

Leurs collaborateurs furent : pour les sciences religieuses et philosophiques, les abbés de Genoude, Foisset et Juste, et M. Riambourg, ancien président à la cour royale de Dijon ; pour les sciences sociales, MM. Berryer, Ch. de Coux, professeur d'économie politique à l'université catholique de Malines, Th. Foisset, Pardessus, de Lourdoueix, de Rainneville et le vicomte Alban de Villeneuve-Bargemont, ancien préfet du Nord; pour la littérature, MM. le comte de Montalembert, Cyprien Robert, Jourdain et Rio; pour les sciences psychologiques, mathématiques et physiques, MM. Bayle, Binet, Gaultier de Claubry et Récamier; et pour les sciences historiques, MM. de Cazalès, Douhaire et de la Gournerie. Ils se proposaient encore de faire connaître, par analyse ou par extraits, les principaux ouvrages publiés à l'étranger pour la défense de la religion.

Le premier numéro de ce recueil parut en janvier 1836. Depuis lors, il s'est soutenu pendant près de trente ans sous l'habile direction de l'ancien rédacteur des *Annales de philosophie chrétienne*, M. Bonnetti, qui se propose d'en écrire l'histoire. Dans le cours de cette longue carrière, il a publié des travaux du plus haut intérêt : *Le Cours de Religion* de M. de Salinis; celui de l'*Introduction à l'étude des vérités chrétiennes* par l'abbé Gerbet; celui d'*Économie sociale* de M. de Coux; les belles études de M. Rio sur l'*Art chrétien*, l'*Introduction à l'histoire de sainte Elisabeth* par M. de Montalembert et le cours d'*Histoire de l'économie politique* par M. de Villeneuve-Bargemont.

Telle est la pâle analyse de toutes les grandes œuvres de polémique religieuse, d'apologétique chrétienne ou de défense des intérêts et de la liberté de l'Église, que le zèle des Directeurs de Juilly les porta à entreprendre en dehors des labeurs quotidiens de leur difficile mission, et qui ne contribuèrent pas moins que leur enseignement à projeter sur cette maison le plus vif et le plus pur éclat.

CHAPITRE SIXIÈME

LA TRANSMISSION DU COLLÉGE.

Projets de l'abbé de Salinis pour le développement des écoles libres catholiques. Journal, livres, méthodes et programmes. École normale et Société générale d'éducation. Association de l'abbé Foisset à la direction de Juilly. Sa retraite. Offres de cession du collége à la Communaut de Saint-Sulpice. Refus de l'abbé Boyer. Traité avec la Société ecclésiastique de M. l'abbé Bautain. Note biographique sur les dernières années de la vie de l'abbé de Scorbiac et de Mgr de Salinis.

L'abbé de Salinis était tellement pénétré de l'importance capitale de l'éducation, il fondait sur elle de si hautes espérances pour l'avenir du pays, qu'il lui consacrait toutes ses forces et qu'il en avait fait, pour ainsi dire, l'unique passion de sa vie. La maison de Thieux lui avait semblé le dernier et nécessaire développement d'un plan complet d'études ; et au milieu des avantages plus généraux qu'il attendait de l'*Université catholique*, il y voyait un lien moral qui unirait encore les anciens élèves lorsqu'ils seraient dispersés dans le monde, un centre commun de science et d'action qui les rapprocherait des hommes les plus capables de les diriger dans les années décisives de leur jeunesse, les exciterait au travail et divulguerait leur talent [1]. Il nourrissait aussi d'autres pensées pour le progrès

---

1. Circulaire des Directeurs aux familles des élèves à l'occasion de l'envoi du prospectus de cette *revue*.

des études et pour le développement du collége. Il aurait voulu faire rédiger des programmes complets des divers cours de religion, de philosophie, d'histoire et de littérature, qui les rattachassent les uns aux autres par une même pensée de foi ; publier un journal qui propageât ces principes et ces méthodes, et répondre aux offres de plusieurs chefs d'établissement en essayant de former à Juilly une sorte d'école normale qui l'aurait rattaché aux maisons d'éducation les plus importantes [1] : idée féconde, à laquelle il est bien regrettable que le temps ne lui ait pas permis de donner suite et d'appliquer sa haute intelligence, car l'avenir et le succès des écoles libres catholiques nous semblent subordonnés à sa réalisation [2].

Pour mettre à exécution ces plans divers et sur-

---

1. *Vie de Mgr de Salinis*, p. 151.
2. L'étude des moyens pratiques d'appliquer cette idée, l'avait conduit à dresser les statuts d'une vaste Société d'éducation, qui aurait eu son organe spécial dans la presse, aurait publié ses méthodes, ses programmes et ses livres d'enseignement, aurait fondé des maisons nouvelles, soutenu ou encouragé celles déjà existantes et établi des institutions d'un ordre supérieur, et tout d'abord une sorte d'École normale à Juilly. Il voulait créer cette Société au capital de trois millions, divisés en trois mille actions de mille francs chacune. Des entraves administratives l'empêchèrent de donner suite à ce projet ; et plus tard d'autres préoccupations ne lui permirent plus de le reprendre. Mais cette grande pensée préoccupe encore aujourd'hui beaucoup d'esprits élevés et d'hommes réfléchis et répond aux besoins comme aux vœux d'un grand nombre de familles. Puisse-t-elle trouver dans son opportunité même le gage de tous les développements dont elle est susceptible et puiser le principe d'une vie puissante dans les

tout le dernier, comme aussi pour assurer davantage la stabilité du collége, il sollicita d'abord et obtint, en 1837, la coopération de l'habile supérieur du petit séminaire de Dijon, l'abbé Foisset, dont les vues sur l'éducation cadraient avec les siennes et en qui il espérait trouver un successeur. Mais cet espoir fut trop tôt déçu. L'abbé Foisset entra à Juilly au printemps de 1837, et il en dirigeait les études avec un plein succès depuis dix-huit mois, lorsque le successeur de Mgr Rey, son ancien évêque, le rappela dans son diocèse.

La pensée fut alors suggérée à nos directeurs par l'abbé Affre, leur intime ami, qui devait illustrer le siége archiépiscopal de Paris par la fermeté de son administration et par sa fin glorieuse, d'affilier Juilly à la communauté de Saint-Sulpice. Ils l'accueillirent avec bonheur et s'en ouvrirent au supérieur, l'abbé Boyer. « Permettez-nous de vous dire, lui écrivait l'abbé de Salinis, qu'enfants de Saint-Sulpice nous éprouverions une véritable satisfaction de cœur en nous déchargeant dans les mains de cette congrégation de l'espèce de dépôt religieux qui, par des circonstances que nous aurions été loin de prévoir, nous a été remis par les derniers représentants de l'Oratoire. Le

---

efforts communs de tous ceux qui méditent encore la parole du Sauveur : *Sine me nil potestis facere*, sans moi vous ne pouvez rien, et qui comprennent que la science, sans l'appui de la religion, est impuissante à accomplir l'œuvre de l'éducation !

P. de Condren, qui est le fondateur du collége de Juilly, était l'ami de M. Olier. Nous pouvons croire interpréter ses intentions en travaillant à faire passer Juilly dans les mains des enfants de M. Olier[1]. »

Cette négociation avait échoué, et ils n'en voyaient aucune autre qu'ils pussent entamer, lorsque des amis communs, entre autres le vénérable curé de Saint-Louis d'Antin, M. l'abbé Martin de Noirlieu, les mirent en rapport avec une société de Prêtres « chez lesquels se trouvaient réunies à un si haut degré, » disaient-ils eux-mêmes dans la circulaire qu'ils adressèrent aux parents des élèves pour leur annoncer leur retraite, « toutes les garanties possibles de piété, de dévoûment, de talents, de science, que nous aurions cru manquer à la Providence en laissant échapper cette occasion d'assurer l'avenir de l'œuvre qui nous avait été confiée[2]. »

Les conditions de la cession du collége furent débattues pendant les vacances de 1840 ; et le 7 octobre de la même année, elle s'opéra selon le mode usité depuis 1815, sous la forme de l'admission de MM. les abbés Bautain, de Bonnechose, Th. Ratisbonne et Jules Lewel, en qualité de nouveaux membres de la société tontinière. Les reprises de MM. de Scorbiac et de Salinis, calculées à raison des déboursés considérables qu'avait exi-

1. *Vie de Mgr de Salinis*, p. 154.
2. Circulaire du 8 avril 1841.

gés de leur part la restauration des bâtiments, et aussi d'après la plus value résultant de leur administration [1], furent fixées à la somme de 450,000 fr., réduite un peu plus tard à 425,000 fr. Dans ce chiffre figuraient 120,000 fr. de dettes diverses de la société tontinière à endosser par les nouveaux acquéreurs, 80,000 fr. représentant le capital de 9,300 fr. de rentes viagères annuelles dues aux anciens professeurs et oratoriens de Juilly, et 160,000 fr. [2] de mémoires de travaux de grosses réparations ; en sorte que ces messieurs ne réclamaient, en réalité, que 65,000 fr. comme équivalent du capital de 9,000 fr. de rente viagère qu'ils se réservaient pour eux et M. Caire. Il était impossible de remplir plus scrupuleusement les engagements de leur propre acquisition.

Le 8 avril suivant, après avoir effectué graduellement et sans secousse l'installation définitive de leurs successeurs, ils annoncèrent aux familles qu'à partir du 18 du même mois la direction générale serait remise à M. l'abbé Carl, docteur ès lettres, en théologie et en médecine, qui rempla-

---

1. La rentrée de 1840 s'effectua avec 230 élèves dont 180 anciens et 50 nouveaux.
2. « Plus de cent soixante mille francs ont été dépensés par les Directeurs actuels pour restaurer le collége. » Déclaration faite par M. l'abbé de Scorbiac, au nom de ses associés, à leurs successeurs, le 7 octobre 1847, et consignée p. 58 du registre des actes et délibérations de la société tontinière de Juilly.

çait M. l'abbé de Scorbiac comme chef d'institution, que la direction des études serait confiée à M. l'abbé Goschler, docteur ès lettres et licencié en droit, et l'administration à M. Jules Lewel, licencié en droit, que MM. les abbés de Bonnechose, Ratisbonne, Nestor Lewel, de Régny et Mertian et M. le baron de Reinach concourraient à la gestion et à la direction de la maison, et que M. l'abbé Bautain aiderait ses amis de ses conseils et de son expérience. Et quelques jours plus tard, ils quittèrent tous deux pour jamais ce collége de Juilly dont le nom, désormais inséparable du leur, recouvra, pendant les douze années de leur administration, toute son ancienne splendeur [1].

1. Un mois après, ils étaient à Rome avec l'abbé Combalot et quelques-uns de leurs anciens élèves. Ils y reçurent du Souverain Pontife le plus paternel accueil, et y furent vivement sollicités d'accepter la direction de l'établissement de Saint-Louis des Français, dont Grégoire XVI voulait faire un centre de hautes études ecclésiastiques, qui manquait en France et que réclamaient nos Évêques. Des retards, inhérents à la nature de l'œuvre qu'il s'agissait de constituer, se produisirent au milieu des négociations. Sur ces entrefaites des lettres de grand vicaire qu'ils reçurent l'un et l'autre du cardinal Donnet, les décidèrent à se fixer à Bordeaux. L'abbé de Salinis y accepta une chaire à la faculté de théologie où il continua ses démonstrations éloquentes de la vérité catholique. L'abbé de Scorbiac y paya noblement l'hospitalité du Prélat en se dévouant aux Missions diocésaines et à la direction spirituelle d'un grand pensionnat de jeunes filles. La mort le surprit au milieu de sa famille, à Montauban, le 1er octobre 1846; et ce fut un de ses élèves de Juilly, notre excellent camarade Henri Truchon, à qui la Providence ménagea la suprême consolation de recevoir son dernier soupir et de lui fermer les yeux. L'abbé de Salinis perdit en lui un frère, l'Église un de ses plus

saints prêtres[1], et ses amis un des cœurs les meilleurs et les plus dévoués que l'on pût rencontrer.

L'abbé de Salinis continua son enseignement à Bordeaux jusqu'à la Révolution de 1848, où sa candidature à la Représentation nationale, patronnée par l'Archevêque et appuyée par les sympathies de la population bordelaise, rallia 44,196 voix, et où, quelques mois plus tard, le 10 février 1849, le Président de la République, sur la proposition de M. de Falloux, ministre de l'Instruction publique et des cultes, le nomma à l'évêché d'Amiens. Il y resta six ans et fut transféré, en avril 1856, sur le siége archiépiscopal d'Auch. Dans ces deux diocèses il sut acquérir des titres à la reconnaissance publique par la grandeur des actes de chacun de ses deux épiscopats[2]. Il mourut à Auch le 30 janvier 1861, soutenu lui-même par les dernières et religieuses consolations d'un fils et d'un ami, l'abbé de Ladoue, son grand vicaire ; et mérita ce bel éloge tombé des lèvres augustes du Saint-Père : « Nous avons perdu, dit Pie IX en apprenant sa mort, *un grand Évêque et un ami dévoué*[3]. »

---

1. L'humilité de l'abbé de Scorbiac lui avait toujours fait refuser l'Épiscopat.
2. Voir le résumé de ces deux Épiscopats, dans sa *Vie*, p. 355 et 381.
3. Sa *Vie*, p. 450. Un service funèbre fut célébré à Juilly, le 16 mars 1861, dans la chapelle du parc, pour le repos de l'âme de Mgr de Salinis. Son Éminence le cardinal Donnet présida la cérémonie, célébra la messe et prononça lui-même l'Oraison funèbre de l'illustre Prélat.

LIVRE SEPTIÈME

Direction de la Société ecclésiastique de M. l'abbé Bautain.

CHAPITRE PREMIER

LES ANTÉCÉDENTS DE CETTE SOCIÉTÉ.

L'abbé Bautain. Sa naissance. Ses études. Son enseignement de la philosophie à Strasbourg. Sa conversion au catholicisme. Ses disciples : MM. les abbés Carl, Ratisbonne, Jules et Nestor Lewel, de Régny, de Reinach, Goschler, Mertian, Gratry et S. E. le cardinal de Bonnechose. Révolution de Juillet. Suspension du cours de M. Bautain. Direction du petit Séminaire de Strasbourg. Partage des fonctions. Épreuves de l'abbé Bautain. Publication de sa *Philosophie du christianisme* par M. l'abbé de Bonnechose. Dissentiment avec son évêque. Ouverture du pensionnat et de l'école de la Toussaint. Direction de l'école. MM. les abbés de Régny, Th. Ratisbonne et Mertian. Système pédagogique suivi par M. de Régny. Direction du pensionnat. Méthode d'enseignement et mode d'éducation adoptés par M. l'abbé Carl. Entraves universitaires. Départ de Strasbourg.

Quelle était cette réunion de prêtres ? Comment et dans quel but s'était-elle formée ? Quelles avaient été les différentes phases de son existence avant son entrée à Juilly ? Cette recherche peut fournir quelque lumière sur l'étude de son action pendant les vingt-cinq années qu'elle est restée chargée de la direction de ce Collége.

A sa tête se trouvait « un prêtre éminent, » revêtu du triple diplôme de docteur ès lettres, en médecine et en théologie, et « qui avait porté dans « les rangs du sacerdoce une gloire dont le monde « était fier[1], » M. l'abbé Bautain, à la fois orateur, théologien, philosophe et écrivain, et digne, à tous ces titres, de venir occuper à Juilly la place qui avait été celle de M. l'abbé de Lamennais, investi pendant plusieurs années, dans l'Église de France, d'un pouvoir qui rappelait celui de Bossuet.

Issu d'une famille modeste, Louis-Eugène-Marie Bautain, né à Paris le 17 février 1796, avait été admis, après de brillantes études classiques, à l'École normale où il avait eu pour condisciple Jouffroy et pour maître Cousin, qui avait distingué son talent précoce. A vingt ans, il avait été envoyé à Strasbourg en qualité de Professeur de philosophie; et un an après il en occupait la chaire à la Faculté de cette ville. Le succès de ses leçons y fut prodigieux ; leur influence sur la jeunesse, immense. « Sans hostilité ouverte contre le Christianisme, il « ne le croyait cependant plus à la hauteur d'un

---

1. Discours de Mgr Cœur, évêque de Troyes, à la distribution des prix de Juilly, du 29 juillet 1850, p. 6.

« siècle de lumières comme le nôtre; et toute sa
« science, « il l'avoue lui-même, » voulait appren-
« dre au monde à se passer de l'Évangile[1]. » Mais
au milieu des enivrements de la gloire et des applaudissements de la foule, il avait toujours aimé la vérité. Elle ne tarda pas à se révéler à lui. Elle lui envoya, comme l'ange de sa lumière, une femme,
« une mère, telle que la grâce les forme et que la
Providence les donne quelquefois aux âmes qu'elle
veut sauver[2]. » Et ce fut après Dieu à mademoiselle
Humann[3], une de ces saintes et admirables vierges
comme l'histoire nous montre les Lioba, les Marcelle
et les Catherine d'Alexandrie, « qui unissait aux
« plus aimables qualités d'un cœur de femme et aux
« habitudes simples et douces de son sexe[4] » le génie
des langues et de la science philosophique, qu'il
dut le bienfait de sa conversion dont il a lui-même
consigné le récit dans des pages pleines de charme[5].

Philosophe et chrétien, il se sentit bientôt au
cœur la vocation du sacerdoce, refusa les plus brillants partis, entra au séminaire en 1827, et fut ordonné prêtre l'année suivante. Il reprit alors son

---

1. L'abbé Bautain, *la Chrétienne de nos jours*, t. II, p. 367,
éd. in-12.
2. *Ibid.*, p. 372.
3. Mademoiselle Louise Humann était la sœur aînée de M. Humann, ministre des finances sous le règne de Louis-Philippe. Elle
mourut à Strasbourg, en 1836, âgée de soixante-sept ans.
4. *La Chrétienne de nos jours*, p. 371.
5. *La Chrétienne de nos jours*, deuxième partie, quinzième
lettre sur la vieillesse chrétienne, p. 362.

enseignement public[1] et la suite des leçons particulières qu'une première suspension de son cours, en 1822, lui avait fait donner chez lui de 1823 à 1827. Inspirée désormais par l'Esprit d'en haut, sa parole, plus pénétrante, devint aussi plus féconde. Sa chaire se transforma en une véritable école, et il la vit entourée de plusieurs jeunes gens d'élite qui cherchaient la vraie sagesse dans la philosophie chrétienne.

Dans le nombre, il en resta dix qui s'attachèrent à lui, le prirent pour guide de leurs âmes dans les voies de la vérité et de la pratique de l'Évangile, et qui tous, « après avoir terminé leurs études acadé« miques et pris leurs grades dans les lettres, les « sciences, le droit ou la médecine, vinrent déposer « leurs diplômes au pied des autels, s'enrôlèrent à « sa suite dans la milice sacrée et se vouèrent, « sous sa conduite, à la prédication, à l'enseigne« ment et à toutes les études profitables au saint « ministère[2]. » Ce furent :

1° L'abbé Carl (Georges-Adolphe), « le premier et le modèle de ses disciples[3], » né à Strasbourg en

---

1. Le caractère et la méthode de cet enseignement ont été nettement précisés dans une lettre, adressée de Strasbourg, le 14 mai 1834, par l'abbé de Bonnechose à la *Revue européenne*, et dans l'*Introduction*, par le même, à la *Philosophie du christianisme* de M. Bautain.
2. *La Chrétienne de nos jours*, passim, et p. 391 et 392.
3. Le cardinal de Bonnechose, *Introduction à la philosophie du christianisme*, p. 23 et 24.

1804, neveu par sa mère de mademoiselle Humann, docteur ès lettres et en médecine[1], « un des prê-tres les plus savants du clergé de France, philo-sophe et historien profond, philologue ingénieux et sûr, parlant avec chaleur, écrivant avec fer-meté[2] » et digne de tous les respects et de toutes les sympathies par la simplicité de sa foi, l'humilité de son cœur et la générosité de sa belle âme ;

2° Le R. P. Théodore Ratisbonne, de l'ancienne famille des Cerfbeer[3], juif de naissance, né en 1802, avocat, puis prêtre en 1830 ;

3° Mgr Jules Lewel, israélite, né à Nancy en 1802, avocat à la Cour royale de cette ville, prêtre en 1830 et docteur en théologie ;

4° L'abbé Nestor Lewel, frère du précédent, israélite comme lui, né à Nancy en 1804, attaché d'abord au corps du colonel Fabvier dans l'expé-dition de Grèce, et ordonné prêtre en 1832 ;

5° L'abbé Eugène de Régny, fils de l'intendant général des finances de la Grèce sous le roi Othon, né à Gênes en 1804, prêtre en 1833, « pieux, mo-deste et instruit, a dit de lui l'abbé Goschler, et

1. Sa thèse, dans laquelle il vengea la médecine du reproche de matérialisme, laissa dans la Faculté un long souvenir. Le lendemain de sa soutenance, il dépouillait la robe de docteur pour prendre l'habit des clercs et entrait dans la maison des hautes études ecclésiastiques de Molsheim.
2. *Dictionnaire encyclopédique de la Théologie catholique*, traduit par l'abbé Goschler, t. XXII, p. 198, en note.
3. *Ibid., loc. cit.* Cousin germain de l'illustre Meyerbeer et lié aux Fould et aux Rothschild.

« tenant de son origine méridionale un goût exquis
« pour les arts, une précieuse facilité de caractère,
« et de sa première carrière dans le monde, une
« parfaite entente des affaires¹; »

6° Le baron Adrien de Reinach-Werth, descendant d'une des plus anciennes et des plus nobles maisons de l'Alsace, né en 1804, chevalier de Malte, devenu prêtre en 1834;

7° L'abbé Isidore Goschler, né aussi au sein du judaïsme en 1804, d'abord avocat, puis professeur de philosophie au collége de Besançon et prêtre en 1830, esprit philosophique² et brillant, homme aimable et dévoué aux intérêts de l'enfance;

8° L'abbé Jacques Mertian, fils d'un banquier de Strasbourg et héritier des vertus chrétiennes de sa famille, né en 1806 et prêtre en 1832;

9° Le R. P. Alphonse Gratry, de l'Oratoire et de l'Académie française, né à Lille en 1805, ancien élève de l'École polytechnique, connu dès alors par ses succès dans les concours généraux de l'Université et qui depuis a conquis le premier rang parmi les penseurs et les moralistes contemporains;

10° Et le plus célèbre de tous, l'abbé Henri-Marie-Gaston de Bonnechose, né à Paris en 1800, aujourd'hui cardinal-archevêque de Rouen, qui résigna

---

1. *Ibid., loc. cit.*
2. Sa thèse de doctorat en théologie sur *le Panthéisme* (1839) et son *Étude sur la poésie des psaumes* (1840) furent très-remarquées.

en 1830 ses fonctions d'avocat général à la Cour impériale de Besançon pour venir à Strasbourg suivre les leçons de M. l'abbé Bautain « et recevoir la lumière et la vie de la foi par sa parole[1], » fut ordonné prêtre en 1834, sacré évêque de Carcassonne en 1848 et revêtu, en 1864, de la pourpre romaine.

Sur ces entrefaites éclata la révolution de Juillet. Elle fit participer l'abbé Bautain aux disgrâces de l'Église et lui fit suspendre, elle aussi, son cours. Mais elle ne put ralentir son zèle pour les intérêts de la foi; et Dieu lui fournit bientôt l'occasion d'employer à son œuvre cette élite de jeunes prêtres dont il était le père et le chef. En octobre 1830, l'évêque de Strasbourg, Mgr Lepappe de Trevern, lui offrit la direction de son petit séminaire, connu dans la ville sous le nom de *collége Saint-Louis*. Il accepta, et voulut répondre à la confiance du prélat par la gratuité de son concours et de celui de ses amis.

Il se réserva le titre de Supérieur de la maison, lui donna pour Directeur l'abbé Carl et pour économe l'abbé J. Lewel. M. Goschler eut la chaire de philosophie. MM. de Bonnechose et Gratry se partagèrent celle de rhétorique, et les classes d'humanités et de grammaire furent confiées à MM. Ratisbonne, de Régny, Lewel, de Garsignies, mort évêque de Soissons, et Mabile, évêque actuel de Versailles.

1. V. sa lettre, déjà citée, à la *Revue européenne*.

L'action de tous ces hommes apostoliques, unis de cœur et d'esprit dans une pensée commune de foi, de charité et de science, ne pouvait être que considérable. Elle fut malheureusement d'une trop courte durée. Quatre ans s'étaient à peine écoulés depuis qu'ils étaient à la tête de cette maison, lorsque commença pour leur Supérieur cette série d'épreuves dont il avait eu le pressentiment et comme la révélation lors du pèlerinage d'Einsiedeln, à Notre-Dame des Ermites, qui avait décidé de sa vocation sacerdotale[1]. Dans le courant de l'année 1834, sa correspondance religieuse avec ses disciples, où il leur exposait toute sa doctrine, fut publiée par l'abbé de Bonnechose sous le titre de *Philosophie du Christianisme*. L'ouvrage fit grand bruit, et son auteur fut l'objet de violentes attaques. On lui reprocha son traditionalisme et sa haine de la scolastique ; on l'accusa de vouloir annuler la raison et de la réduire au scepticisme en livrant l'homme à une foi aveugle et en excluant la discussion et le raisonnement des études religieuses. La jalousie, l'ignorance et un funeste esprit de contention parvinrent à présenter son livre à l'évêque comme un objet d'alarme. Le prélat l'examina lui-même, y releva six propositions, et, dans un avertissement qu'il adressa au clergé et aux fidèles de son diocèse le 15 septembre suivant, formula six questions correspondantes sur lesquelles il exigea une déclara-

---

1. *La Chrétienne de nos jours*, deuxième partie, p. 388.

tion précise de tous ses prêtres. L'abbé Bautain, fort de ses intentions, qui n'avaient jamais été d'amoindrir la raison mais uniquement de la préserver de ses excès, fort aussi du droit qu'il revendiquait, de soutenir des propositions qui ne sortaient pas du domaine de la philosophie, vit trop, peut-être, dans cette mesure de son évêque le fait du docteur de l'ancienne Sorbonne et pas assez l'acte du juge de la doctrine; et il refusa de s'y soumettre en s'en référant au jugement de l'Église. Quelques semaines après l'administration du petit séminaire passait en d'autres mains.

Ce fut alors que ses collaborateurs se décidèrent à ouvrir un pensionnat sous le titre d'*Institution de la Toussaint*, du nom de la rue où ils le fondaient, et à créer en même temps une grande école primaire qui en serait la succursale et la pépinière. Ces deux établissements furent bientôt en grande faveur.

L'école, confiée à la direction de l'abbé de Régny assisté de l'abbé Th. Ratisbonne et de l'abbé Mertian, fut fréquentée, dès les premiers jours, par les enfants des principales familles de la ville, et parvint, en moins de vingt mois, au chiffre de 130 élèves. Elle dut sa vogue à l'intérêt des leçons de l'abbé Ratisbonne « qui charmait les enfants par sa parole douce et spirituelle, et qui, tout en préparant sa belle *histoire de saint Bernard*, trouvait le temps de composer, pour leur instruction, de ravissantes fables et de touchantes paraboles, » au zèle exemplaire de l'abbé Mertian, et surtout à l'excellente méthode d'enseignement introduite par le Directeur qui, dans l'exercice de ses nouvelles fonctions, fit preuve d'un véritable talent pédagogique.

Appliquant dans cette méthode le principe d'expérience, posé par Aporti[1], que la pensée naît de la parole, que l'enfant n'acquiert d'idées que par les mots qui en sont les signes, et que son intelligence est un moule qui s'étend ou se resserre dans la mesure de l'étendue et de la portée du langage qui l'éveille, l'abbé de Régny chercha à préparer ses élèves à l'étude des sciences qui devaient plus tard entrer dans le cadre de leur instruction, par la connaissance préalable des mots de la langue de chacune de ces sciences ; et à cet effet, il réduisit en questionnaires, c'est-à-dire en demandes et en réponses courtes, nettes, familières et faciles à retenir, les notions essentielles et élémentaires du raisonnement, de l'histoire naturelle, de la géographie, de l'arithmétique, de la géométrie et de la musique ; il résuma de la même manière les définitions et les règles de la grammaire française et de la syntaxe latine, et trouva dans ces divers formulaires un moyen aussi commode qu'efficace, d'instruire ses jeunes enfants et de développer la force et la justesse de leur raison[2].

---

1. L'abbé Ferrante Aporti, de Crémone, fondateur des écoles de l'enfance de Lombardie.
2. Ces questionnaires furent imprimés à Strasbourg en 1838.

La prospérité du pensionnat, dont l'abbé Carl accepta la conduite, ne fut pas moins rapide. Elle eut pour causes l'influence toujours considérable de l'abbé Bautain, la notoriété des professeurs dont le talent avait été apprécié dans leurs leçons du petit séminaire, la considération générale dont jouissait le nouveau Directeur, et aussi les avantages du système pédagogique qu'il y introduisit.

L'objet des études y fut à peu près le même que dans les colléges; leur forme seule et leur division différèrent. Celle des langues anciennes, acceptée dans tous les temps comme le premier et le meilleur aliment de la vie intellectuelle de l'enfance, resta le fond de l'enseignement qu'il compléta par des instructions graduées, propres à initier l'élève à la connaissance de l'homme et de la nature, et par des leçons plus approfondies des langues modernes et surtout de notre langue nationale, devenue par sa précision et sa clarté l'idiome du monde civilisé.

Il divisa les études en trois sections principales, correspondantes aux périodes les plus saillantes du développement intellectuel des élèves.

Dans la première étaient placés les plus jeunes

Celui du raisonnement et de l'analyse avait été composé par l'abbé Carl; celui de la syntaxe latine, par l'abbé Goschler; celui de la géométrie, par l'abbé Mertian; celui de la géographie, par M. de Reinach; et celui de la musique, par l'abbé de Régny, qui rédigea aussi celui de la grammaire française qui est aujourd'hui à sa troisième édition.

dont la raison, trop faible pour saisir les rapports des mots, ne leur permettait pas de posséder encore l'art du langage. Ils y étudiaient les parties du discours d'abord dans la langue française, le principal objet de l'enseignement de cet âge, puis dans les langues allemande, latine et grecque, et accessoirement les éléments de l'histoire sainte et ceux du calcul, la géographie et l'histoire naturelle de l'homme.

La seconde comprenait ceux qu'une raison déjà exercée rendait capables d'étudier la syntaxe. On les habituait à l'application de ses règles par la traduction répétée du latin, du grec, du français et de l'allemand, et, par la composition et l'analyse fréquente du discours, à un langage correct, nécessaire à la justesse de la pensée. Leurs études accessoires étaient l'arithmétique, la géométrie, l'histoire ancienne, l'histoire naturelle du globe ou les éléments de géologie et de minéralogie, et, à l'aide de cartes spéciales, la géographie physique, historique et politique, afin de leur donner les notions indispensables de la vie naturelle et politique des peuples.

A la troisième appartenaient les adolescents « en « qui l'imagination commence à prédominer et « chez lesquels le besoin du beau se fait sentir « par les premières manifestations du goût. L'art « caractérisait cette période des études ; et pour « former les jeunes gens à celui de la parole, on

« leur faisait connaître les plus beaux ouvrages
« de toutes les littératures et surtout de celles
« d'Athènes et de Rome, éternels modèles de la
« nôtre dont elles sont la source[1]. » Les compositions oratoires les préparaient aux travaux plus calmes et plus sérieux de la philosophie, et la vivacité de leur imagination était tempérée par l'étude de la géométrie, de l'algèbre, de la trigonométrie, de l'histoire du moyen âge et des temps modernes et de celle des plantes et des animaux.

On devait passer deux années dans chaque division, de manière à terminer en six ans le cours de ses études littéraires. Une dernière année était consacrée à celle de la philosophie, de l'histoire universelle, de la physique, des mathématiques spéciales, des principes de l'anthropologie et de la thérapeutique, de la politique générale et de l'économie politique, et à la préparation de l'examen du baccalauréat ès lettres.

L'unité de ces études diverses résultait de « l'es-
« prit commun qui les vivifiait toutes et qui éma-
« nait lui-même de la profondeur d'une philoso-
« phie supérieure et toute chrétienne[2]. »

Enfin l'abbé Carl chercha une méthode qui fût appropriée à l'âge et au degré d'intelligence des enfants. Chaque branche d'enseignement fut con-

---

1 et 2. Discours de M. l'abbé Carl à la distribution des prix de la pension en 1836.

fiée à un professeur spécial, astreint non-seulement à faire le cours et à corriger les devoirs, mais même à surveiller le travail relatif à l'objet de son enseignement et à faire apprendre les leçons sous ses yeux. Et pour faciliter cette surveillance, chaque classe, dans les deux dernières divisions du moins, était fixée à une durée d'une heure et devait être précédée d'un temps d'étude égal. En outre, il combina l'enseignement simultané avec la méthode mutuelle, l'explication orale du maître, qui seule permet aux élèves de bien comprendre sa leçon, et les répétitions par les élèves entre eux du résumé de cette explication pour la leur faire mieux retenir.

L'éducation ne tint pas une moindre place que l'instruction dans le règlement tracé par le Directeur; et afin de pénétrer ses élèves de l'esprit chrétien qui en est la seule base solide, il n'exigea pas seulement que les cours d'instruction religieuse leur rendissent évident le rapport intime des préceptes de la morale avec les dogmes de la Religion, il voulut encore que l'observation de ces préceptes fût constamment placée sous leurs yeux par l'exemple de leurs maîtres ; et il obtint, à cet effet, du dévoûment de tous leurs professeurs de classe qu'ils consentissent à se faire en même temps leurs maîtres d'étude, à vivre de leur vie et à se mêler à tous leurs mouvements pour les mieux connaître et mieux les diriger dans les voies de la piété, du travail et de l'amour de leurs semblables et de leur pays.

Pendant plus de quatre années, l'abbé Carl put présider sans entraves à l'exécution de ce plan [1] si judicieusement conçu, et croire que la loi sur la liberté d'enseignement, si solennellement promise et si persévéramment ajournée, était cependant dans les vœux du pouvoir. Mais les exigences arbitraires et jalouses du Recteur lui prouvèrent ses dispositions hostiles; et à partir de la rentrée scolaire de 1838, malgré l'énergie de ses protestations et l'influence de ses protecteurs, il fut obligé de faire suivre les cours du Collége royal à ses élèves de seconde et de rhétorique et dut cesser, dès lors, l'application de son système pédagogique.

Atteints désormais dans leur liberté vitale, dans leur droit le plus cher à leurs cœurs de prêtres et de citoyens, l'abbé Bautain et ses collaborateurs songèrent à se séparer de leurs enfants et à quitter Strasbourg où cependant bien des liens les attachaient. Un autre motif, qui n'existait plus, il est vrai, lorsqu'ils s'éloignèrent de cette ville [2], les y

---

1. Les lignes principales de ce plan ont été tracées par M. l'abbé Carl lui-même dans les deux discours qu'il a prononcés en 1836 et en 1837 à la distribution des prix de son pensionnat.

2. La lettre de l'abbé Bautain à Mgr de Trevern, du 21 novembre 1837, explicative de sa pensée et de sa conduite au sujet de la discussion soulevée par son livre de la *Philosophie du Christianisme*, loin de calmer ses adversaires, les engagea à tenter de faire mettre cet ouvrage à l'index. Instruit de ces menées par le P. Lacordaire, il suivit son conseil, partit pour Rome, soumit tous

déterminait encore : ils désiraient mettre un terme à leur état de lutte et de résistance vis-à-vis de leur évêque, qui les avait comblés des marques de sa confiance et de son affection, mais aux demandes duquel leur Supérieur ne croyait pas pouvoir déférer [1]. Aussi bénirent-ils tous la Providence lorsqu'ils se virent assurés de pouvoir continuer à Juilly l'œuvre de l'éducation de la jeunesse laïque, à laquelle ils s'étaient voués et à laquelle ils avaient déjà fait produire de si excellents fruits.

ses écrits au jugement du Saint-Siège, adhéra aux propositions que lui firent souscrire les cardinaux Lambruschini et Mezzofanti et revint en France justifié. Peu de temps après son retour, la mort de Mgr de Trevern le fit rentrer en grâce avec son successeur, Mgr Rœss, qui lui offrit de reprendre la direction du petit séminaire. Mais il était trop tard ; la cession de Juilly venait d'être conclue.

1. Lettre du P. Lacordaire à Madame de Schwetchine, du 13 février 1838.

CHAPITRE SECOND

DE L'ADMINISTRATION DU COLLÉGE PAR CETTE SOCIÉTÉ.

Direction de M. l'abbé Carl : 1841-1844 et 1846-1864.
Direction intérimaire de M. l'abbé Goschler : 1844-1846.

Prise de possession du collége par M. l'abbé de Bonnechose au nom de M. l'abbé Bautain. Réunion à Juilly des membres de sa Communauté. Retraite de MM. les abbés Th. Ratisbonne et Gratry. Direction de M. l'abbé Carl. Changements dans le personnel des professeurs. Modifications disciplinaires. Division des Minimes. Résultats de l'enseignement classique. Arrêté ministériel qui conserve à l'institution de Juilly le titre de collége libre. Cours de religion ; leur programme. Consécration religieuse des membres de la Société ecclésiastique de M. l'abbé Bautain. But primitif de cette Société. Ouverture des cours de l'école de théologie de Juilly. Direction du pensionnat par M. l'abbé Goschler. Projet d'établissement de la Congrégation de Saint-Louis ; son but ; adhésion qu'elle rencontre dans l'épiscopat français. Soumission de ses statuts à l'approbation du Saint-Siège. Bref d'éloge de Grégoire XVI. Retraite de MM. les abbés Goschler, Jules et Nestor Lewel. Promotion de M. l'abbé de Bonnechose à l'épiscopat. Abandon de l'instance en approbation des règles du nouvel institut. Reprise de la direction du collége par M. l'abbé Carl. Concurrence que lui crée la liberté d'enseignement. M. l'abbé Maricourt lui succède.

La communauté de Strasbourg ne se retrouva pas tout entière à Juilly. A son départ de l'Alsace, elle vit s'éloigner d'elle deux de ses membres : l'abbé Ratisbonne et l'abbé Gratry. L'un la quitta pour se vouer au ministère des âmes et à la conversion des Juifs et fonder, dans ce but, la congrégation des religieuses et la société des prêtres de Notre-Dame de Sion ; l'autre, pour relever le collége Stanislas, devenir ensuite aumônier de l'école normale, et seconder enfin, en 1852, le R. P. Pététot dans la grande œuvre de la Restauration de l'Oratoire [1]. Tous les autres étaient réunis à Juilly à la fin de 1840, et y reprirent successivement les fonctions qu'ils exerçaient à l'Institution de la Toussaint. Toutefois leur Supérieur, M. l'abbé Bautain, resta étranger à l'administration du collége et cessa même d'y avoir sa résidence habituelle, lorsqu'il fut nommé, en 1848, grand vicaire de monseigneur Sibour, archevêque de Paris.

Ce fut M. l'abbé de Bonnechose qui prit, en son nom, possession de la maison. Le 22 octobre il présida à la rentrée des élèves, célébra la messe du Saint-Esprit et conserva, sous la direction nominale de l'abbé de Scorbiac, le gouvernement effectif du collége jusqu'aux vacances de Pâques 1841, où l'abbé Carl en prit définitivement les rênes. Aucune innovation, d'ailleurs, ne fut apportée pendant cette première année aux anciens errements. Ce furent les mêmes méthodes et les mêmes règlements appliqués par les mêmes professeurs. La

---

[1]. Le dessein de rétablir en France la Congrégation de l'Oratoire avait été formé, dès avant cette époque, par M. l'abbé Gratry de concert avec M. Pététot, alors curé de Saint-Roch, M. de Valroger, chanoine de Bayeux, et plusieurs de ses disciples de l'École normale. V. *la notice* biographique sur l'abbé Cambier par le P. Ad. Perraud, p. 10.

chaire d'histoire eut seule un nouveau titulaire, M. Audley, Anglais de naissance, l'un des anciens et des plus chers disciples de M. de Lamennais, qui sut faire à sa foi nouvelle le sacrifice de sa fortune, des joies de sa famille et de sa patrie, et qui, comme professeur et comme publiciste, s'est toujours montré l'un des plus fermes et des plus habiles champions de la vérité. Il resta à Juilly jusqu'aux vacances de 1844 et fut remplacé par M. Olliffe, le frère de l'évêque des Indes.

Les réformes ne commencèrent à être introduites et les changements dans le personnel ne furent opérés qu'à partir de 1842. La discipline, que l'esprit de douceur et de paternité de l'ancienne direction avait maintenue peut-être trop facile et trop faible, surtout dans les derniers temps, retrouva la fermeté qu'elle exige sous la main énergique de l'abbé Goschler qui succéda à M. Guihal dans les fonctions de censeur [1]. Un nouvel élan fut donné aux études classiques sous l'influence d'un bon enseignement [2], d'un contrôle

---

1. Après l'abbé Goschler, les fonctions de censeur furent successivement remplies de 1844 à 1847 par l'abbé N. Lewel, mort à Rome en 1852 ; de 1847 à 1854 par l'abbé de Reinach, mort aumônier de l'armée de Crimée et victime de son zèle devant Sébastopol en 1855 ; et pendant les dix dernières années, par M. l'abbé Crozat, ancien Professeur de rhétorique au séminaire de Douai en Anjou.

2. La rhétorique eut pour Professeurs : de 1840 à 1842 l'abbé Bardon ; de 1842 à 1846 M. d'Angely, qui devint plus tard chef d'institution à Paris ; de 1846 à 1848 par l'abbé Noblet de la Rivière,

sévère et d'examens fréquents. Néanmoins les exigences du baccalauréat et l'habitude des programmes universitaires contractée par la plupart des élèves qui arrivaient à Juilly en sortant d'autres maisons, empêchèrent M. Carl d'y appliquer dans son entier la méthode qui lui avait si bien réussi dans son institution de la Toussaint à Strasbourg.

Une nouvelle division, celle des Minimes, créée pour les enfants au-dessous de neuf ans et placée, pour les soins et la discipline, sous la direction des dames de Saint-Louis depuis un an installées dans la maison, et pour les études, sous celle de l'abbé de Régny, fournit aux classes de grammaire une pépinière d'élèves parfaitement instruits des principes élémentaires des langues française et latine, de l'histoire sainte et de l'histoire de France, de la géographie de l'Europe, de l'arithmétique et de l'histoire naturelle.

Grâce à l'ensemble de ces mesures, la force des études s'éleva, en quelques années, au niveau de celle des maisons les plus en renom et fut attestée par les rapports les plus flatteurs des inspecteurs de l'université [1] et par les succès des élèves aux examens des deux Baccalauréats. Il est vrai que

---

distingué par son esprit et son savoir; de 1848 à 1852 par M. Maignen; et de 1856 à 1864 par M. Roche, littérateur érudit, qui obtint alors la même chaire à Stanislas. La seconde eut pendant vingt et un ans, de 1844 à 1865, le même professeur, M. Languillon, homme de goût et philologue de mérite.

1. Ce fut même d'après le rapport d'un de ces Inspecteurs,

pour l'obtenir, la direction avait cru devoir supprimer cette vieille institution juliacienne des conférences académiques dans lesquelles tous ses devanciers avaient vu un moyen puissant de développer parmi les élèves le jugement, la réflexion, le goût de la lecture et de l'étude. Mais du moins, lutta-t-elle toujours, avec la plus louable énergie, pour conserver aux lettres, dans son enseignement, la primauté et la prépondérance que les sciences exactes tendaient déjà de toutes parts à leur disputer et pour maintenir ainsi, à Juilly, cette saine méthode ecclésiastique de l'éducation intellectuelle par les langues classiques, que l'expérience des siècles a confirmée et à laquelle Napoléon rendait lui-même hommage, lorsqu'il écrivait à un de nos anciens condisciples, le général comte de Narbonne, son aide de camp : « J'aime les sciences mathéma« tiques et physiques, chacune d'elles est une « belle application partielle de l'esprit humain. « Mais les lettres, c'est l'esprit humain lui-même ; « et l'étude des lettres, c'est l'éducation générale « qui prépare à tout, l'éducation de l'âme [1]. »

L'enseignement de la philosophie, donné par M. l'abbé Carl lui-même et ensuite par M. l'abbé

M. Eickorff, correspondant de l'Institut, approuvé par celui de M. le Vice-Recteur de l'Académie de Paris (du 19 juin 1861), qu'un arrêté du ministre de l'Instruction publique et des Cultes, M. Rouland, en date du 8 juillet 1861, « autorisa l'Institution de Juilly à conserver, à titre honorifique, le titre de COLLÉGE LIBRE. »

[1]. Villemain, *Souvenirs contemporains*, 1re p., p. 147, éd. in-12.

Maricourt, fut celui qui dans la bouche de leur Supérieur avait eu tant de retentissement et avait produit de si grands résultats à Strasbourg.

Celui de la Religion, enfin, dont la science ouvre et trace la grande voie de l'éducation, fut l'objet d'une sollicitude toute particulière. Proportionné dans ses formes et dans ses développements aux différents âges des enfants, il tendit à leur en montrer surtout le côté pratique et à la leur faire accepter comme l'inspiratrice de leur conduite et le principe de la dignité de leur existence; et son programme, tracé plus tard par M. l'abbé de Régny en dehors de tout système rationnel ou scientifique purement humain, fut composé uniquement d'après le catéchisme et la théologie de l'Eglise.

Les Minimes eurent entre les mains un petit catéchisme historique où, dans des questions précises et des réponses d'un sens complet, leur étaient données les notions les plus essentielles des dogmes de la morale et du culte, et exposés, en quelques traits détachés et saillants, les événements les plus considérables de l'histoire sainte. L'instruction religieuse des *Petits*, c'est-à-dire des élèves de huitième, septième et sixième, consista dans la récitation littérale et dans des commentaires écrits du catéchisme du diocèse, à savoir : du symbole pour les premiers, des commandements pour les seconds et de la prière et des sacrements pour les derniers. Ils puisaient, en outre, dans la fréquentation des sacrements, dans les homélies dominicales et dans la lecture commune de la vie des grands saints, l'esprit pratique de la piété.

A partir de la première communion, durent commencer des conférences plus développées sur la religion dont le cours fut divisé en deux parties et en six années. La première partie comprenait son exposition scientifique dans le double rapport qui la constitue : celui de l'action de Dieu sur l'homme et celui de la réaction de l'homme vers Dieu, et embrassait, en quatre années, l'étude du dogme qui enseigne la vérité de Dieu révélée à l'homme, de la morale qui explique la loi ou la volonté de Dieu manifestée à l'homme, de la grâce et des sacrements qui proclament l'amour de Dieu pour l'homme, et du culte qui est l'ensemble des modes de l'action religieuse de l'homme vers Dieu. La seconde partie avait pour objet l'exposition historique de la Religion dans la préparation et l'accomplissement de la Rédemption et dans son application par l'Eglise à l'humanité ; on y consacrait deux années.

Ces six cours étaient donnés non d'après l'ordre logique de leurs matières, mais d'après l'âge et le degré d'instruction des élèves. La grâce et les sacrements faisaient l'objet d'un cours supplémentaire pour les élèves de sixième, qui sont presque tous dans l'année de leur première communion. Le culte était enseigné en cinquième, la morale en quatrième, la première partie de l'histoire de la Religion en troisième, l'histoire de l'Eglise en seconde et le dogme en rhétorique et en philosophie.

Et afin d'initier davantage encore chacun de ces élèves à la pratique des diverses maximes de l'Évangile et à leur traduction dans les actes de leur vie quotidienne, c'était pour eux une des récompenses les plus hautes et les plus enviées de leur travail que d'aller, sous la conduite du vénérable curé de la paroisse, porter aux pauvres les plus abandonnés du village les consolations et les soulagements de la charité, et se préparer ainsi à entrer dans cette glorieuse milice des conférences de Saint-Vincent de Paul, dont le collége de Juilly est fier de compter au nombre de leurs huit premiers fondateurs six de ses anciens élèves[1].

Cette sollicitude si vive et si éclairée de la nouvelle Société pour tous les intérêts du collége, ne lui faisait pas perdre de vue les garanties de sa propre existence; et dès l'année 1842, elle s'occupait d'assurer son avenir par la consécration religieuse de ses membres et l'approbation canonique de ses règles.

Le 16 septembre 1842, une messe solennelle fut célébrée dans la chapelle du parc par le Supérieur et, avant la communion, MM. les abbés Bautain,

---

1. V. plus bas, livre huitième, ch. III, les noms de ces six élèves de Juilly, tous appartenant à la direction de MM. les abbés de Scorbiac et de Salinis.

Carl, Goschler, Jules et Nestor Lewel, de Régny et Mertian s'engagèrent « par des vœux perpétuels « à garder en leur communauté l'obéissance, la « pauvreté et la chasteté, et à travailler particuliè- « rement à l'instruction du peuple et à l'éducation « cléricale, le tout suivant le genre de vie usité « dans cette communauté[1]. » Le 3 octobre suivant, M. l'abbé de Bonnechose et M. de Reinach prononçaient les mêmes vœux entre les mains du Supérieur, et, le 24 du même mois, avait lieu l'ouverture solennelle des cours et de l'école de théologie de Juilly, sous la présidence du délégué de l'évêque de Meaux, M. l'abbé Pruneau, grand vicaire et ancien supérieur du grand séminaire. Les premiers élèves de cette école furent MM. de Reinach, préfet de la division des petits, Trebisch, de Vienne en Autriche, C. de Humbourg, de Schelestadt, Alph. Martha, de Strasbourg, Hamelin, de Schelestadt, Cordier, de l'Eure, Hollinger, de Sainte-Marie aux mines, et Rullon, de Limoges. Le cours de dogme confié d'abord à un lazariste, M. l'abbé Delsol, fut fait ensuite par M. l'abbé Carl. Cette école subsista jusqu'à la Révolution de 1848.

Sur ces entrefaites, l'abbé de Bonnechose, qui se vouait plus spécialement au ministère de la parole, après avoir prêché la station du carême de 1843 à Cambrai, avait commencé celle de

[1]. Procès-verbal de cette solennité, p. 59 des Annales mss. du collége, dans ses Archives.

l'Avent de la même année à Rome, lorsqu'il y fut nommé Supérieur de l'établissement de Saint-Louis des Français. M. l'abbé Bautain le chargea alors de reprendre, de concert avec notre ambassadeur, M. de Latour-Maubourg, le projet, dont s'était occupé déjà M. de Salinis, d'y fonder une école de hautes études ecclésiastiques, et de soumettre en même temps à l'examen de la Congrégation des évêques et réguliers les constitutions de leur Société commune à laquelle il avait donné le nom de Congrégation de Saint-Louis [1]. Le 18 novembre 1843, un bref de Grégoire XVI constatait la réception de ces constitutions, revêtues de l'approbation de plus de cinquante évêques de France; le 15 juillet 1844, le Saint-Père accordait des indulgences spéciales en faveur de ce nouvel Institut; et le surlendemain, 17, il signait un bref d'éloge qui en autorisait l'établissement provisoire et qui en approuvait l'objet en ces termes : « Summopere laudamus Institutum cui a Sancto Ludovico nomen, cùm illud eâ sanè mente et consilio a te fuerit excogitatum, ut præsertim juventus ad pietatem atque incorruptam doctrinam ritè instituta vel à teneris annis addiscat vivere in timore

---

[1]. Le but de cette Congrégation, tel qu'il était présenté à l'agrément du Saint-Siége, différait un peu du premier dessein dans lequel elle avait été formée. C'était, en effet, d'une part l'instruction primaire et secondaire de la jeunesse laïque et la préparation de Professeurs chrétiens, et, de l'autre, l'éducation cléricale et la fondation d'une école de Prédicateurs.

Domini, et christiana plebs salutari Evangelii eloquio enutrita crescat in scientiâ Dei. »

Ainsi encouragée par les faveurs du Saint-Siége et par les sympathies de la majorité de notre épiscopat, la Congrégation naissante résolut de donner une plus grande extension à son école de théologie, et elle en confia la direction exclusive à M. l'abbé Carl qui remit celle du collége entre les mains de M. l'abbé Goschler à la rentrée d'octobre 1844. Mais sa trop courte existence ne laissa pas cet état de choses se prolonger longtemps.

En janvier 1846, des actes d'insubordination graves se produisirent, dans la division des grands, contre l'autorité du censeur, M. N. Lewel, qui réclama des mesures de rigueur. Le nouveau Directeur les désapprouvait ; des considérations, toutes personnelles d'ailleurs, l'invitaient déjà à se retirer. Il voulut éviter tout conflit avec son subordonné, résigna ses fonctions entre les mains de l'abbé Carl et partit pour Rome, avec l'agrément du Supérieur, afin d'y prendre ses grades théologiques. L'économe, M. J. Lewel, et le censeur lui-même ne tardèrent pas à l'y rejoindre.

Ces retraites successives furent pour la communauté le prélude de séparations douloureuses. Elle perdit définitivement, en 1847, l'abbé Goschler qui se fit relever de ses vœux pour remplacer l'abbé Gratry dans la direction du collége Stanislas, l'abbé Jules Lewel que sa nomination à la supériorité de Saint-Louis des Français, à Rome, engagea, quelques mois plus tard, à demander les mêmes dispenses, et son frère l'abbé Nestor Lewel qui désira se fixer auprès de lui. Bientôt après, la nomination de M. l'abbé de Bonnechose à l'évêché de Carcassonne et la Révolution de février mirent fin à l'instance en reconnaissance des statuts de la Congrégation; et l'abandon de l'école de théologie suivit de près cette prompte et regrettable désorganisation d'une société religieuse que son but et les talents de ses membres appelaient à rendre de grands services à l'Église de France.

Désormais plus libre de son action et de son temps, l'abbé Carl consacra toute l'énergie de son dévoûment à la conduite du pensionnat, qu'il avait reprise après le départ de M. Goschler, et aux soins que réclamait surtout de sa vigilance l'éducation morale des élèves, à une époque où les doctrines les plus perverses répandaient partout le trouble et l'anarchie. Mais à une responsabilité, dont les circonstances politiques aggravaient le poids, s'ajoutèrent bientôt pour lui d'autres difficultés : et la loi de 1850 sur la liberté d'enseignement, en faisant surgir sur tous les points du pays des colléges ecclésiastiques, créa pour Juilly une concurrence redoutable qui eût exigé, pour être soutenue avec avantage, une clientèle nombreuse dont malheureusement plusieurs des éléments faisaient défaut.

Néanmoins le courage et le zèle de M. Carl, ranimés sans cesse par l'ardeur de sa foi et de son amour pour l'enfance, surent lutter contre ces obstacles pendant sept ans encore. Enfin, en 1864, quand l'âge et les infirmités lui eurent fait sentir le besoin du repos, il résolut, d'après l'avis de M. l'abbé Bautain et de ses coassociés, d'assurer l'avenir du collége à la direction duquel il avait consacré vingt-cinq ans d'une vie toute de science et de vertu; et il proposa, dans ce but, de faire de Juilly la propriété commune de tous ses enfants, et de remettre ses destinées entre les mains de ses anciens élèves. Toutefois, il ne voulut pas s'isoler d'une œuvre à laquelle il était attaché par tant de liens [1]; et après trente-sept années d'exercice de la supériorité, il consentit à se soumettre à celle d'un de ses anciens élèves de théologie, M. l'abbé Maricourt, et à reprendre l'enseignement de la philosophie.

Mais avant d'analyser les principaux actes de cette dernière période de la direction du Collége, dont l'examen complétera la tâche que nous nous sommes assignée, il nous semble à propos de faire apprécier, dans leur ensemble, les résultats de

[1]. Discours de M. l'abbé Carl à la distribution des prix de 1864.

toutes celles qui l'ont précédée, en faisant connaître les hommes les plus remarquables qu'elles ont formés. Cette étude biographique fera l'objet du Livre suivant.

LIVRE HUITIEME

Les Élèves de Juilly.

―⋈―

§ 1ᵉʳ. XVIIᵉ SIÈCLE. — H. de Barillon, évêque de Luçon; J. N. Colbert, archevêque de Rouen; Fortin de la Hoguette, archevêque de Sens. — L'abbé Terrasson; le comte de Boulainvilliers; La Martinière. — Le duc d'Antin; le duc de Monmouth; le maréchal de Montesquiou; le maréchal de Berwick; le maréchal de Villars.

§ 2. XVIIIᵉ SIÈCLE. — Le cardinal de Zinzendorff; de Beaulieu, archevêque d'Aix; de Dampierre, évêque de Clermont. — Le c.-amiral de Moncabrié; le v.-amiral Lacrosse; l'amiral Duperré. — Le général comte de Narbonne; les généraux Bouvet de Lozier et Duphot; le colonel Muiron; les généraux de Caux de Blaquetot, d'Albignac, Desvaux de Saint-Maurice, Paultre de La Mothe, Lafon de Blaniac et Rohault de Fleury; et le colonel de Noailles. — Le conseiller Duval d'Eprémesnil; le marquis de Bonnay; le comte d'Eymar; le marquis F. de Beauharnais; de Cypierre; Adrien Duport; le comte de Laborde; Esmangard; le duc Pasquier; le marquis de Rastignac; le marquis de Mathan; Eusèbe de Salverte; Sapey; le baron Meyronnet de Saint-Marc; le comte Alexis de Noailles; l'abbé Terray et Anacharsis Clotz, — Le vicomte de Bonald; de Sainte-Palaye; Boiste; Eyriès; Arnault; le marquis de Coriolis; le baron Creuzé de Lesser; de Chênedollé; J. D. Cassini; Alex. de Cassini; le vicomte Héricart de Thury; le comte de Gasparin; D'Auvergne et Choron.

§ 3. XIXᵉ SIÈCLE. — Le P. Martel ; Mgr de Mérode ; MM. Aug. Letaillandier ; L. de Montazet ; Ed. de Ladoue ; de Francheville ; Rocher et Lamy. — Le prince Jérôme Bonaparte ; les généraux Charles et Augustin Thiry ; comte de Neuilly ; Berryer, Beauchamp-Daulomieu, Danet, Dubern, Metman, Lepoitevin de la Croix, vicomte de Mirandol et marquis de Toulongeon, aide de camp de S. M. l'Empereur ; le comte de Cambis, intendant général inspecteur ; le colonel Pesson et le capitaine Tardif de Moidrey. — Turpin ; Barthélemy ; Amédée Pichot ; le marquis de Mirville ; Lebas ; Louis Reybaud ; Roger de Beauvoir, et le comte d'Escayrac de Lauture. — Onfroy de Bréville ; Clapeyron ; Cavalier ; Armand ; Régnier ; Chabouillet ; Galichon et Belly. — Bérard ; le comte de Lamarre ; le comte d'Hauterive ; Donné ; Dariste ; le comte de Champagny ; le comte Dubois ; le vicomte du Martroy ; le baron Mercier ; de Parieu ; le comte de Comminges-Guitaut, et Guillaume d'Auribeau. — Le baron de Crouseilhes ; de Ribérolles ; de Chanteloup ; de Vauzelles ; Bayle-Mouillard ; Bethmont et Berryer.

Trois siècles ont vu déjà, dans le cours de leur durée, les noms des anciens élèves de Juilly mêlés à la trame de leur histoire. Dans le grand nombre de ceux que conservent ses archives, quelques-uns apparaissent entourés de l'auréole de la gloire ; plusieurs, illustrés par de belles actions, de grandes charges ou de savants ouvrages ; la plupart, préservés de l'oubli par de modestes mais importants services rendus à l'Église, à l'Etat, aux lettres, aux sciences et aux arts ; tous, on pourrait le dire, environnés de l'estime publique, s'il n'en était deux qui se sont acquis une triste célébrité : l'un, par l'infamie de ses exactions ; l'autre, par le délire de son impiété et de ses rêves philanthropiques ; exceptions douloureuses, que les institutions les meilleures sont impuissantes à prévenir, et dont on ne saurait, sans injustice, leur faire un reproche.

PARAGRAPHE PREMIER

XVIIe SIÈCLE.

Dès le XVIIe siècle, Juilly présente le caractère qui l'a distingué à toutes les époques de son existence, celui du rapprochement et de la fusion des diverses classes de la société dans le bienfait d'une éducation commune. A côté des enfants de familles de robe ou de la bourgeoisie et de ceux des cultivateurs de la contrée qui tous, de père en fils, y ont fait et y font encore leurs études, on y voit figurer les descendants des plus grandes maisons de France, d'Angleterre et du reste de l'Europe ; et les d'Aiguillon, les d'Artagnan, les d'Arlincourt, les d'Arconcé, les d'Avisart, les d'Audiffret, les d'Aubepeyre de Turenne, les d'Albret, les d'Antin, les Bassompierre, les Beauveau, les Bonneval [1], les Brancas, les Cardaillac, les Châteauneuf, les Chauvelin, les d'Estourville, les d'Estrade, les de la Guiche, les Gouffier, les d'Harcourt, les d'Héliand, les Jumilhac, les La Vallière [2], les Marbeuf, les Ma-

1. Le marquis de Bonneval, élève de Juilly de 1681 à 1684, était le frère ainé du trop fameux comte pacha de Bonneval, le héros de Peterwardein et de Belgrade.
2. Le duc de La Vallière, élève de 1687 à 1689, qui épousa, en 1698, une fille du maréchal de Noailles.

rillac, les de Méré, les Mirabeau, les de la Mole, les Montmort, les Puységur, les Séguier, les Tavanne, les Tourville, les Trudaine y sont les condisciples d'un Howard d'Arundel, petit-fils du maréchal d'Angleterre sous Jacques Ier, d'un Norfolk, d'un Talbot, d'un d'Albemarle, d'un d'Armuyden, de Hollande, d'un César d'Est, de la maison de Modène, d'un de Salm, d'un Cobentzel et d'un Lichtenstein, d'Allemagne.

Les plus distingués [1], à cette époque, furent :

I

Dans l'église :

Henri de Barillon, frère de l'ambassadeur de Louis XIV en Angleterre (né en 1639, élève de Juilly de 1650 à 1656, mort en 1699), qui, après être entré à l'Oratoire en 1658, devint évêque de Luçon et fut l'un des modèles de l'Episcopat par la solidité de sa doctrine, l'édification de sa vie et l'ardeur de son zèle et de sa charité.

« Il était fort estimé, a dit de lui Saint-Simon, et dans la première considération dans le monde et parmi ses confrères, ami intime de M. de la Trappe…. Il mourut à Paris de la manière la plus

[1]. Nous les classons tous d'après la nature de leurs fonctions et la date de leur sortie du collége.

sainte, la plus édifiante et qui répondit le mieux à toute sa vie [1]. »

Colbert Jean Nicolas, un des fils du grand ministre et frère des duchesses de Chevreuse et de Beauvilliers (né à Paris en 1654, élève de 1663 à 1668, mort en 1707), qui devint archevêque de Rouen où il se montra plein de tolérance envers les calvinistes, fut l'un des créateurs de l'Académie des inscriptions et fut élu membre de l'Académie française en 1678. C'était, dit encore Saint-Simon, un prélat très-aimable et de bonne compagnie, doux, poli, accessible, obligeant, avec cela savant et très-appliqué à son diocèse où il fut toujours respecté et encore plus aimé [2].

Et Fortin de la Hoguette (Hardouin), neveu par sa mère de l'archevêque de Paris, Hardouin de Péréfixe. Né en 1643, et élève de 1654 à 1660, il fut reçu docteur en Sorbonne en 1666. Il devint successivement chanoine et archidiacre de Notre-Dame de Paris, procureur général du clergé de France, évêque de Saint-Brieuc en 1676, de Poitiers en 1680, et enfin archevêque de Sens où il mourut en 1715 et où il fit bénir sa mémoire par la sagesse et la paternité de son administration. *Ora Viator*, lisait-on sur son épitaphe, *ut Deum sibi pacificum pastor pacificus experiatur.*

1. *Mémoires de Saint-Simon*, t. II, p. 274. V. aussi les Annales de la Congrégation de l'Oratoire, aux *Archives de l'Empire*, M. M. 623, page 464.
2. *Mémoires*, t. VI, p. 145.

11

Dans les Lettres :

Terrasson (l'abbé Jean, né à Lyon en 1670, élève de 1682 à 1688, mort en 1750). Frère des deux oratoriens célèbres, André et Gaspard Terrasson, il professa longtemps la philosophie grecque et latine au collége de France, fut reçu à l'Académie des sciences en 1707 et à l'Académie française en 1732, et prit une part active à la fameuse querelle des anciens et modernes, qu'avaient déjà suscitée en France Desmarets de Saint-Sorlin et Perrault, lorsqu'elle fut rallumée en 1714 par un discours irrévérent sur Homère, que publia Lamotte, du côté duquel il se rangea. « Homme d'un esprit rare et fort épris des sciences, » a dit de lui M. Villemain, il est l'auteur de *Séthos*, « le *Télémaque* de l'Académie des sciences, » sorte de poëme épique en prose, où il chercha à renouveler par système cette union des sciences et des lettres que Descartes et Pascal avaient faite de génie, en cachant les découvertes modernes sous les emblèmes de l'antique Egypte, et où l'on rencontre, avec beaucoup de savoir, de grandes beautés de style, « des traits de mœurs bien saisis et des vues morales éloquemment rendues [1]. » Il publia également une bonne traduction de Diodore de Sicile.

[1]. Villemain, *Cours de littérature au* XVIIIe *siècle*, t. I, p. 321.

Boulainvilliers (Henri, comte de) de l'illustre famille des Croï. Né au château de Saint-Cère en Normandie, en 1658, et élevé à Juilly de 1669 à 1674, il embrassa d'abord la carrière des armes, que la mort de son père et des revers de fortune l'obligèrent à abandonner. Il consacra alors les loisirs de sa vie privée à l'étude des généalogies et surtout à celle de l'histoire et de nos institutions politiques. Il voulut en approfondir l'origine, l'esprit et les développements pour l'instruction de ses enfants, et publia successivement son *Histoire de l'ancien gouvernement de la France*, l'*Etat de la France* et l'*Histoire de la Pairie de France et du Parlement de Paris*. Montesquieu a loué ces ouvrages comme étant écrits « avec cette simplicité, cette franchise et ce naturel de l'ancienne noblesse dont il était issu; » et Voltaire, tout en recommandant de les lire avec précaution, les juge lui-même profonds et utiles [1]. C'est qu'en effet, s'il s'y montre trop systématique, si surtout son *Histoire de l'ancien gouvernement de la France* est un éloge excessif du système féodal, dans lequel il voit un chef-d'œuvre de l'esprit humain, nul n'a su mieux que lui mettre en relief les services rendus par l'ancienne noblesse à la monarchie et faire connaître l'origine et les progrès des institutions féodales. Le comte de Boulainvilliers était « un homme simple, doux, humble même par nature, quoiqu'il

---

[1]. Voltaire, *Siècle de Louis XIV*, p. 583, éd. in-12.

se sentit fort, très-éloigné de se targuer de rien, qui expliquait volontiers ce qu'il savait sans chercher à rien montrer, et dont la modestie était rare en tout genre [1]. » Il mourut pieusement entre les bras du P. de la Borde, de l'Oratoire, le 23 janvier 1722, à l'âge de 64 ans.

Et La Martinière (Antoine Auguste Bruzen de), neveu de Richard Simon dont il édita les lettres, né à Dieppe en 1662, élève de 1672 à 1677 et † en 1746; géographe en renom, qui publia à La Haye, où il se fixa, un *Dictionnaire géographique, historique et critique*, une *Histoire de la Pologne sous Auguste II* et celle du roi de Prusse *Frédéric-Guillaume*.

III

Dans les armes enfin :

D'Antin (Louis Antoine de Pardaillan de Gondrin, marquis et plus tard duc), né en 1665, élève de 1677 à 1681, † en 1736. Fils unique du marquis et de la marquise de Montespan, il était né avec beaucoup d'esprit naturel, « et tenait de ce langage charmant de sa mère et du gascon de son père, mais avec un tour et des grâces qui prévenaient toujours [2]. » Sous-lieutenant au régiment

---

1. *Mémoires de Saint-Simon*, t. XII, p 80.
2. *Ibid.*, t. VI, p. 50.

du Roi en 1683, il dut tous ses grades à sa valeur, et fut nommé lieutenant général, en 1702, pour ses services en Flandre. Rayé des cadres, en 1707, pour la faiblesse dont on l'accusa à la journée de Ramillies, il se retira à sa terre de Bellegarde, parvint, à force d'adresse, à rentrer en grâce auprès de Louis XIV qu'il reçut à son château de Petitbourg, obtint le gouvernement de l'Orléanais et plus tard la surintendance des bâtiments, et laissa la réputation « du plus habile et du plus raffiné courtisan de son temps, » malheureusement sans honneur comme sans humeur, selon le mot du Régent.

Monmouth (James Scot, duc de), fils naturel de Charles II. Né en Hollande le 20 avril 1649 et élevé à Juilly de 1659 à 1662, par les soins de la reine mère, avec les cadets des plus grandes familles anglaises, sous le nom de Lord Crofts, un des intimes amis de son père, il fit son apparition à Whitehale à sa sortie du collége, commanda, à 22 ans, l'armée royale, défit les rebelles d'Ecosse à la bataille de Bothwalbrige, et après être passé en France, en 1672, avec un régiment anglais, montra une telle bravoure dans la campagne de Hollande, entreprise par les forces combinées de l'Angleterre et de la France, que Louis XIV le créa lieutenant général de ses armées. Comblé de faveurs et élu chancelier de l'Université de Cambridge à son retour à Londres, il se laissa séduire par les factieux après avoir mis en déroute, au pont de Bothwell, les fanatiques Convenanters, changea de conduite en même temps que de religion, entra dans la conspiration du duc d'Argyle contre Jacques II, son oncle, se fit battre et prendre dans la plaine de Sedgemoor, et fut exécuté le 25 juillet 1685.

Le comte d'Artagnan-Montesquiou (Pierre), né en 1645, élève en 1660, † en 1725, que des actions d'éclat élevèrent aux plus hauts grades de l'armée, qui dut à sa belle conduite à Malplaquet et au généreux témoignage qu'en rendit son chef, le bâton de maréchal de France (1709), et qui, trois ans plus tard, contribua puissamment au succès décisif de Denain et de Marchiennes.

Berwick, le héros d'Almanza (Jacques Fitz James, maréchal de France et duc de). Fils naturel de Jacques, duc d'York, depuis roi d'Angleterre et neveu par sa mère, Arabella Churchill, du duc de Marlborough, il naquit en Angleterre le 21 août 1660. Envoyé en France, à sept ans, pour y faire ses études, il fut élevé à Juilly avec son frère le duc d'Albemarle, sous les yeux du P. Gough, et en sortit, en mars 1678, pour aller faire ses premières armes en Hongrie sous Charles de Lorraine, général de l'empereur Léopold Ier. Plus tard, il assista son père dans ses dernières luttes contre Guillaume d'Orange, et blessé grièvement, en 1689, dans la guerre d'Irlande, il vint se fixer en France où il prit du service en 1692. Naturalisé Français en 1703, il sauva une première fois l'Espagne en prévenant, à la tête de nos troupes, l'invasion du Portugal par l'archiduc Charles. Rappelé en France à la suite d'une intrigue de cour, il acheva la pacification des Cévennes, s'empara de Nice et reçut, en 1706, à 36 ans, le bâton de maréchal avec ordre de repasser les Pyrénées. En quelques mois, il parvint à dégager la Castille que menaçaient les alliés, maîtres de Barcelone, et, le 25 août 1707, il gagnait contre le lord Galway la célèbre bataille d'Almanza, qui rétablit de nouveau la fortune de Philippe V et vengea nos armes des revers et des hontes d'Hochstett et de Ramillies.

De 1709 à 1711, à la tête de l'armée des Alpes, et dans une guerre défensive où il excellait, il contint le comte de Thaun et le duc de Savoie. Nommé ensuite gouverneur de la Guyenne où il conquit l'estime générale, il ne sut pas refuser, en 1719, le commandement d'une nouvelle armée d'Espagne, destinée à relever les Pyrénées que Louis XIV avait maintenues abaissées, et ne rentra en France qu'après avoir détruit, au profit d'amis d'un jour, la flotte d'une puissance, notre ancienne et naturelle alliée. Enfin, en 1733, appelé à la tête de celle que nous opposions sur le Rhin à l'Autriche, il eut la tête emportée par un boulet devant Philipsbourg qu'il venait d'investir. La France perdit en lui un des meilleurs capitaines de la fin du grand règne. « Grave, prudent, habile, trop arrêté peut-être à ses pensées, mais de ressources et de dispositions heureuses dans un jour de bataille, » selon le témoignage de Fénelon, il avait encore toutes les qualités de l'homme privé : la simplicité, la générosité et la piété « qui lui faisait suivre ces lois de l'Évangile, qui coûtent le plus aux gens du monde; » et Montesquieu, qui l'avait connu à Bordeaux, a dit de lui, dans le bel *Éloge* qu'il en a fait, qu'il était impossible de le regarder et de ne pas aimer la vertu, et que, quant à lui, les livres de Plutarque ne lui avaient fait voir que de loin ce que sont les grands hommes, mais qu'il avait pu en juger de plus près en voyant le maréchal de Berwick [1].

Et au-dessus de tous, Villars, l'un des plus grands hommes de guerre de l'ancienne monarchie, adroit négociateur autant qu'habile général, actif, audacieux et fin, insatiable de faste, avide de richesses et de dignités, enclin même à la forfanterie; mais, à travers tous ces défauts, toujours brave et brillant, ayant les instincts de la grande stratégie, capable de ces coups hardis et décisifs qui précipitent le sort des empires, et à qui revient l'éternel honneur, qu'en dépit de toutes les détractions de l'envie la postérité lui a décerné par la voix de Napoléon, celui d'avoir sauvé la France à Denain.

1. Éloge de Berwick par Montesquieu.

Louis Hector duc de Villars, pair et maréchal de France, était né à Moulins, en mai 1653, de Pierre marquis de Villars, lieutenant général et ambassadeur de France à Turin, et de Marie de Bellefonds, « bonne petite femme, a dit Saint-Simon[1], sèche, vive, méchante comme un serpent, de l'esprit comme un démon, d'excellente compagnie, qui avait passé sa vie, jusqu'au dernier jour, dans les meilleures et les plus choisies de la cour et du grand monde. » Il avait fait ses études à Juilly de 1664 à 1668[2], et les avait complétées à l'école des Pages de la Grande-Écurie, que Louis XIV venait de fonder pour l'éducation militaire de sa noblesse. Après un voyage en Allemagne, il obtint, par le crédit du maréchal de Bellefonds, son oncle, de faire, en 1672, la campagne de Hollande où il gagna l'épaulette de cornette des chevau-légers de Bourgogne. Au siége de Maestricht, sa bouillante ardeur le fit remarquer du Roi qui dit à Croisille, son capitaine des gardes : « Il semble, en vérité, que, dès que l'on tire en quelque endroit, ce petit garçon sorte de terre pour s'y trouver; » et à vingt et un ans, son intrépidité lui valut le grade de colonel, dans cette mémorable journée de Sénef où, voyant Condé tirer son épée et charger à la tête de ses escadrons : « Voilà, s'écria-t-il à ses côtés, la chose du monde que j'avais le plus

1. *Mémoires*.
2. V. aussi la *Biogr. universelle* de Michaud, t. XLIII, p. 418.

désiré de voir : le Grand Condé l'épée à la main ! »
Mot heureux et de nature à avancer sa fortune,
mais en même temps chevaleresque et plein de
poésie, qui peint au vif l'homme et le guerrier.
Apprécié de tous ses chefs, de Schomberg, de Créqui, de Catinat et de Luxembourg, il fut désigné,
après la paix de Ryswick, pour l'ambassade de
Vienne et obtint enfin, en 1702, un commandement à l'armée du Rhin. Plus maître désormais de
ses mouvements, il passe rapidement le fleuve à
Huningue, fait prendre Neubourg par un de ses
lieutenants et, douze jours après, est salué maréchal de France par ses troupes, sur le champ de
bataille de Friedlingen où il vient de vaincre le général le plus renommé de l'Empire, le prince de
Bade. L'année suivante, il s'empare de Kehl en
quelques jours, traverse les Montagnes Noires,
opère sa jonction avec l'Électeur de Bavière et conçoit le plan, qu'exécutera plus tard Napoléon, d'occuper Passau et Lintz, pour marcher ensuite sur
Vienne, en s'appuyant, par le Tyrol, sur l'armée
de Vendôme en Italie. Mais entravé dans ses desseins, menacé même d'être coupé dans ses communications avec la France, il ne peut que se dégager, en gagnant sur le comte de Styrum la bataille d'Hochstett près de Donawerth. En 1704, il
pacifie les Cévennes; en 1705, dans une campagne
qu'admirent encore les stratégistes, il en impose à
Marlborough et, sans coup férir, l'oblige à la re-

traite. Empêché par le désastre de Ramillies (1706) d'assiéger Landau, il se maintient, avec avantage, sur le Rhin et la Lauter. Il force ensuite les lignes de Buhl, pénètre en Allemagne où il ne fait, au préjudice de sa gloire, « qu'une grande campagne financière[1], » et revient défendre les frontières des Alpes et le Dauphiné contre le duc de Savoie. En 1709, à la tête d'une armée qu'il a refaite et qu'il sait encore électriser au milieu de l'abattement général, il tient tête au prince Eugène et à Marlborough, qui n'osent pas l'attaquer dans ses postes de la Bassée, les rencontre dans les plaines boisées de Malplaquet et, après huit heures d'une lutte héroïque, ne leur laisse que le champ de bataille, jonché des cadavres et des blessés de vingt-cinq mille des leurs (1709). Louis XIV, qui, après Ramillies, n'avait accueilli Villeroi que par ces magnanimes paroles : « Monsieur le maréchal, on n'est plus heureux à notre âge, » éleva à la pairie le glorieux vaincu de Malplaquet, lui confia les forces et le salut de l'État et l'opposa, dès 1710, aux progrès de l'armée coalisée. Mais Villars, paralysé par les ordres de la cour, ne put qu'être témoin des fautes et des revers des campagnes de 1711 et de 1712. Rendu enfin par le Roi à sa liberté d'action, il voit le prince Eugène étendre trop ses lignes en voulant investir Landrecies ; aussitôt il lui donne le change et, le tenant en haleine par une attaque

1. Sainte-Beuve, *Causeries du lundi*, t. XIII, p. 86.

simulée de ses dragons, s'élance sur son camp retranché de Denain [1], s'en empare, lui enlève Marchiennes et ses munitions, reprend Douai, le Quesnoy et Bouchain, et, après avoir ainsi rétabli la fortune de la France, va la représenter à Rastadt pour y conclure la paix. Quelques mois plus tard, le 22 juin 1714, il était admis à l'Académie française, « où il opina toujours, dit d'Alembert, avec autant de goût que de dignité sur toutes les questions agitées devant lui. » Il survécut vingt ans à Louis XIV, entra dans le Conseil du Régent et devint président de celui de la guerre. Enfin, à quatre-vingts ans, « toujours jeune de cœur et entier de zèle [2], » il partit pour l'Italie, en qualité de généralissime des armées de France, d'Espagne et de Sardaigne, unies contre les forces de l'Empereur, s'empara de Milan et, à la suite d'un désaccord avec le roi de Sardaigne, revint à Turin, pour y mourir dans son lit (le 17 juin 1734), en enviant le trépas de Berwick, que lui apprit le prêtre qui l'administra.

1. Voltaire fait remarquer qu'avant d'en attaquer les redoutes l'armée française se mit en prières. *Siècle de Louis XIV*, p. 291, éd. Charpentier.
2. Sainte-Beuve, *Causeries du lundi*, t. XIII, p. 46.

PARAGRAPHE SECOND

XVIIIᵉ SIÈCLE.

Au XVIIIᵉ siècle, l'affluence des fils de la haute noblesse devient, d'année en année, plus considérable à Juilly, et justifie l'assertion de Saint-Simon qui parle dans ses *Mémoires* « des amis nombreux et illustres qu'avait l'Oratoire[1]. » Les plus grands noms de France semblaient, en effet, s'y être donné rendez-vous. C'étaient, avec les enfants de ceux que nous avons déjà indiqués, les d'Aumale, les d'Aumont, les d'Avarey, les d'Aubigné, les Beauffremont, les Belbœuf, les Bérulle, les Belzunce, les Beaumanoir, les Brulart de Sillery, les Bracquemont, de la famille de l'amiral de Charles VI, les Brassac, les Breteuil, de la famille du ministre de Louis XVI, les Bellefonds, les Bussy, les Candalle, de la famille des ducs d'Épernon, les Chastellard, de celle de Bayard, les Chastellux, les La Chalotais, les Champlâtreux, les Craon, les Croÿ, les Châteauneuf, les Coligny, les Châteaudouble, les Comminges, les Caumont, les Castellane, les La Châtaigneraie, les d'Escars, les d'Estourmel, les de la Fare, les Fénelon, les Gouffier

---

[1]. Saint-Simon, t. IV, p. 446 de ses *Mémoires*.

Choiseul, les Gallifet, les Guébriand, les Grimaldi, les princes de Hesse-Rottenbourg, parents de l'infortunée reine Marie-Antoinette, les La Valette, les de Lorges, les Lostanges, les Louvencourt, les de Lude, les Lusignan, les de Lyonne, les Mercy d'Argenteau, les Montbel, les Montalivet, les Marquemont, les Maupeou, les de Maillé, les Malesherbes, les Molé, les Navailles, les Nicolaï, les Noailles, les Rochambeau, les La Rochefoucauld-Liancourt, les Rochechouart, les Roquelaure, les Richemont, les Rancé, les Rastignac, les Sourdis, les Sancy, les Sérans, les Salbrune, les de Tiré (neveu de madame de Sévigné), les Tanlay, les Villarceau et les Villette.

Du sein de cette jeunesse brillante sortirent en foule des hommes de mérite, qui parvinrent au premier rang de toutes les carrières et qui honorèrent la religion, les armes, la politique et l'administration, les sciences, les lettres et les arts. Nous aurions été heureux de pouvoir en donner la liste complète ; mais les changements de noms et de titres, fréquents dans l'aristocratie, et la brièveté des indications contenues dans nos registres, ne nous permettent d'en signaler qu'un très-petit nombre.

1

Juilly donna alors à l'Église :

Le Cardinal de Zinzendorff (Philippe-Joseph-

Louis, né à Paris le 14 juillet 1699, élève à Juilly de 1710 à 1714, † à Wratislow en 1742), fils du chancelier de l'empire, comte de Zinzendorff, alors ambassadeur de l'Empereur d'Allemagne à la cour de France. Doué d'un esprit pénétrant et agréable, il quitta Juilly pour aller à Rome, compléter ses études sous la direction du célèbre Vincent Gravina, entra dans les ordres, fut nommé, en 1715, par l'Empereur Charles VI, Évêque de Giavarino, obtint en 1727, de Benoît XIII, sur les instances du roi de Pologne, Auguste II, le chapeau de Cardinal, et transféré, en 1731, sur le siége archiépiscopal de Wratislow, sut y maintenir sa dignité et la splendeur de la religion catholique, au milieu des guerres qui soumirent ce vaste diocèse à la domination des princes de Brandebourg[1];

L'Archevêque d'Aix, Mgr de Beaulieu, élève de 1768 à 1773.

Et l'abbé de Dampierre (Charles-Antoine-Henri du Val), qui mourut Évêque de Clermont, le 8 juin 1833. Né au château de Hans, en Champagne, le 22 août 1746, il descendait de ce vaillant comte de Dampierre qui, en 1619, à la tête de cinq cents cavaliers, délivra Vienne menacée par le comte de Thurn, et était frère du colonel de Dampierre, massacré à Sainte-Menehould sous les yeux de Louis XVI, en voulant le sauver lors de son retour de Varennes.

---

1. Lorenzo Cardella, *Memor. storich. de card. della santa rom. chiesa*. Rome, 1792.

Au sortir de Juilly, où il acheva ses études de 1758 à 1761, il entra à Saint-Sulpice, se fit recevoir docteur en Sorbonne, et nommé grand vicaire de Mgr de Juigné, alors Évêque de Châlons, le suivit ensuite à Paris en la même qualité. Incarcéré à la Révolution et élargi au 9 thermidor, il administra, au nom de l'Archevêque, émigré, le diocèse de Paris jusqu'à l'époque du concordat, où il fut appelé à l'évêché de Clermont. Son long épiscopat de trente années fut fécond en œuvres de zèle et de charité. Il dota son diocèse d'un grand séminaire, l'un des plus beaux de France ; et en 1811, au Concile national réuni à Paris, il sut résister aux exigences de l'Empereur, pour éviter un schisme.

II

A la marine :

Le contre-amiral comte de Moncabrié (Joseph-Saturnin, né à Toulouse le 9 août 1741, élève de 1749 à 1756, mort en septembre 1819). Entré à quinze ans dans la marine royale, il gagna tous ses grades par des actions d'éclat et prit part, sous les amiraux d'Estaing, de Guichen et de Grasse, à presque toutes nos batailles navales contre les Anglais dans la guerre d'Amérique. A la paix de 1783, il fut chargé de plusieurs missions importantes. La Révolution le força à émigrer et brisa sa carrière.

Le vice-amiral baron de Lacrosse (Jean-Baptiste-Raymond, né à Meilhan (Lot-et-Garonne), le 5 septembre 1765, élève de 1776 à 1781, † le 9 septembre 1829). A l'issue de ses études, il entra à l'école nobiliaire des gardes de la marine sous la protection de son parent, l'amiral Brueys, fit, à dix-huit ans, en qualité d'officier à bord de la *Friponne*, l'expédition des Indes orientales, gagna ses épaulettes de lieutenant au siége de Gondelour et, capitaine de vaisseau en 1792, apaisa, sans effusion de sang, la révolte des noirs dans nos Antilles et battit les Anglais sur terre et sur mer. Jeté en prison, en 1793, par ordre du Comité de salut public en récompense de ses services, et sauvé de l'échafaud par des amis dévoués, il fut promu au grade de contre-amiral à la suite du brillant combat qu'il livra, le 13 janvier 1797, avec son vaisseau *des Droits de l'homme* contre trois vaisseaux anglais dont il parvint, après treize heures de lutte, à désemparer l'un et à réduire les deux autres à l'impuissance. Ambassadeur en Espagne sous le Directoire, il refusa, au 18 brumaire, le portefeuille de la marine par suite de l'opposition du premier Consul à la création d'une amirauté. En 1802, il était relevé de ses fonctions de capitaine général de la Guadeloupe et rentrait en France à bord de la frégate *la Didon*, au moment de la rupture du traité d'Amiens, lorsque tombant au milieu d'une flotte anglaise qui bloquait Brest, il est poursuivi par douze vaisseaux de ligne. Il cingle alors vers le sud, a le bonheur de prendre sous leurs yeux la corvette *le Laurier*, l'envoie à Santander et y débarque peu après. A son retour en France, il fut nommé par le premier consul inspecteur de la flottille de Boulogne, destinée à la descente en Angleterre, et en reçut le commandement en chef à la mort de Brueys. Aussi habile administrateur qu'intelligent officier, il accepta ensuite la préfecture maritime de Rochefort, qu'il conserva jusqu'à la Restauration. Destitué par elle, il se retira à Meilhan, sa ville natale, où il mourut.

Et l'amiral de France baron Duperré (Victor-Guy). Né à la Rochelle le 20 février 1775, il était le dernier de vingt-deux enfants. A cinq ans, il reçut, sans pâlir, un coup de feu qui révéla son précoce courage. A huit ans, il entra à Juilly où il se fit remarquer comme un bon élève, sérieux, hardi, énergique et dévoué, et en sortit en 1787, âgé de douze ans seulement, pour s'embarquer comme pilotin sur un navire de commerce et y rester dix-huit mois en mer. Enseigne de vaisseau en 1795, prisonnier des Anglais, en 1796, après un combat acharné, il devint aide de camp du prince Jérôme et fit avec lui, à bord du *Vétéran*, une campagne dans les mers du Brésil et des Antilles. Capitaine de frégate en 1806, il soutint sur *la Sirène*, qu'il commandait, une lutte héroïque contre une frégate et un vaisseau anglais. Sommé de se rendre par le

Commodore qui lui criait : Amène ou je te coule.
—Coule, répondit-il, mais je n'amène pas ; feu partout ; et s'échouant, après la bordée de son navire, pour se dérober à ses adversaires, il fut trois jours à renflouer sa frégate et rentra à Lorient au milieu des croiseurs ennemis. Capitaine de vaisseau en récompense de cette belle conduite, il commanda *la Bellone* et la couvrit de gloire dans la mer des Indes. Contre-amiral en 1810, il défendit les lagunes lors du blocus de Venise par l'armée autrichienne. Enfin, vice-amiral en 1826, il obtint, en 1830, le commandement de l'expédition d'Alger, s'empara de la ville et fit flotter sur la Kasbah le drapeau français. Ce grand fait d'armes, l'un des plus glorieux de notre marine, lui valut le bâton d'amiral et la dignité de pair de France. Trois fois il reçut le portefeuille de la marine, en 1834, en 1839 et en 1840. Sa santé l'obligea à se retirer en 1841, et il mourut cinq ans après, le 2 novembre 1846.

III

A nos armées de terre :

Le général comte de Narbonne (Louis, élève de 1762 au 6 septembre 1769), de la famille des Lara de Castille, l'une des plus illustres de l'Espagne. Né à Colorno (duché de Parme) le 24 août 1755, il passa sa première enfance à la cour de Versailles, où sa mère, après la mort de la duchesse de Parme dont elle était dame d'honneur, vint, en 1760, remplir les mêmes fonctions auprès de sa sœur aînée, madame Adélaïde de France; et deux ans après, il fut placé à Juilly par les soins du grand Dauphin (~~Louis XVI~~), qui avait remarqué son intelligence précoce et qui se plaisait à lui donner ses premières leçons de grec. Il y fit de brillantes études, dont le P. Viel, son professeur de rhétorique, a consigné le souvenir dans une allocution latine qu'il adressait au P. de La Valette, en visite à Juilly, et où il dépeint ainsi son élève favori : *Quid si nominarem quem misit* COLORNO, *laudis avidum et* PULCHRÈ GARRIENTEM? *In hoc alumno quanta virtus, quanta alacritas!* Il les continua encore dans les premières années de sa vie militaire et les compléta, à Strasbourg d'abord, où il commandait le régiment de Piémont, par celle des langues étrangères et du droit public, à laquelle l'initia le savant professeur Koch, puis à Versailles, par celle de la diplomatie, où il devait se montrer si habile et dont il reçut les premières notions du ministre lui-même, M. de Vergennes. Partisan déclaré des idées généreuses de la Révolution, il contint, à ses débuts, dans le calme les populations du Doubs dont il commandait les gardes nationales. En 1791, il conduisit en Sardaigne, puis à Rome, mesdames de France, fut promu, à son retour, maréchal de camp par l'Assemblée nationale, et accepta le portefeuille de la guerre après le voyage de Varennes. Dans son court passage au pouvoir, il chercha à maintenir le prestige de la royauté, lui forma une armée puissante qu'il divisa en trois corps sous le commandement de Luckner, de Rochambeau et de Lafayette, et remonta le matériel de toutes les places fortes. En mars 1792, il rejoignit l'armée du Nord, revint à Paris au 10 août où sa noble conduite le fit accuser de trahison, dut son salut au courage de madame de Staël qui le cacha à l'hôtel de l'ambassade de Suède, et se réfugia alors en Angleterre et ensuite en Suisse où il passa sept ans dans la retraite, l'étude et la vie de famille. Rentré en France en 1800, il fut réintégré dans son grade de général de division par Napoléon, qu'il séduisit par la distinction de sa personne et le charme de sa conversation et qui, aux jours de ses désastres, finit par lui accorder « un crédit d'estime et de faveur, qui n'eut d'autre tort que d'être trop tardif et trop court[1]. » En 1809, il devint son aide de camp, fut envoyé en mission à Vienne pendant les campagnes d'Essling et de Wagram, reçut le commandement de Raab avec l'ordre de surveiller la Hongrie, puis ensuite celui de Trieste. C'est là qu'il rencontra sa mère, qui veillait à la garde du tombeau des deux princesses qu'elle avait servies, et dont l'Empereur lui dit : « Ah çà ! mon cher Nar-

---

1. Villemain, *Souvenirs contemporains*, première partie. Il insista souvent auprès de l'Empereur, pour qu'il rendît la liberté et Rome à Pie VII.

bonne, il n'est pas bon que vous restiez trop longtemps auprès de votre mère qui ne m'aime pas. Ne m'aimera-t-elle donc jamais ? » — Sire, lui répondit le spirituel courtisan, elle n'en est encore qu'à l'admiration. Il le suivit en Russie et dans sa désastreuse retraite de Moscou, où son incomparable énergie et sa gaîté constante soutinrent le moral du soldat, revint à Paris en 1813, et reçut en mars l'ambassade de Vienne « jusqu'à laquelle, a dit Napoléon dans ses *Mémoires*, nous avions été dupes de l'Autriche. Mais en moins de quinze jours Narbonne eut tout pénétré et gêna fort M. de Metternich. » Employé ensuite aux négociations du congrès de Prague, il fut nommé gouverneur de Torgau où il mourut du typhus, en soignant lui-même ses soldats qui en étaient atteints, le 17 novembre de la même année. En lui disparut une des plus nobles et des plus brillantes figures de la période de la Révolution et de l'Empire, sur laquelle il a porté lui-même ce jugement dont les années n'ont fait que corroborer la justesse : « La Révolution, trop sanglante dans sa phase de violence, trop abattue et trop servile dans son retour à la raison, a perdu la liberté légale ; la compression des espérances généreuses qu'elle avait fait naître, l'abus de la force et de la guerre perdra un jour la stabilité en Europe, sans y ramener la liberté ; et, longtemps peut être, elle ne laissera plus au continent que le règne alternatif des grandes insurrections et des grandes armées. »

Et M. Villemain qui, dans ses *Souvenirs contemporains*, lui a consacré des pages si éloquentes, a pu dire de lui sans exagération : « Je ne crois pas qu'à la fin du dernier siècle et dans les premières années du nôtre, à ces deux époques si remplies d'événements extraordinaires et d'hommes célèbres dans la politique et dans la guerre, il y ait eu un esprit plus rare et plus cultivé, un cœur plus généreux, un homme plus aimable dans le commerce de la vie, plus hardi, plus sensé et plus capable de grandes choses. La fortune seule a manqué à ce mérite qui, au jugement des meilleurs et des plus sages de l'Empire, des Daru, des Mollien, semblait fait pour suffire à tout[1]. »

Le général Bouvet de Lozier (Athanase-Hyacinthe, né à Paris en juillet 1770, élève de 1778 à 1784, mort à Fontainebleau en 1825), qui conserva à la France, en 1814, l'île Bourbon dont il était alors gouverneur et que les Anglais voulaient nous prendre.

Le général Duphot (Léonard), né à la Guillotière en 1770, élève de 1780 à 1787. Enrôlé en 1791 comme adjudant-major du bataillon de volontaires du Cantal, il était déjà adjudant général en 1794, lorsqu'il se signala avec Lannes, à la prise du fort de Figuières, dans un combat singulier contre deux généraux espagnols. Il obtint de Carnot un commandement à l'armée d'Italie, tint en échec, en jan-

---

1. *Loc. cit.*, p. 384.

vier 1797, à la tête de l'avant-garde d'Augereau, les forces supérieures du comte de Hohenzollern, accompagna Joseph dans son ambassade à Rome et y fut tué, dans une émeute, le 27 décembre suivant, au moment où il venait d'être nommé commandant des grenadiers de l'armée d'Angleterre. Un des chants favoris du soldat, sous la République, était une ode aux mânes des héros morts pour la liberté, dont il était l'auteur et que Laïs avait mise en musique.

Le colonel Muiron (Jean-Baptiste-Alexandre, né en janvier 1774, élève de 1782 à 1787), que son intrépidité fit choisir, à vingt-deux ans, pour être un des aides de camp du général Bonaparte dans son immortelle campagne d'Italie, et qui trouva une mort glorieuse au pont d'Arcole, en faisant à son chef, exposé au milieu d'une grêle de balles et de mitraille, un rempart de son corps[1]. Vingt ans après, au jour de l'infortune, le souvenir de cet héroïque jeune homme revint à la mémoire du grand homme. A la veille de monter sur le *Northumberland* et d'aller à Sainte-Hélène trouver dans la souffrance et le malheur la consécration de sa gloire, alors que les Anglais cherchaient à outrager en sa personne la dignité souveraine, Napoléon eut l'idée de renoncer à son titre et à son nom pour prendre ceux de *Colonel Muiron*, comme

[1]. 15 novembre 1796 ou 25 brumaire an IV, Thiers, *Révol. franç.*, t. VIII.

l'emblème du plus noble dévoûment et comme le moyen le plus digne de sauvegarder son honneur et de flétrir l'ignominie des outrages dont on voulait l'abreuver¹.

Le lieutenant général du génie Decaux de Blaquetot (Louis-Victor, né en 1775, élève de 1784 à 1788, mort en 1845). Admis, en 1792, à l'école de Mézières, il se distingua à l'armée du Rhin, fit avec elle les campagnes de 1800 et de 1801, dans lesquelles il dirigea le génie du corps de la gauche, traita habilement, avec le comte Bubna, des conditions de l'armistice de Paffsdorf et, après être resté quelque temps dans les bureaux de la guerre, fut chargé de défendre contre les Anglais la place d'Anvers où il eut jusqu'à 600 pièces de canon en batterie. Maréchal de camp et inspecteur des fortifications après 1815, il obtint encore de la Restauration le portefeuille de la guerre; et la dignité de pair de France fut la récompense de ses talents d'administrateur. C'est lui qui, pendant son ministère, recevant, un jour, la visite d'Arnault, de l'Académie française, son ancien condisciple, qui venait lui recommander un de ses fils, lui dit en l'apercevant : « Je vous connais depuis longtemps. A Juilly, vous étiez chez les grands, quand j'étais chez les petits, et vous faisiez peu attention à moi. — C'est vrai, Monseigneur, reprit Arnault; mais maintenant que les choses sont dans l'ordre inverse

1. Thiers, *Hist. du Consulat et de l'Empire*, t. XX, p. 571.

n'agissez pas de même à mon égard, je vous en prie[1]. » Il ne l'imita pas en effet, et Arnault obtint de lui la faveur qu'il sollicitait.

Le lieutenant général d'infanterie comte d'Albignac (Philippe-François-Maurice, né à Milhaud le 7 juillet 1775, élève de 1786 à 1790, et mort le 31 janvier 1825). Emigré en 1792, il prit du service en Autriche, rentra en France après le 18 brumaire, gagna tous ses grades sur les champs de bataille de l'Empire, devint aide de camp du prince Jérôme et, sous la Restauration, fut nommé lieutenant général et commandant de l'école de Saint-Cyr.

Le général de division d'artillerie Desvaux baron de Saint-Maurice (Jean-Jacques, né à Paris, le 26 juin 1775, élève de 1786 à 1790, tué à Waterloo à la tête d'une de ses batteries le 18 juin 1815). Sorti, en 1792, de l'école d'artillerie de Châlons, il se distingua aux combats d'Aiguebelle et de Saint-Maurice, provoqua la reddition du fort Saint-Elme à l'armée des Pyrénées-Orientales, protégea la retraite de la division Serrurier sur l'Adige ; et successivement colonel et aide de camp de Marmont en 1804, général de brigade à la suite des batailles de Raab et de Wagram, il fit la campagne de Russie en qualité de général de division ; et à Waterloo, où il fut tué, il commandait en chef l'artillerie de la garde impériale.

Le lieutenant général de cavalerie Paultre de la

1. Arnault, *Mém. d'un sexagénaire.*

Mothe (Pierre-Louis-François, né à Saint-Sauveur le 22 février 1774, élève de 1785 à 1791, mort à Meaux en 1840), que sa valeur et de beaux faits d'armes élevèrent à cette haute dignité militaire et qui, sous la Restauration, commanda la dix-neuvième division militaire (Lyon). Ils se montra toujours l'un des plus zélés protecteurs de la maison de Juilly, dans laquelle il aimait à se retrouver, et en donna une preuve touchante dans les nobles paroles qu'il adressa aux élèves à la distribution des prix de 1836, qu'il présida.

Le lieutenant général de cavalerie Lafon de Blaniac (Guillaume-Joseph, né à Villeneuve d'Agen en 1774, élève de 1787 à 1791). Entré au service, en 1792, comme lieutenant au cinquième chasseurs à cheval, il fit la campagne de l'armée du Nord, assista à la bataille de Hondschoot et à la prise de Furnes. Aide de camp de Berthier en Egypte, il y conquit le grade de colonel à la bataille d'Alexandrie où, enveloppé de toutes parts par les Anglais, blessé d'un coup de feu à bout portant et criblé de blessures, il refusa de se rendre et se fit jour à coups de sabre. Général de brigade lors de l'expédition de Naples, il apaisa le soulèvement des Calabres, et de 1810 à 1813 fit preuve, en Espagne, de grands talents militaires qui lui valurent le grade de général de division. Député de Lot-et-Garonne en 1832, il mourut gouverneur de la Corse en 1834.

Le général de division du génie baron Rohault de Fleury (Hubert, né en 1779, élève de 1787 à 1792, mort le 17 septembre 1866). Camarade de l'illustre Biot à l'école polytechnique, lieutenant en 1800, capitaine à Austerlitz, il conquit ses grades supérieurs en Prusse, en Pologne et en Espagne où, en 1816, il commanda le génie du corps expéditionnaire. Créateur des magnifiques fortifications de Lyon, il y combattit toutes les insurrections et y fut nommé lieutenant général en 1834. La promptitude et l'habileté de ses travaux de tranchées devant Constantine le firent entrer, en 1837, à la chambre des pairs où l'on remarqua plusieurs de ses discours sur l'organisation de l'armée. Il avait épousé mademoiselle de Sèze, la fille de l'illustre défenseur de Louis XVI.

Et le colonel comte de Noailles (Alfred-Vincent de Paul, né à Paris le 15 juillet 1784, élève de 1790 à 1792), qui ajouta encore au lustre de son nom par sa fin glorieuse au passage de la Bérézina, où, après avoir porté au plus vite au maréchal Ney un ordre décisif de la part de Berthier dont il était un des aides de camp, il fut tué raide par une balle reçue à la tête dans la charge célèbre des cuirassiers Doumerc, à laquelle il voulut prendre part. Il avait vingt-huit ans [1].

---

1. V. le récit de sa mort dans *Madame de Montagu*, p. 401. Les

IV

A la politique, à la magistrature et à l'administration :

Le conseiller d'Éprémesnil (Jean-Jacques Duval, né à Pondichéry en 1746, élève de 1757 à 1760, guillotiné en 1794). Petit-fils, par sa mère, de Dupleix, le gouverneur général des possessions de la compagnie des Indes, il obtint, jeune encore, un siège au Parlement de Paris et devint bientôt l'un des représentants les plus célèbres de ce grand corps, dans ses luttes funestes contre la Royauté, par son énergie, sa franchise, son éloquence et son ardeur à en défendre la puissance et les prérogatives. Mais dépourvu de cette rectitude de sens, de cette profondeur de vues et de cette suite dans les desseins qui font l'homme d'État, il ne sut que compromettre les intérêts qu'il voulait servir, ne réussit dans aucun de ses projets et usa sa vie et ses talents à tenter l'impossible. Il s'attaque d'abord à la Royauté pour assurer au Parlement un pouvoir politique qui ne se rattachait qu'à des abus et qui, du reste, n'avait plus de raison d'être depuis le réveil de la nation à la vie publique. Dans ce but, il combat le plan de Calonne repris par le cardinal de Brienne, et s'oppose à l'établissement

---

maréchaux de camp : comte Meyronnet de Saint-Marc et Canavas Saint-Amand furent aussi des élèves de la même époque.

des assemblées provinciales et d'une subvention sur toutes les terres du royaume, c'est-à-dire au principe même de nos conseils généraux et de l'impôt foncier. Enhardi par la popularité trompeuse que lui vaut cette résistance, il ne garde plus de mesure. Lui qui avait dit au jeune Pasquier, son condisciple de Juilly, en lui rappelant le mot de son grand-père : « Les Etats généraux ne sont pas un jeu d'enfants ; la première fois que la France les verra, elle verra aussi une terrible révolution, » il n'hésite plus à les réclamer avec véhémence, dans l'espoir que le droit de voter les impôts sera conféré au Parlement dans l'intervalle de leurs convocations. Il en précipite l'ouverture en entravant le rétablissement de la cour plénière, et quand il s'agit de régler le mode de leur composition et de leurs délibérations, il ne craint pas de soulever l'opinion en réclamant le maintien des formes observées en 1614, la délibération séparée des trois ordres, et pour le tiers une représentation seulement égale à celle des deux autres ordres. Puis, dès qu'il peut mesurer la gravité des coups qu'il a portés au pouvoir, et qu'il voit qu'ils n'ont abouti qu'à ruiner le prestige de la magistrature et à ébranler, avec l'autorité l'ordre et la liberté dont elle est la base, il se rallie à la Royauté[1], pour essayer de la sauver des excès de la Révolution. Mais l'insuffi-

---

[1]. Il était un des députés de la noblesse de Paris à l'Assemblée constituante.

sance de ses forces s'accroît, dans cette lutte tardive, de son impopularité nouvelle ; son concours devient pour la monarchie aux abois plus dangereux encore que son opposition, et il ne lui reste plus qu'à affronter la mort de l'échafaud avec le courage d'une belle âme et d'une conscience pure.

Le marquis de Bonnay (Charles-François, né le 22 juin 1750, élève de 1761 à 1764 mort en 1825). Colonel de cavalerie lorsqu'il fut nommé député de la noblesse du Nivernais aux Etats généraux, il présidait l'Assemblée nationale dans cette séance du 10 juillet 1790, dont nous avons parlé, à laquelle fut admis le dernier général de l'Oratoire [1]. C'est lui aussi qui répondait à des députés qui l'accusaient d'avoir connu et facilité la fuite de la famille royale à Varennes : « Si le Roi m'avait consulté sur ce départ, je ne le lui aurais peut-être pas conseillé ; mais s'il m'eût ordonné de le suivre, j'aurais obéi avec transport, heureux de mourir à ses côtés. » Nommé ministre plénipotentiaire de France en Danemarck à la première Restauration, il fut appelé, en 1815, à siéger à la chambre des Pairs, en 1816 à l'ambassade de Prusse et devint, en 1820, ministre d'Etat et membre du Conseil privé.

Le comte d'Eymar (Ange-Marie, né à Marseille en 1750, élève de 1760 à 1766, mort à Genève le 11 janvier 1803). Député de la noblesse de For-

1. V. *Suprà*, p. 363.

calquier et Sisteron aux Etats généraux, il se montra partisan de sages réformes et se réunit au tiers avec Duport, émigra pendant la Terreur, accepta, sous le Directoire, l'ambassade de Turin où il découvrit le traité secret du roi de Sardaigne avec les puissances coalisées contre la France, et devint, sous l'Empire, préfet de Genève où il mourut. Homme instruit et écrivain élégant, il a laissé des *Mélanges* de poésie, des *Réflexions sur la nouvelle division du royaume*, une brochure sur la question de la *Suppression des Ordres religieux*, dans laquelle il appuyait la lettre de d'Éprémesnil, et une *Notice historique sur la vie et les écrits de Dolomieu*, le célèbre géologue.

Le marquis de Beauharnais (François, né à la Rochelle le 12 août 1756, élève de 1766 à 1771, mort en 1823). Député de la noblesse aux Etats généraux et, en 1792, major général de l'armée de Condé, il écrivit à la Convention pour être autorisé à défendre Louis XVI, et plus tard à Bonaparte pour l'engager à rendre le trône aux Bourbons. Ambassadeur de France à Florence et à Madrid sous l'Empire, puis exilé en Pologne jusqu'en 1814 pour un acte de résistance à l'Empereur, il fut oublié par la Restauration. Il était le père de la courageuse et infortunée comtesse de La Valette et l'oncle paternel du prince Eugène et de la reine Hortense.

De Cypierre (Perrin, né à Chevilly en 1758,

élève de 1770 à 1774), qui devint, en 1785, intendant de la généralité d'Orléans, en remplacement de son père, et qui s'y fit remarquer par l'habileté de son administration.

Duport (Adrien, né à Paris en 1756, élève de 1769 à 1775, mort à Appenzell en août 1798). Fils d'un conseiller au Parlement et conseiller lui-même, il dirigea, jusqu'en 89, l'opposition de la magistrature contre l'administration du Trésor public, et fut pour le gouvernement de Louis XVI un adversaire beaucoup plus redoutable que d'Éprémesnil. Comme lui, député de la noblesse de Paris aux États généraux, il se réunit un des premiers au tiers et acquit bientôt une grande autorité au sein de la Constituante. Esprit ferme, élevé et juste, habile dans l'art de diriger les passions politiques, auquel l'avaient initié ses luttes parlementaires contre le ministère, il forma avec Lameth et Barnave ce triumvirat célèbre, dont il fut la tête et Barnave l'organe, et qui hérita de la popularité de Mirabeau. Ardent promoteur des réformes, il plaida avec chaleur la cause de l'égalité et de la liberté civiles, et devint un des plus énergiques soutiens du pouvoir royal, qu'il ne voulait que limiter, lorsqu'il le vit affaibli. Savant jurisconsulte, il fut, à la tribune de l'Assemblée, le plus puissant interprète des idées d'humanité dans la justice criminelle, qu'il était déjà parvenu à faire pénétrer au sein du Parlement, lui soumit, en

1790, un plan remarquable d'organisation judiciaire et vit ses nobles efforts récompensés par l'introduction dans nos lois de la grande institution du jury. Effrayé par la journée du 10 août, il prit la fuite et, arrêté à Melun, dut la vie à Danton, qui se rappela quelques services qu'il lui avait rendus et suscita une émeute pour le faire évader. Il revint en France après le 9 thermidor, s'éloigna de nouveau au 18 fructidor, et mourut en Suisse où il avait employé ses loisirs à faire de Tacite une traduction qu'on n'a pas retrouvée. « C'était, a dit M. Villemain, un homme remarquable par tout pays libre qu'Adrien Duport qui, dans une époque d'inexpérience et d'essai, répandit tant d'idées justes et praticables sur le système judiciaire dans ses rapports avec la liberté civile [1]. »

Le comte de Laborde (François-Louis-Joseph, né à Paris en 1760, élève de 1770 à 1777, mort à Londres en 1801). Député à la Constituante, il fut un des signataires du serment du jeu de paume. Plusieurs de ses discours sur les finances furent imprimés par ordre de l'Assemblée, entre autres celui qu'il prononça le 5 décembre 1789 pour l'établissement d'une banque publique.

Le comte de Laborde (Alexandre-Louis-Joseph, frère du précédent [2], né à Paris le 17 septembre

---

[1]. *Cours de littérature au* XVIIIe *siècle*, t. IV, p. 154.
[2]. Deux autres frères, élevés aussi à Juilly, périrent avec d'Escures dans le naufrage de La Pérouse.

1773, élève de 1782 à 1786, mort en 1842). Officier au service de l'Autriche en 1791, il rentra en France après le traité de Campo-Formio et suivit Lucien dans son ambassade en Espagne, où il recueillit les matériaux de son *itinéraire descriptif de l'Espagne* et de son *Voyage pittoresque et historique de l'Espagne*, qui firent sa réputation d'érudit et de littérateur. Député de la gauche en 1822, préfet de la Seine en 1830, puis aide-de camp du roi Louis-Philippe et longtemps questeur de la chambre des députés, il entra à l'Académie des inscriptions en 1819 et à celle des sciences morales et politiques en 1832. Juilly eut toujours une grande place dans son souvenir et dans son cœur; et, jusqu'à sa mort, il présida assidûment le banquet des anciens élèves.

Esmangard (Charles, né à Paris, le 1er octobre 1766, élève de 1775 à 1781, mort en 1837). Conseiller d'État et publiciste, il a écrit sur la marine et nos colonies des ouvrages estimés, entre autres : *de la Marine française, des Colonies françaises et en particulier de Saint-Domingue* et *de la Vérité sur les affaires d'Haïti*.

Le duc Pasquier (Étienne-Denis, né à Paris le 22 avril 1767, élève de 1778 à 1781, mort à Paris le 5 juillet 1862). Issu d'une de ces anciennes et illustres familles de robe qui, par la dignité de leur vie, la sévérité de leurs mœurs et la supériorité de leurs talents, ont formé, pendant plusieurs siècles,

« la plus grande magistrature du monde et comme le sénat austère de la justice[1], » il reçut jusqu'à quatorze ans, « sous la direction affectueuse des Oratoriens de Juilly, une éducation hâtive et incomplète qu'il acheva négligemment à Paris[2]. » Mais entré à vingt ans au Parlement où siégeait son père, il y entendit Gerbier et Séguier, y observa le jeu et les ressorts des passions politiques et ne tarda pas à devenir, au spectacle des grandes luttes dont il était témoin et au contact de la société d'élite qui l'entourait, un esprit cultivé et un magistrat distingué. Il fut d'ailleurs remis sur la voie des fortes études par un de ses anciens maîtres de Juilly, le P. des Essarts, lorsque les violences révolutionnaires l'obligèrent à aller partager sa retraite de Croissy. Rentré à Paris après le 18 brumaire, il devint successivement, sous l'Empire, maître des requêtes, conseiller d'État et préfet de police, ne sut pas déjouer la conspiration du général Mallet, se laissa même emprisonner par lui à la Force et, malgré cette école, resta en faveur. Sous la restauration, où sa marche politique motiva des blâmes sévères, il entra trois fois dans les conseils du Roi, comme ministre de l'intérieur, de la justice et des affaires étrangères, et y montra des qualités d'ora-

---

1. Réponse de M. Mignet au discours de réception de M. Pasquier à l'Académie française, du 12 décembre 1841.

2. Discours de réception de M. Dufaure à l'Académie française, du 7 avril 1864.

teur et d'homme d'État. Sous le gouvernement de Juillet, à l'établissement duquel il était resté étranger, il accepta la présidence de la chambre des Pairs, prit part à ses discussions sur la responsabilité ministérielle et la suppression des jeux publics, et dirigea avec talent et impartialité ses débats, comme haute cour de justice, dans les procès des ministres, des attentats contre la vie du Roi et des concussions de hauts fonctionnaires. La Révolution de 1848 hâta sa retraite qu'il avait déjà résolue; en 1852, il protesta encore éloquemment contre le décret qui fixait une limite d'âge aux fonctions de la magistrature; et il mourut à quatre-vingt-quinze ans, en 1862, après avoir reçu avec un profond recueillement les sacrements de l'Église. Il occupait depuis 1842 le fauteuil de Mgr de Frayssinous à l'Académie française.

Le marquis de Rastignac (Pierre-Jean-Jules de Chapt, né à Paris le 7 juillet 1769, élève de 1778 à 1783, mort en 1833), qui fut Président du collége électoral du Lot sous l'Empire, député de ce département en 1817, et fut nommé pair de France en 1823.

Le marquis de Mathan (Georges, né à Caen, en 1769, élève de 1779 à 1784). Chambellan de l'Empereur en 1812, il devint commandant en second d'un des régiments de ses gardes d'honneur, maréchal de camp et inspecteur de cavalerie sous la Restauration et pair de France en 1816.

De Salverte (Eusèbe, né en 1771, élève de 1779 à 1786, mort en 1839). Esprit juste, d'une probité inaltérable et d'un patriotisme sincère, il poursuivit sous la Restauration, comme député et comme publiciste, le triomphe des idées libérales ; mais ses écrits sont empreints des opinions antireligieuses du temps. Son ouvrage : *de la Civilisation*, le fit élire membre libre de l'Académie des inscriptions.

Sapey (Jean-Charles, né à Grenoble en 1770, élève de 1782 à 1787), que la protection de Lucien Bonaparte fit entrer au Corps législatif en 1802, et qui, député sous la Restauration et le gouvernement de Juillet, n'accepta un siége de conseiller maître à la Cour des comptes qu'après quarante-cinq ans de mandat législatif. Nommé sénateur en 1852, il mourut en 1856.

Le baron Meyronnet de Saint-Marc (Philippe-Louis, né à Aix en 1780, élève de 1789 à 1792), mort à Paris, en 1866, conseiller honoraire à la Cour de cassation.

Et le comte Alexis de Noailles (élève de 1789 à 1792), qui se signala par son opposition au gouvernement impérial, devint en 1815 un de nos ministres plénipotentiaires au Congrès de Vienne où Talleyrand le chargea spécialement des négociations relatives aux affaires d'Italie, et devint plus tard aide de camp du comte d'Artois et commissaire du Roi à Lyon.

C'est ici le lieu d'ajouter quelques mots sur Terray et Anacharsis Clootz, ces deux célébrités si tristes de l'administration et de la politique, auxquelles nous avons fait allusion en tête de ce livre.

L'abbé Terray (Joseph-Marie, né en 1715, élève de 1726 à 1730, mort en 1778), fils d'un fermier général, avait fait de très-bonnes études à Juilly. En 1736, à vingt et un ans, il avait obtenu, des deniers d'un de ses oncles, enrichi dans le système de Law, et qui était médecin de la mère du Régent, une place de conseiller-clerc au Parlement; et jusqu'en 1754 il n'avait fixé l'attention que par l'austérité de sa vie, son application au travail et son intelligence des affaires. Mais il devint alors l'héritier de cet oncle; et la fortune en fit un ambitieux et un libertin. Il brigua la protection de Madame de Pompadour, l'acquit en refusant, seul, de donner sa démission après le lit de justice du 13 décembre 1756, fut chargé désormais du rapport des plus grandes affaires, prit part, en 1763, à l'expulsion des Jésuites, qui lui valut la popularité et les 20,000 livres de rente de l'abbaye de Molesmes et, l'année suivante, trempa dans cette vaste entreprise d'accaparement, justement flétrie du nom de Pacte de famine, où il accrut sa fortune de plus de 150,000 écus de revenu. En 1769, il remplaça d'Invau dans le poste important de Contrôleur général. « L'abbé, lui dit Maupeou, en lui annonçant sa nomination prochaine, le contrôle général est vacant. C'est une bonne place, où il y a de l'argent à gagner. Je veux te la faire donner[1]. » Paroles bien dignes des deux interlocuteurs, mais révoltantes dans la bouche du chef de la justice et qui n'indiquaient que trop bien ce qu'allait devenir la gestion des finances dans les mains de Terray. Cynique, en effet, dans sa vie publique comme dans sa vie privée, il traita les biens des sujets comme la propriété du prince, fit main basse sur la caisse d'amortissement, recourut à la banqueroute comme au moyen le plus aisé de libérer l'État et ne visa à restreindre le déficit qu'en accroissant les recettes par des extorsions et en diminuant les dépenses par des spoliations. Mais, Monseigneur, lui disait un pauvre rentier dont il avait arbitrairement réduit la pension, c'est voler l'argent dans les poches. — Eh ! où voulez-vous donc que je le prenne? lui répondit Terray. Un financier, faux dévot, du nom de Billard, qui avait capté la confiance des maisons religieuses, venait d'être convaincu de banqueroute frauduleuse et condamné à la peine du carcan. Le lendemain, on lisait cette inscription sur la porte et sur tous les murs de l'hôtel du Contrôleur général : « Ici, on joue le noble jeu de Billard. » « Qu'on n'y fasse pas attention, dit Terray ; on les écorche, qu'on les laisse

---

[1]. Droz, *Hist. du règne de Louis XVI*, introd., p. 46, éd. in-12.

crier. » Ses turpitudes, cependant, n'eurent pas le résultat qu'il en attendait ; le déficit ne fut pas comblé, et il atteignait encore le chiffre de 40 millions lors de son renvoi, en 1774, à l'avénement de Louis XVI ; mais elles contribuèrent à aggraver la misère publique, elles ajoutèrent à tous les scandales et à toutes les hontes du règne de Louis XV, et furent certainement une des causes les plus actives de cette haine implacable du peuple contre le gouvernement, les riches et les nobles, qui devait se traduire, vingt ans plus tard, par de si atroces vengeances.

Quant au baron prussien de Clootz (Jean-Baptiste, né à Clèves en 1755, élève de 1764 à 1768, guillotiné le 23 mai 1794), il est plus connu sous le surnom d'*Anacharsis* Clootz, qu'il prit lors de son voyage en Europe en vue de réformer le monde. Esprit brillant mais exalté et faux, la tête commença à lui tourner à la lecture des écrits philosophiques du polygraphe Cornélius de Pauw, son oncle ; et il consacra dès lors une immense fortune à la réalisation de ses rêves de régénération sociale et d'émancipation universelle. La Révolution acheva de le rendre fou. Il se proclama l'*Orateur du genre humain*, rédigea, pour la fête de la Fédération, une adresse contre tous les despotes du monde, et se déclara l'apôtre du matérialisme et l'ennemi personnel de Dieu et de son Christ. Enfin, naturalisé Français en 1792, il représenta le département de l'Oise à la Convention, vota la mort du Roi, se fit le défenseur des septembriseurs et l'apologiste d'Ankarstrœm, l'assassin de Gustave III, de Suède[1], et poussa l'extravagance de son fanatisme jusqu'au point de lasser Robespierre qui l'envoya à l'échafaud.

V

A la philosophie et aux lettres :

Le vicomte de Bonald, l'un des plus grands philosophes de nos temps modernes. Louis-Gabriel-Ambroise de Bonald naquit au Monna, près Milhau (Aveyron), le 2 octobre 1754. Sa famille, l'une des plus anciennes du Rouergue, avait donné des magistrats distingués au Parlement de Toulouse. Orphelin de père, en bas âge, il n'eut d'autre maître, jusqu'à onze ans, que sa pieuse mère. Il fut envoyé alors à Paris pour commencer ses études et vint les finir, de 1769 à 1772, à Juilly, où il eut pour Professeur de rhétorique et de philosophie le P. Mandar qui entretint avec lui des rapports affectueux et une correspondance suivie jusqu'à la Révolution. Il entra dans le monde sous l'habit des

---

[1]. Un de nos condisciples, Descroix, chef de bataillon du génie au service de Gustave III, fut témoin du supplice d'Ankarstrœm, qu'a fort bien raconté le marquis de Coriolis dans la biographie, en vers, de son ami, lue au banquet de 1840.

mousquetaires, qu'il ne quitta qu'en 1776 lors de leur suppression. Il revint alors à Milhau dont il fut nommé maire en 1785 ; et partisan sincère des idées nouvelles, il fut élu, en 1790, Président de l'Administration départementale de l'Aveyron ; mais les exigences schismatiques de l'Assemblée nationale l'obligèrent bientôt à donner sa démission. Retiré d'abord à la campagne, il se décida ensuite à émigrer, servit dans l'armée des Princes et, après son licenciement, fixa sa résidence à Heidelberg, où il étudia les lois de la philosophie et de la politique et commença à écrire à quarante ans. En 1796, il publia son premier ouvrage : la *Théorie du pouvoir politique et religieux dans la société civile*, œuvre de recherches savantes et d'une profonde métaphysique, qui le plaça de suite au premier rang des penseurs, et que Bonaparte, à qui il l'avait adressée à son retour d'Égypte, aurait voulu faire réimprimer à ses frais[1]. Six ans après, il faisait paraître son chef-d'œuvre : *la Législation primitive*[2], qui rendait à la vérité le service essentiel d'établir l'origine divine du langage d'où il induisait une théorie complète de législation, et presque en même temps son livre *du Divorce*, suite de ses travaux pour la restauration des principes sociaux, que Necker jugeait

1. Imprimé à Constance, cet ouvrage avait été confisqué par le Directoire ; et il n'en avait été sauvé qu'un petit nombre d'exemplaires.
2. Il y avait refondu un précédent travail intitulé : *Essai analytique sur les lois naturelles de l'ordre social*.

« un ouvrage excellent, plein de mesure, de raison et de la meilleure philosophie. » Il publia ensuite ses *Recherches philosophiques* et le beau livre de ses *Pensées*, dont un grand nombre sont devenues des axiomes, et écrivit une *Réfutation de la Révolution française* de madame de Staël qu'il traitait en dame, comme le lui écrivait M. de Maistre, prit part à la rédaction du *Mercure de France* avec Fontanes et Châteaubriand et à celle du *Conservateur*, et donna encore au public, en 1814, une brochure sur l'*Intérêt général de l'Europe*, et, en janvier 1830, sa *Démonstration philosophique des principes constitutifs de la Société*.

Rentré en France en 1797, il reçut de Napoléon, en 1808, le titre de conseiller de l'Université, qu'il ne se décida à accepter que deux ans après, sur les instances de M. de Fontanes et de M. Emery; et vers la même époque, le roi Louis, de Hollande, qui voulait confier l'éducation de ses fils à un Français célèbre, libéral et probe, le fit solliciter, bien qu'il ne le connût que de réputation, d'être leur gouverneur; mais il crut devoir décliner cette offre. En 1815, il décida la Chambre des Députés, dont il était membre, à voter l'abolition du divorce, et fut nommé par Louis XVIII ministre d'État et pair de France, et par Charles X Président de la Commission de censure. L'arrêt de proscription des Jésuites le décida, en 1829, à se retirer à sa terre du Monna, faible débris d'un patrimoine que les confiscations révolutionnaires avaient dévoré ; il y continua l'étude des grandes questions qui avaient été la préoccupation de toute sa vie : la Religion et la Société, et s'y éteignit doucement le 23 novembre 1840. Il était membre de l'Académie française depuis 1816 [1].

La France perdit « en lui un grand esprit, un moraliste profond, un écrivain éminent et un des plus illustres témoins du grand réveil chrétien de ce siècle [2]. » Sa philosophie, qui scrute les besoins de la société autant que ceux de l'âme humaine, est toute morale et sociale ; plus étendue que celle de certaines écoles, elle embrasse Dieu, l'homme et la société, et elle a pour base un principe certain d'évidence naturelle : le don primitif du langage. Il en prouve l'origine divine ; et de cette révélation première il conclut rigoureusement l'existence de Dieu qui l'a donnée, et celle de la société qui la conserve et la transmet. Il en infère également la nécessité de l'observation des vérités ou lois primordiales sur lesquelles repose la vie des nations ; il montre dans le Christianisme le

---

[1]. Dans ses moments de loisir, il aimait à faire des vers. Il inscrivit les quatre suivants au bas d'un portrait de Fénelon, dont ils résument fort bien les quatre principaux ouvrages :

> De Dieu même il sonda l'essence ;
> Des États il traça les lois ;
> Il donna des leçons aux rois
> Et des préceptes à l'enfance.

[2]. M. Guizot, *Méditations chrétiennes*.

complet développement de ces vérités, et dans sa pratique la condition nécessaire du développement intellectuel et moral de l'homme et de la société; il établit le lien étroit qui doit exister entre la religion et la politique pour le bonheur et le progrès de l'homme social, que toutes deux ont pour but d'assurer, les avantages de leur mutuel appui et les suites funestes de leur hostilité[1]. Toutes ses pensées sont profondes et ses démonstrations lumineuses ; chacune de ses pages respire le bon sens, l'honnêteté, l'amour de Dieu et du pays ; et il a fallu des torrents d'injures et des monceaux de calomnies pour entraîner l'opinion à ne voir en lui qu'un lutteur fanatique, obscur et suranné. On lui a reproché de ne trouver d'autre remède à l'anarchie que le despotisme ; et il n'en constate la nécessité que pour la déplorer et montrer, dans l'affermissement des consciences par les principes chrétiens, le seul moyen d'en prévenir le retour. « Nous devons tout à la Religion, disait-il : force, vertu, raison, lumière ; et, lorsque nous lui préférons une philosophie qui, par la licence de ses opinions et la mollesse de ses maximes, pousse les hommes à la révolte *et ne peut que forcer les gouvernements au despotisme*, nous sommes des insensés et des ingrats ; et nous abandonnons une épouse qui fait notre fortune pour suivre une courtisane qui nous ruine. »

---

[1]. Il répétait souvent qu'il faut considérer la religion en homme d'État et la politique en homme religieux.

On lui a reproché encore, dans le conflit quotidien des deux forces vitales de la société : l'autorité et la liberté, de prendre parti pour l'autorité seule, « en méconnaissant le droit des âmes, l'esprit du temps et le cours général de la civilisation chrétienne [1]. »

Il faut, pour apprécier impartialement ses opinions monarchiques, ne pas perdre de vue qu'il les formulait au lendemain d'une Révolution qui, sous la pression et selon le langage de Mirabeau, avait voulu *déchristianiser* la France pour la *démonarchiser*. Mais, si le pouvoir royal lui paraissait la meilleure forme de gouvernement, il n'en condamnait aucune autre; il le jugeait seulement plus conforme aux vues de la Providence sur l'humanité, plus en rapport avec l'harmonie générale des êtres, et plus semblable à celui de la famille, type, à ses yeux, de toute société politique; et il se plaisait à redire avec Tacite : *Omnem potestatem ad unum conferri pacis interfuit*. Du reste, s'il le voulait fort et souverain, il entendait qu'il fût limité par les lois, et il n'envisageait sa force que comme une garantie des libertés publiques. En matière religieuse, il réclamait pour les dissidents non pas seulement la tolérance, mais même l'égalité, comme pouvant seule les ramener à l'unité; et ce fut lui qui, en 1816, à la Chambre des Députés, réclama le pre-

---

[1]. Guizot, *Méditations sur l'état actuel de la religion chrétienne.*

mier la liberté de la presse, sous la seule sanction des lois répressives de ses abus. En des temps plus calmes que les nôtres, ce puissant esprit, qui eut l'art de semer tant d'idées neuves, eût certainement fait école, et l'admiration de nombreux disciples eût étendu sa gloire; mais, comme l'a dit le P. Lacordaire, « il a vécu dans notre âge où l'Église seule rassemble ses petits sous ses ailes; et l'homme qui a dit à son siècle tant et de si profondes vérités, qui a tiré tant d'intelligences des routes perdues, a vécu solitaire, et n'a reçu que de la main de Dieu la double couronne du génie et de la vertu [1]. »

De Sainte-Palaye (Jean-Baptiste de la Curne), né à Auxerre le 16 juin 1697, élève de 1705 à 1714, † à Paris le 1er mars 1781. Érudit distingué, il fit des recherches considérables sur l'histoire de France, recueillit environ quatre mille notices et cent volumes de manuscrits, et fut élu membre de l'Académie des Inscriptions à vingt-sept ans. On a de lui des *Mémoires sur Denis d'Halicarnasse et sur Tite-Live;* une *Étude sur la Chronique de saint Denis* et une *Notice sur la vie de Charlemagne*, conservée à l'abbaye de Saint-Yves. Ses *Mémoires sur l'ancienne Chevalerie*, que l'on consulte toujours avec fruit, firent sa réputation d'écrivain et lui ouvrirent les portes de l'Académie française en 1758.

Boiste (Pierre-Claude-Victor), né à Paris en 1765,

---

1. *Le P. Lacordaire*, t. VI, p. 108.

élève de 1778 à 1783, † à Ivry le 24 août 1824. Lexicographe de talent, il se livra d'abord à l'étude du droit, et se consacra ensuite avec ardeur à celle des principes de notre langue. Il publia, en 1800, la première édition de son *Dictionnaire français*, œuvre considérable qui lui assigna chez nous le rôle de Johnson, l'oracle de la loi du goût chez nos voisins; en 1806, un *Dictionnaire de géographie universelle;* et en 1820, ses *Principes de Grammaire*, qu'il appelait un cours de bon sens appliqué à la grammaire, et que Charles Nodier a apprécié comme un excellent manuel de langage et d'orthographe.

Eyriès (Jean-Baptiste-Pierre), né à Marseille, le 7 juin 1766, élève de 1777 à 1783, † à Graville le 12 juin 1846. Doué d'une mémoire prodigieuse, il connaissait le grec, le latin, neuf langues vivantes et presque tous les idiomes du nord de l'Europe, où il avait résidé longtemps. Savant et judicieux géographe, il a rendu de grands services à la science par la publication nouvelle ou la traduction de plusieurs relations de voyages, et en concourant à la fondation de la Société de géographie de Paris, qu'il a longtemps présidée. Il avait remplacé, en 1839, E. de Salverte, comme membre libre de l'Académie des Inscriptions.

Arnault (Antoine-Vincent), né à Paris le 22 juin 1766, élève de 1776 à 1783, mort le 16 septembre 1834. Ame droite et franche, esprit vif et piquant, il fut un poëte tragique de l'école de Ducis, dont il se distingua par un nouveau degré de terreur et de simplicité qu'il sut mêler, dans ses ouvrages, aux formes anciennes[1]. Quelques romances, louées par La Harpe, avaient commencé sa réputation, lorsqu'il prit rang parmi les gens de lettres par sa tragédie de *Marius à Minturnes*, qu'il donna en 1790. Œuvre d'une mâle énergie et d'un style élevé, elle fut très-goûtée du public, et inspira pour le vainqueur des Cimbres, errant et proscrit, un intérêt dont eût été indigne l'homme du pillage et des proscriptions. Trois ans plus tard, Arnault dut la vie à la vogue de cette pièce et à la présence d'esprit d'un de ses amis de collège. Arrêté comme suspect en 1793, et conduit devant l'officier du poste de garde nationale le plus voisin, il se trouva en présence de son camarade de Juilly, Theurel, qui, feignant de ne reconnaître en lui que le poëte : « Citoyens, crie-t-il aux sbires qui l'environnaient, votre prisonnier est l'auteur de *Marius*. C'est lui qui a dit :

Le peuple, de tout temps, fut l'appui des grands hommes.

Rendez-le donc à la liberté. » On applaudit et Arnault fut sauvé. Il publia ensuite *Lucrèce*, dont la donnée fausse empêcha le succès, et, sous le Directoire, « cette régence de la Révolution, » selon le

---

[1]. V. la réponse de M. Villemain au discours de réception de M. Scribe à l'Académie française, du 26 janvier 1836.

mot de Scribe, son successeur à l'Académie française, *Cincinnatus*, où il flétrissait Robespierre, *Oscar* et *les Vénitiens*, dans lesquels il eut pour collaborateur du dernier acte le vainqueur de Marengo, que sa courte et terrible poétique poussait aux dénoûments sanglants, et qui lui fit substituer la mort du héros de la pièce, Montcassin, à sa préservation du supplice par son rival, qu'avait d'abord préférée Arnault; puis, sous l'Empire, l'*Hymen et la Naissance*, *Dom Pèdre ou le Roi et le Laboureur*, qui n'eut qu'une seule représentation; et, sous la Restauration, *Germanicus et Régulus*, et enfin ses *Fables*, d'un mérite bien supérieur à la plupart de ses pièces. Scribe en a fait une spirituelle critique lorsqu'il a dit que si on avait pu reprocher à Florian d'avoir mis trop de moutons dans ses bergeries, il y avait peut-être trop de loups dans les fables d'Arnault; mais si elles n'ont ni la bonhomie naïve de La Fontaine, ni la gracieuse sensibilité de Florian, elles rappellent la mordante hyperbole de Juvénal, et resteront comme le modèle d'un genre nouveau, celui de la fable satirique. Il composa aussi une *Vie de Napoléon* et, sur la fin de sa carrière, ses *Mémoires* sous le titre de *Souvenirs d'un sexagénaire*.

Arnault avait pris une part active, avec son beau-frère Régnault de Saint-Jean d'Angely, au coup d'État du 18 brumaire, et de ce moment datèrent ses relations intimes avec Napoléon, qui le chargea de recruter les savants et les littérateurs de l'expédition d'Égypte, le fit monter à son bord, sur l'*O-céan*, lui confia la mission de réorganiser les îles Ioniennes, le plaça ensuite au premier rang dans l'Université et lui laissa, par son testament, un legs de 100,000 fr. Un jour qu'ils discutaient ensemble sur les sujets tragiques, l'Empereur émit l'opinion qu'ils ne se trouvaient que dans la politique et les intérêts d'État, et Arnault la combattit vivement. Il n'importe, dit Napoléon, je veux que nous fassions une tragédie ensemble. Volontiers, Sire, répondit Arnault, quand nous aurons fait ensemble un plan de campagne¹. Exilé après les Cent Jours, qui lui avaient fait oublier ses serments de fidélité à la première Restauration, il revint en France en 1819 et rentra, le 24 décembre 1829, à l'Académie française, dont il avait été élu membre, une première fois, le 8 pluviose an XI, et dont il devint secrétaire perpétuel en 1833. Il mourut subitement l'année suivante.

Le marquis de Coriolis d'Espinousse (Charles-Louis-Alexandre), né à Marseille en 1772, élève de 1782 à 1788, mort en 1841. Poëte facile, esprit fin et caustique, il fut le collaborateur de plusieurs comédies-vaudevilles, telles que *M. de Bièvre ou l'abus de l'esprit* et *Christophe Morin*. On lui doit aussi diverses poésies, *le Tyran*, *les Alliés* et *le Roi*, *la Mort du duc de Berry*, et toutes celles que lui inspira son attachement à Juilly.

1. Réponse de M. Villemain à M. Scribe, déjà citée.

Le baron Creuzé de Lesser (né à Paris le 2 octobre 1771, élève de 1780 à 1788, mort en août 1839). D'abord secrétaire du consul Lebrun, il devint, sous l'Empire, député au Corps législatif, et, sous la Restauration, préfet de l'Hérault. Son poëme des *Chevaliers de la table ronde* fit sa réputation d'homme de lettres, et il y mit le sceau par des comédies et des opéras-comiques pleins de grâce et de verve, tels que la *Revanche*, le *Secret du ménage*, le *Nouveau Seigneur du village* et *M. Deschalumeau*.

De Chênedollé (Charles-Julien Lioult). D'une famille de robe, il naquit à Vire le 4 novembre 1769, commença ses études au collége des Cordeliers de cette ville et les termina brillamment, de 1781 à 1787, à Juilly où il eut pour professeur de rhétorique le P. Crenière, critique sévère et judicieux, qui lui fit goûter les vraies sources du beau et lui donna sur Horace et sur la poésie lyrique des leçons dont il se souvint dans la composition de ses *Odes* et dans son *Essai sur les traductions*. La Révolution l'enleva à sa famille, au sein de laquelle, depuis sa sortie du collége, il étudiait la nature et cultivait déjà la poésie.

Il fit deux campagnes à l'armée de Condé et séjourna ensuite en Hollande, puis à Hambourg, où il vécut au milieu des débris de notre ancienne société et dans l'intimité de Rivarol, le plus charmant causeur d'une époque où la conversation était encore le plaisir le plus goûté des salons, et de Klopstock, dont *la Messiade* avait ouvert à l'imagination des horizons tout nouveaux. De là il passa en Suisse, où il fut admis chez madame de Staël, qui disait de ses vers, « qu'ils lui paraissaient hauts comme les cèdres du Liban, » et qui le fit rayer de la liste des émigrés par Fouché qu'il avait eu pour professeur à Juilly. Il rentra alors à Paris et s'y lia avec Châteaubriand que pendant deux ans il visita tous les jours[1], avec l'ancien hôte de Coppet, Benjamin Constant, et avec Joubert, Delille, Fontanes, Pasquier, M. Molé et madame de Vintimille. En 1802, il se retira à Vire et y publia son poëme didactique du *Génie de l'homme*. Nommé par M. de Fontanes, en 1810, professeur de littérature à Rouen, puis Inspecteur d'Académie à Caen, il fit paraître, en 1820, ses *Études poétiques*, dans lesquelles il ajouta à ses anciennes *Odes* quelques pièces nouvelles pleines de fraîcheur et de vérité, entre autres : *la Gelée d'avril*, *le Clair de lune de mai*, *le Dernier jour de la moisson*, « inspirations heureuses, nées de la vie des champs, qui gardent en elles comme une douce senteur des prairies normandes[2], » et qui, dans leur ensemble, forment l'anneau de transition entre l'ancien genre et la manière de l'École moderne. Il fut encore un des collaborateurs de la

---

1. M. Sainte-Beuve a consacré une étude spéciale à Chênedollé dans son ouvrage sur *Châteaubriand et son groupe littéraire sous l'Empire*, t. II, p. 145 et suiv.

2. Sainte-Beuve, *ibid.*, p. 306.

Muse française, et travaillait à sa grande épopée de *Titus ou Jérusalem détruite*, qu'on n'a trouvée après lui qu'en ébauche, lorsque la mort le surprit en 1833. Il eut cependant le temps de s'y préparer et la vit venir en chrétien.

Chênedollé fut un grand poëte, à qui le temps et les circonstances manquèrent pour acquérir la célébrité dont il était digne, « mais à qui les lettres doivent, sinon un poëme parfait, du moins des vers admirables[1]. » Ce jugement, porté par Arnault sur son condisciple, est vrai. Si Chênedollé, au lieu de *s'enterrer vif à sa terre du Coisel*, comme le lui reprochait Châteaubriand[2], fût resté à Paris où se font toutes les réputations littéraires, si surtout il avait publié ses œuvres à l'heure même de leur inspiration, et lorsqu'elles avaient leur nouveauté, il eût pris rang parmi les initiateurs de la Muse moderne. Il lui a manqué encore de présenter une œuvre qui rentrât dans un genre précis et qui se rattachât à une école. Mais s'il a vécu auprès de Rivarol, de Klopstock, de Fontanes et de Delille sans avoir créé une manière nouvelle, il marque du moins la transition entre ces divers groupes, et il a su conserver à son talent des allures assez libres pour lui donner un caractère d'originalité[3].

---

1. Arnault, *Souvenirs d'un sexagénaire*.
2. Lettre de Châteaubriand à Chênedollé, du 27 novembre 1802 citée par Sainte-Beuve, *loc. cit.*, p. 199.
3. Sainte-Beuve, *loc. cit.*, p. 321.

VI

Enfin aux sciences et aux arts :

Le comte de Cassini (Jacques Dominique, né à Paris le 30 juin 1747, élève de 1759 à 1764, mort le 18 octobre 1845). Astronome célèbre, il succéda à son père dans les fonctions de directeur de l'Observatoire de Paris et termina, en 1793, la superbe carte topographique de France, qu'il avait commencée. Ses nombreux travaux scientifiques l'avaient fait entrer très-jeune à l'Institut.

Le comte de Cassini (Alexandre-Henri-Gabriel, fils du précédent, né à Paris, élève de 1789 à 1792, mort du choléra en 1833), qui fut successivement juge au tribunal de la Seine, conseiller et président à la cour royale de Paris, député de l'Oise, conseiller à la Cour de cassation, et Pair de France en 1830. Il n'avait jamais eu de goût pour l'astronomie; mais dès son enfance, il s'était passionné pour l'étude de l'histoire naturelle et de la botanique qui lui dut plus tard de précieuses découvertes; et son beau travail sur la *Classification des Synanthérées* lui ouvrit, en 1827, les portes de l'Académie des sciences.

Le vicomte Héricart de Thury (Louis-Etienne-François, né à Paris le 3 juin 1776, élève de 1786 à 1791, mort à Rome le 15 janvier 1854). D'une noble famille de robe, et fils d'un conseiller à la chambre des comptes, il s'adonna spécialement, dans ses classes, à l'étude de la géométrie et des sciences physiques. Admis à l'Ecole des mines en 1795 et nommé ingénieur en 1802, il fut chargé, en 1810, de l'inspection des carrières de Paris et du travail de consolidation des catacombes. Il devint ensuite inspecteur général des mines, député de l'Oise et directeur des bâtiments civils. C'est à lui que l'on doit la restauration des Thermes et du musée de Cluny. Membre libre de l'Académie des sciences, où il avait remplacé en 1824 le duc de Brancas, il était également un agronome distingué, et présida longtemps les sociétés d'agriculture et d'horticulture.

Le comte de Gasparin (Adrien-Etienne-Pierre, né à Orange en 1783 et élève de 1789 à 1792). Voué d'abord à la carrière des armes, il devint, sous la monarchie de juillet, préfet de la Loire, de l'Isère et du Rhône où il réprima énergiquement l'insurrection de 1834, en 1836 ministre de l'intérieur, où il supprima la chaîne des forçats et améliora le régime des hospices et la législation sur les aliénés, Pair de France en 1837 et membre de l'Académie des sciences en 1840. Enfin, l'espoir de fonder l'enseignement agricole en France lui fit accepter, après la révolution de 1848, la direction de l'Institut agronomique de Versailles, qui fut supprimé en 1852. « Agronome distingué, a dit de lui un juge compétent, M. Lecouteux, il a puissamment contribué à faire rentrer la science agricole dans la voie de l'expérimentation : il a agrandi par ses recherches météorologiques la question des climats agricoles, a fait faire des progrès à la science de l'agrologie et a traité à fond l'important sujet de l'alimentation végétale. Son *Cours d'agriculture*, ajoute le même écrivain (5 vol. in-8), est l'ouvrage d'un chef d'école et fait autorité. »

D'Auvergne (Antoine, né à Clermont-Ferrand le 4 octobre 1712, élève de 1722 à 1724, mort à Lyon le 12 février 1797). Musicien célèbre, et violoniste de la chambre du roi en 1739, il devint surintendant de la musique de Louis XVI et directeur de l'Opéra. Auteur de morceaux de musique religieuse et de concerts spirituels, il a composé aussi plusieurs opéras, entre autres le premier opéra-comique français, *les Troqueurs*, dont Vadé fit les paroles, et qui obtint un grand et légitime succès (1753).

Et Choron (Alexandre-Etienne, né à Caen le 21 octobre 1772, élève de 1781 à 1788, mort à Paris le 29 juin 1834), professeur de musique éminent, qui forma Monpou, Dupré, Nicou, Scudo et madame Stolz, et qui, le premier, vulgarisa en France la musique classique. Fils d'un directeur des Fermes, il était doué des plus heureuses facultés et avait une aptitude égale aux lettres, aux sciences et aux arts. Il avait fait à Juilly des études remarquables lorsque Monge, frappé un jour de son savoir en mathématiques, le fit nommer répétiteur de géométrie descriptive à l'Ecole normale et chef de brigade à l'Ecole polytechnique. Ce fut là qu'il publia, en 1800, une *Méthode d'enseignement primaire* qui servit de base à l'enseignement mutuel, et qu'il commença à se livrer à l'étude des arts. Il apprit la musique sans maître et, sur les conseils de Grétry, suivit les leçons de l'abbé Rose et travailla avec Bonesi. En 1804, il composa avec Fiocchi ses *Principes d'accompagnement des écoles d'Italie* et, pour répandre en France le goût de la bonne musique, publia d'abord les œuvres classiques des meilleurs maîtres, dans l'impression desquelles il engagea sa fortune, et, en 1808, ses *Principes de composition des écoles d'Italie*, qui forment un répertoire des plus beaux modèles anciens. En 1810, il fit paraître son *Dictionnaire historique des musiciens célèbres*, et fut élu membre correspondant de l'Institut, où l'on remarqua son rapport sur les *Principes de versification de Scoppa* et sur le *Rhythme musical*. Chargé ensuite par le gouvernement de la réorganisation des maîtrises et des chœurs des cathédrales, et de la direction de la musique dans les fêtes religieuses, il réalisa, en 1817, son projet d'enseignement musical par une méthode simultanée qu'il appelait concertante, et fonda avec le concours de l'intendant général de la maison du Roi, M. de Pradel, son École royale et spéciale de chant, qui fut transformée, en 1824, en Institution royale de musique classique et religieuse. En peu d'années elle devint une école rivale des plus célèbres Conservatoires d'Italie; et ses concerts, où furent interprétées, pour la première fois, par des masses considérables de voix et avec le sentiment du beau, que Choron savait inspirer, les plus sublimes compositions de Bach, de Haendel et de Palestrina, excitèrent dans Paris l'admiration générale. La suppression de cette école, en 1830, donna le coup de la mort à son fondateur.

PARAGRAPHE TROISIÈME

XIXe SIÈCLE.

La Restauration du collége était à peine terminée au début de ce siècle, et déjà les Oratoriens, qui l'avaient entreprise, se voyaient récompensés de tous leurs sacrifices par le nombre et le choix de leurs élèves, en qui ils retrouvaient les fils de la plupart de ceux dont ils avaient été les maîtres. Des recrues nouvelles, telles que les d'Agoult, les d'Aiguesvives, les d'Aleyrac, les d'Averton, les de

Barante, les de Beaulieu, les de Bellune, les de Béthune-Sully, les de Boignes, les Bournonville, les de Cambis, les de Chantelauze, les de Carné, les de Causans, les de Châteaubriand, les de Chastellux, les de Cherisey, les de Cosnac, les de Dampierre, les d'Escayrac, les de la Force, les de Girardin, les de la Bedoyère, les de la Loyère, les de Lupel, les de Luppé, les de Malartic, les de Mirville, les de Montboissier, les de Montbel, les de Montluc les de Noé, les de Pompignan, les de Roquefeuil, les de Sabran, les de Turenne et les de Vergennes en France, et de l'étranger, les de Berckeim, les Ledukowski, les de Mérode, les O'Connell, les O'Neill, les Van der Straten, les Vilain XIV, et les Y Casas vinrent encore, principalement sous la direction de MM. de Scorbiac et de Salinis, étendre le cercle des illustrations nobiliaires de la famille juliacienne; et au milieu de la féconde éclosion de vie politique, intellectuelle et morale, qui signala surtout les deux époques de la royauté parlementaire, un grand nombre de membres de cette famille de Juilly sont devenus des hommes considérables dans les diverses carrières publiques.

I

Ce sont, dans l'Eglise :

Le P. Martel (Paul, né en 1797, élève de 1808 à 1813), qui se fit Jésuite et que ses vertus encore plus que ses talents appelèrent à la direction de l'important séminaire de sa compagnie à Rome.

Et Mgr. de Mérode (Félix-Xavier, né en 1820, élève de 1834 à 1838), archevêque de Melytène *in partibus* et aumônier de Sa Sainteté Pie IX. Fils de l'illustre comte Philippe de Mérode, qui refusa la couronne de son pays après en avoir été l'un des libérateurs, et beau-frère de notre éloquent défenseur de la cause catholique, M. le comte de Montalembert, il a montré dans la suite de sa vie la noblesse du sang dont il est issu. Voué d'abord à la profession des armes et officier, au titre étranger, sous nos drapeaux d'Afrique, il fut distingué pour sa bravoure par le maréchal Bugeaud et décoré par lui sur le champ de bataille de l'Isly. Devenu prêtre ensuite, puis camérier de Pie IX, qu'il accompagna à Gaëte, et son ministre des armes en 1860, il organisa l'armée pontificale, dans les rangs de laquelle Juilly compte avec orgueil plusieurs de ses enfants [1]. Lui donna pour premier

---

[1]. Entre autres le baron Christian de Baye, élève de 1832 à 1836, ancien capitaine de l'artillerie française, qui commandait celle du Saint-Père à Spolète, où il fut fait prisonnier, en septembre 1860, et Fernand de Troussure, élève de 1843 à 1849, chef de bataillon au régiment des zouaves pontificaux, qui, déjà vainqueur à l'affaire de Nérola (16 octobre 1867), a encore concouru, par une manœuvre habile, au succès de la glorieuse journée de Mentana (3 nov. suivant) et a mérité d'être signalé comme « un officier supérieur très-distingué » dans le rapport du général Kanzler à Sa Sainteté sur cette mémorable bataille. V. le *Moniteur* du 18 nov. 1867.

chef un de nos plus brillants généraux, Lamoricière, son parent, qui, au milieu de l'abandon général de l'Europe, s'estima heureux d'accorder l'appui de sa gloire et de son épée à cette souveraineté temporelle de la papauté, aussi nécessaire à l'indépendance et à la grandeur de sa mission religieuse qu'à la liberté et au repos des conscienses catholiques. Aujourd'hui revêtu de la dignité épiscopale, il remplit une fonction auguste auprès du Saint-Père; et c'est pour Juilly une faveur insigne d'être représenté auprès de ce grand Pape, en qui le monde admire une des plus majestueuses figures qui aient encore apparu sur le siége de Saint-Pierre, par un prélat d'une piété aussi édifiante et d'un dévoûment aussi éprouvé.

Et à leur suite nous devons citer encore, à raison de l'importance de l'œuvre qu'ils ont créée, et bien que tous soient restés laïques, ceux de nos confrères qui ont concouru à la formation de la Société de Saint-Vincent de Paul, suscitée de Dieu, à notre époque, pour rapprocher les unes des autres les diverses classes de la société en faisant apparaître dans tous les réduits de la misère et de la douleur la vision de la charité.

C'est en 1833, on le sait, que cette société, qui couvre aujourd'hui le monde de ses bienfaits, a pris naissance et qu'elle a eu pour premiers fondateurs huit étudiants chrétiens, guidés par l'un d'eux, Ozanam, que la Providence destinait à devenir, pendant quinze ans, l'un des maîtres les plus éloquents et l'un des apôtres les plus sympathiques de la jeunesse.

Mais ce qu'on ignore et ce que l'honneur de Juilly ne nous permet pas de taire, c'est que sur ces huit jeunes gens, il en était six qui sortaient de cette maison : Letaillandier, Auguste, élève de 1828 à 1831 ; Rocher, Aimé-Régis, élève de 1829 à 1831 ; de Montazet, Léon, élève de 1828 à 1832 ; de Ladoue, Edmond, élève de 1828 à 1833 ; Lamy, Théophile, élève de 1828 à 1833 ; et de Francheville, Jules, élève de 1828 à 1833, mort en 1866 [1].

II

Dans les armes :

Le prince Jérôme Bonaparte, quatrième frère de l'empereur Napoléon Ier, né à Ajaccio en 1784, élève du 27 décembre 1796 au 14 septembre 1798, roi de Westphalie de 1807 à 1813, gouverneur général des invalides et maréchal de France sous la présidence de son neveu, et mort en 1860. Au milieu de toutes les grandeurs de sa fortune, il conserva toujours un souvenir affectueux de Juilly, se plut à s'entourer de ses anciens camarades, fut le membre le plus généreux de notre société ami-

---

[1]. Le huitième était M. Lallier, aujourd'hui Président du tribunal civil de Sens.

cale et, lors du banquet de 1850, se montra très-peiné de n'avoir pas pu venir décorer de sa main son ancien maître, le P. Lefebvre.

Le général de division d'artillerie Thiry (Charles-Ambroise, élève de 1801 à 1804), membre de l'Institut, sénateur et grand officier de la Légion d'honneur.

Le général de division d'artillerie Thiry (François-Auguste, élève de 1802 à 1805), frère du précédent, commandant en chef de l'artillerie française devant Sébastopol, sénateur et grand officier de la Légion d'honneur.

Le général de division comte de Neuilly (Alphonse, élève de 1805 à 1807), † en 1853.

Le général Berryer (Hippolyte-Nicolas, né en 1795, élève de 1800 à 1807), † en 1857.

Le général Beauchamp-Daulomieu (Charles-Henri-Emmanuel-Amédée, né à Orthez, élève de 1810 à 1813) C. ✻.

Le colonel Pesson (Victor, né à Tours en 1795, élève de 1807 à 1812), du 22ᵉ léger, tué devant Rome à la tête de son régiment, en 1849.

Le comte de Cambis-Alais (Charles-Pierre-Marie, élève de 1813 à 1816, † en 1866, C. ✻, et G. C. de l'Ordre de Saint-Grégoire le Grand). D'une des plus anciennes familles du Languedoc, il quitta Juilly à dix-sept ans, pour entrer à Saint-Cyr le premier de sa promotion. Il s'éleva rapidement aux grades supérieurs de l'armée, devint intendant militaire, puis intendant général inspecteur, et se fit remarquer, comme président du comité supérieur d'administration de la guerre, par la rectitude de son jugement, son intelligence des affaires et sa vigilance à pourvoir à tous les besoins du soldat[1].

Le général de brigade du génie Danet (Marie-Joseph-Hippolyte, de Lons-le-Saulnier, élève de 1815 à 1822), membre du comité des fortifications, C. ✽.

Le général de division Dubern (Prosper-Eugène, élève de 1819 à 1823), membre du comité de cavalerie, C. ✽.

Le général de division Metman (Louis-Jean, de Paris, élève de 1823 à 1825, G. O. ✽.

Le général Lepoitevin de la Croix) Louis, d'Anvers, élève de 1826 à 1830).

Le général de division vicomte de Mirandol (Édouard-Joseph-Eugène, élève de 1828 à 1830), membre du comité de cavalerie, C. ✽.

Le général marquis de Toulongeon (Edmond, élève de 1828 à 1830), aide de camp de S. M. l'Empereur, C. ✽.

Et le capitaine d'artillerie Tardif de Moidrey

---

1. Son frère aîné, le vicomte de Cambis-Alais d'Oms (Alphonse-Charles, élève de 1811 à 1816, † en 1867,) sous-préfet de Sainte-Affrique sous la Restauration, s'honora par sa fidélité à son serment, donna sa démission en 1830, et se retira à sa terre patrimoniale de Salindres, près Alais, où il consacra sa vie au service de sa famille, de ses concitoyens et des pauvres.

(Adrien-François-Marie, de Metz, élève de 1838 à 1840), O. ✳, devenu général en chef de l'armée impériale chinoise du Tché-Kiang, tué à la tête de ses troupes, sous les murs de Shao-Shin-Fou, le 19 février 1863.

III

Dans les lettres :

Turpin (Charles-Jean ✳, né en 1790, et élève de 1800 à 1806), le Nestor vénéré de notre muse juliacienne,

> Qui, tant de fois, plein d'une noble ardeur,
> Orna de ses traits fins notre vieille chronique.
>
> Guérin. Banquet de 1862.

Forcé, par des motifs de santé, de s'éloigner du barreau où il s'était fait remarquer, il trouva dans la culture des lettres la joie et l'honneur de sa vie. Il est l'auteur des *Tableaux de l'Évangile*, poëme plein de charme religieux, remarquable par l'harmonie du rhythme, la beauté des images et la noblesse du style, dans lequel il a retracé les principales scènes de la vie du Sauveur.

Barthélemy (Joseph-Marcel-Auguste ✳, né à Marseille en 1796, élève de 1808 à 1810, † en 1867). Né avec un grand talent poétique dont il n'usa pas toujours avec assez de retenue, il en affaiblit la puissance par les brusques retours de sa vie politique et l'inconstance de ses opinions. Tour à tour hostile et sympathique à la dynastie des Bourbons et à celle de Juillet, il débuta, en 1820, par des vers satiriques contre les Capucins et les hauts fonctionnaires, fit ensuite une *Ode sur le sacre de Charles X* et renouvela ses agressions contre le pouvoir dans son poëme héroï-comique : *la Villéliade*, qu'il composa avec son compatriote Méry. Après 1830, il publia sa *Némésis*, satire politique qui eut un grand retentissement. Il la donna de semaine en semaine, de 1831 à 1832, et la fit suivre, au grand étonnement du public, d'une *justification de l'État de siége*. Plus tard, après sept ans de silence, il essaya de la continuer ; mais il n'obtint plus le même succès. Le caractère général de sa poésie est la facilité, l'éclat et l'énergie ; mais si sa verve, ordinairement agressive et mordante, est quelquefois d'une violence telle qu'elle ferait croire « qu'il poursuit l'homme dans le vice beaucoup plus que le vice dans l'homme[1], » elle se revêt de douceur et même de sensibilité lorsqu'il chante les heureuses années de sa vie de collége. Et celui qui en rêvant à son cher Juilly, s'écriait :

Dans ce cercle où du monde expire le tumulte,
Nos cœurs reconnaissants te réservent un culte,

disait aussi, en annonçant la formation de notre

1. Geruzez, *Essais d'histoire littéraire*, p. 396.

société amicale et de notre caisse de secours :

> Fondons un point d'appui pour toute décadence ;
> Que Juilly pour Juilly soit une Providence ;
> Tant qu'il nous restera de quoi manger du pain,
> Qu'un frère de Juilly ne meure pas de faim,

et ajoutait, avec cette délicatesse du cœur que connaît seule la charité :

> Ceux qui de ce trésor seront dépositaires,
> Connaîtront seuls aussi, sans les trahir jamais,
> Les noms juilliaciens qu'atteindront nos bienfaits ;
> Pour nous qui souscrivons à cette sainte quête,
> Laissons à l'infortune un voile sur la tête ;
> Que nos dons fraternels, en s'étendant sur eux,
> Connaissent le malheur et non les malheureux.

Pichot (Amédée, né à Arles en 1796, élève de 1805 à 1812, *). A l'issue de ses classes, il resta quelque temps encore à Juilly comme Professeur de la langue anglaise qu'il possède à fond, se fit ensuite recevoir docteur en médecine et se fixa à Paris pour s'y adonner tout entier à la culture des lettres. Plusieurs voyages qu'il fit en Angleterre le mirent en relation avec Wordsworth, Coleridge, lord Macaulay, O'Connell et surtout avec Walter Scott dont il devint l'ami et dont il a traduit les romans. Il est l'auteur de nombreux ouvrages, entre autres : d'un *Voyage pittoresque en Écosse*, d'un *Essai* remarquable *sur le caractère et le génie de Lord Byron*, des *Personnages de Shakspeare*, d'une *Histoire de Charles-Édouard*, dernier prince de la maison des Stuarts, d'une *Chronique de Charles-Quint*, louée par Prescott, du *Perroquet de Walter Scott*, recueil de romans littéraires, et des *Arlésiennes*, mélanges de poésies et de biographies en prose; et depuis 1843 il est le rédacteur en chef de la *Revue britannique*. D'un esprit prompt et sagace, d'une heureuse et vive imagination, M. Pichot est un écrivain de talent, dont le style sobre et pur est souvent animé par les traits d'une fine raillerie; et de tous nos hommes de lettres contemporains il est peut-être celui qui a le plus contribué, par ses écrits détachés et par les travaux de sa Revue dont la critique est toujours pleine de mesure et de tact, à propager en France la connaissance et le goût de la littérature anglaise. A ses heures même il est poëte par le ton aisé et spirituel de ses vers, par l'idée heureuse ou le sentiment délicat qu'ils expriment; et il ne nous a jamais paru mieux inspiré que dans ceux qu'il a consacrés, en grand nombre, à notre Juilly, l'objet de sa filiale affection[1].

---

1. Nous nous reprocherions de ne pas ajouter ici à ces trois noms ceux de tous nos condisciples qui ont trouvé dans leur cœur juliacien des accents poétiques applaudis à ce banquet annuel de la fraternité du collége,

Qui commence au potage et finit par des vers;
BARTHÉLEMY, B. de 1838;

et de ne pas nommer : Bressier André, ancien Directeur des domaines, élève de 1781 à 1784, qui, à quatre-vingts ans, nous envoyait encore, au banquet de 1848, un doux souvenir de Juilly;

Dupré de Saint-Maur, homme de lettres, ancien député et secré-

Le marquis de Mirville (Eudes-Jules-Charles, né à Filières (Seine-Inférieure), et élève de 1812 à 1818). Issu d'une noble famille de Normandie, qui compte des Plantagenets parmi ses ancêtres, et neveu du conseiller d'Éprémesnil, il a consacré sa vie, sa fortune et ses talents à la défense des grands intérêts catholiques. Et le plus important de ses ouvrages : *des Esprits et de leurs manifestations*

taire général de la Préfecture de police, élève de 1787 à 1791, mort en 1854, qui, jusqu'à la fin de sa vie, s'associa à nos toasts par de gracieuses épîtres;

Loraux Michel, élève de 1791 à 1795;

Julliot Charles, un des amis du prince Jérôme sur les bancs du collège, élève de 1796 à 1800;

Delon de la Comble, ancien banquier, élève de 1801 à 1807, † en 1851;

Guérin, ancien notaire, élève de 1801 à 1807, le chantre regretté des *Souvenirs de Juilly;*

Le marquis de Castillon Saint-Victor, ancien sous-préfet, élève de 1808 à 1811, décédé;

Gérin, ancien notaire à Paris, élève de 1801 à 1809, † en 1864, vice-président de notre association amicale;

Poirier Sainte-Aurèle (Jean-Pierre, élève de 1806 à 1814, † en 1855), le poëte des Antilles, dont nous avons fait connaître les œuvres (p. 409);

Le comte Henri de Villermont, élève de 1805 à 1812, mort en 1850,

> Qui entonnait toujours quelque vive chanson
> Mêlée au vin mousseux dont il *fut* l'échanson;
>
> BARTHÉLEMY, B. de 1846;

Bourjot Saint-Hilaire (Alexandre-Aimé, élève de 1808 à 1817), docteur en médecine;

Nancey Fortuné, élève de 1809 à 1814;

Bernard Alphonse, élève de 1809 à 1817, le premier organisateur de nos banquets et le secrétaire archiviste de notre Société;

Bordes (Adolphe-Charles-Nicolas, élève de 1814 à 1822), con-

diverses, qui établit, par des faits irréfragables, l'existence du surnaturel dans l'histoire du genre humain, contre l'opinion de l'école naturaliste qui ne voit de réalités que dans ce qui tombe sous l'observation sensible, n'est pas seulement un livre plein de science et d'érudition, il est encore un des monuments les plus considérables de l'apologétique contemporaine.

Lebas (Philippe, né à Paris en 1794, élève de servateur des hypothèques, qui a fait don au collége d'un recueil de ses poésies;

Le comte de Belhade de Rochefort, élève de 1815 à 1820, † en 1865, notre plus gai chansonnier après son ami de Villermont;

Berthélemy Désiré-Remy, ancien maitre des requêtes, élève de 1817 à 1824, et auteur d'un petit recueil de poésies fugitives dédiées *à ceux qui chantent encore;*

Arnet de l'Isle (Edme-François-Joachim, élève de 1818 à 1825), conseiller à la Cour impériale de Paris, qui, au banquet de 1861 qu'il présidait, nous reporta, par ses vers justement applaudis,

A nos premiers chagrins, à nos premiers succès,
A ces premiers bonheurs seuls exempts de regrets;

Mony (Adolphe, élève de 1845 à 1848 et docteur en médecine), le poëte du moderne Juilly dont la muse élégante a chanté aussi « le moyen âge et les temps fabuleux du collége » dans le poëme auquel nous nous sommes plu à faire quelques emprunts;

Mohler (Victor, élève de 1841 à 1847), qui a su disputer à son ami Mony

L'honneur d'être à son tour chroniqueur de Juilly;

et Dufresne Henri, élève de 1852 à 1861, qui a fort bien appris de ses ainés

. . . . à chanter son berceau [1].

1. annuel de 1865. p. 40.

1806 à 1810, † en 1860). Fils du conventionnel de ce nom, il quitta le collége pour s'engager dans la marine et passer, trois ans après, dans l'armée de terre, fit les campagnes de 1813 et de 1814, et entra ensuite dans les bureaux de la ville de Paris. En 1820, il fut choisi par la reine Hortense pour faire l'éducation de son plus jeune fils, l'Empereur actuel Napoléon III, et ne revint en France qu'en 1828. Reçu alors docteur et agrégé des lettres, il fut chargé d'une division au lycée Saint-Louis. En 1830, il prit une part active à la Révolution de Juillet et devint maître de Conférences à l'École normale où il enseigna l'histoire, la langue et la littérature grecques. Élu membre de l'Académie des inscriptions en 1838, il fit de 1843 à 1845 un voyage scientifique en Grèce et en Asie-Mineure, dont il publia la relation. Helléniste et archéologue distingué, il a écrit de savants ouvrages sur l'épigraphie et les antiquités grecques et romaines. Il a aussi dirigé la rédaction des *Annales historiques* et du *Dictionnaire encyclopédique de l'histoire de France*, et donné plusieurs ouvrages élémentaires sur les littératures grecque et romaine et sur la langue allemande. Mais l'exagération passionnée de ses opinions politiques se montre dans presque tous ses écrits; et il manque de mesure dans l'appréciation des événements de la Révolution. Les pensées de foi de son enfance se réveillèrent à ses derniers moments, et il mourut chrétiennement entre les bras de l'abbé Christophe, décédé lui-même évêque de Soissons.

Reybaud (Marie-Roch-Louis, né à Marseille en 1799, élève de 1813 à 1815). Fils d'un négociant qui le destinait au commerce, il fit d'abord plusieurs voyages en Amérique et dans le Levant, et vint, en 1828, à Paris pour suivre la carrière des lettres et entrer dans les rangs de l'opposition libérale. Publiciste de talent, il écrivit, après 1830, dans la *Tribune*, le *Corsaire*, le *Constitutionnel*, dont son frère Charles, aussi élève de Juilly, fut pendant dix ans le rédacteur en chef, et, sous le pseudonyme de Léon Durocher, dans le *National*. Ami et compatriote de Barthélemy et de Méry, il travailla avec eux aux premiers numéros de la *Némésis* et au poëme héroï-comique : la *Dupinade*, publia ensuite la *Relation du voyage de Dumont-Durville et d'Alcide d'Orbigny*, et dirigea la rédaction de l'*Histoire scientifique et militaire de l'expédition d'Égypte*. En 1836, il commença, dans la *Revue des Deux Mondes*, une série d'*Études sur les socialistes modernes*, exposition savante et réfutation aussi victorieuse que piquante de toutes les utopies sociales de notre époque, qui lui valurent, en 1840, son entrée à l'Académie des Sciences morales et politiques, et, en 1841, le grand prix Monthyon de l'Académie française. On lui doit encore d'autres ouvrages, dont le plus célèbre est *Jérôme Paturot* à la recherche d'une position sociale, peinture spirituelle et fidèle des mœurs françaises après la Révolution de Juillet. Dès 1846, la droiture de son âme s'indigna des tendances anarchiques de l'opposition, et il rompit avec elle. Élu député de Marseille, il soutint de ses votes la politique conservatrice. Après 1848, il fut un des représentants des Bouches-du-Rhône aux deux Assemblées Constituante et Législative, se tint à l'écart dans les rangs du parti de l'ordre, et, après le coup d'État, rentra dans la vie privée.

Roger de Beauvoir (Eugène-Auguste Roger de Bully, dit), homme de lettres, né en 1804, élève de 1817 à 1821, † en 1866. Écrivain fort engoué du romantisme, il a réussi dans la peinture des mœurs du moyen âge. Ses principaux romans sont : l'*Écolier de Cluny*, le *Chevalier de Saint-Georges* et *Ruysch*, histoire hollandaise du XVIIe siècle. Il est aussi l'auteur de quelques poésies : *les Meilleurs Fruits de mon panier*, *la Cape et l'Épée* et *les Œufs de Pâques*.

Et le comte d'Escayrac de Lauture (Stanislas), né en 1822, et élève de 1835 à 1842. Voyageur déjà renommé, il accepta, en 1856, la conduite, que lui offrit le vice-roi d'Égypte, d'une expédition à la recherche des sources du Nil ; et, en 1860, il fit partie de la commission scientifique attachée à notre armée de Chine. Ce fut à la suite de cette expédition, où il tomba entre les mains de l'ennemi qui lui fit subir d'horribles tortures, que l'Empereur le nomma commandeur de la Légion d'honneur. Il a écrit ses relations de voyage dans un style élégant et facile qui ajoute encore à leur intérêt ; ce sont : une *Notice sur le Kordofan, le désert et le Soudan*, un *Mémoire sur le Bragle* ou l'*Hallucination dans le désert* et des *Mémoires sur la Chine*.

IV

Dans les sciences et dans les arts :

Onfroy de Bréville (Stanislas), de Nantes, élève de 1797 à 1812. Ancien inspecteur général des ponts et chaussées et ingénieur en chef du chemin de fer du Nord, il est le directeur actuel de l'École impériale des Ponts et Chaussées et l'un des hommes les plus remarquables du corps savant auquel il appartient. C. ✻.

Clapeyron (Benoît-Paul-Émile), né à Paris en 1799, élève de 1808 à 1814. Formé à Juilly par les savantes leçons de son professeur de mathématiques, M. Genest, il devint l'un des élèves les plus brillants des Écoles polytechnique et des Mines, et fut envoyé par le gouvernement à Saint-Pétersbourg, pour y fonder l'École des Travaux publics, dont la réputation est aujourd'hui européenne. Rentré en France en 1830, il dirigea, comme ingénieur, l'établissement des chemins de fer de Saint-

Germain et de Versailles, coopéra aux études et à l'exécution de ceux des lignes du midi, et fut un des maîtres les plus étudiés dans l'art de ces admirables constructions qui font rechercher nos ingénieurs par tous les États de l'Europe. Ses beaux travaux sur l'*Équilibre intérieur des corps solides* et sur la *Théorie mécanique de la chaleur*, les développements qu'il donna aux machines locomotives et à l'emploi du fer dans les travaux publics lui méritèrent l'insigne honneur de remplacer, en 1856, l'illustre Cauchy à l'Académie des Sciences. Il est mort, en 1864, dans les sentiments chrétiens de toute sa vie[1].

Cavalier (Albert-Adolphe), né en 1805, élève de 1818 à 1822. Admis un des premiers à l'École polytechnique, après avoir fait son droit par respect pour la volonté de son père, il devint ingénieur en chef des ponts et chaussées, et en dirigeait l'École depuis 1855, lorsqu'il mourut en 1864.

Pommier (André, de Solers, élève de 1807 à 1812, † en 1866), de la Société des Économistes et rédacteur en chef de l'*Écho agricole*, journal qu'il a a su rendre utile à la science si importante de l'agriculture pratique.

Armand (Paul-Alfred), né en 1805, élève de 1816

---

1. Son fils (Georges-Arthur ✻, élève de 1843 à 1852), a fait la campagne du Mexique comme officier d'ordonnance du maréchal Bazaine.

à 1822, architecte, O ✻. Il a construit les gares de Saint-Germain, de Versailles, d'Arras, de Lille, d'Amiens et de Saint-Quentin, et, en dernier lieu, le grand hôtel du Louvre.

Régnier de la Brière (Philoclès-François-Joseph), né en 1807, élève de 1814 à 1822. Sociétaire de la Comédie-Française depuis 1834, et professeur de déclamation au Conservatoire depuis 1854, il a signé, avec Paul Fouché, la comédie de *Joconde*, a travaillé à la composition de plusieurs des pièces qui ont fait son succès d'acteur, et a écrit, dans le Dictionnaire intitulé : *Patria*, l'histoire du Théâtre. Il honore sa profession par la dignité de sa vie, la distinction de son talent et le mérite de ses œuvres littéraires.

Chabouillet (Pierre-Marie-Anatole), né en 1814, et élève de 1825 à 1828, ✻. Antiquaire et conservateur du département des Médailles et des Antiques à la Bibliothèque impériale, il a concouru à la rédaction du *Trésor de Numismatique et de Glyptique* de M. Ch. Lenormand, et est un des collaborateurs des *Revues de Numismatique et d'Archéologie*. Il a publié un excellent *Catalogue des Émaux et des Camées*.

Galichon (Émile-Léonard, né en 1829, élève de 1839 à 1847). Depuis 1861, il est rédacteur en chef de la *Gazette des Beaux-Arts*, revue importante et justement estimée, qui a déjà bien mérité des lettres en développant, par le talent de sa rédaction, un genre nouveau de littérature, celui de la littérature artistique, et encore plus des arts dont elle répand le goût et fait apprécier les œuvres par la sûreté, l'élévation et l'impartialité de sa critique.

Et Belly (Léon, né à Saint-Omer en 1827, élève de 1842 à 1843). Peintre de paysage et de genre et élève de Troyon, nul mieux que lui n'a su, depuis Marilhat, rendre la poésie du soleil et de la terre d'Egypte. Ses paysages, exécutés avec une grande habileté, unissent la finesse des tons, le charme du coloris et la correction des formes à une heureuse harmonie des lignes et à un effet de lumière savamment composé. Depuis quelque temps il a cherché à agrandir sa manière et à donner plus d'importance à ses figures ; mais il n'a jamais été mieux inspiré que dans ses premières toiles, dans sa *Nuit au désert du Sinaï*, dans ses *Vues du Nil*, et surtout dans ses *Femmes fellahs* au bord de ce fleuve.

V

Dans la politique et l'administration :

Bérard (Auguste-Simon-Louis, né à Paris, en 1783, et élève de 1797 a 1800). Fils du fondateur de la dernière Compagnie des Indes guillotiné en 1794, il sortit de l'Ecole polytechnique en 1809, entra au conseil d'Etat, dont il devint conseiller, créa les forges d'Alais et la première compagnie d'éclairage au gaz de Paris, et fut nommé député en 1827. Après 1830, il devint directeur général des ponts et chaussées, et en 1839 il obtint de M. Molé la recette générale du Cher. Il a publié des *Souvenirs historiques sur la révolution de* 1830, et un *Essai bibliographique sur les éditions des Elzevir.*

Le comte de Lamarre (Achille-Joseph, né en 1790, élève de 1797 à 1801). Il fit les guerres de l'Empire, se distingua dans la campagne de Saxe, où il fut nommé officier de la Légion d'honneur, donna sa démission de lieutenant-colonel en 1832, et fut nommé sénateur en 1852.

Le comte d'Hauterive (Auguste Blanc de la Nautte, élève de 1811 à 1814), C. ✳, ancien chef du cabinet de Talleyrand, sous-directeur au ministère des affaires étrangères et député[1].

Donné (Marie-François-Alfred, de Noyon, élève de 1812 à 1815), ancien inspecteur général des écoles de médecine et recteur de l'Académie de Montpellier, O. ✳.

Dariste (Jean-Baptiste-Auguste, né à la Martini-

---

1. Un grand nombre d'anciens élèves de Juilly ont toujours fait partie de nos Assemblées législatives. On en comptait plus de vingt-cinq à la première Assemblée constituante de 1789, vingt à la Chambre des députés, en 1832, (Note à la suite d'une pièce de vers lue au banquet de 1833 par M. Petit, alors conseiller à la Cour royale de Paris et député de Loir-et-Cher), et quinze environ à l'Assemblée de 1848.

que en 1807 et élève de 1816 à 1824), Président du conseil d'administration de la société civile du collége, C. ✻.

Fils d'un médecin célèbre et dont la mémoire est encore vénérée dans cette colonie, il fit avec succès toutes ses études à Juilly et se fit recevoir ensuite avocat. En 1830, il se fixa dans un domaine patrimonial, en Béarn, où il épousa la fille du général baron Lamarque d'Arrouzat, se livra à l'étude des sciences agricoles et économiques, et bientôt après, nommé maire de Lalongue et membre du Conseil général des Basses-Pyrénées, il était déjà président de ce Conseil, lorsque éclata la Révolution de 1848. Envoyé alors à la Constituante par 45,000 suffrages de ses concitoyens, il devint l'un des chefs les plus énergiques du parti de l'ordre, fut un des membres les plus influents de la réunion politique de la rue de Poitiers et l'un des promoteurs de l'expédition de Rome. Réélu à la Législative, il demeura fidèle au drapeau conservateur et vota la suppression des clubs. Au 2 décembre, il fut nommé membre de la commission consultative, puis conseiller d'État. Chargé, en 1853, de l'une des inspections générales extraordinaires des préfectures et des départements, il fut élevé, à la suite de cette mission, à la dignité de sénateur et reçut, en 1859, la croix de commandeur de la Légion d'honneur. M. Dariste est, en outre, président du Comité consultatif des colonies depuis sa création en 1854, et depuis la mort de M. Thouvenel, président du conseil d'administration des chemins de fer de l'Est. Il ne doit sa haute position qu'à son mérite, à l'élévation de son caractère, à ses talents d'administrateur et d'homme d'État, et à la justesse de ses opinions sagement progressives ; et il ne s'en prévaut que pour rendre plus de services et mieux défendre la cause du droit et de la vérité. Enfin il est le président de la Société juliacienne, à la formation de laquelle il a pris une grande part, et il se dévoue à sa direction et à la défense de ses intérêts avec une sollicitude et une abnégation qu'elle ne saurait oublier.

Le comte de Champagny (Nompère-Paul-Jérôme-Marie, élève de 1822 à 1824), l'un des fils du duc de Cadore, député des Côtes-du-Nord en 1857 et depuis 1865 chambellan de l'Empereur.

Le comte Dubois (Eugène-Joseph-Napoléon-Louis, né à Paris, élève de 1820 à 1824). Fils du comte Dubois, préfet de police et conseiller d'État à vie sous le premier Empire, il entra de bonne heure au conseil d'État en qualité d'auditeur, y devint maître des requêtes et, après avoir rempli les fonctions de Directeur des travaux publics en Algérie et des chemins de fer au ministère des travaux publics, rentra au conseil d'État, en 1859, comme conseiller attaché à la section du contentieux.

Le vicomte du Martroy (Emmanuel-Camus, de Guéret, élève de 1821 à 1827), longtemps maître des requêtes et organe éloquent du ministère public au contentieux, et conseiller d'État depuis 1856.

Le baron Mercier (Edouard-Henri, élève de 1826 à 1829), notre ancien ministre plénipotentiaire aux Etats-Unis et, depuis 1864, notre ambassadeur à Madrid, grand officier de la Légion d'honneur.

De Parieu (Marie-Louis-Pierre-Félix Esquirou, né à Aurillac en 1815 et élève de 1830 à 1832). Membre distingué de la conférence des hautes études de Juilly, où il remporta la première médaille, il révéla dès lors les qualités d'un esprit solide et juste, observateur et avide de savoir. A sa sortie du collége, il étudia à la fois le droit, l'économie politique et la philologie, et, reçu avocat, se fit un nom au barreau de Riom, où il épousa mademoiselle Duranti de Juvisy, de la famille de Pascal. Elu représentant du Cantal à la Constituante, il s'y fit remarquer par un discours sur le droit de l'Assemblée de nommer le Président de la République et vota toujours avec la fraction modérée de la majorité. Réélu à la Législative, il fut un des hommes les plus influents du grand parti de l'ordre, reçut, le 31 octobre 1849, le portefeuille de l'instruction publique et des cultes qu'il garda jusqu'en 1851, et apposa son nom à la grande loi sur la liberté d'enseignement qu'avait préparée son prédécesseur, M. de Falloux. Appelé, en 1852, à la présidence d'une des sections du conseil d'Etat, il en est le vice-président depuis 1855.

Grand officier de la Légion d'honneur, grand-croix de l'ordre de saint Grégoire le Grand, il est aussi membre de l'Institut, de l'Académie des sciences morales et politiques, depuis 1856. Il est l'auteur d'études historiques et critiques *sur les Actions possessoires*, qui font autorité au palais, d'une *Histoire des impôts généraux sur la propriété et le revenu*, et d'un *Traité des impôts*, considérés sous le rapport économique et politique en France et à l'étranger. C'est à lui encore qu'est due la première idée de l'unité du système monétaire international, dont la réalisation est actuellement à l'étude.

Le comte de Comminges Guitaut (René, élève de 1832 à 1840), Ministre plénipotentiaire de France à Bruxelles, O. ✻.

Et Guillaume d'Auribeau (Camille, de Châtillon-sur-Seine, neveu de M. l'abbé Bautain, élève de 1841 à 1842). Après s'être fait recevoir avocat, il fut choisi par M. Léon Faucher, alors ministre de l'intérieur, pour son secrétaire particulier et devint secrétaire du tribunal des Conflits. Nommé ensuite sous-préfet d'Étampes, puis successivement préfet des Basses-Alpes en 1855, des Landes en 1858, de la Haute-Vienne en 1861, et en 1862 des Basses-Pyrénées qu'il dirige encore, partout il s'est fait apprécier par ses talents administratifs, sa bienveillance, sa droiture et sa fermeté. Il est depuis deux ans commandeur de la Légion d'honneur.

VI

Enfin dans la magistrature et au barreau :

Le baron de Crouseilhes (Zoraï, né à Oloron en 1792, élève de 1801 à 1805, mort en 1861). Fils d'un président de chambre au Parlement de Paris, il se fit recevoir avocat en 1816, fut nommé avocat général à Paris en 1820, et devint ensuite maître des requêtes, directeur des colonies au ministère de la Marine en 1829, secrétaire général du ministère de la justice en 1834, conseiller à la Cour de cassation et pair de France en 1845. Après 1848, il fut élu représentant du peuple, remplaça M. de Parieu au ministère de l'instruction publique et des cultes en 1851, et l'année suivante fut nommé sénateur. Serviable, affectueux et plein de bienveillance dans le commerce ordinaire de la vie, il a laissé la réputation d'un savant jurisconsulte et d'un magistrat intègre.

De Ribérolles (élève de 1800 à 1806), ancien conseiller à la Cour d'appel de Paris, mort, en 1859, conseiller-maître à la Cour des comptes.

De Chanteloup (Sylvestre, de Paris, élève de 1803 à 1808), conseiller honoraire à la Cour de cassation dont il était une des lumières par sa science profonde du droit, O. ✻.

De Vauzelles (Jean-Baptiste, élève de 1803 à 1809), mort en 1859 premier président de la Cour impériale d'Orléans.

Bayle-Mouillard (Jean-Baptiste, de Paris, élève de 1814 à 1818), successivement procureur général à la Guadeloupe, secrétaire général du ministère de la justice en 1850, conseiller à la Cour de cassation en 1851, et depuis deux ans conseiller d'État, C. ✸.

Bethmont (Eugène, né à Paris en 1803, élève de 1814 à 1821, mort en 1860), l'une des illustrations du barreau moderne. Né dans les rangs du peuple avec la distinction naturelle des grandes races, il était fils d'un boulanger du faubourg Saint-Antoine. Placé d'abord au lycée Charlemagne, il fut confié par sa mère, lors des événements de 1814, aux Oratoriens de Juilly, où, dès sa première année, en sixième, il remporta tous les prix. Mais au terme des vacances il n'était pas rentré ; son père, ruiné dans son commerce et simple meunier à Nanteuil le Haudoin, s'était décidé à le prendre pour garde-moulin. Pourquoi donc ne voyons-nous plus Eugène, demanda un jour le Supérieur, le P. Sonnet, au docteur Labarthe? — C'est, mon père, que ses parents n'ont plus le moyen de payer le prix de sa pension. — Leur ai-je donc appris à compter avec moi, docteur? Allez leur dire que je les prie de me le ramener ; et le bon docteur, après avoir triomphé à grand'peine de leur délicatesse, rendit, dès le lendemain, leur fils à ses études classiques. A leur issue, il resta encore à Juilly et voulut s'acquitter, par deux années de professorat, de sa dette de reconnaissance envers ses généreux maîtres. Il vint ensuite faire son droit à Paris et, pendant quatre ans, y vécut des plus dures privations avec sa mère, dont il ne séchait les larmes qu'en lui cachant les siennes et en lui apportant le produit de quelques répétitions. Dieu bénit son courage. Ses débuts au Palais furent brillants. A peine stagiaire, il fut chargé, à l'improviste et sur l'heure, de la défense d'un malheureux jeune homme accusé de vol dans une maison de jeu. Sa plaidoirie, pleine de feu, de tact et de sensibilité, fut un triomphe et le prélude de tous ceux que lui valurent une action et un débit oratoires d'un prestige indicible, une vive intelligence, capable des plus hautes généralisations, et un art merveilleux de peindre les passions, d'analyser les faits et de résoudre les questions juridiques. Défenseur énergique des idées libérales, il sut aimer le peuple, sans oublier, comme il l'écrivait à son fils, qu'il doit surtout « être éclairé, moralisé et gouverné ; » et, à la Chambre des députés où il représenta La Rochelle en 1846, il sut conquérir, par sa modération et sa sagesse, l'estime et le respect de ses adversaires eux-mêmes. Rallié à la Révolution de 1848, qu'il n'avait ni désirée ni faite, il accepta le ministère de l'agriculture et du commerce, où l'on se rappelle encore sa bienveillance et son équité, et ensuite la présidence d'une des sections du conseil d'État, où il devint une autorité. Enfin, au deux décembre, il rentra dans la vie privée, et y montra l'homme plus grand encore que l'orateur; car son âme, « une des plus belles qui aient honoré le barreau, recélait des trésors de droiture, d'élévation et de sensibilité qu'il cachait à tous les regards et même à ses propres yeux[1]. » Dès sa rhétorique, il en trahissait l'exquise délicatesse dans des vers charmants que ses camarades ont religieusement conservés[2]; et elle se dévoile tout

1. O. Pinard, *le Barreau au* XIXe *siècle*, t. II, p. 278.
2. Nous croyons être agréable à nos lecteurs en citant ici l'une de ses poésies, dont nous devons la communication à notre excellent camarade, Louis Galichon ; elle est intitulée :

L'ENFANT EXILÉ.

Riant berceau de mes amours,
O mon pays! heureux asile
Où s'écoulèrent mes beaux jours,
De ton sein quand le sort m'exile,
Retentissant de mes soupirs
L'écho de la muse étrangère
Chaque jour dit : Plus de plaisirs
Pour l'enfant privé de sa mère.

Près d'elle, à l'éclat enchanteur
Dont un beau matin se colore,
Ma voix de l'hymne du bonheur
Saluait la naissante aurore.
Loin d'elle, son brillant retour
N'a plus rien qui puisse me plaire.
Est-il beau le matin du jour
Où l'on ne verra point sa mère?

Près d'elle, si d'un passereau
Je prenais le nid sous l'ombrage,
Le bonheur du jeune berceau
Doublait le mien par son image.

LES ÉLÈVES DE JUILLY. — XIXᵉ SIÈCLE. 659

entière dans ce passage de sa correspondance avec son fils : « Je t'ai souvent vu t'élever avec dédain contre ceux auxquels tu faisais du bien. Tu reniais ainsi tes actes par tes paroles ; et tu laissais descendre ton esprit au-dessous de ton cœur. On est porté à mépriser les autres quand on ne regarde qu'eux ; on se retient dès qu'on se regarde soi-même et qu'on voit ses misères et ses faiblesses. Et par cette étude sérieuse et forte de soi-même, on devient indulgent d'abord, puis aimant, et, je me sers du seul mot vrai, on devient charitable[1]. »

Bethmont, ainsi que l'a dit son éloquent panégyriste, Jules Favre, en le remplaçant, en 1860, comme

> Mais loin d'elle, du passereau
> Le nid à ma douleur amère
> Dit que le bonheur du berceau
> N'est que sous l'aile d'une mère.
>
> Près d'elle, mon cœur généreux.
> De la pitié connut les charmes.
> Il n'était point de malheureux
> Dont ma main n'essuyât les larmes.
> Mais loin d'elle, mon cœur souffrant
> Est sourd aux cris de la misère
> Et ne compatit qu'à l'enfant
> Que le sort priva de sa mère.
>
> Oui, loin d'elle, au sein des soupirs
> S'écoule ma longue journée :
> Rien de mes tristes déplaisirs
> Ne rompt la trame infortunée ;
> Et lorsqu'enfin je vais revoir
> De la nuit l'ombre solitaire,
> Je pleure le baiser du soir
> Qu'autrefois me donnait ma mère.

---

1. O. Pinard, *loc. cit.*, p. 295.

bâtonnier de l'Ordre, « est un des plus nobles exemples de ce que peut une volonté forte, animée par un grand cœur ; » et chacun de nous peut apprendre à l'école de « cet enfant qui, avec une abnégation touchante, renonce à ses chères études pour servir son père, et qui, rendu au travail qu'il aime, s'y dévoue sans relâche, veille et s'épuise pour obtenir un succès qui console et honore sa mère, que la gloire et la réputation appartiennent à quiconque sait en comprendre le prix et cherche dans le sacrifice de lui-même les moyens de la conquérir[1]. »

Berryer, enfin, dont le nom est doublement cher à la maison de Juilly, à l'ancienne, qui est fière de l'avoir élevé, et à la nouvelle, qui lui doit sa fondation et qui a grandi sous le reflet de sa gloire.

Fils d'un avocat célèbre, qui eut le bonheur de vivre assez longtemps pour le voir le surpasser lui-même, Antoine-Pierre Berryer naquit à Paris le 11 janvier 1790. Entré à Juilly à Pâques 1797, il n'en sortit qu'aux vacances de 1806 pour aller redoubler sa rhétorique au lycée Bonaparte et y obtenir toutes les couronnes universitaires. Ces succès décidèrent de sa vocation ; il voulut faire comme son père, et après de fortes études de droit, il débuta au Palais en 1814. A son premier plaidoyer, comme plus tard à son premier discours politique,

---

[1]. Discours reproduit dans le *Droit*, du 4 décembre 1860.

on put reconnaître « qu'il était une puissance[1]. »
Bientôt les litiges de la presse l'amenèrent à défendre Lamennais et Châteaubriand au faîte de leur renommée : désormais les plus grands intérêts réclamèrent l'appui de sa parole ; les rois eux-mêmes briguèrent l'honneur de son patronage ; et depuis plus de cinquante ans il ne cesse de donner à ses auditeurs étonnés la plus grande idée du pouvoir de la parole humaine.

Mais si toutes les causes judiciaires l'ont voulu pour champion, dans sa carrière politique il n'en a servi qu'une seule, celle de la Légitimité, gage indispensable, à ses yeux, de la stabilité sociale ; et cette unité constante de sa vie publique l'honore d'autant plus qu'elle est moins ordinaire de nos jours. Longtemps député de Marseille, il a toujours voulu la grandeur de la France, réclamé le développement de nos forces de terre et de mer et la consolidation de notre conquête africaine. Après 48, il était de cette élite de cœurs intrépides qui ont sauvé la société ; et sa voix n'a jamais été plus puissante qu'en ces jours de péril[2]. Elle fit silence ensuite, tant que dura l'éclipse de nos libertés publiques, et, depuis qu'elles nous sont rendues, elle continue à porter la lumière dans les questions les plus épineuses de la politique et des finances.

1. Paroles de M. Royer Collard.
2. Réponse de M. de Salvandy au discours d'admission de M. Berryer à l'Académie française, du 22 février 1855.

L'admirable talent de Berryer, qui ne connut jamais d'autre récompense honorifique que les palmes académiques, semble résumer tous les dons qui constituent l'orateur : la mâle beauté des traits, la puissance du regard, l'énergie du geste et la séduction de la voix unies à la vigueur de la dialectique, aux élans de l'âme et au feu de l'improvisation, en un mot à toutes les fascinations du génie. Aussi a-t-il été salué comme le prince de l'éloquence moderne au barreau, où Bethmont, son émule, reconnaissait « que de nos jours le grand art de la parole n'avait pas connu de plus grand maître[1], » et à la tribune parlementaire, dont il a été, depuis Mirabeau, le plus puissant dominateur.

Cette longue revue des plus remarquables d'entre nos condisciples nous offre plus d'un enseignement. Elle nous prouve la solidité de l'instruction de Juilly, toujours à la hauteur des fonctions publiques les plus difficiles et les plus importantes ; elle nous montre la sagesse de son éducation qui, étrangère à tout esprit de parti et ne sortant jamais de la sphère élevée des principes de la Religion et de la morale, a permis à ses enfants de soutenir avec dignité les opinions les plus diverses ; elle nous dévoile aussi l'étendue de ses bienfaits, et nous permet de conclure de l'influence considérable des hommes dont nous venons de parler à celle de tant d'autres,

---

[1]. Discours de Bethmont, bâtonnier de l'ordre, à la conférence des avocats, du 4 novembre 1854.

qui, nourris des mêmes idées, animés des mêmes sentiments et répandus sur tous les points du pays, ont été des instruments non moins utiles, pour être plus obscurs, de la grandeur et de la fortune de notre commune patrie. Elle doit donc encourager nos maîtres à continuer, avec la même confiance et sur les mêmes bases, l'œuvre féconde de leurs devanciers et nous stimuler tous à accroître, par nos efforts, le patrimoine d'honneur et de mérites que nous ont laissé nos aînés.

LIVRE NEUVIÈME

Administration de la Société nouvelle.

DIRECTION DE M. L'ABBÉ MARICOURT.

Formation de la Société actuelle. Son conseil d'administration. Premiers actes de sa gestion. Direction de M. l'abbé Maricourt. Travaux d'amélioration du Collége. Création du petit Collége. Encouragements donnés aux études. Négociations relatives à la transmission de la direction du Collége. Traité conclu avec le nouvel Oratoire.

L'appel de M. l'abbé Carl et de ses coassociés [1] fut entendu ; les adhésions les plus sympathiques leur arrivèrent de toutes parts; des noms de toutes les époques figurèrent en grand nombre sur la liste de souscription aux actions qu'ils avaient émises [2]; et de leur concours empressé résulta la prompte organisation de la Société actuelle, qui

1. Voir *suprà*, p. 565. La Société tontinière de 1818 avait été remplacée par une Société à terme fixe de quarante ans en vertu d'un acte reçu par M. Alexis, notaire à Dammartin, le 15 avril 1845.
2. Le capital social fut fixé à 500,000 francs, divisés en 1,000 actions de 500 francs chacune.

fut constituée définitivement, le 3 juin 1865, sous le titre et dans les formes légales d'une Société à responsabilité limitée, et dont la durée fut fixée à cinquante années[1].

Le premier acte de son Conseil d'administration[2] fut de confirmer M. l'abbé Maricourt dans les fonctions de Directeur qu'il exerçait, en remplacement de M. l'abbé Carl, depuis le 3 octobre 1864.

Né à Libons (Somme) le 13 juillet 1824, l'abbé Eugène Maricourt, après avoir fait ses études au petit séminaire d'Amiens, avait été admis, le 1er mai 1846, à l'école de théologie de Juilly. Reçu docteur de cette faculté à la Sorbonne, et successivement chapelain de Sainte-Geneviève, à Paris, et de Saint-Louis des Français, à Rome, où il avait résidé deux

---

1. Les statuts de cette Société ont été établis par deux actes passés devant M. Barre, notaire à Paris et ancien élève de Juilly, les 12 août 1864 et 17 mai 1865.
2. Ce Conseil est composé de quinze membres, qui sont MM : Dariste, C. ✯, Sénateur, *Président*; Nolleval, ✯, notaire honoraire à Paris, *Vice-Président*; J. Duflocq, négociant, *Trésorier*; Kiggen, propriétaire, *Secrétaire*; l'abbé Carl, ancien Directeur du collège, en remplacement de M. l'abbé Bautain, ✯, vicaire général du diocèse de Paris, décédé le 15 octobre 1867; l'abbé de Régny; l'abbé Bruyères, ✯, curé de Saint-Martin; Eugène Barre, avocat; Borniche, notaire honoraire; Denonvilliers, négociant; Charles Hamel, avocat; Labarthe, ✯, négociant; Paul Level, chef du contentieux au chemin de fer de Lyon; Martel, ✯, conseiller honoraire à la cour impériale de Paris; et le comte de Vedel, O. ✯, chef de division au ministère de l'intérieur. Il a pour conseil M. Berryer, avocat; et ses actes sont soumis au contrôle de deux commissaires de surveillance, MM. René Stourm, inspecteur des finances, et Turquet, négociant.

ans de 1855 à 1857, il avait été, pendant sept années, Préfet des études et Professeur de philosophie à Juilly, avant d'en obtenir la direction dont le rendaient digne l'étendue de son savoir, l'aménité de son caractère, sa tendre affection pour l'enfance et son dévoûment aux intérêts du collége, mais que son goût pour l'étude et la retraite et plus encore sa modestie ne lui firent jamais accepter que provisoirement.

Depuis lors, tous les efforts du Conseil ont tendu à réaliser l'engagement solennel qu'il avait contracté vis-à-vis des familles[1] de soûtenir la renommée du collége en suivant les errements de ses fondateurs et en s'appliquant, comme eux, à entretenir son esprit de famille, à élever sans cesse le niveau de ses études et à conserver surtout ses principes d'éducation.

Au point de vue matériel, il a tenu à honneur d'ajouter encore à tous les avantages que Juilly réunit déjà. La salle des Pas-Perdus a été transformée en un vaste et beau parloir, destiné à devenir en même temps notre galerie historique, lorsqu'elle sera ornée des portraits des généraux et des hommes les plus illustres de l'Oratoire, et de ceux de nos Directeurs et de nos condisciples les plus marquants. Le grand bâtiment des greniers à blé, qu'on n'utilisait plus depuis longtemps, a trouvé

[1]. V. le discours de son délégué à la distribution des prix du 1er août 1865.

une destination digne de son étendue et de son admirable position : il a été approprié à l'établissement de notre petit collége. Le rez-de-chaussée a été converti en dix salles d'étude, de classes et de services accessoires, ouvrant toutes sur un magnifique vestibule couvert et bitumé, qui sert de préau. Le premier étage est devenu un superbe dortoir de 45 mètres de long sur 18 de large, éclairé par vingt grandes fenêtres, ouvrant sur le parc et sur la campagne aux expositions du levant, du midi et du couchant, et dans lequel s'étendent sur quatre longues lignes parallèles cent lits de fer, tous occupés. Le second étage, qui peut fournir un autre dortoir semblable, est resté un garde-meuble, en attendant que l'accroissement du nombre des enfants oblige à l'utiliser lui-même. Et la vaste cour, qui précède ce bâtiment, nivelée et sablée, a retrouvé par le dégagement de ses abords la vue du parc dont elle était privée. Enfin une galerie couverte relie au grand collége cette nouvelle division, où l'air, l'espace et la lumière sont prodigués sans mesure et où la vue se repose sur un charmant paysage. Des travaux d'ensemble pour la restauration générale de toute la maison sont aussi en cours d'exécution ; et l'on songe à ouvrir une souscription qui permette de reconstruire, dans le même style mais dans des proportions plus vastes, notre antique chapelle du XIIIe siècle, qui menace ruine.

Il s'est préoccupé également de donner une vive

impulsion aux études. Des récompenses et des mesures disciplinaires nouvelles, des compositions trimestrielles avec des lycées de la capitale, des examens par des Professeurs de l'Université, un contrôle sévère du passage d'une classe dans une autre et l'élaboration d'un nouveau projet de réorganisation de notre ancienne Académie ont reçu, dans ce but, son approbation. Il a fait monter dans les chaires des hautes classes des agrégés et des Professeurs gradés de l'Université, afin de procurer aux élèves les avantages d'une instruction solide et complète puisée aux sources de l'enseignement universitaire; et il a veillé à ce qu'il fût donné à celui des sciences toute l'importance que lui créent les conditions d'admission au baccalauréat spécial et aux diverses écoles du gouvernement. Mais tout en faisant aux sciences une part considérable, il a cependant réservé aux lettres ses principaux encouragements, dans sa conviction intime, qu'elles sont la vraie gymnastique de l'intelligence dont elles mettent en jeu toutes les facultés, et qu'elles constituent la préparation la plus efficace et même la plus rapide à l'étude sérieuse et profitable des sciences[1].

---

1. Madame de Staël a écrit ces lignes, inspirées par le plus ferme bon sens, pour expliquer comment les lettres ont été, partout et toujours, adoptées, de préférence aux sciences, comme base de l'enseignement public. « L'étude des langues, dit-elle, est beaucoup plus favorable aux progrès des facultés de l'enfance que celle des mathématiques ou des sciences physiques. Pascal,

Mais la partie la plus délicate et la plus importante de sa mission, celle de développer et d'assurer cette forte et chrétienne éducation, que Juilly s'est toujours efforcé de donner à ses enfants, l'appelait à réaliser ses promesses envers M. l'abbé Maricourt et à traiter la question capitale de la transmission définitive de la direction du collége. Il mit tous ses soins à la résoudre.

Bien des fois déjà, depuis trente ans, on en avait tenté la solution. M. de Salinis, comme M. Bautain, avaient fait des ouvertures, en ce sens, à diverses corporations religieuses ; et le refus de leurs offres les avait engagés l'un et l'autre à fonder eux-

ce grand géomètre, dont la pensée profonde planait sur la science dont il s'occupait spécialement comme sur toutes les autres, a reconnu lui-même les défauts inséparables des esprits formés d'abord par les mathématiques. Cette étude, dans le premier âge, n'exerce que le mécanisme de l'intelligence ; les enfants, qu'on occupe, de si bonne heure, à calculer, perdent toute sève de l'imagination, alors si belle et si féconde, et n'acquièrent pas, à la place, une justesse d'esprit transcendante ; car l'arithmétique et l'algèbre se bornent à nous apprendre de mille manières des propositions toujours identiques. Les problèmes de la vie sont plus compliqués ; aucun n'est positif, aucun n'est absolu ; il faut deviner, il faut choisir à l'aide d'aperçus et de suppositions qui n'ont aucun rapport avec la marche infaillible du calcul. Par elles, on n'exerce chez l'enfant qu'une seule faculté, tandis qu'il faut développer tout l'être moral dans une époque où l'on peut si facilement déranger l'âme comme le corps en ne fortifiant qu'une partie. » *De l'Allemagne*, ch. XVIII des Universités allemandes.

« L'étude exclusive et la domination absolue des mathématiques, ajoute Mgr Dupanloup, dans ses admirables études sur *la haute éducation intellectuelle*, expose le jeune homme qui ne rencontre aucun intermédiaire entre un travail abstrait et toutes les séductions de ses sens, à une explosion terrible des passions, parce mêmes, à Juilly, dans l'intérêt de son avenir, une Congrégation enseignante. Ils comprenaient tous deux qu'il n'y a qu'un Ordre religieux qui, dans la situation actuelle de l'enseignement, soit en état d'offrir aux institutions libres des gages réels de prospérité durable, en leur procurant cette unité et cette suite dans les desseins, cette stabilité dans les règles et dans les traditions, cette puissance de l'association et cette succession continue de dévoûment qui, si elles sont difficiles à réunir, sont cependant indispensables au succès de l'œuvre capitale de l'éducation.

La sagesse de toutes ces tentatives, dans l'im-

qu'elles ne donnent pas le sens moral, qu'elles ne forment pas, qu'elles n'élèvent pas la conscience. Par leur froide et sèche rigueur, elles sont plutôt de nature, si elles font à elles seules toute l'éducation d'une âme, à fausser et à ruiner le discernement du bien et le sentiment des convenances comme le sentiment du beau. Elles ne donnent aucune lumière, aucune règle pour la vie ; leur valeur est toute spéciale et professionnelle. Aussi ceux qui n'ont jamais vécu que dans un milieu scientifique et dans les abstractions mathématiques, ignorent-ils profondément les hommes et les affaires ; le sens pratique et le sens moral leur fait défaut à chaque instant ; le tact, ce sens fin et délicat, ce discernement prompt et rapide de ce qui convient, ils ne l'ont pas.... Dans la vie ordinaire ils sont des hommes étranges ; dans le maniement des affaires publiques, des hommes chimériques.... Si les mathématiques, détruisant les autres études, s'imposaient exclusivement à la jeunesse, la hauteur des vues et la générosité des sentiments disparaîtraient vite de la société. L'utile serait la loi suprême... le gain serait tout, le reste rien.... Ce serait un peuple d'utilitaires et d'égoïstes, tout préparé pour le despotisme, s'il devenait le maître, tout façonné à la servitude, s'il tombait une fois sous le joug. » Passim, p. 416 à 419, ch. *des Dangers possibles de l'étude des sciences*.

puissance desquelles semblaient se révéler les vues de la Providence, traçait, du moins, au Conseil la voie qu'il devait suivre. Il ne s'en écarta pas. L'Oratoire était reconstitué depuis près de quinze ans. Juilly, qui lui devait son existence, sa durée et sa gloire, voyait revivre l'esprit, les vertus et la science de ses fondateurs dans ceux que le Saint-Siége avait appelés à recueillir leur héritage. Ce fut à eux que s'adressa son Conseil. La négociation fut longue et laborieuse; vingt mois furent employés à la conclure. Enfin, le 13 mai 1867, cette illustre compagnie rentrait en possession de la direction de son ancien collége par un traité synallagmatique, que chacun des mandataires de la Société juliacienne signait avec la confiance d'avoir rempli un devoir et la joie d'avoir concouru à un grand acte.

C'est qu'en effet le besoin d'une éducation religieuse et virile ne s'est peut-être jamais manifesté aussi impérieux et aussi urgent qu'aujourd'hui. Et pour s'en convaincre, il suffit de jeter un regard attentif sur les plaies et les périls de notre époque. En proie à la contradiction des systèmes et à la licence des opinions, livrée à l'anarchie morale et à l'empirisme de théories économiques vraiment vertigineuses, sans principes sûrs pour la guider, sans frein puissant pour la retenir, la société subit toujours la loi de cette puissance gigantesque, que l'impiété a marquée d'une empreinte terrible : la Révolution.

Légitime dans ses causes[1], équitable dans la plupart des vœux de ses cahiers[2], pleine de générosité et de grandeur à ses débuts, servie par le génie de la guerre et du gouvernement, soutenue par les sympathies populaires, la Révolution règne en France depuis bientôt quatre-vingts ans, et

1. Lire les chapitres x et xii du livre II du bel ouvrage de M. de Tocqueville sur *l'ancien régime et la Révolution.*!
2. « Les cahiers de l'ordre du clergé, en 1789, le montrent, dit le même écrivain, aussi ennemi du despotisme, aussi favorable à la liberté civile et aussi amoureux de la liberté politique que le tiers-état. Il demande la garantie de la liberté individuelle, la destruction des prisons d'État, l'abolition des tribunaux exceptionnels, la publicité des débats, l'inamovibilité des juges, l'admissibilité de tous les citoyens aux emplois, un recrutement militaire dont personne ne soit exempt, le rachat des droits seigneuriaux, la liberté illimitée du travail, la destruction des douanes intérieures, la multiplication des écoles privées et gratuites, des établissements laïques de bienfaisance dans toutes les campagnes, toutes sortes d'encouragements pour l'agriculture. Dans la politique, il proclame le droit imprescriptible et inaliénable de la nation à s'assembler pour faire des lois et voter librement l'impôt; il demande la libre élection des États généraux et leur réunion annuelle; il revendique pour eux le droit de discuter en présence de la nation toutes les grandes affaires, de faire des lois générales auxquelles tous soient soumis, de dresser le budget et de contrôler jusqu'à la maison du roi, l'inviolabilité de leurs membres et la responsabilité des ministres; enfin la création d'assemblées d'États dans toutes les provinces, de municipalités dans toutes les villes. Je ne sais, continue ce grand publiciste, s'il y eut jamais dans le monde un clergé plus remarquable que le clergé catholique de France au moment où la Révolution l'a surpris, plus éclairé, plus national, moins retranché dans les seules vertus privées, mieux pourvu des vertus publiques et en même temps de plus de foi. J'ai commencé l'étude de l'ancienne société, plein de préjugés contre lui; je l'ai finie, plein de respect. » *L'ancien régime et la Révolution*, p. 197 et suiv.

quoique seule debout sur les ruines qu'elle a accumulées autour d'elle, elle n'est cependant pas encore parvenue à s'y asseoir. Elle a revendiqué les droits de l'homme, et les rois ont été entraînés à l'échafaud et les foules vers l'anarchie; elle a voulu la liberté, et les sanglantes saturnales de la terreur ont suscité la verge vengeresse du despotisme; elle a fait appel à l'égalité, et la concentration du capital et la frénésie du bien-être lui ont répondu en soulevant les plus redoutables questions sociales. Où trouver la cause de ces aspirations stériles et de ces douloureuses déchéances, sinon dans l'esprit d'impiété dont le scepticisme corrupteur du XVIIIe siècle et les haines aveugles du jansénisme entachèrent son action? A son tour, elle proclama l'indépendance souveraine de la raison, et prenant pour emblème l'alliance monstrueuse de l'athéisme et de la liberté, elle tenta de saper le christianisme pour mieux détruire les abus du passé.

La Providence n'eut pour la punir de son apostasie qu'à la laisser s'avancer dans cette voie, et la logique des faits, tirant bientôt les conséquences de ses doctrines irréligieuses, se chargea de lui montrer le néant de ses efforts et les abîmes entr'ouverts sous ses pas. Après que le grand conquérant eut, pendant quinze ans, traversé l'Europe « comme un ouragan de fer et de feu[1] » et que

---

1. *La guerre et l'homme de guerre*, par L. Veuillot, p. 57, éd. in-12.

son épée eut purifié dans des flots de sang les souillures de la Convention, son sceptre passa aux mains de la bourgeoisie; mais plus jalouse de ses profits que de ses libertés, la bourgeoisie abdiqua en faveur de la force, pour éviter le retour de l'anarchie, que, cependant, elle avait su vaincre. Dès lors, dans le repos trompeur d'une société énervée, on a pu mesurer, jour par jour, les progrès du matérialisme et constater jusqu'à quel degré il menace l'avenir du pays, en compromettant ses intérêts les plus essentiels, ceux de la morale, de la politique et de la science elle-même.

La jouissance tend, effectivement, à devenir le grand but de la vie, et l'or, qu'elle exige, l'objet de la fascination générale. Sous l'action de cette passion corruptrice, les caractères s'effacent, les cœurs se gangrènent et les consciences s'abaissent; la vanité et le déréglement altèrent les mœurs privées, l'impudence et la servilité, les mœurs publiques. « Les idées s'avilissent avec les sentiments; l'idéal « fait place au réalisme; tout dans la politique, « comme dans les lettres et dans les arts, prend « le caractère de la spéculation[1]. » C'est à se demander parfois si notre France, ce lieu des grandes choses, se souvient encore qu'elle « est née à Tolbiac d'un acte de foi et d'une victoire[2]. » Et ce qui rend cette passion fatale plus redoutable encore,

---

[1]. Ch. Perrin, *de la Richesse dans les sociétés chrétiennes*, p. 4.
[2]. Mgr de Salinis, dans un de ses mandements.

c'est qu'elle n'est pas seulement un de ces faits généraux ordinaires dans une société démocratique et à une époque de grande expansion scientifique et industrielle comme la nôtre, mais qu'une école nombreuse travaille à lui donner la force d'une doctrine et cherche même, par suite de ses sympathies secrètes pour le despotisme[1], à l'ériger en système de gouvernement[2]. Tentative déplorable, que le bon sens et l'expérience réprouvent comme aussi funeste à l'ordre politique qu'à l'ordre moral !

Cette théorie dissolvante de la jouissance, dont la formule économique est de multiplier les besoins pour multiplier les produits, met, en effet, sans cesse la paix et l'ordre publics en péril par les perturbations profondes qu'elle cause dans l'économie sociale. Elle tend à concentrer le capital entre les mains de quelques puissants spéculateurs plus avides d'accroître leur superflu que l'ouvrier, dont ils exploitent les sueurs, de conquérir son nécessaire ; et si elle suscite, comme contre-poids heureux, l'extension des liens de solidarité et d'association, elle n'éveille que trop, hélas ! ces idées de nivellement, qui attaquent les principes de la distribution de la richesse, de l'organisation du travail et de la

---

1. Lire l'étude de M. de Tocqueville sur les physiocrates ou économistes du XVIIIe siècle dans le troisième chapitre du livre III de son ouvrage sur *l'ancien régime et la Révolution*, p. 264 et suiv.

2. Balmès, *le Protestantisme comparé au Catholicisme*, ch. XLVII, p. 359, 5° éd. in-8, Vaton, 1857.

propriété elle-même. Elle tend encore à fausser les idées et les conditions normales du travail et à paralyser sa force productive : car elle ne l'envisage que comme un instrument de plaisir ; et dès lors les masses, impatientes d'en dévorer les produits beaucoup plus que de les multiplier, ne quittent un labeur qui les courbe sur la matière que pour s'y plonger plus avant par des orgies et des débauches dont le terme est l'épuisement du corps et l'abjection de l'âme. A leur tour, les classes élevées ne consentent à l'accepter que si la peine en est légère et le profit considérable ; l'appât des gros bénéfices leur fait préférer aux industries les plus stables les hasards et les risques des plus incertaines ; et l'agriculture, la première et la plus sûre de toutes, souffre et languit, parce qu'à leur exemple et à leur suite, les capitaux et les bras désertent les campagnes. Elle excite également les convoitises les plus perverses et les calculs les plus criminels ; et, sous la double influence de la dépravation et de la cupidité, on constate, avec inquiétude pour l'avenir, le ralentissement du progrès de la population[1] et l'abaissement du niveau de « ce fleuve sacré de la « vie humaine qui, en multipliant sur la terre les « forces qui la domptent et les sueurs qui la fécon- « dent, multiplie, par ses propres accroissements,

1. V. les statistiques de M. Legoyt dans *l'Annuaire de l'économie politique* de 1860 et une étude de M. Léonce de Lavergne dans le *Journal des économistes*, t. XIII, 2ᵉ série, p. 225 à 233.

« sa puissance de produire[1]. » Enfin elle tend à diviser le pays en deux classes ennemies ; les possesseurs de la fortune et ses déshérités, ses possesseurs qui se corrompent et s'énervent dans une oisiveté stérile et dans un luxe insensé, et ses déshérités qui, ne sachant même pas rester pauvres, imitent les désordres d'en haut, dissipent en un jour d'excès et de prodigalité leur subsistance de plusieurs semaines, et, rendant ainsi toujours plus béante et plus vive la plaie de leur misère, ne savent plus obéir qu'à des passions envieuses et à des fureurs aveugles, capables de tout oser et de tout détruire. Au milieu de ces menaces et de ces périls, la société est contrainte de subir l'humiliante nécessité de la force. Mais la force n'est jamais qu'un expédient précaire, impuissant à remplacer l'intelligence dans la direction des intérêts complexes et des rapports nombreux d'une société avancée ; et quelque soin qu'elle prenne de respecter le droit ou d'éviter l'arbitraire, son joug ne tarde pas à devenir intolérable, parce que, selon la pensée de notre grand publiciste, M. de Tocqueville, « le mal de la dépendance est celui que haïssent le plus les peuples faits pour être libres[2], » comme la France, que l'Église a formée, et qui lui doit sa civilisation. Aussi, que de fois déjà, depuis 89, avons-nous vu

---

[1]. Le P. Félix, *l'Économie antichrétienne devant la famille*, 2ᵉ conf. de 1866 à Notre-Dame, éd. in-12, p. 50.

[2]. De Tocqueville, *loc. cit.*, p. 278.

la Nation, qui, en corps, a tous les droits de la souveraineté, mais dont chacun des membres est resserré dans une étroite subordination au pouvoir de l'État, se fatiguer de trouver un maître dans celui dont elle n'entendait faire que son mandataire, obéir au souffle des tempêtes et recourir à la violence pour reconquérir ses libertés. Mais, étrangère à leur pratique, sous la tutelle jalouse et minutieuse de l'État, qui s'étend aux moindres détails de sa vie, incapable surtout d'en supporter les devoirs au sein d'une vie voluptueuse, égoïste et sans foi, elle n'a vu jusqu'ici ses vains essais de gouvernements libres n'aboutir qu'à grandir le pouvoir absolu. Puisse-t-elle enfin comprendre, par ces dures leçons de l'expérience, qu'il n'est aucune des réformes sociales, dans lesquelles elle place aujourd'hui ses espérances, qui puisse réussir à lui donner la stabilité si elle n'a pour base la réforme de l'âme humaine, qu'on ne peut attendre que de la force d'en haut!

Les sciences, enfin, les sciences naturelles elles-mêmes, ont à redouter les atteintes de ces tendances matérialistes et seraient exposées, sous leur influence croissante, à perdre leur force inventive, qui seule entretient le prodigieux mouvement de découvertes et d'applications dont nous sommes si justement fiers. Car « elles se rattachent toutes, « par une chaîne indissoluble de déductions, aux « principes les plus élevés de la métaphysique[1], »

1. Ch. Perrin, *loc. cit.*, p. 254.

nostre vie par les mesmes infirmitez de l'enfance, nous
sortons tous en entrant au monde, la lumiere nous blesse
nos yeux, et le premier air que nous respirons nous
jette à tous indifferemment à pousser des cris, ces foiblesses
de la naissance ont pris sur nous tous egalement
une mesme suite d'infirmitez dans tout le progres de
la vie puisque les grands et les petits vivent egalement
assujettis aux mesmes necessitez naturelles, exposez aux
mesmes perils, en proye aux mesmes maladies
enfin apres tout arrive la mort qui
foulant aux pieds l'arrogance humaine et abatant
sans retour ce tout et les grandeurs imaginaires, egale
pour jamais toutes les conditions differentes par
lesquelles les ambitieux croyoient s'estre mis au
dessus des autres telle est la loy de la nature et l'egalité
necessaire à laquelle elle soumet tous les hommes de sorte
qu'il y a beaucoup de raison de nous comparer a des
eaux courantes comme fait l'ecriture sainte, car de
mesme que quelque inegalité qui paroisse dans la course
des rivieres qui arrosent la surface de la terre il on trouve
cela de commun qu'elles viennent d'une petite origine,
que dans le progres de leur course elles roulent leurs
flots en bas par une chute continuelle, et qu'elles vont
enfin perdre leurs noms et leurs eaux dans
le sein immense de l'ocean ou l'on ne distingue point
le tibre ni le danube, ni ces autres fleuves renommez
d'avec les rivieres les plus inconnues; ainsi tous les
hommes commencent par les mesmes infirmitez, dans
le progres de leur age leur vie coule et descend vers
cette abisme par un à la mort par un tablant une chute naturelle
et enfin apres avoir fait ainsi que des fleuves un
peu plus de bruit les uns que les autres, ils vont tous
enfin se confondre dans ce gouffre infini du néant ou l'on
ne trouve plus ni rois ni princes ni capitaines, ni tous ces
autres augustes noms qui nous separent les uns d'avec les
mais la corruption et les vers, la cendre et la pourriture
qui nous egalent telle est la loy de la nature et l'egalité

3

necessaire à laquelle elle soumet tous les hommes dans ces
trois etats inremarquables la naissance, la durée, la mort
~~L'entend d'alors couvrir ou pour~~
tous pouvent inventer les hommes pour connoitre cette égalité
qui ont ~~menagées si profondement dans toute~~ le cours de notre vie
l'on a ~~quelles sont~~ ~~leurs inventions~~ mis tous ces inventions, ~~s'~~
par lesquelles ils s'imaginent forcer la nature et se rendre differens
des autres malgré l'égalité qu'elle a ordonnée ~~pour couvrir~~
premierement pour mettre à couvert la foiblesse commune
de la naissance, chacun tache d'attirer sur elle toute la gloire
de ses ancestres et de la rendre plus éclatante par cette lumiere
~~estrangere~~ ainsi l'on a trouvé le moyen de distinguer les
naissances ~~nob~~ illustres d'avec les naissances utiles et vulgaires,
et de mettre une difference infinie entre le sang noble et le
roturier comme s'il n'avoit pas les mesmes qualitez et n'estoit
pas composé des mesmes elemens ~~cela~~ comme ~~on~~ par l'amour
~~vivre~~ de la naissance magnifiquement relevée dans le
cours de la vie on se ~~distingue par~~ les grands employs et par
les dignitez eminentes, et par les richesses et par l'abondance,
ainsi on s'éleve, et on s'agrandit, et on laisse les autres dans la
lie du peuple. Il n'y a ~~mo~~ donc plus que la mort ou la
~~honte~~ humaine est bien empechée ~~c'est~~ là ou l'égalité
est inevitable, et encore que la vanité tache en quelque sorte
d'en couvrir la honte par les honneurs de la sepulture, ce n'eu-
vent ~~q. l'âme~~ le sort des hommes destinés pour les equiller
de la mort par la ~~grandeur~~ ~~superbe de leur tombeau ou par la~~
magnificence de leurs funerailles. tout ce que peuvent faire
ces miserables amoureux des grandeurs humaines, c'est de
s'en gouster tellement la vie qu'ils ne songent point à la
~~mort~~ ~~c'est l'auel moyen qui leur reste de se louer,~~ en
quelque façon le sens insupportable de la tyrannie lorsqu'en
~~detournant leur esprit il ne~~ sentent pas la mesme
et d'aveugle ~~la~~ ~~conduisent des grandeurs~~ ~~sans cesse~~
ordinairement ~~leur vie en inutilité~~ leur coste superbe par
grandeur dont ils s'élatent dans leur naissance le ~~sens~~
nain et audacieux, le desir demesuré dont ils sont pousser de
~~s'élever~~ ~~se rendre~~ ~~commandres~~ ou redouter autres dans tout le genre
fait qu'ils s'avancent à la grandeur par toutes sortes de crimes sans epargner
les plus criminelles, et l'amour de l'homme et douceurs qu'ils goustent
dans une vie pleine de delices detournant leur veue de celle la mort
fait qu'ils tombent entre ses mains sans l'avoir preveu. au lieu que
Plus sage en cela l'homme dont je vous dois aujourd'huy proster
l'exemple a tellement menagé toute sa conduite, ~~sur~~ la grandeur

de la naissance n'a rien diminué de la moderation de son
esprit, que les employs glorieux dans la ville et dans les
armées n'ont point corrompu son innocence, et que bien loin
d'eviter l'aller de la mort, qu'il l'a tellement meditée,
qu'elle n'a peu peu le surprendre mesme en arrivant tout
a coup et qu'elle a esté soudaine sans estre imprevüe.
Si autrefois le grand St Paulin digne Prelat de l'Eglise
de nôle en faisant le panegyrique de sa parente sainte
melanie a resté commencé les loüanges de cette vertueuse
par la noblesse de son extraction, Je puis bien
suivre un si grand exemple et vous dire un mot en passant
de l'illustre maison de Gomery si celebre et si ancienne
mais pour ne pas traiter ce sujet d'une maniere d'une maniere
profane comme fait la rethorique mondaine recherchons
premierement par les ecritures de quelle sorte la noblesse
est recommandable et l'estime qu'on en doit faire selon
les maximes du christianisme Et premierement disons
c'est desia un grand avantage qu'il ait pleu à nôtre Seigneur
de naistre d'une race illustre par la glorieuse union du
sang royal et sacerdotal dans la famille de David fort:
Reguinet sacerdotum clara progenies. Pourquelle raison
luy qui a mesprisé tout et les autres grandeurs
humaines. in non multi sapientes non multi nobiles. J. C. la
voulut elle. Ce n'estoit pas pour en recevoir de l'eclat
mais plustost pour en donner a tous ses arrestres. Il falloit
qu'il sortit des Patriarches pour accomplir en luy l'aperieme toutes
les benedictions qui leur avoient esté annoncées, il falloit
qu'il naquist de David pour conserver a le faire a la
verité de son trône que tant d'oracles divins luy
avoient promis. Louer en un gentilhomme Chrétien
ce que J. C. mesme a voulu avoir, peu de choses fait trop
profane. Neanmoins d'autant plus volontiers quil y a quelque chose de sa
trouver. Je ne diray point ni les grandes charges qu'elle a possedées ni
aux quelle gloire elle a s'estendu son rang chef dans les
alliances etrangeres, ni ses alliances illustres avec les maisons royales
de France et d'Angleterre. ni son antiquité qui est telle que nos chroniques
n'en marquent point l'origine. Cette antiquité donne lieu a plusieurs
inventions fabuleuses par lesquelles la simplicité de nos Peres a cru

donner du lustre a toutes les anmaisons anciennes a cause que
leur antiquité plus elle remontoit aux siecles passés dont la
memoire est toute effacée, elle a donné aux hommes une
plus grande liberté de feindre la hardiesse humaine ne trouvant pas de
s'enivrer vint ou trente siecles entiers, elle trouve cinq profanés
pour marquer avec choses saintes, ils vivent environ l'an 400
selon la supputation la plus exacte. c'est la gloire de la maison
de gornay. le sang qu'à repandu ce genereux martir l'honneur de
la ville de metz pour la cause de J.C. donne un lustre
plus considerable a tous les descendans de cette maison que celuy
que nous avez receu de tant d'illustres ancestres. nous
sommes la race d. S. filij sanctorum sumus l'histoire remarque
qu'il estoit claris parentibus. de ce qui est une conviction
manifeste qu'il faut reprendre la grandeur de cette maison
d'une origine plus haute. mais tous ces titres glorieux ne luy
ont jamais donné de l'orgueil. la moderation il a toujours
mesprisé les vanteries ridicules dont il arrive assez ordinairement
que la noblesse estourdit le monde. Il a cru que ces
vanteries estoient plutost dignes des races nouvelles et éblouïes
de l'éclat non accoustumé d'une noblesse de peu d'années, mais
que la veritable marque des grandes maisons illustres &
auxquelles la grandeur et l'éclat estoit depuis plusieurs
siecles passé en nature, ce devoit estre la moderation.
ce n'est pas qu'il ne jettast les yeux sur l'antiquité de la
race dont il sost sorte doit parfaitement l'histoire. mais
comme il y avoit des saints dans sa race, il avoit raison de
la contempler pour s'animer par ces grands exemples. Il
n'estoit pas de ceux qui semblent estre persuadés que
leurs ancestres n'ont travaillé que pour leur donner sujet
de s'parler de leurs actions et de leur emploi quand il
regardoit les siens, il croyoit que de tous ses ayeux illustres
luy crioient continuellement jusques du siecles les plus
reculez, imite nos actions ou ne te glorifies pas d'estre nostre
fils. il se jetta donc les exercices de la profession a l'imitation
de st livier, il commença a faire la guerre contre les heretiques
rebelles premier capitaine et major dans stasbourg corps celebre
et renommé. il a entra par un les belles actions qu'il y
fait s'ayant fait connoistre par le cardinal de Richelieu
auquel la vertu ne pouvoit pas estre cachée negotiations

d'allemaigne ordinairement ceux qui sont dans les emplois de la guerre croient que c'est une preeminence de leur degré de ne s'asujettir a aucunes loix, il a suivi celle de l'Eglise. les abstinences jamais violées. comment n'auroit il pas respecté celle qu'il recevoit de toute l'Eglise, puisqu'il observoit si soigneusement et avec tant de religion celle que sa penitence ~~particuliere~~ (enjoint) luy avoit imposée. jeusne du Samedi. ~~honte de bien ~~faire~~ dans~~ ~~les exercices de la pieté.~~ d'honorer ont la profession des armes par cette honte de bien faire les exercices de la pieté ~~la tête~~ on croit assez faire pour un quand on les sert. ordres du general. la vieillesse quoique sa santé ne fut pas sans action. son exemple et ses paroles animoient les autres. il est mort trop tost. non car la mort ne vient ~~ja~~mais trop soudainement quand on s'y prepare par la bonne vie.

Nous ordonnons au Prieur de l'hospital de
dampmartin de payer cent livres aux pauvres
charitables de dampmartin de laquelle somme
il demeurera deschargé en rapportant l'au-
quittance fait a juilli le 6 aoust 96
      † J. Beuigne de meaux

« placent les lois entre la conscience qu'elles éclai-
« rent et Dieu qui les sanctionne[1], » en un mot à la
diminution progressive de la foi dans notre pays?
C'est donc à la raviver dans toutes les classes et à
ramener les âmes à la connaissance et à l'observation de la loi de l'Évangile, source unique du bonheur des individus et de la prospérité des peuples,
que doivent tendre tous les efforts. Et le moyen le
plus efficace et le plus prompt de réaliser cette
grande œuvre est, sans contredit, l'éducation, dont
la mission est précisément d'élever le cœur et l'esprit de la jeunesse à toutes les hauteurs de la piété et
du patriotisme, de la vertu et de la science ; ministère auguste et sacré, qui participe de la dignité du
sacerdoce par son caractère religieux et moral,
comme par la grandeur des devoirs qu'il impose à
ceux qui l'exercent, et qui, par cela même, n'est
jamais mieux rempli que par ceux qui sont, entre
tous, les véritables hommes de l'éducation, les prêtres et les religieux.

Voilà pourquoi nous saluons le retour de l'Oratoire à Juilly avec une grande joie et un sentiment
profond de reconnaissance envers la Providence
qui l'a permis ; et c'est aussi la raison des hautes
espérances que nous fondons sur lui. Leibnitz
attribuait à l'Éducation la puissance de réformer
le genre humain. Que ne pouvons-nous pas en

1. Mandement de Mgr Darboy, archevêque de Paris, pour le carême de 1867, *in fine*.

attendre, dans des mains aussi dignes de la diriger, pour la restauration de la foi et des mœurs publiques dans notre France, dont l'âme a été pétrie par le Catholicisme, et dont le génie, malgré les éblouissements passagers d'une richesse matérielle qu'elle a si admirablement développée, est toujours celui de la générosité et du désintéressement !

Elle doit nourrir de piété l'âme de la jeunesse, fortifier son cœur en le pénétrant de l'esprit chrétien, et, dans ce but, le façonner à l'apprentissage des deux lois principales de notre vie intime et extérieure, la loi du renoncement à soi-même, qui redresse et fait pencher vers le bien notre nature dès l'enfance inclinée vers le mal, et la loi de la charité qui, en combattant en nous l'égoïsme, donne seule une valeur morale à la richesse et multiplie dans la vie sociale ces échanges de services mutuels qui en sont le principe et le charme. Elle doit, en un mot, lui inculquer la conscience du devoir et lui apprendre à placer le but de la vie ailleurs et plus haut que dans la poursuite effrénée du lucre et du plaisir. Or, l'Oratoire embrasse volontairement la pauvreté et en supporte librement toutes les austérités. Son exemple est donc le plus puissant moyen d'agir sur des jeunes gens pour les plier à l'observation de cette grande loi morale de l'abnégation, malgré toutes les résistances qu'ils peuvent rencontrer et dans les rébellions de leur propre cœur et dans le courant d'aspirations contraires de tout un siècle plongé dans le sensualisme.

Elle doit leur faire contracter l'habitude et le goût du travail, ce joug universel imposé à tous les hommes, mais rendu léger à quiconque l'accepte généreusement, qui donne partout à l'individu le bonheur et la dignité, et aux sociétés la force et la grandeur ; mais qui, dans nos temps d'égalité démocratique, peut seul départir l'influence, la considération et le pouvoir, et donner à chacun de nous, avec la conscience de notre valeur, un sentiment assez vif de l'indépendance pour nous inspirer l'amour d'une sage liberté et le courage des mâles vertus qu'elle exige.

Sous ce rapport encore, l'Oratoire peut offrir à l'enfance confiée à ses soins un parfait modèle ; car, à l'instar des autres Ordres religieux, il fait du travail sa couronne d'honneur ; il l'accepte avec amour comme l'exemplaire de la vie du Sauveur ; il s'y applique avec mesure et régularité pour mieux en soutenir l'énergie, et, en l'interrompant par la prière et le repos, il lui conserve à la fois sa noblesse et sa fécondité.

Elle doit enfin leur procurer l'inestimable avantage de fortes et grandes études dans les lettres et dans les sciences ; dans les lettres, qui étendent les lumières de l'esprit, forment la raison, développent, au contact des chefs-d'œuvre de la pensée humaine, le sentiment du beau et l'amour du vrai et

du bien, et produisent cette harmonie des facultés, qui dans toutes les carrières distingue les hommes supérieurs ; et dans les sciences, dont les développements merveilleux ont ouvert un champ immense à l'intelligence et à l'industrie de l'homme, et dont les applications infinies étendent l'influence à toutes les sphères de la vie sociale comme à tous les degrés de la civilisation. Là aussi l'Oratoire est à la hauteur de sa mission nouvelle ; car l'apostolat de la science est une des fins principales de son Institut [1] qui ne s'est reconstitué, selon le témoignage d'un de ses fondateurs, « que pour porter dans toutes les
« directions de l'esprit humain la lumière de l'Évan-
« gile et pour opposer, par les prières et les études
« de ses membres, leurs travaux écrits et leur pa-
« role, aux envahissements de la science fausse et
« impie une apologie de la Foi capable de défier la
« critique de ses adversaires et d'avancer en même
« temps, chez les chrétiens, l'œuvre du règne de
« Dieu [2]. » Et M. Guizot a rendu lui-même hommage à la largeur de ses vues et à la générosité de son esprit lorsqu'il a dit de lui, dans une des plus belles pages de ses *Méditations chrétiennes:* « Des prêtres

---

1. « Il y a des questions (*d'économie sociale et politique*), a dit un économiste célèbre, qui demeureront insolubles tant que la Religion n'y mettra pas la main.... et c'est justice ; elle seule peut, en effet, bien résoudre les questions qu'elle a bien posées. » Blanqui, *Histoire de l'économie politique*, t. I, ch. IX, p. 120, éd. in-12.

2. Notice biographique sur l'abbé Cambier, par le P. Ad. Perraud, p. 10.

« comme le P. Lacordaire se sont voués à une
« vie et à une règle commune pour travailler en-
« semble au triomphe de la vérité chrétienne par la
« philosophie et la science. Ils ont donc rétabli
« cette savante et modeste compagnie religieuse de
« l'Oratoire, qui a donné à la France Malebranche
« et Massillon, et de qui Bossuet a dit, il y a deux
« siècles : « L'amour immense du cardinal de Bé-
« rulle pour l'Église lui inspira le dessein de former
« une compagnie à laquelle il n'a pas voulu donner
« d'autre esprit que l'esprit même de l'Église, ni
« d'autres règles que ses canons, ni d'autres supé-
« rieurs que ses évêques, ni d'autres biens que sa
« charité, ni d'autres vœux solennels que ceux du
« baptême et du sacerdoce. » Elle est pauvre et peu
« connue, elle a besoin d'expansion et d'appui ;
« mais dès le principe elle est restée fidèle à son
« origine et digne des paroles de Bossuet. Pénétrée
« de nos besoins, elle n'élude ni l'examen ni la dis-
« cussion ; elle respecte la science ; et elle a dans
« la vérité qu'elle enseigne assez de confiance pour
« accepter sans crainte les conditions et les pro-
« cédés de la liberté[1]. »

Tel nous apparaît le nouvel Oratoire, à qui sont confiées désormais les destinées de Juilly. Puisse-t-il y trouver la récompense de tout le bien que sa Direction est appelée à y produire dans l'extension

1. T. II, p. 54.

de son influence, dans l'accroissement de ses membres et dans un développement assez rapide de ses moyens d'action pour qu'il lui soit donné de travailler, avec un succès toujours croissant, à la réalisation de cette pensée profonde de notre grand philosophe juliacien, M. de Bonald : « Que la Révolution, qui a commencé par la déclaration des droits de l'homme, ne finira que par la reconnaissance des droits de Dieu, » et de contribuer ainsi à la gloire de la Religion, à la pacification des esprits et au bonheur de la France !

FIN.

TABLE

DES CHAPITRES DE L'OUVRAGE[1].

	Pages
Préface	V
LIVRE PREMIER : *Le Village et le Collége*	1
Chapitre premier : Le Village	1
Chapitre deuxième : Le Collége	9
LIVRE SECOND : *L'Abbaye*	21
Chapitre premier : La Légende de Juilly	21
Chapitre second : L'Abbaye	26
LIVRE TROISIÈME : *L'Oratoire*	89
Chapitre premier : Sa fondation et ses Généraux	89
Chapitre second : Ses grands hommes	142
Chapitre troisième : Son influence	169
LIVRE QUATRIÈME : *L'Académie royale*	189
Chapitre premier : L'Enseignement de l'Oratoire de Juilly	194
Chapitre second : De la discipline	239
Chapitre troisième : Les Supérieurs et les Professeurs de l'Académie de Juilly	259

[1] Les sommaires analytiques des chapitres sont placés en tête de chacun d'eux.

LIVRE CINQUIÈME : *L'Oratoire de Juilly pendant et depuis la Révolution* 353
    CHAPITRE PREMIER : Le Collége de Juilly pendant la Révolution 353
    CHAPITRE SECOND : Les dernières années de l'Oratoire de Juilly. 390

LIVRE SIXIÈME : *Direction de MM. de Scorbiac et de Salinis* 437
    CHAPITRE PREMIER : Les Directeurs 437
    CHAPITRE SECOND : L'Enseignement. 450
    CHAPITRE TROISIÈME : L'Éducation 476
    CHAPITRE QUATRIÈME : La vie intérieure et les Professeurs de Juilly. 486
    CHAPITRE CINQUIÈME : L'action extérieure et l'influence religieuse de Juilly. 514
    CHAPITRE SIXIÈME : La transmission du Collége. . . . 529

LIVRE SEPTIÈME : *Direction de la Société ecclésiastique de M. l'abbé Bautain.* 537
    CHAPITRE PREMIER : Les antécédents de cette Société . 537
    CHAPITRE SECOND : De l'administration du Collége par cette Société 553

LIVRE HUITIÈME : *Les Élèves de Juilly* . , ... 567
    PARAGRAPHE PREMIER : Dix-septième siècle. 569
    PARAGRAPHE SECOND : Dix-huitième siècle. 583
    PARAGRAPHE TROISIÈME : Dix-neuvième siècle. 630

LIVRE NEUVIÈME ET DERNIER : *Administration de la Société nouvelle.* 665

FIN DE LA TABLE.

www.ingramcontent.com/pod-product-compliance
Lightning Source LLC
Chambersburg PA
CBHW071707300426
44115CB00010B/1333